―조병준과 함께 나누는 문화 이야기
조병준 지음
도서출판 그린비 발행

나눔
나눔
나눔

시험판 제작/1997년 5월 09일
초판 1쇄 발행/1997년 6월 16일
2판 1쇄 발행/2002년 8월 10일
2판 2쇄 발행/2005년 12월 10일
ISBN 89-7682-067-3 03810
ⓒ BYOUNG JOON JO 2002

에디팅 디렉터/박상일
디자인 디렉터/정종빈
포토 디렉터/육상수
북 디자인/빈치그램디자인

도서출판 그린비 **Greenbee Publishers**
펴낸이/유재건
등록일/1990년 9월 27일
등록번호/제10-425호
주소/(121-855) 서울 마포구 신수동 115-10
전화/편집 : (02)-702-2717, 영업 : (02)-702-4791
팩스/(02)-703-0272

● 이 책은, 그린비와 지은이의 동의하에, 영리를 목적으로 하지 않는 한 복제 또는 전재할 수 있습니다.
● 이 책은, 그린비와 지은이의 동의하에, 한국을 제외한 제3세계 국가에 대해서는 저작권을 주장하지 않습니다.

dividing, communicating, sharing

CONVERSATION ON CULTURE WITH BYOUNG JOON JO

Greenbee Publishers

내 첫 책의 두번째판 첫머리에 쓰고 싶은 이야기

음… 이런 호사를 다 누리게 되다니. 가끔 개정판이라는 꼬리표가 달리고, 초판 서문의 앞에 2판 또는 개정판의 서문이 먼저 나오는 책을 읽게 될 때가 있다. 그럴 때면 언제나 그 저자들에게 가슴 쓰린 질투를 느꼈다. 남들은 한번 쓰기도 어려운 책의 서문을 두 번씩이나 쓰다니! 그런데 이 조병준이 그런 호사를 누리게 되었다! 하하하!

웃으며 이야기를 시작했지만, 물론 그렇게 마음이 가볍지만은 않다. 내게는 세상 그 무엇보다 소중한 '내 첫 책'을 펴낸 도서출판 박가서장이 어떻게든 살아남아 주었다면 이렇게 서문을 또 쓰는 일도 벌어지지 않았을 테니까. '좋은 책을 잘 내면' 살아남을 수 있을 것이라고 믿었던 우리들의 순진함은 얼마나 큰 착각이었던가. 시장은 순진한 자들을 위해 존재하지 않는다는 진리를 깨닫는 데 걸린 시간은 그리 오래가 아니었다.

아픈 경험이었지만, 세상의 그 어떤 일도 나쁜 일로만 남겨지지는 않는 법이다. 내 첫 책도 그랬다. 지금 글쟁이 조병준을 세상에 알렸고, 아직도 글쟁이로 먹고 살게 해 주는 지내한 역할을 해 주었다. 글을 쓴 시점에서 벌써 한참의 시간이 흘렀지만, 어떤 글들은 여전히 사람들을 속시원하게 또는 신경질나게(!) 만드는 모양이다. 나온지 5년이 넘었고 시장에서 물러난 지 2년이 다 되어가는 책을 찾는 사람들이 아직도 간간이 있다니, 이 무슨 해괴한 일인지! 자,

정색을 하고 다시 말한다. 고맙다. 이 책이 다시 세상에 나올 수 있었던 건 순전히 그런 바보 같은(!, 기분나빠하지 말아 주시라. 나도 그런 바보니까, 하하하) 사람들 덕분이다.

어쩌다, 아주 어쩌다 한번씩 이 책을 다시 읽었다. 그때마다 글의 시효(時效)란 것을 생각했다. 언젠가 어느 출판사 편집자가 나더러 책을 함께 내자고 했을 때, 그 편집자가 나를 감동의 도가니에 빠트린 말을 했다. "1년에 천 권씩 팔려서 10년 동안 만 권이 팔리는 책을 내고 싶다"는 것이었다! 10년이면 강산이 변하는데? 대한민국은 1년이 아니라 3개월 단위로 변하는 나라인데? 그 편집자와의 작업은 이런저런 사정으로 아직 진행되지 못했지만, 나는 가끔씩 글을 쓰며 그 대화를 생각한다. 내가 지금 쓰는 이 글이 10년 후에도 약효를 고수할 수 있을까?

현실이 각박할수록 꿈은 야무지게 꿔야 한다, 고 나는 철석같이 믿는다. 아니, 그렇게 믿고 싶다. 3개월의 유통기한이 끝나면 서점의 매대에서 사라져 버리는 그런 책 말고, 정말 10년의 세월을 버텨주는 그런 책을 쓰고 싶다. 음, 앞으로 5년만 버티면 된다. 5년 동안 이 책이 해마다 천권씩만 팔려준다면 얼마나 좋을까. 내 꿈이 너무 야무지다고 욕하지 말아다오. 이 부평초보다 더 가벼운 세상에서 그런 무거운 꿈이라도 꾸지 않으면 어떻게 삶의 중심을 잡을 수 있겠는가 말이다.

많은 사람들이 초판 서문에 등장한 그 긴 감사할 사람의 목록에 감탄했다. 덧붙일 사람들은 물론 아주 많지만, 자제하련다. 책의 재출간을 제안하고 결국 실현시킨, 도서출판 그린비의 유재건에게 우선 감사한다. 그가 죽어라고 좋은 책들을 계속 펴내 주기를 바란다. 절판된 책을 구해달라고 생떼를 썼던 그 독자들에게 감사한다. 그들이 아니었다면 이 책이 다시 세상에 나올 수 없었을 테니까. 그리고 이 책의 편집자였으며 지금의 글쟁이 조병준을 가능케 했던 산파, 그리운 내 인생의 첫 출판사 박가서장의 대표 박상일에게 내 변함없는 존경과 사랑을 보낸다. 언젠가 그 박상일이 또 내 책을 펴내 줄 것임을 나는 믿는다.

그리고 삶은 계속된다. 삶이 계속되어야 하듯, 책은 살아남아야 한다.

2002년 7월
조병준

내 첫 책의 첫머리에 쓰고 싶은 이야기

내이름 옆에 두 개의 호칭이 붙는다. 시인, 문화 평론가. 어쩌다 보니, '문화 평론가'가 내 직업이 되었다. 글 쓰는 사람이 되고 싶었다. 어떻게 어떻게 하다 보니 시인이 되었다. 사실 시인이 되는 것은 내가 소싯적부터 간절히 소망했던 일이었다. 당연히 거기에는 조금도 찜찜함을 느낄 이유가 없었다. 그런데 문화 평론가는 내가 한 번도 꿈꾸지 않았던 호칭이었다. 찜찜함은 조금 과한 말이고, 하여간 기분이 조금은 이상하다. 정말로 간절히 내고 싶었던 '시집'은 도통 기약이 없는데, 생각지도 않았던 '문화 비평집'이 먼저 세상에 나온다. 세상은 내 의지와 상관없이 돌아간다는 놀라운 진실을 또 한 번 깨닫는다.

시와 문화 비평이 결정적으로 다른 이유가 하나 있다. 나에게만 해당하는 일인지는 몰라도, 하여간 하나 있다. 시는 언제나 내가 쓰고 싶을 때 쓰는 것이고, 문화 비평은 거의 대부분 '청탁'을 받아 쓰게 된다는 점이다. 역시 나의 경우에 한하는 것일지도 모르지만, 시가 철저히 '개인적인' 글쓰기라면 문화 비평은 대단히 '공저인' 글쓰기가 되는 셈이다.

잡지의 편집자들은 대개 상당히 민감한 더듬이를 가지고 있다. 물론 좋은 편집자들일수록 대단한 고감도의 더듬이를 자랑한다. 그들은 사람들이 관심 있어 하고 알고 싶어하는 것들을 제때에 재빨리 포착하는 능력을 지니고 있다. 그리고 사람들을 대신해 글 쓰는 이들에게 묻는다. 이러저러한 현상에 대해 어떠저떠하게 생각하시나요? 일대 일의 대화가 아니라 다수의 질문에 대답하는 것이기 때문에, 즉 '공적인 대화'를 해야 하기 때문에 청탁받은 원고를 쓰기는 쉽지 않다. 거의 예외 없이 사랑이 눈물의 씨앗이듯, 청탁 또한 거의 예외 없이 스트레스의 씨앗이 된다. 왜? 혼자 지껄이고 마는 것이 아니기 때문이다. 그것이 항상 누군가와의 대화이기 때문이다.

시와 문화 비평은 서로 다르지만, 또 한편으로는 서로 별다를 것 없는 글쓰기라고 할 수도 있다. 양쪽 다 어차피 '사람들이 세상 살아가는 이야기'를 하는 것이기에 하는 말이다. 능력이 닿는 한, 내 경험의 재고가 허락하는 한, 성실하고 정직하게 대화를 나누고 싶었다. 얼마나 성실했고 얼마나 정직했는지, 잘 가늠이 되지 않는다.

책을 내자는 제안이 들어왔을 때 이런 생각을 했다. 그래! 마감 시간에 쫓기고, 원고 매수 제한에 갇혀 못다 한 얘기를 실컷 하는 거야! 불후의 걸작을 남기는 거야! 넌 할 수 있어! 또 이런 생각도 했다. 가수들이 'Greatest Hits' 앨범을 낼 때 꼭 미발표곡 두세 곡을 끼워 넣잖아? 다른 곳에 발표하지 않은 새 글도 몇 꼭지 멋지게 쓰는 거야!

둘 다 이뤄지지 않았다.

왜? 게을러서? 본래 게으르기로 소문난 조병준이긴 하지만, 그렇게 많이 게으르지는 않았다. 그러면? 성의가 없어서? 내 인생에 처음 내 이름으로 나오는 책인데 성의를 보이지 않는다는 것은 있을 수 없는 일이다. 그렇다면 도대체 왜? 욕심을 버리고 싶었다. 욕심이 많으면 우선 몸이 망가지고, 몸이 망가지면 당연한 결과로 마음이 힘들어진다. 잘 알면서도 항상 욕심이 몸을 망가뜨릴 때까지 그 진리를 잊고 산다. 어떤 '순간'이 내게 찾아와 잊었던 그 진리를 다시 기억해 낼 수 있었다. 그래서 욕심을 버리기로 했다.

여기 묶인 글들은 모두 신문이나 잡지에 발표된 것들이다. 이런저런 이유로 '잘린' 부분들을 복원시키는 외에는 일체 손대지 않는 것을 원칙으로 했다. 마감과 매수 제한에 포위당해 쓴 글들이 대부분이지만, 사실 그런 제약들은 오히려 글을 더 팽팽하게 긴장시키는 좋은 역할도 했다. 한계와 약점이 당연히 있고, 그것들도 그대로 보여 주고 싶었다. 그것이 그 글을 쓸 당시 나의 진짜 모습이었을 테니까.

다른 지면에 발표된 글들을 그대로 또 책으로 묶자니, 이미 그 글들을 읽은 독자들에 대해 예의가 아닌 것 같았다. '팬 서비스' 차원에서도 그렇고, 새로운 글쓰기의 형식을 실험한다는 차원에서도 그렇고, 하여간 〈뒷얘기〉라는 걸 덧붙여 보기로 했다. 애당초에는 나 자신의 글쓰기를 포함해 한국의 글쓰기에 대한 비평을 해 보자는 거창한 계획이었다. 욕심을 버리기로 하면서 그 〈뒷얘기〉들도 담담하게, 짧게 가기로 마음을 바꿨다. 욕심 부리지 말고, 그냥 내가 하고 싶은 말만 조금씩 하자. 그래서 내가 행복해지면, 누군가 다른 사람도 행복해질 수 있을지 모르잖아? 내가 할 수 있는 일은 별로 없다. 내 글이 다른 사람들을 행복하게 해 줄 수 있다면 참 좋겠다. 그것도 욕심이라는 걸 알지만….

잠깐, 변명을 하나 해야 한다. 책에 영어가 좀 많은 이유에 대해서. 이 책을 받아 볼 사람 중에 한글에 대해서는 완전히 까막눈인 사람들이 한 50명쯤 된다. 숫자로는 얼마 안 되지만 내 첫 책의 탄생을 자기 일처럼 기뻐해 줄 친구들…. 그들을 위해 영문판 머리글과 차례를 따로 만들었다. 독자들께서 이해해 주시리라 믿는다.

가만히 생각한다. 이 책을 누가 썼나? 물론 내가 썼다. 하지만 나 혼자서는 죽었다 깨어났어도 이 책을 쓸 수 없었다. 나와 함께 이 책을 쓴 사람들을 생각한다. 그 사람들이 나를 만들었으므로, 이 책은 그들이 쓴 것이다. 그들의 사랑이 고맙다. 그래서 핑 눈물이 돈다. 나는 고작해야 그들의 이름을 이 책에 넣는 일밖에는 할 수가 없다.

어머니, 아버지….
무능력한 오빠를 항상 챙겨 준 내 누이들 병숙이, 예숙이, 지숙이, 무책임한 형 대신 아들 노릇을 많이 해 준 막내 병찬이, 나쁜 처남에게 좋은 매제가 되어 준 박서방, 권서방, 최서방, 그리고 "눈에 넣어도 아프지 않다"는 말이 거짓이 아니라는 것을 온몸으로 알려 주는 내 조카들 다미, 신영이, 인영이, 동아, 수영이….
사진 한 장으로 남은, 동네 할아버지들이 "병준이는 우리 애기다"라고 장난을 걸면 "야, 이 씨발놈아! 우리 애기야!"라고 외쳤다는, 겨우 세 살을 넘기고 이 세상을 떠났다는, 그래서 가끔 술을 먹으면 보고 싶어지는 내 형….
친가, 외가의 모든 어르신들, 그리고 사촌들….
국민 학교 5학년, 내게 '선생님'이 되고 싶다는 마음을 불어넣어 주셨던 문병호 선생님….
상현이, 영미 씨, 내 아들 같은 비오, 용배 자형, 애도 누나, 동민이, 찬송이….
윤수 형, 경아 누나, 광호, 문섭이, 차남이, 영부, 지원이, 종숙이 누나, Don….
내 젊은 날의 '정신적 어머니'셨던 백영자 선생님….
우종이, 경무, 성현이, 순창이, 종진이….
석제와 진혜, 영준이 형, 재길이, 진희씨, 진해 형과 아라 힝수님, 우제, 전한이, 세곤이….

재호 형과 형수님, 영진이, 동진이….
강성봉, 김옥경, 김영학….
못난 제자에게 석사 학위를 거저 주시고 아직도 머리에 알밤을 주시는 이근삼 선생님….
선배이고 스승이며 또한 정신적 '애인'인 용호 형과 선미 형수님….
병성이 형, 시혁이, 남기, 은기, 경배, 영석이, 영철이, 용운이, 주연이, 근서, 태원이, 의주, 기태, 현숙이….
이규동 국장님, 최연수 부장님, 정숙화 실장님, 표신중 형, 이영미 씨, 이수원, 최재영, 박경자, 하승보, 정경미, 김혜선….
백승찬 씨, 홍상길 씨, 고은주 씨….
연범 형, 경덕이, 승우….
산티니케탄에서의 추억, 아이리스 누님, 미연 씨, 호남 씨, 그리고 종세….
선생 되는 기쁨을 실컷 누리게 해 준 대전 전문대 출판과 93학번들….
캘커타의 착한 동생들 선희와 수경이….
파리에 가면 항상 된장찌개를 끓여 주는 홍현주 선배….
인도에서의 인연, 성진이와 명수, 지명이, 그리고 이화연 씨….
인도에서의 하루 인연이 몇 년으로 이어지는 철국 '성', 혜정 언니, 진희 언니, 혜준 언니, 금숙 언니, 병옥 형, 경년 씨, 미정 씨, 현옥 씨, 수학이, 지수, 그리고 서은영 님….
『대화』는 없어졌지만 '사나이들의 정'은 남은 형근이, 영노, 익헌이, 인섭이, 그리고 곁다리로 끼여든 정엽이….
『페이퍼』의 원이 형, 경신이, 유희, 정현이, 광수, 유평이, 그리고 〈난장〉의 우현정 씨….
〈꼰솔라따 수도회〉의 디에고 신부님, 빠꼬 신부님, 알바로 신부님, 쟌파올로 신부님, 라파엘 신부님, 루이스 신부님, 벤자민 신부님, 후안 빠블로 신부님, '작은' 알바로 신부님, 요셉, 바오로, 그리고 (역시 신부님이지만) 내 친구 안또니오….
〈평화고리〉의 친구들….
홍신자 선생님, 이일훈 선생님, 곽재환 선생님, 승효상 선생님, 전시형 선생님, 〈황신혜 밴드〉, 〈U & Me Blue〉….
볼품 없는 글을 청탁해 주시고 실어 주시고 돈까지 주신 편집자 분들과 기자 분들….
귀한 사진들을 선뜻 내주신 육상수 님….
좋은 디자인을 만들어 내느라 고생하신 정종빈 님….
이 책의 '물리적, 정신적 기초'를 만들어 준 상일이….

내가 이 지상에서 찾은 '성자(聖者)' 마더 테레사 님과 캘커타의 수녀님들….

그리고 캘커타에서, 인도에서, 유럽에서 내 길을 함께 걸어 준 친구들 : 아그네스, 알베르토, 알브레히트와 모니카, 안디, 아나벨, 앤드류, 안젤로, 앤, 아르노, 베아트리스, 베네딕트, 베티나, 부키, 카르멘, 크리스, 크리스틸라, 크리스틴, 클라우디아와 맥, 데이빗, 딘, 도미니크, 데니스, 도날드, 에두아르도, 엘레인, 에미코, 에스텔, 플로랑, 프란체스카, 프랜시스, 프랑소와, 가브리엘(蛇河), 진과 미첼, 죠바니, 그레고르, 굴코와〈포쉐로스 서커스〉의 친구들, 에르난, 혼성, 이멜다, 이냐키, 제임스, 하비엘, 쟝 프랑소와와 노엘, 쟝뤽, 쟌느, 존, 호르헤, 호세, 호세 마리아, 쥬디, 라일라, 로라, 로르, 로랑스, 린다(링링), 루이스, 마누, 마리아, 마리안느, 마리아노, 마리크루스, 마쿠스, 마리나, 마리비, 마르따, 메리, 마사히로, 마이클, 미사코, 모르텐, 니에베스, 노아, 오스카, 파올로, 파트리샤, 파트릭, (호주 와가와가의) 폴, (캘리포니아의) 폴, 피터, 페트라, 라셸, 르네, 리쳐드, 리샤르, 루트, 세바스티앙, 쉐리, 시기, 소피, (제네바의) 스테판, (퀘벡의) 스테판, 스티브, 수지, 다카코, 테이주, 테쓰, 티에리, 타드, 투안, 발레리, 뱅상, 볼프강, 요코, 유수프….

여기에 이름을 다 적지 못한 많은 사람들, 내 글을 읽어 주신 고마운 독자들….

그리고 여태껏 자기를 빼놓았다고 질투에 눈이 멀어 1.5리터 콜라를 들이키고 있을 내 친구 형도….

1997년 3월
조 병 준

想

- (想-1) 왜 상상력인가?—단단한 것은 모두 녹아 날아간다 25
- (想-2) 잠시 멈추고 느리게 춤추기—무용가 홍신자 인터뷰 34
- (想-3) Girls & Boys, Be GAGITIOUS!—〈황신혜 밴드〉의 뻥꾸로크 이야기 46
- (想-4) 애틀랜타, 서울 59
- (想-5) 몸을 위하여 63
- (想-6) 세기말은 없다! 없다?—문화 평론가 김용호 인터뷰 74

夢

- (夢-1) 마더 테레사와 함께 89
- (夢-2) 만국의 꿈꾸는 자들이여, 흩어지자—작지만 큰 개인, 연극 연출가 김아라 114
- (夢-3) 영원히 변치 않으며 둥근 어떤 것 129
  변신이라는 꿈, 또는 드림 임파서블 136
- (夢-4) "살려 주세요!"—브라질로 엽서를 보냅시다! 144
  엽서 한 장으로 세상을 바꿀 수도 있습니다—조병준의 긴급 제안 148

樂

- (樂-1) 음악과 초월 세계—음악의 세기말적 현상 157
- (樂-2) 서태지, 즐거운 저항 168
- (樂-3) 1996년, 대중 음악이 한국을 지배한 이후 177
- (樂-4) OK? OK!—「미녀와 야수」, 그 노래말의 해방구 188
- (樂-5) 꽃잎이 피고 또 질 때면 192
- (樂-6) 표현의 자유 또는 관용의 자유—영화 『유리』 혹은 종교와 예술 203
- (樂-7) 마이클이 오기 전 그리고 온 후
  오기 전—마이클 잭슨, 낭랑 18세! 208
  온 후—1초의 오차도 없었다, 2시간 10분 동안 213
- (樂-8) 〈U & Me Blue〉에게 띄우는 편지 217
- (樂-9) 길들여진 토끼들—전시형이 제안하는 뒤돌아보기, 들여다보기 220

차례

家

- (家-1) 작을수록 나누어라, 나누면 만난다―건축가 이일훈 인터뷰 **232**
- (家-2) 詩의 집, 數의 집, 그리고 생명의 집―건축가 곽재환 인터뷰 **246**
- (家-3) 내 아버지의 집
  - 첫 번째―건축 네안데르탈인의 변명 **261**
  - 두 번째―내 삶과 함께 살아온 생명체 **265**
  - 세 번째―서쪽으로 난 아주 큰 창 **270**
- (家-4) 대학로, 문화의 거리, 문화 공간―승효상의 〈동숭동 문화 공간〉에 대한 짧은 생각 **276**

論

- (論-1) 슈퍼 모델을 위하여―모방의 욕망, 또는 욕망의 모방 **291**
- (論-2) 메마른 도시에 물 뿌리기―문화 무가지『페이퍼』의 이상한 실험 **298**
- (論-3) 소란스런 난장판에서 **311**
- (論-4) 「텔레비전 버라이어티 쇼에 나타난 문화적 원형에 관한 연구」의 머리글에서 **318**
- (論-5) 문화 시대의 항해법 **330**

뒷얘기 차례

(想-1) 글을 잘 쓰는 방법?	32
(想-2) 인터뷰가 좋은 글쓰기가 될 수 있는 이유	45
(想-3) 이해가 안 된다구?	57
(想-4) 스타일에 대하여	62
(想-5) 하늘 아래 항상 똑같은 이야기를 또 하기	73
(想-6) 내가 좋아하는 선배 김용호	84
(夢-1) 긴 여행에서 돌아온 자의 글쓰기	111
(夢-2) 반란과 공동체를 동시에 담을 수 있는 말은 무엇일까?	127
(夢-3) 같은 모티브로 전혀 다른 방향의 글쓰기	143
(夢-4) '버전'을 바꾸어 가며 글을 낸 이유	153
(樂-1) 호흡의 변화와 장단을 어떻게 조절할 것인가?	166
(樂-2) 태지는 무슨 생각을 할까?	176
(樂-3) 실패를 감추는 것은 다음 실패를 확실히 보장한다	187
(樂-4) 대학 신문에 글쓰기 1	191
(樂-5) "도대체 할 말이 없다"	201
(樂-6) 대학 신문에 글쓰기 2	206
(樂-7) 디지털 시대의 글쓰기	216
(樂-8) 나도 조금 있다가 떠날 거니까	219
(樂-9) 비평의 역할은 무엇일까?	229
(家-1) 시인이 건축 이야기를 할 수 있는 까닭은?	245
(家-2) 술에 취한 '과객'이 오면	259
(家-3) 내 안에 있는 내가 모르는 이야기들	275
(家-4) 글은 결국 글쓴이가 세상을 보는 '해석의 방식'이다	287
(論-1) 사보(社報)에 글쓰기의 즐거움	297
(論-2) 세로쓰기와 자유로움, 그 사이의 대화	310
(論-3) 자발성과 지역성에 기초한 축제다운 축제를 위하여	316
(論-4) 미안하다, 이렇게 재미 없고 지겨운 글을 읽게 해서	328
(論-5) 먼 길을 돌아 제자리로	341

A letter to my friends who **cannot** read Korean, **but** are surely ready to understand all **my thoughts**

My Dearest Friends,

Here comes a letter so much promised and too much delayed. Yes, this is the book I've told you about so many times in my previous letters. A book about the culture, the life, and the good way of living, from my point of view....

Everything looked easy, but things were not that simple. At first, I was sure I could finish writing this book until the end of October 1996, and I hoped that I could send a copy to you all as a nice Christmas gift. As you can see now, my plan and hope were completely out of reality. It was by mid-January 1997 that I handed my manuscript to the editor. And it felt like an eternity waiting for the manuscript to turn into a printed and bounded book.... Finally! At last! After all those moments of eternity!!!

Hopefully, you might notice now what I want to tell you! Yes, you're right! It is my apology for not having been in touch with you for so long Isn't it a good excuse?

I'm so sorry that none of you can read Korean and it will take another eternity to translate it for you. (Besides, I'm quite sure that not many foreign readers will buy the English version even if I try to make it.) So, the only thing I can do for you is to explain my book very briefly. Don't be sorry! You know that's the sad destiny of almost every book in non-international language!

This book is a kind of compilation of my articles written and contributed to the magazines and college papers since I came back home from Calcutta in May 1995. Though there are a few exceptions like <Together with Mother Teresa> or <"Help us!"–Let's write a postcard to the Brazilian President to help the Indios>, the articles are mainly focused on the cultural phenomena in Korea. Music, cinema, dance, video art, architecture, theatre, books, etc.

In those articles, I wrote what I felt about those cultural events or texts. I wanted to tell the readers what I learned from those cultural phenomena, what I thought or believed a good way of life. Even though the editors called me a culture-critic, I never thought of my articles as critiques. Rather than criticism, I hoped that they were closer to the conversation between the readers and me, even between me and myself.

Essays, interviews, reviews…. Though I had tried to do my best all the time, they were always not satisfactory enough even to myself. But I can tell you at least one thing with pride:that I tried to be sincere and honest when I wrote them. I might have been wrong, but I thought I had an idea of a good way of living in this not-so-well-organized world and I wanted to share my ideas with the people who might be suffering from the same problems as mine.

The Korean word 나눔, Nanum, from the title <Nanum, Nanum, Nanum> has several different meanings:dividing, communicating, sharing, etc. As you can guess from the title, the main subject of my book is Community. Community is the only way which makes possible for people to live in harmony with other people and other life forms;that's what I've learned from my 36 years' experiences. Dividing, communicating and sharing are the three ways to build the Community.

Well, I don't think it's enough for you to understand what my book wants to say. I'm just asking you to try to remember your friend Joon and imagine what he would say to you if he was to talk with you face to face….

Soon, hopefully it will be real soon, I'll start my new journey to Europe and Calcutta, again. Some of you will get this copy by mail and some of you may have the honor to get one by Personal Delivery. I'm so sorry that I can't fly to everyone of you. But what can we do about this unkind life? See you sooner or later, my friends!

Here I add a small part of the foreword translated in English, the only part you can read in my book. Before you read it, forgive me once again that I didn't send any news for such a long time. And you all know that I LOVE YOU….

—BIG, BIG HUGS & KISSES

For me, writing means getting stressed all the time. But, at the same time, to write is being happy, always. I was happy when I could say what I wanted to tell the people. I wanted to share the lessons I've learned from my journeys into this world and my life with the people I met on the road. I have a vague confidence that someone else may be happy as well when I am happy. It would be great if my book can make the others happy too.

Now, I'm asking myself : "Who wrote this book?" Of course, I wrote it. But I know it was impossible for me alone to write this book. I'm thinking of those who wrote this book with me. Because they have made me what I am now, I should say this book was written also by them. Thanking their love, the tears stand in my eyes…. I

don't know what else I can do than to put their names into this book.

Mom and Dad....

    Byoung Sook, Ye Sook, Jee Sook, my sisters who always have taken care of their helpless elder brother; Byoung Chan, my little brother who has done so many things instead of his irresponsible elder brother;my brothers-in-law who have been always good brothers;Dami, Shin Young, In Young, Dong Ah and Soo Young, my nieces and nephew who taught me that an old Korean saying, "The kids from your family never make you feel pain even when they're put into your eyes!", is completely true....

    ....
    ....
    ....

Here I wrote all the names of the Korean people whom I loved (and some I hated because I loved) and still remember from my childhood days, and the names of all those who gave me their help to write this book.

Mother Teresa, the Saint I found in this earthly world, and the Sisters of <the Missionaries of Charity> in Calcutta....

    All those friends who walked with me on the road I had travelled, in India, Europe and especially our 'City of Joy', Calcutta : Agnes, Alberto, Albrecht & Monika, al Rashid(René), Anabelle, Andrew, Andy, Angelo, Ann, Arno, Béatrice, Bénèdicte, Bettina, Burky, Carmen, Chris, Christilla, Christine, Claudia & Mac, David, Dean, Debbie, Dennis, Dominique, Donald, Eduardo, Elaine, Emiko, Ester, Florent, Francesca, Francis, François, Gabriel(Saha), Gene & Mitchel, Giovanni, Gregor, Gulko & friends of <Pocheros Circus>, Hernan, Honsong, Imelda, Ināki, James, Javier, Jean François & Noëlle, Jean-Luc, Jeanne, John, Jorge, José, José Maria, Judi, Laila, Laura, Laure, Laurence, Linda(Leng Leng), Luis, Manuella, Maria, Marianne, Mariano, Maricruz, Marcus, Marina, Marivi, Marta, Mary, Masahiro, Michael, Misako, Morten, Nieves, Noah, Oscar, Paolo, Patricia, Patrick, Paul(of Wagga Wagga, Australia), Paul(of California), Peter, Petra, Rachel, Richard(of Tijuana), Richard(of Versailles), Ruth, Sébastien, Sherry, Sigi, Sophie, Søren, Stéphane(of Genève), Stéphane(of Québec), Steve, Susie, Takako, Teiju, Tetsu, Thierry, Todd, Tuan, Valérie, Vincent, Wolfgang, Yoko, Yousuf....

All those who could not be written here, and my friend, Hyung Doh, who probably (or almost certainly) gulfs down a 1.5 litter bottle of cola in a fit of jealous rage because he was not called until this moment, in Heaven....

    —at the end of March 1997

    B. Joon Jo

chapter one
IMAGINATION
(1–1) Why imagination?—All that is solid melts into air
(1–2) Take a break and dance slowly—Interview with dancer Shin-ja Hong
(1–3) Girls & boys, be GAGITIOUS*!—Interview with punk rock band <Pretty Miss Hwang Band>(*'*gagitious*' is a word I made on my own by mixing Korean and English. It means to disobey to the system and create something new.)
(1–4) Atlanta, Seoul—On individuality
(1–5) For the body
(1–6) There is not the end of the century! Is there?—Interview with culture-critic Yong-ho Kim

chapter two
DREAM
(2–1) Together with Mother Teresa
(2–2) Dreamers of the world, let us spread—Interview with theatrical director Ara Kim
(2–3) Something eternally unchanging and round /A dream of metamorphosis or Dream Impossible—On Motherhood, the power protecting life
(2–4) "Help us!"—Let's send a postcard to Brazilian President /A postcard can change the world

chapter three
DANCES WITH TEXTS
(3–1) Music and transcendant world
(3–2) <Seo Taiji & the Boys*>—Joyful resistance(*a Korean rock band)
(3–3) 1996, after the popular music conquered Korea
(3–4) OK? OK!–The liberated area of lyrics of <Beauty & the Beast*>(*a Korean smash-hit song which provoked a nation-wide debate on ethics in popular music)
(3–5) When the flower petals flourish and die—Essay on the movie <A Petal*>(*a movie on Kwangju insurrection's repression in 1980)
(3–6) Freedom of expression or freedom of tolerance—<Yuri*>, the movie, or religion and art(*a Korean movie which caused a big opposition from the Buddhists)
(3–7) Before and after the <History Tour in Seoul> of Michael Jackson
(3–8) A letter to <U & Me Blue*>(*a Korean modern rock band)
(3–9) Tamed Rabbits—Review on an exhibition of Shi-hyung Jeon, video artist

contents

chapter four
ARCHITECTURE

(4-1) Divide small one into smaller ones, then you meet—Interview with architect Il-hoon Lee

(4-2) House of poetry, house of mathematics, and house of life—Interview with architect Jae-whan Kwak

(4-3) My father's house
    1: An excuse of a Neanderthal man on architecture
    2: The house, a living thing which has lived with me
    3: Very big window open to the west

(4-4) Daehakro(University Street), street of culture, and space of culture–Review on the building named in <Cultural Space> by architect Hyo-sang Seung

chapter five
POINT OF VIEW

(5-1) For super-models, desire of imitation or imitation of desire

(5-2) Giving water to a thirsty city—A strange experiment of a street magazine, <Paper>

(5-3) At <Nanjang>, the festival of Yonsei University students

(5-4) Foreword of <A study on cultural archetypes appearing in TV variety show*>(*my graduation thesis for master's degree, in 1988)

(5-5) A navigator's chart in the era of culture

나눔
나눔
나눔

想　IMAGINATION

(想―1)

왜 상상력인가?

― 단단한 것은 모두 녹아 날아간다

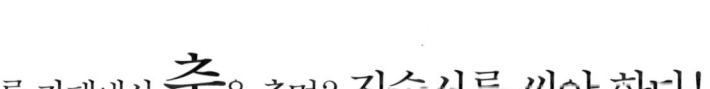
록 키페에서 춤을 추면? 진술서를 써야 한다!

괴이한 사건 하나. 1996년의 어느 초여름날, OECD 가입을 눈앞에 둔 한국의 국제 도시 서울에서 벌어졌던 거짓말 같은 실화다.

신촌의 어느 록 카페. 한바탕 격렬한 리듬이 지나고 춤추던 사람들이 자리에 앉아 맥주를 마시는 동안 두 여자가 춤을 계속 추었다. 그 때, 넥타이에 점퍼를 입은 아저씨 세 사람이 들어섰다. 모두들 생각했다. 아! 아저씨들이 록 카페가 도대체 어떤 곳인지 알고 싶어서 왔구나. 도저히 머리로는 '상상'이 되지 않으니까 눈으로 보고 귀로 들어서 알아 보려고 왔구나. 그런데 어라! "아가씨들, 이리 와 봐." 모두들 그 아저씨들이 많이 취했구나 생각했다. 그런데 앗! 그것이 아니었다. 그들은 단속 나온 경찰 아저씨들이었다. 하필이면 그 때 춤을 추고 있었던 두 여자는 진술서를 써야 했다. 마침내 사태가 엄지손가락에 붉은 인주를 묻혀야 할 순서에 이르렀다.

지장 찍기를 거부하며 한 여자가 저항을 시작했다. "흥겨운 음악이 나와서 춤을 춘 것이 어떻게 죄가 될 수 있느냐?" 한 경찰이 명쾌하게 답했다. "춤은 무도장이나 유흥 음식점에서만 출 수 있는 것이며, 그것은 법률로 규정되어 있다." 우여곡절, 시시비비, 시끌벅적…. 경찰들이 물러간 뒤, 진술서를 쓰지도 않았고 술에 취하지도 않았던 또 다른 한 여자가 절규했다. "말도 안 돼! 춤추는 장소까지 법으로 정하는 나라가 어디 있어! 난 이 나라가 싫어!" 잠시 후 손님들 모두와 종업원들까지 모두 분연히 일어서 탁자를 벽으로 밀어 놓고 미친 듯이 춤을 추었다. 그 록 카페는 영업 정지를 먹었다던가, 벌금을 먹었다던가…

아무리 흥겨운 음악이 나와도 법으로 정해진 장소가 아니면 춤을 출 수 없는 나라, 정해진 규정에서 벗어나는 모든 행동은 불법이 되는 나라, 그 나라에선 누구도 상상력에 대한 글을 쓸 수 없다. 고작해야 "상상력은 죽었다"는 글을 쓸 수 있을 뿐이다. 상상력은 정해진 길을 벗어나려는 자유의 다른 이름이기 때문이다. 길을 벗어나자마자 두들겨 맞거나 진술서를 써야 하는 사회에서 사람들은 '상상력의 자유'를 즐길 엄두를 내지 못한다. 나도 그 나라가 싫다!

객관식 시험이 아이들의 창조적 사고를 말살한다는 지적이 오래 계속되자, 정부는 주관식 시험을 권고했고, 거의 모든 대학이 논술 시험을 추가했다. 아이들은 논술 시험 '정답'을 가르쳐 주는 참고서로 몰려들었다. 논술 전문 과외 교사들은 몸이 열 개라도 모자랄 지경으로 바빠졌다. 고정 불변의 '정답'이 존재하고, 정답을 맞춰야 겨우 살아남을 수 있는 사회에서는 상상력이 살아남지 못한다. 상상력은 '틀린 답'을 두려워하지 않는 용기의 다른 이름이기 때문이다. 멋대로 틀린 답을 썼다가 대학에 가지 못하고 낙오자의 인생을 살아야 하는 사회에서 사람들은 '상상력의 용기'를 실천할 엄두를 내지 못한다. 나는 정말 그 나라를 떠나고 싶다!

입이 크다가 작아지는 개구리를 조심하자

상상력에 대해 글을 써야 한다고 하자 어떤 시인이 이렇게 말했다. "대한민국에서 상상력에 대해 제대로 글을 쓸 수 있는 사람은 한 사람도 없다." 나는 그의 말에 공감한다. 이렇게 상상력을 천대하는 나라에서 배우고 자란 사람이 어떻게 감히 상상력을 이야기할 수 있을 것이며, 언감생심 글을 쓸 수 있겠는가?

그런데 그렇게 아무도 상상력에 대한 글을 쓸 수 없다는 나라에서 상상력에 관한 논의들이 넘치고 넘친다. 상상력 또는 창조적 사고가 미래를 살기 위한 절대 필요 조건이라고 모두들 이야기한다. 하드웨어의 시대에서 소프트웨어의 시대를 넘어 드림웨어의 시대로, 공장 굴뚝 시대에서 문화 산업 시대 또는 정보화 시대로, 세계가 변하고 있다고 피난민 열차 지붕에 올라탄 사람들처럼 아우성을 친다. 현대 자동차 150만 대를 팔아야『쥬라기 공원』한 편의 수입을 겨우 얻을 수 있다고 한숨을 푹푹 내쉰다. 왜 세계적 연주가는 꾸준히 나오는데 세계적 작곡가는 나오지 않느냐고 비분 강개한다. 상상력을 말살하는 주입식 교육이 가장 큰 문제라고 너도 나도 따따따 주먹손 나팔을 만들어 외친다. 상상력이 중요하다는 것과 상상력이 커 가지 못하는 각종 사회적, 정치적, 문화적, 교육적 문제들을 지적할 때면 모두들 입 큰 개구리가 된다. 하도 사방에서 입 큰 개구리들이 울어 대니 이제 상상력 얘기 자체가 지겹다.

상상력이 왜 문제가 되는가? 왜 상상력이 그렇게 절실하게 필요한가? 상상력에 관한 이야기들을 곰곰이 들여다보면 이상한 현상을 하나 발견하게 된다. 그들이 이야기하는 상상력은 거의 모두가 '경쟁에서 이기기 위한' 수단으로서의 상상력이다. 좀더 발가벗겨 얘기하자면, '남들보다 더 많은 물건을 더 비싼 값으로 팔기 위한' 수단으로서의 상상력이다. 빌 게이츠나 스필버그의 상상력이 위대한 이유는 그들이 갑부가 되었기 때문이다. 그것도 별로 땀 흘리지 않고, 아주 빠른 시간에, 갑부가 되었기 때문이다. 말이 조금씩 다르긴 하지만, 주제는 거의 똑같다. 상상력을 키워야 돈을 많이 벌 수 있다! 언제부터 상상력이 자본주의의 충실한 생산 수단이 되었을까? 이상하지 않은가?

　이상한 일은 또 있다. 그렇게 중요한 상상력을 어떻게 키워 낼 수 있는지를 말해야 할 순서가 되면 모두들 이번엔 입 작은 개구리가 된다. 아따, 성님도. 뭐 그런 일을 가지고…. 그들이 자신 있는 것은 남을 탓하는 일뿐이다. 교사들은 교육부를 비난하고, 신문은 텔레비전을 비난하고, 대학원생들은 교수들을 비난하고, 예술가들은 비평가들을 비난한다. '너' 때문에 상상력이 죽어 가고 있다고. '나'는 정말 상상력을 발휘하며 신나게 살고 싶은데 '너' 때문에 이렇게 빌빌거리며 살고 있다고. 그들이 "니 탓이야"를 외치는 이유는 분명하다. 그들 자신이 바로 상상력을 억압하는 자들이기 때문이다.

　변화의 시대에는 항상 사이비 예언자들이 설치게 마련이다. 사이비 예언자들의 공통점은 협박과 분홍빛 미래와 사회의 책임이다. ①협박 = 지금 빈사 상태에 빠진 상상력을 되살리지 않으면 곧 다가올 미래에는 모두 굶어 죽으리라. ②분홍빛 미래 = 내가 이야기하는 대로 상상력을 되살리면 모두 천년지복을 누리리라. ③사회의 책임 = 상상력이 제대로 기를 못 펴는 건 모두 이 사회 탓이며, 따라서 너희에겐 아무 잘못이 없느니라.

　상상력을 생산 수단이라고 규정하는 사이비 예언자들을 조심하자. 사이비 예언자에게 잘못 걸리면 있는 재산 다 갖다 바치고 노예로 살아야 한다. 지금 천지 사방에 난무하는 상상력 논의에 잘못 휘말리면, 그나마 남아 있는 상상력도 다 갖다 바치고 노예가 아니라 기계로 살아야 할 사태가 벌어진다. 상상력이 융성하면 모든 사람이 빌 게이츠나 스티븐 스필버그가 될 것이라는 분홍빛 거짓말을 경계하자. 상상력의 자유와 용기를 확보하지 못한 당신을 위로하는 사회 책임설에 넘어가지 말자. 잘못은 '나'에게 있었음을 우선 인정해야 한다. 사이비 예언자에게 휘말리지 않는 가장 좋은 방법은 나 스스로 예언자가 되는 것이다. 내 삶을 내 방식대로 설계하는 것, 그것이 바로 상상력이다. 자본주의 산업 체제가 요구하는 방식의 상상력에 자신을 끼워 맞추려 애쓰지 말자.

왜 상상력인가?

상상력을 이야기할 때 우리가 지켜야 할 예절이 하나 있다. 상상력은 더 많은 돈을 벌기 위해 필요한 수단이 아니라는 것을 대전제로 합의해 두는 것이다. 상상력은 미래를 살아남기 위한 투쟁의 수단이 아니다. 상상력은 그 자체가 목적이며, 그 자체가 무한한 가치를 지니는 보상이다. 상상력은 현재를 더 자유롭고 더 즐겁게 살아가기 위한 '장난감'이다. 태초에 상상력이 있었다. 겉으로 보기엔 말씀(언어)이 먼저 있었지만, 실제로는 상상력이 먼저 있었다. "빛이 있으라" 해서 빛이 생겼다고 했다. 하지만 조물주의 상상력에 빛이 떠올랐으므로 뒤이어 빛을 말할 수 있었음에 틀림없다. "그 빛이 보기에 좋았더라"고 구약의 창세기편에 써 있다. 상상력이 있어 즐거웠던 것이다.

상상력은 지금 있는 상태와 다른 것을 꿈꿀 수 있는 능력이다. 지금은 빛과 어둠이 한데 섞여 있지만, 그것이 나뉜 상태를 꿈꿀 수 있는 상상력이 있었기에 조물주는 "빛이 있으라"고 말할 수 있었다. 지금 있는 상태와 다른 것을 꿈꾸기 위해서는 지금 있는 상태의 좋고 나쁨을 판단할 수 있는 비판력이 필요하다. 그 지점에서 비판력과 상상력은 동전의 양면이 된다. 비판력 없이는 상상력도 있을 수 없으며, 상상력 없이는 비판력도 있을 수 없다. 비판력을 등에 업은 상상력은 현재를 더 나은 상태로 만들 수 있다. 우리가 상상력을 확보해야 하는 이유는 바로 그것이다. 굳이 분홍빛 미래를 미리 상정해야 할 이유가 없다. 굳이 세기말을 들먹여야 할 이유도 없다.

변화하지 않는 시대는 단 한 번도 없었다. 세기말은 서양 달력으로만 따져도 스무 번이 있었고, 단군 이래로는 거의 오십 번이 있었다. 호모 사피엔스가 등장한 이후 세기말은 도대체 몇 번이나 있었을까. 물론 전자 문명으로 인해 인류의 삶이 급격하게 바뀌고 있는 것은 사실이다. 인간이 점차 육체 노동의 부담에서 벗어나 정신 노동에 전념할 가능성이 높아진 것도 사실이다. 하지만 그것이 유독 이 시대에만 상상력이 더욱 절실하게 필요하다고 주장할 근거는 되지 못한다. 상상력은 '언제나' 필요한 것이다.

우리에게 필요한 것은 '앞으로 더 부유하게 살기 위해 필요한' 상상력이 아니라 '지금 더 즐겁게 살기 위해 언제나 필요한' 상상력이다. 지금 우리가 상상력을 이야기해야 하는 이유 중의 하나는 바로 '상상력은 앞으로 더 부유하게 살기 위한 수단'이라는 오해를 바로잡아야 하기 때문이다. 그 논리야말로 지독한 전체주의의 논리다. 거기에서 상상력은 초법률적으로 '규정되어' 있다. 디스코테크나 카바레가 아닌 곳에서 춤을 추는 것은 불법이라는 생각과 다를 바 없는, 참으로 웃기지만 소름끼치는, 괴물이다.

지금 더 즐겁게 사는 주인공은 누구인가? 바로 '나'다. 상상력은 누구에게서 선물로 받는 것이 아니다. 상상력은 스스로 물 주고 퇴비 뿌려 키우는 식물 같은 것이다. 부모님이, 선생님이, 사회가, 자본주의 체제가, 나의 상상력을 키워 주지 않았다고 비난하는 일은 이제 그만두자. 그들이 당신의 상상력을 뽑아가 버린 것은 사실일지도 모른다. 어쩌다 싹이 돋은 당신의 상상력에 강력한 제초제를 뿌린 것도 사실일지 모른다. 그래서 어쩌자는 것인가? 비난하고 한탄한다고 해서, 그들이 당신에게 상상력을 되돌려 줄 것도 아니지 않은가. 상상력은 당신의 책임이다. 잃어 버린 것도 당신의 책임이고, 다시 키우는 일도 당신의 책임이다. 왜 상상력인가? 대답은 간단하다. 내가 즐겁게 살기 위해서. 나의 창세기를 만들어 보면서 즐거워하기 위해서.

단단한 것은 모두 녹아 날아간다

콘크리트 상자를 머리 속에 상상해 보라. 단단하고 두꺼운 콘크리트 상자. 그 안에 어느 날 씨앗 하나가 떨어진다. 씨앗은 약간의 먼지 속에 몸을 묻고 비가 오기를 기다린다. 마침내 비가 내리고 씨앗은 싹을 틔운다. 약간의 먼지 속에 뿌리를 뻗는다. 여기까지 상상했으면, 이제 잠시 책을 덮고 그 뒤에 벌어질 일을 나름대로 상상해 보라. 시간은 당신이 원하는 대로….

①씨앗은 결국 말라 죽는다.
②씨앗이 억척스레 자라 조그맣게 꽃을 피운다.
③어느 날 누군가 망치로 콘크리트 상자를 두들겨 부숴 씨앗이 마음 놓고 자라게 한다.
④어느 날 갑자기 커다란 나무가 콘크리트 상자에서 불쑥 성장한다.

상상은 자유다. 그 밖에 당신이 어떤 상상력을 발휘했건 그것은 당신의 자유였으므로 아무도 탓할 사람은 없다. ①과 ②가 상당히 현실적인 상상력이라면, ③과 ④는 상당히 낭만적인 상상력이라고 해도 별 무리는 없을 것이다. 하지만, 당신의 상상력이 여기에 머물렀다면, 당신은 주입식 교육의 폐해라고 당신이 그렇게 비판하는 '사지 선다식 상상력'에 머물러 있다고 해도 또한 별 무리가 없을 것이다.

⑤씨앗이 내린 실뿌리들이 부지런히 산(酸)을 배출해 콘크리트 상자의 바닥을 녹인다. 그래서 오백 년이 지난 후, 그 나무의 씨앗이 원래 콘크리트 상자 속에 심어졌던 것임을 눈치채는 사람은 아무도 없다.

미리 말해 두자. ⑤번은 절대로 정답이 아니다. 상상력에는 정답이 없다. 무수한 정답의 가능성이 있을 뿐이다. 그것을 염두에 두고 ⑤번 상상력이 왜 재미있는지를 생각해 보자. 우선 현실과 낭만의 양 극단에서 멀어져 있다. 너무 현실적인 상상력은 세상을 바꾸지 못하고 세상에 순종할 뿐이다. 너무 낭만적인 상상력 역시 세상을 바꿀 힘이 없고, 다만 세상 밖에서 맴돌 뿐이다. 양쪽 다 우리의 삶을 더 자유롭게, 더 즐겁게 만들어 주지 못한다. 좌절과 분노가 있을 뿐이다. ⑤번 상상력에는 현실과 낭만이 다 담겨 있으면서도, 좌절과 분노를 넘어선 희망이 있다. 희망이 있는 삶은 재미있어진다. 단단한 콘크리트를 녹이는 조그만 씨앗을 상상해 보라!

"단단한 것은 모두 녹아 날아간다(All that is solid melts into air)." 마르크스가 『공산당 선언』에서 했던 말이다. 단단한 자본주의가 결국은 모두 녹아 날아가고, 공산주의 사회가 도래할 것임을 확신했던 마르크스의 예언이었다. "근대 사회의 모든 영역 속에 펼쳐지는 영원히 활동적이며 생성적인 과정, 그리고 발전을 수용하고 추구하는 인간 능력의 해방에 대한 마르크스의 진술"(황종연, 「모더니즘의 망령을 찾아서」, 『세계의 문학』 1994년 여름호)이 그 잠언적인 한 마디의 말에 담겨 있었다. 자본주의 시장 체제가 이제 전 세계를 장악했다는 것이 분명한 사실이고 보면, 마르크스의 예언은 결국 틀린 것인지도 모른다. 그 이야기는 다음으로 미루자. 이 자리는 상상력을 이야기하는 자리로 마련된 것이니까.

나눔 나눔 나눔 (조병준과 함께 나누는 문화 이야기)   想 (왜 상상력인가? — 단단한 것은 모두 녹아 날아간다)

　　단단한 것이 저절로 모두 녹아 날아가지는 않는다. 단단한 바위를 조금씩 마모시키려면 바람과 비가 필요하다. 바람이 작은 씨앗을 실어다 바위 틈새의 먼지 속에 뿌리 내리게 하고, 빗물이 그 뿌리에서 내뿜을 산을 위한 수분을 제공하면, 그 때부터 단단한 바위가 녹아 날아갈 수 있다. 우리에게서 자유와 용기의 삶을 박탈해 가는 이 단단한 세상을 녹이기 위해 필요한 씨앗, 그것이 바로 상상력이다.

　　나무가 녹인 단단한 바위는 그냥 공기 속으로 사라지지 않는다. 나무는 녹인 바위를 흡수해 자신의 몸을 키우는 데 사용한다. 용감하고 굳센 나무는 심지어 바위에 담긴 수분도 빨아들인다. 상상력은 자신을 억압하는 단단한 사회를 오히려 자신의 수분 및 양분 공급원으로 전환시킬 수 있다. 어둡고 험난한 시대일수록 위대한 시인이 등장했던 까닭이 바로 거기에 있다. 위대한 상상력의 힘.

　　상상력을 키우자. 어떻게? 상상력을 갖지 못한 자들만이 그것을 묻는다. 상상력을 키우는 방법을 상상하는 데에서 상상력이 길러진다. 당신의 책임이다.

『지성과 패기』, 1996년 7-8월호, 선경 그룹 발행

뒷얘기 : 글을 잘 쓰는 방법?

　　이 글이 실리고 난 다음, 『지성과 패기』의 대학생 기자들과 잡지 평가회를 겸한 술자리를 함께 했을 때 어느 학생이 내게 물었다. "저, 선생님, 어떻게 하면 글을 잘 쓸 수 있을까요?" 내가 해 줄 수 있는 답은 뻔했다. "열심히 읽고, 열심히 쓰는 것밖에는 왕도가 따로 없어요." 그러다 질문은 어떤 책을 읽어야 하느냐로 전개되었고, 나는 다시 한 번 뻔한 대답을 해 주었다. "닥치는 대로! 닥치는 대로 읽다 보면 책들이 알아서 길을 보여 주게 돼 있으니까 무조건 읽는 것이 최고예요."

필독서 이데올로기

이 친절한 '길라잡이' 또는 '도우미' 천국 세상에서 '닥치는 대로' 또는 '무조건'은 너무 잔인한 처방이었을까? 착하고 어린 대학생 친구는 끝내 나의 무성의한 답변이 서운한 모양이었다. "그래도 꼭 읽어야만 할 필독서 몇 권은 말씀해 주실 수 있잖아요?" 같은 질문을 내게 던지고 싶은 대학생 친구들이 있을지도 모르겠다. 글을 잘 쓰고 싶은 욕심이야 누구에게나 있는 욕심이니까. 나는 그 친구들에게 이렇게 말해 주고 싶다. "제발, 그 필독서 이데올로기에서 도망쳐라. 나는 지금 꽤 잘 나가는 글쟁이라고 남들도 몇 사람은 인정해 주는 필자다. 그런 나이지만, 내가 국민 학교 시절 가장 열심히 읽었던 책은 동화책과 어른들이 보다 버린 온갖 여성 잡지와 『선데이 서울』이었다."

위대한 등산가는 남들이 개발해 놓은 루트로 산을 오르지 않는다. 길이 없을 듯싶은 루트에서 길을 만들어 낸다. 책을 읽는 것, 그리고 글을 쓰는 것 역시 마찬가지라고 나는 믿는다. 실패를 두려워하지 않아야 새로운 루트를 만들어 낼 수 있다. 필독서 '목록' 그리고 좋은 글을 쓰는 '참고서'는 안전한 루트다. 그 루트로 가면 물론 정상에 쉽게 도달할 수 있을지도 모른다. 그런데 그렇게 정상을 정복하는 것에는 과연 어떤 재미가 있을까? 답습! 답습이 재미있다고 말하는 사람을 믿지 말자! 십중팔구 그들은 래프팅이나 번지 점프에 목숨 거는 일은 죽어도 못할 사람들이니까!

닥치는 대로, 무조건

필독서는 닥치는 대로 읽다 보면 꼭 언젠가는 손에 걸리고 발에 걸리게 마련이다. 필독서들이 위대한 이유는 바로 거기에 있다. 이리 뛰고 저리 뛰어도 만날 수밖에 없는 책들이 있다. 목록을 따라가다 만나는 필독서는 이미 필독서가 아니다. 맛 없고 재미 없는 비타민 알약에 불과할 뿐이다. 절대 당신의 뼈와 살에 보탬이 되지 않는다. 닥치는 대로, 무조건. 그것이 바로 상상력의 출발점이기도 하다. 거기서 출발해야 비로소 좋은 글도 쓸 수 있다. 가만! 그런데 지금 나는 두대체 몇 미터 능선까지 와 있는 거지?

잠시

멈추고

느리게

(34·35)

(想―2)

춤추기

―무용가 홍신자 인터뷰

홍신자 · 세계적인 전위 무용가이자 명상가. 1940년생. 숙명여대 영문학과를 졸업하고 미국으로 건너가 스물여섯 살이라는 늦은 나이에 무용계에 입문했다. 1973년 서른두 살 때『제례』라는 작품을 발표,『뉴욕 타임스』의 이례적인 호평을 받으며 뉴욕 무용계에 진출했는데, 이 작품은 한국에서도 공연돼 국내 최초의 전위 무용으로 당시 최대의 관객을 동원하는 등 화제를 뿌렸다. 뉴욕에서 인도로, 인도에서 하와이로, 하와이 정글에서 다시 한국으로 끊임없이 떠나기를 계속해 온 그는 1981년 자신이 만든 무용단과 같은 이름인〈웃는 돌(Laughing Stone)〉이라는 명상의 집과 공연장을 1995년 안성군 죽산면(0334-675-0661)에 마련하고 '새로운 떠남'을 준비하고 있다. 1996년 2월과 4월에는 존 케이지의 유일한 댄스 드라마인『네 개의 벽』을 안무, 공연하여 호평을 받기도 했으며, 같은 해 6월에는〈죽산 축제〉를 열기도 했다. 자신의 삶을 이야기한『자유를 위한 변명』, 인도 수행 생활 체험기인『푸나의 추억―라즈니쉬와의 만남』, 영시집『Dance of Silence』등과 같은 책들을 썼으며, 옮긴 책으로『마하무드라의 노래』『사라하의 노래』등이 있다.

나눔 나눔 나눔 (조병준과 함께 나누는 문화 이야기) 想 (잠시 멈추고 느리게 춤추기—무용가 홍신자 인터뷰)

잠시 멈춤

'잠시 멈춤(pause)' 버튼이 풀려 있지 않았다. 당연히 테이프엔 단 한 마디의 말도 녹음되어 있지 않았다. '기계'를 믿으면서 인터뷰가 진행되는 동안 나는 거의 기록을 하지 않았다. 귀찮은 기록의 노동은 기계에 맡겨 두고 대화의 즐거움에 푹 빠져 있었다. 해제되지 않은 '잠시 멈춤' 버튼을 확인하는 순간 내 머리의 회전도 '잠시 멈춤' 상태가 되었다. 난감했다. 이 인터뷰 기사를 대체 어떻게 풀어 쓸 수 있을 것인가. 그런데 잠시 후, 갑자기 나는 훨훨 나를 듯한 '자유'를 느꼈다. 그리고 웃음이 터져 나왔다. 하하하하. 나는 소리내어 웃었다. 그 때, 웃음을 통해서도 명상은 가능하다던 홍신자 선생의 말이 진실임을 '느끼게' 되었다. '이해하고 깨달은' 것이 아니라 그냥 '느껴졌다'. 웃으면서 그 '잠시 멈춤' 버튼이 고마워졌다. 멈춰 있었던 것이다! 90분짜리 테이프가 돌아가지 않음으로써, 애당초 거기에 화석으로 남아야 했던 '말'들은 허공으로 흩어졌다. 말들이 허공으로 흩어짐으로써 내겐 자유가 주어진 것이다.

라즈니쉬가 말했다. 춤은 가장 불가사의한 예술이라고. 춤은 단지 동작 속의 리듬이므로 절대로 물질적인 것이 아니라고. "춤은 마치 우주 속으로 사라지듯이 사라져 간다. 그것은 무(無)에서 나와 여기에 있다. 그것은 무에서 출현하여, 그리고 또다시 무로 되돌아간다."(라즈니쉬,『명상—무아경의 예술』) 홍신자 선생의 춤이 우주 속으로 사라지듯, 그가 1996년 2월 22일 오후, 예술의 전당이라는 시공간 속에서 내보냈던 '말'들도 우주 속으로 사라졌다. 말들이 사라져 버렸음을 알았을 때, 나는 웃지 않고는 견딜 수 없었다. 하하하하. 그래, 그것이 춤이었구나. 90분 동안 홍선생은 춤을 추었고, 나는 그 춤을 보고 있었던 것이었구나. 말이 곧 춤이었구나. 그런데 가만, 90분이라고? 테이프의 시간으로 보면 단 1초도 흘러가지 않았던 것이 아닌가.

흘러가기도 했고, 흘러가지 않기도 했던, 그 이상한 시간 속 대화의 화두는 '느린 춤'이었다. 알레그로를 넘고, 비바체를 넘고, 프레스토를 넘어 프레스티시모로 치닫는 문명의 아우토반 바깥에서 추는 '멈춰 섬' 혹은 '침묵'으로서

홍신자

의 춤. 인터뷰 말미에 그는 이렇게 말했다. "머리로 이해하려고 하지 마십시오. 춤추는 이의 손동작, 눈짓의 의미가 무엇인지 궁리하지 마십시오. 열린 마음으로 느껴야 합니다." 춤을 볼 때에도, 그림을 볼 때에도, 우리는 우선 먼저 이해하려 한다. 거기에 어떤 스토리가 담겨 있는지를, 그 스토리는 무엇을 의미하는지를 파악하려(=붙잡으려고) 긴장한다. 홍신자 선생은 스토리와 의미를 버리라고 말했다. "스토리와 의미는 그저 허상일 뿐입니다. 정작 중요한 것은 한 순간, 한 순간마다의 절정을 온몸으로, 온 마음으로 느끼는 것입니다."

　　인터뷰라는 형식을 통해 홍신자 선생이 추었던 춤의 순간순간들, 그 느낌들을 나는 기록하려 한다. 춤처럼 저 우주 속으로 사라지지 못하는 문자 언어의 비극이다. 그 비극에, 춤을 문자 언어로 번역해야 하는 곤혹스러움이 더해진다. 다행인 것은 녹음기의 '잠시 멈춤' 버튼이 해제되지 않았고, 그 덕분에 멈춘 시간 속에서 나도 불완전하게나마 춤을 출 수 있게 되었다는 사실이다. 인터뷰의 시작과 끝을, 중간 과정을, 고스란히 반복해야 할 이유는 없다. 시간은 멈추어 있었고, 따라서 시작도 끝도 없었으므로. 자구(字句) 하나하나를 정확히 옮기려 스트레스를 받을 필요도 없다. 중요한 것은 붙잡는 것이 아니라 그 느낌을 온몸으로 경험하는 것이므로.

　　스토리를, 그리고 의미를 따라잡으려 허겁지겁하는 것, 그것이 바로 우리가 겪고 있는 이 무시무시한 속도 전쟁의 원인일는지도 모른다. 따라잡으려 허겁지겁하지 않으려면, 일단 멈추어야 할 것이다. 그리고 아주 천천히 마음을 열고, 아주 천천히 온몸으로 느껴야 할 것이다. 홍신자 선생이 내게 건넸고, 나를 통해 젊은이들에게 전해 주기 원했던 가르침이 바로 그것이었다고 나는 지금 기억한다. 바로 그 때문에 절묘하게도 녹음기의 '잠시 멈춤' 버튼도 그대로 멈춰 있었으리라고 나는 엉뚱한 상상의 날개를 편다.

침묵에 대한 두려움

현대를 사는 사람들이 그렇게 속도에 집착하는 이유가 무엇이라고 생각하십니까? 내가 물었을 때, 홍신자 선생은 아주 명쾌한 답변을 주었다.

"침묵을 두려워하기 때문이지요."

'침묵에 대한 두려움'이라는 그의 원인 진단은 날카로웠다.

"진정한 자아를 만나기 위해서는 자기 내면의 소리를 들어야 합니다. 자기 내면의 소리는 죽음과도 같은 침묵 속에서만 비로소 들을 수 있습니다. 그런데 현대인들은 자기 자신을 만나기를 두려워하고 있어요. 자신의 내면이 공허하게 비어 있음을 인정할 수 없기 때문입니다. 그 공허함을 메우기 위해서 감각의 세계를 방황합니다. 침묵하는 순간 자신의 공허함이 그대로 드러날 것이 두려워 감각에 몰두합니다. 그런 감각에의 방황이 곧 빠름에 대한 집착으로 이어지는 것이지요. 빠름에 도취되어 있을 때는 자신을 온전히 잊을 수 있으니까요."

그는 특히 젊은 세대가 지닌 속도에의 집착에 깊은 우려를 표명한다.

"정신 없이 빠른 음악, 빠른 춤, 빠른 삶에 도취될 때 물론 두려움을 잊을 수 있겠지요. 하지만 그건 삶의 낭비일 뿐입니다. 그렇게 빠르게 흘러간 시간은 잃어 버린 시간일 뿐입니다. 느리게 움직일 때 비로소 침묵이 가능해집니다. 느림이 극한에 이르러 정지의 상태에까지 이를 때 온전한 의미에서의 침묵이 완성됩니다. 젊은이들이 그 느림의 상태를 참지 못하고 있어요. 끝없이 불안해 하고, 그 불안을 이기기 위해 눈앞의 '빠른 목표'에만 강박적으로 매달리게 되는 것이지요."

침묵에 대한 두려움은 또 사람들을 '획일성'이라는 병으로 몰아가고 있다는 것이 그의 계속된 진단이었다. "홀로 있을 때 비로소 침묵은 가능해집니다. 침묵이 두려운 까닭에 '휩쓸려 함께 있을 때'의 편안함에 중독되어 사람들은 더 이상 '외로운 개인'으로 남아 있기를 거부하고 있습니다. 그리고 그 결과 기계처럼 똑같은 삶의 모습들만이 기계처럼 정신 없이 빠른 직선 운동을 계속하고 있습니다."

우리의 삶을 기계처럼 획일적으로, 기계처럼 빠르게 몰아가는 이 '침묵에 대한 두려움, 느림에 대한 두려움'을 어떻게 극복할 수 있을 것인가. 홍신자 선생은 "떠나라"고 대답한다.

나눔 나눔 나눔 (조병준과 함께 나누는 문화 이야기) 想 (잠시 멈추고 느리게 춤추기—무용가 홍신자 인터뷰)

떠남

그의 삶 자체가 '떠남'의 연속이었음을 우리는 기억하고 있다. 한국을 떠나 뉴욕으로, 영문학도의 길을 떠나 난데없는 무용가의 길로, 촉망받던 뉴욕의 예술가에서 '인도'라는 구도의 길을 떠도는 구도자로, 인도를 떠나 다시 뉴욕으로, 뉴욕에서 하와이 화산섬의 정글로, 그리고 정글을 떠난 그는 한국으로 돌아왔다. 안성군 죽산면에서 시외 버스를 내려 택시 기사들이 "아! 〈웃는 돌〉에 가시는군요"라고 웃으며 데려다 주는 용설리에 집을 지었다. 그 곳에서 국제 무용제도 열고, 서울에서 객석이 모두 매진되는 공연도 치렀다. 이제 정주하신 건가요? 우둔한 질문이었다.

"죽산은 제 삶의 한 과정일 뿐입니다. 이 곳에서 할 일이 있기 때문에 머물고 있을 뿐입니다. 한 곳에 안주하는 삶은 제게 있어 곧 자기 파괴를 의미합니다. 안전함을 얻는 대신에 정신을 잃어 버리는 것이지요. 정신을 찾기 위해선 떠나야만 합니다. 끝없이 떠날 때 사람은 외로울 수밖에 없습니다. '홀로 있는 사람'이 되어야 그 때 비로소 진정한 자신을 만나게 됩니다."

자신을 만나는 것이 두렵기에 '휩쓸려 빠르게 허덕이는' 것이라면, 그 빠름에서 벗어나는 길은 바로 '홀로 있는 사람'이 되기 위한 '떠남'이 될 수밖에 없다. 떠남은 공간의 문제가 아니었다.

"속도에는 한계가 있습니다. 현대의 속도 문명에도 한계가 있을 수밖에 없습니다. 하지만 정신에는 한계가 없습니다. 속도에 집착하는 이 문명은 이제 오래가지 않을 겁니다. 새로운 형태의 문명이 다가오고 있다고 저는 믿습니다. 공간적 한계가 없는 정신에 기초한 문명이지요."

공간적 한계가 없을 때 속도는 차지할 자리가 없다. 속도란 거리가 있어야 존재할 수 있는 개념이기 때문이다.

"느리게 춤춰야 합니다. 춤을 통해 침묵에 다다를 수 있어야 합니다."

언젠가 그가 뉴욕에서 춤을 추었을 때 『빌리지 보이스』라는 뉴욕 최고의 예술 비평지의 비평가는 '자기 생애에 본 가장 느린 춤'이라는 평을 실었다고 한다. 그는 느리게 춤출수록 관객들이 더 큰 공감대를 형성하는 것을 몸으로 느낄 수 있었다고 했다. 그런 느낌은 이번에 자신의 대표작 중 하나인 『네 개의 벽』이 공연되었던 서울에서도 마찬가지였다. 침묵이 반복되는 존 케이지의 음악, 침묵이 반복되는 그의 춤에 서울의 관객들은 '예상 밖으로' 아주 커다란 공감대를 만들어 냈다.

"제 스스로도 빠른 춤은 5분 이상 보고 있을 수가 없어요."

빠른 춤을 추고 볼 때 거기에 '감각의 도취'는 있을지 모르지만 '영혼의 교감'은 있을 수 없다는 것이 그가 빠른 춤에 부정적인 이유였다. 느리게 춤추는 것은 곧 '감각으로부터의 떠남'을 뜻하기도 하는 것이다. 허상에 불과한 감각으로부터 떠날 때 비로소 진정한 '나'를 발견할 수 있다. 그 '나'는 바로 '홀로 있는 사람'이며, 또한 '홀로 느리게 춤추는 사람'이다.

홀로 느리게 춤추기

"개인의 책임입니다. 모든 것이."

'개인의 책임'이라는 말을 그는 여러 번 되풀이했다. 이 속도 문명의 병을 고치는 것부터 새로운 문명의 토대를 만들어 내는 것까지가 모두가 개인의 책임이라고 그는 줄곧 강조했다. 당연한 결론이라고 해야 할 것이다. 침묵으로의 여행을 과연 어느 누가 동행할 수 있을 것인가 말이다. 하지만 그가 말했던 대로 침묵이 죽음과 같은 것이라면, 그 무서운 여행을 무작정 홀로 떠난다는 것은 너무 두렵지 않은가? 최소한 무엇인가 길잡이가 되어 줄 것은 있어야 하지 않은가? 그는 '자연'을 따르라고 대답해 주었다.

"숲을 보세요. 하루 종일을 보고 있어도 나무가 자라는 걸 눈으로 볼 수는 없습니다. 하지만 나무는 분명히 자라고 있습니다. 그 성장의 속도가 너무나 느리기 때문에 우리의 감각으로는 포착할 수가 없지만, 그래서 정지해 있는 것처럼 보이지만, 나무는, 그리고 숲은 자라고 있습니다."

자연의 '느림'을 보고 따르라는 충고였다. 위대한 스승, 자연···. 자연 속에서의 명상이 바로 이 막강한 속도 문명이라는 질병의 치료책으로 제시된 처방전이었다.

"자꾸 자연으로 돌아가야 합니다. 모든 사람이 도시에서의 삶을 완전히 포기한다는 건 어차피 불가능한 일이겠지요. 하지만 가끔이라도 멈추어 서서 발길을 자연으로 돌려 줘야 합니다. 숲 속을 목적지 없이 천천히 걸으며 명상해야 합니다. 걷는 것이 명상이고, 느리게 춤추는 것이 명상입니다. 그리고 그 명상의 기억을 일상의 삶에서 자꾸 기억해야 합니다."

그는 언젠가 그런 자연 속의 예술, 자연 속의 명상을 가르치고 배우는 학교를 만들고 싶다고 했다. 1996년 6월 1일부터 10일까지 죽산에서 치러질 〈죽산 축제〉는 바로 그런 학교로 가는 느린 걸음이다. 그 축제에서 참가자들은 명상과 춤과 환경 미술이 자연 속에서 하나로 묶이는 특별한 체험을 하게 될 것이다. 남들보다 한 발 앞서 침묵으로의 길, 자연으로의 길을 떠나 보았던 선배로서의 경험을 나누어 주기 위해 마련한 행사다. 춤을 업으로 하지 않는 사람들도 물론 참여할 수 있다. 느리게 춤출 마음이 열려 있는 사람, 진정한 자신을 만나기 위한 여행에 느린 발걸음을 내밀 준비가 되어 있는 사람을 홍신자 선생은 기다린다고 했다. 그런 '창조적 소수'인 개인들을 정말로 만나고 싶다고, 그는 다시 한 번 '개인'을 강조했다. 그 때 인터뷰 자리에 같이 있었던 『지성과 패기』의 학생 기자 황진원 군이 이의를 제기했다. 빠르게 움직이지 않으면 도태될 수밖에 없는 사회 구조의 문제는 어떻게 해야 하느냐, 구조를 바꿔야 비로소 개인들이 바뀔 수 있는 것이 아니냐. 대강 그런 뜻의 의문 제기였다.

내 기억이 정확하다면, 홍신자 선생은 그 때 얼굴에 미소를 지었다. 그리고 예수와 석가를 비롯한 인류의 스승들을 예로 들며, 그들 모두가 '나의 깨달음'을 가르치지 않았느냐고 반문했다. 위대한 스승들은 모두 '개인'이 아니었느냐고. '빠름과 느림'으로 시작된 대화는 결국 '구조와 개인'의 문제로 이어져 있었다. 내 기억이 이 부분에서 유독 흔들리는 것은 그 때 내가 당황했기 때문일 것이다. 황진원 군의 편에 서야 할지, 홍신자 선생의 편에 서야 할지 나는 잠시 당황하고 있었다.

홀로 집으로 돌아오며 나는 전철역에서 내려 천천히 걸어 보았다. 천천히 걸으며 나는 홍신자 선생 편에 다가서는 나를 만났다. 구조를 바꾸면 개인이 더 쉽게, 더 빨리 변할 수 있다는 논리는 분명히 정당한 논리였다. 문제는 바로 '더 쉽게, 더 빨리'에 있었다. 더 쉽게, 더 빨리. 그것이야말로 바로 속도 문명의 알파요 오메가가 아니었던가. "어렵게, 그리고 느리게." 홍신자 선생은 그것이 개인이 져야 할 책임이라고 말했던 것이다. 그가 말했던 새로운 문명은 어쩌

면 바로 그 '더 어렵게, 더 느리게 가는 개인들'에 의해 세워질 문명이 아닐까.

　　이제 내 춤을 끝낼 시간이 된 것 같다. 내 무딘 문자로 얼마나 홍신자 선생의 춤을 제대로 보여 줄 수 있었을지 걱정이다. 춤은 춤으로 보아야 하는 법. 어렵게 홀로 느리게 추는 춤을 마음에 품게 되었다면, 그런 젊은이들은 우선 1996년 4월 12일부터 14일까지 예술의 전당 자유 소극장에서, 그리고 20일 이후 대구, 울산, 부산 등지에서 예정된 홍신자 선생의 앵콜 공연에 가 보길 바란다. 또다시 표가 매진될 가능성도 있으니 서둘러야 할지도 모른다. '서두르라'고? 느리게 살기는 참으로 어려운 일이로구나….

　『지성과 패기』 1996년 3-4월호, 선경 그룹 발행

뒷얘기: 인터뷰가 좋은 글쓰기가 될 수 있는 이유

텍스트 즉 작품과, 작가 즉 사람은 사실 분리될 수 없다. 하지만 그렇다고 해서 작가와 작품이 완벽히 일치한다고 생각해서는 안 된다. 작가와 작품은 서로 다르다. 서로 다르지만, 서로 분리될 수 없는 작가와 작품. 인터뷰가 좋은 비평 글쓰기의 방법이 될 수 있는 것은 바로 그 때문이다. '잘만 하면' 작품과 작가를 함께 보여 줄 수 있기 때문이다. 그리고 '잘 하기'가 생각만큼 쉽지 않은 것이 또 인터뷰 글쓰기이다.

우리 삶의 핵심, 현장성 또는 즉흥성

녹음기의 '잠시 멈춤' 버튼 때문에 벌어진 대형 사고를 무난히 수습한 덕분에 '순발력의 왕자'라는 별명을 얻었다. (나도 왕자병에 걸려 버렸다!) 하여간 그 사고를 통해서 한 가지 배운 것이 있다. 인터뷰가 좋은 이유 또 하나. '잘만 하면' 현장의 즉흥성을 글로 옮길 수 있다는 것이었다. 현장성 또는 즉흥성이야말로 문화의 생명력을 확보하는 대전제다. 그리고 현장성 또는 즉흥성은 우리 삶의 핵심이다. 정해진 규범에만 따를 때 삶은 획일화되고 문화는 박제되어 간다. 현장성과 즉흥성을 상실한 예술 또는 문화는 자칫 지겨워지기 쉽다. 무릇 모든 예술과 문화는 펄펄 살아 있을 때라야 재미있어질 수 있다. 녹음이 아닌 라이브 콘서트가 더 재미있는 이유가 바로 거기에 있다. 세종 문화 회관의 바이올린 독주회보다 장터에서 벌어지는 약장수의 쇼가 더 재미있는 이유도 거기에 있다.

펄펄 살아 있는 글을 만나고 싶다

우리의 글쓰기 관습은 이상하게 현장성과 즉흥성을 천대한다. 객관식 학력 고사와 백발 백중 논술 길라잡이 탓인가? 펄펄 살아 있는 글을 만나고 싶다. 펄펄 살아 있는 글을 쓰고 싶다. 그런데 둘 다 잘 안 된다. 『페이퍼』의 황경신 편집장이 그런 살아 있는 인터뷰 기사를 자주 보여 준다. 그나마 숨통을 틔워 주는 글이 가끔 있어 다행이다. 나도 분발해야지!

Girls & Boys, Be GAGI

— 〈황신혜 밴드〉의 빵꾸로크 이야기

(想―3)

TIOUS!

문화 비평가, 빵꾸로크 밴드를 만나다

"우리는 지금 무진장 위험하고 척박한 세상에서 살고 있다. 음악도… 얼터너티브? 으흐흐 대안이라고 번역들 하던데… 양자 택일로 번역을 한다! 너무 강요가 심해서 협박에 가까운 음악이다…. 뭔가 소화 불량에 걸린 이 사회에 빵꾸를 내서 시원스런… (음, 말이 안 되고 있군) 아무튼 우린 〈황신혜 밴드〉이고 빵꾸로크의 창시자이다! 순결한 정신!! 빵꾸로크!!"

팩스로 보내 온 공연 안내문에 그렇게 적혀 있었어. 〈황신혜 밴드〉를 구경하러 대학로에 갔어. 펑크 록이 아니라 빵꾸로크래.

"햇살이 쏟아지는 5월 어느 날 우리의 사랑 깨져 버리고 쏟아지는 외로움에 난 너무 추웠어. 떨리는 손으로 수화기를 들고… 짬뽕 하나 갖다 주세요~! 짬뽕~ 짬뽕~ 짬뽕~ 짬뽕이~ 좋아~!"(「짬뽕」) "어머니 어머니 우리 어머니 밥 먹을 땐 누룽지를 먹지 마세요…. 닭 잡아먹고 오리발을 내밀면 꿩 대신 닭을 잡아먹었지. 닭모가지 비틀어서 새벽이 오면 닭 쫓던 개는 어디로 가나요~ 닭대가리가 될까? 뱀꼬리가 될까? 닭대가리야~ ~ ~"(「닭대가리」) "당신을 만난 후로 나는 배가 불러 왔어. 당신을 만나기로 작정하고 찾아갔어….

나눔 나눔 나눔 (조병준과 함께 나누는 문화 이야기) **想** (Girls & Boys, Be GAGITIOUS! —〈황신혜 밴드〉의 빵꾸로크 이야기)

당신의 아이가 여기 있어요. 당신의 아이를 가져가세요. 당신의 아이를 책임지세요. 내 청춘 내 인생을 책임져요. 책임져요. (닥쳐 닥쳐!) 책임져요. (내 새끼가 아냐!) 당신이 내게 올 때 문전 박대 했어야 했어. 당신은 나쁜 새끼 이제 와서 문전 박대. 문전 박대~"(「문전 박대」) "야~ 야이 개새꺄~ 야~ 야이 씹새꺄~ 이런 씨버걸 놈. 이런 좆 같은 놈. 영어로는 Fucker~. … 우리는 민족 중흥의 역사적 사명을 띠고 이 땅에 태어났다…. 민족의 슬기를 모아 줄기찬 노력으로 새 역사를 창조하자. 잘 살아 보세 잘 살아 보세 우리도 한 번 잘 살아 보세 잘 살아 보세~!"(「욕」)

개겨서 미안! 어쩔 수가 없었어. 〈황신혜 밴드〉는 아직 판이 없어. 1996년 8월 8일, 대학로 골목골목 숨어들어 귀신처럼 찾아온 한 150명쯤 되는 열혈 '빵꾸로크' 팬들이 아니라면, 도대체 걔들이 무슨 말라빠진 뼉다구 같은 노래를 부르는지 아무도 모를 거 아냐? 걔들이 도대체 뭐라고 중얼거리면서 빵꾸를 내는지 정도는 독자들에게 알려 줘야 할 것 같았어. 노래를 들려 주지는 못하니, 그 정도 서비스는 해 줘야 되는 거 아냐? 너무 길었다구? 미안해.

여유 만만하게 저녁 먹고 시간 맞춰 갔어. 황신혜가 나올 것도 아닌데 뭐 줄 서서 들어갈 일은 없으리라고 자신 만만하게 3분 전에 들어갔어. 세상에! 세상이 확실히 미치긴 미친 모양이야. 바글바글. 미친 세상이라 그런지 애들은 정말 귀신 같아. 어떻게들 알고 그 구석까지 모여들었는지. 입추의 여지가 없었어. 입추의 '추' 자가 '송곳 추(錐)' 라는 거 알아? 송곳을 세우지 못할 정도였으니 흔들려야지 별 수 있어? 그래서 이리저리 흔들리며 노래를 들었어. 버드 아이스(BUD ICE) 마시면서. 포복 절도하면서. 자리가 없어서 뒤집어지지는 못했어, 아쉽게도. 미리 인터뷰 예약을 했기에 망정이지, 그냥 갔더라면, '문전 박대' 에 '욕' 만 바가지로 먹었을 거야. 스타 탄생! 그래서 졸지에 나는 '연예 기자' 가 되었어. 조까치(본명은 조윤석이래)와 김형태를 만나서, 그 싱싱한(!) 85학번들의 개기는 얘기를 들었어.

세계는 넓고 개길 일은 많다

왜 〈황신혜 밴드〉예요?

까치 : 좋잖아요? 이쁘고. 그냥 의미 없어요.

(아! 만만치 않은 고수들이었어. 의미 없이 이름을 지을 수 있는 개김! 우리는 단군 할아버지께서 조선이라고 나라 이름을 지으신 이래, 모든 이름에는 뜻이 있어야 한다고, 모든 사건과 현상과 행동에는 의미가 있어야 한다고, '뜻'을 세우지 않은 인생은 삼족을 멸할 만한 패륜이라고 배워 왔잖아! 〈황신혜 밴드〉의 개김 첫 번째.)

이것 저것 직함이 많죠?

까치 : 많아요. 너무 개겨서 취직이 안 됐어요. 저, 건축학과 나왔걸랑요. 그런데 건물을 짓지 않는 것도 건축이라고 개겼어요. 취직이 안 돼서 인테리어 사업 했어요. 저도 촉망받던 디자이너였어요. 믿어 주세요. 그런데 망했어요. 망하고 영화 공부 1년 했어요. 취직도 했죠. 지금은 직원으로서 개겨요. '이류 건축가'죠. 제가 이류 건축가를 자부하는 건 결코 지금의 한국 건축을 비판하겠다는 게 아니에요. 그냥 그렇다는 얘기죠. '나쁜 재개발 업자' 요? 지금 제가 설계 사무소에서 재개발팀에 근무하거든요. 그런데 대학 다닐 땐 빈민가 철거에 반대했어요. '상상가' 요? 내가 뭘 하는지 나도 모르겠더라고요. 그래서 상상가라는 직업을 하나 만들어 봤어요. '떡 비디오 제작자' 요? 성인 에로물 아시잖아요? 제가 좋아하기 때문에 해요. 아, 돈 벌어서 할 거예요. 이제 〈황신혜 밴드〉의 베이시스트도 있네요. 그런데, 이상해요. 좋아하는 걸 하면 절대! 돈이 안 벌려요.

형태 : 저요? 본업은 뭐, 그림이라고 할 수 있는데, 그림에 투자하는 시간이 제일 적어요. 저도 한때는 촉망받는 화가였어요. 그런데 작품을 하다 보니, 너무나 많은 게 비현실적이었어요. 작품도 비현실, 비평도 비현실. 허무해서 딴짓하기 시작했어요. 연극도 해 봤어요. 지금은 무대 미술도 하고, 인테리어도 하고, 공연 기획도 해요. 홍대 앞 〈발전소〉하고 〈곰팡이〉라는 카페도 했었어요. 그리구 〈산울림〉 팬 클럽 회장이에요. 〈황신혜 밴드〉의 노래 작사, 작곡은 주로 제가 해요. 저두 이상한 게 하나 있는데요. 남을 위해 뭘 할 때는 돈을 많

이 벌게 해 주는데, 내가 하고 싶은 걸 하면 돈을 써야 해요. 참 이상하죠?

(〈황신혜 밴드〉의 두 번째 개김. 단군 할아버지까지는 몰라도 하여간 아주 오랜 옛날부터 할아버지들은 우리에게 말씀하셨었지. "한 우물을 파야 하느니라." "재주가 많으면 굶어 죽기 딱 알맞느니라." 그래서 한 우물만 파다가 우리는 허구헌 날 우물 안 개구리로 살아야 했잖아? 굶어 죽지 않으려다가 있는 재주도 못 피우고 비만증에, 동맥 경화증에, 종국에는 우울증에 시달려야 했잖아?)

기타를 잘 치지 말자!

어떻게 만났어요, 두 사람?
　　형태 : 술집 손님과 주인으로요.
밴드를 결성한 동기는요?
　　형태 : 사람들에게 희망을 주고 싶었어요. 저런 인간들도 하는데, 우리도 할 수 있다는 그런 희망 말이에요. 지금까지 네 번 공연했는데, 한 번은 어떤 아저씨가 와서 그래요. "나도 록 밴드를 할 수 있다는 생각을 하게 됐다." 무지무지 기뻤어요.

(악보를 읽을 줄 모르는 내게도 어떤 후배가 밴드의 보컬 자리를 제의해 온 일이 있어. 노래방에서 함께 「아름다운 강산」을 부른 다음부터였지. 지금 열심히 드럼을 배우고 있는 그 후배의 나이는 서른두 살이야. 물론 개가 후배니까 내 나이는 그보다 많지. 소문에 듣자니까, 대학가에는 온통 언더그라운드 또는 얼터너티브 내지는 '빵꾸'를 주장하는 록 밴드들이 자고 나면 몇 개씩 생긴다나 봐. 학교를 떠난 지 오래된 작자들에게도 그 바이러스가 이미 침투했다는 얘긴데, 세상 참 좋아졌지? 개기는 사람들이 사방에서 뿅뿅 튀어나와. 어쩌면 그저 또 지나가는 유행일지도 모르지만.)

노래가 재미있긴 한데, 너무 개기는 거 아녜요?
　　까치 : 감동을 구걸하고 싶지 않아요. 장난치는 걸로 충분해요. '빵꾸로크' 요? 펑크의 '뽕짝 메들리'에요. 기타를 잘 치지 말자! 그게 제 신조예요.

조까치

형태 : 예술은 스포츠가 아니잖아요! 누가 누구보다 잘 한다는 게 어디 있어요? 문제는 자기 얘기를 얼마나 할 수 있느냐죠.

(〈황신혜 밴드〉의 개김 세 번째. 초등 학교 시절부터 선생님들은 말씀하셨지. "참된 예술은 감동을 주는 것이며, 예술은 진지해야 한다." 그래서 우리는 록을 얘기하면서도 언제나 저항이라는 두 글자를 가슴 속 깊이 꼭꼭 껴안았잖아? 죽음으로써 얼터너티브의 순결한 저항성을 지키려 했기 때문에 〈니르바나(Nirvana)〉의 커트 코베인은 그토록 위대한 로커로 추앙을 받고 있잖아? 펑크를 얘기하면서도 우리는 영국의 백인 노동자 계급의 좌절된 저항 욕구를 얘기하잖아? 이 친구들은 펑크에 대해 개기고 있는 거야. 펑크가 아니라 빵꾸라고. 그리고, 또 개겨. 월말 고사 때 음악 시험지는 우리에게 물었지. "음악의 아버지는 바흐이고, 음악의 어머니는 헨델이며, 음악의 맏아들은 베토벤인데 너희는 그것을 알고 있느냐?" FM의 디제이들은 우리에게 앵무새처럼 지껄였지. "세계 3대 기타리스트는 지미 헨드릭스와 에릭 클랩튼과 지미 페이지인데, 너희는 그것을 아느냐?" 금메달만 메달이다, 최소한 동메달에는 들어야 한다, 참가에는 코딱지만큼의 의미도 없다, 예술도 스포츠다. 아, 통쾌해! 기타를 잘 치지 말자라니! 적자 생존, 무한 경쟁, 그것들이 우리를 얼마나 괴롭혔어? 나도 외칠래. 문화 비평을 잘 쓰지 말자!)

그런데 도대체 왜 개기세요?

형태 : 그냥 개겼어요. 다른 선택이 없었으니까요. 내가 살고 싶은 대로 살려면 개기는 수밖에는 없었으니까요. 정해진 코스대로 따라가면 자유가 없어지니까요. 그런데, 개기려면 확실히 개겨야 해요. 안 그러면 무능력자로 찍혀 버리거든요.

김형태

까치 : 직장이 인생의 전부였잖아요? 한 우물을 안 파면 문제가 심각한 사회였고요. 자본주의가 고안해 낸 장치였어요. 낮에는 열심히 일하고, 밤에는 한 여자만 아내로 삼아서 잘 자고, 또 일찍 일어나 열심히 일해라! 그게 너무 짜증났어요. 저 위에서 내 삶을 조작하는 체제에 대해 짜증이 났어요. 그래서 생각했어요. 철들면 망령 들자!

아주 길게 대각선으로 강물 건너기

무작정 개기는 건 위험하지 않을까요?

형태 : 어릴 땐 강물을 거슬러 올라가야 한다고 생각했죠. 휩쓸려 가지 않으려고 개겼어요. 난 절대 안 쓰러져 하고 오기를 부렸죠. 그런데 지금은 달라졌어요. 강물의 흐름을 따라가면서, 아주 길게 대각선을 그리면서, 그게 진짜 개김이라고 생각해요. 무모한 반항이나 여성지 가십 기사로 환영받을 아웃사이더는 이제 싫어요.

그 말을 체제와 공존하겠다는 뜻으로 받아들여도 될까요?

형태 : 상관 없어요. 만약 누군가 나서서 우리에게 판을 내 주겠다고 하면 낼 거예요. 메이저 음반 회사에서 제의가 들어와도 거부하지 않을 거예요. 그들이 왜 나쁜 재개발 업자일 수밖에 없는지를 이해해야 해요. 언더그라운드에 대해서 모두들 떠들어 대죠. 전 생각이 조금 달라요. 언더그라운드는 기본적으로 운동이거든요. 전복을 위한 운동 말이에요. 그러다 보니 거기엔 보복 심리가 깔려 있고, 폐쇄적이 될 수밖에 없어요.

까치 : 난 조금 의견이 다른데요. 동일 체험을 공유하는 공동체라고 볼 수도 있는 거 아녜요?

형태 : 아뇨! 언더그라운드에 대한 개념을 다시 짚고 넘어가야 해요. 보복 심리가 깔려 있기 때문에 결국 언더는 오버를 닮을 수밖에 없어요. 이제, 언더에 대해 무조건 박수를 보내는 건 그만둬야 해요. 인디펜던트 레이블 얘기를 많이 하는데, 그걸로는 결코 개길 수 없어요. 진정한 개김은 마이너를 상정해야 해요. 마이너란 무엇이냐? 오버로 갈 수도 있지만 끝내 주류, 즉 메이저는 될 수 없는 게 마이너예요. 오버의 거울상이 아닌 마이너만이 진정한 다양성을 가능케 할 수 있어요.

(네 번째로 개기는 〈황신혜 밴드〉. 걔들과 내가 한꺼번에 너무 개기다 보니, 말이 너무 어려워졌네, 미안해. 오버, 언더, 인디, 마이너, 메이저…. 요즘 같은 극심한 불황기에 유일하게 호황을 누리는 산업이 하나 있지? 왜, '문화 비평 산업'이라고. 거기서 너도 나도 한 마디씩 해서 원고료 많이 받는 말이 바로 그거잖아? "언더그라운드를 살려야 오버그라운드가 산다. 인디 레이블의 활성화만이 살 길이다." 그런데 〈황신혜 밴드〉는 문화 비평가들이 칭송해 마지않는 그 '언더' 또는 '인디'에 대해 또 개기는 거야! 내 나름대로 걔들의 주장을 풀어 써 볼게. "우리는 굵고 짧게 언더로 죽느니, 가늘고 길게 마이너로 살겠다." 뭐 대충 그 정도의 뜻일 거라고 나는 생각해. 좀더 무식하게 말하면, "너 죽고 나 살자"가 아니라, "너는 너대로 살고 나도 나대로 살자"는 기막힌 철학이라고 해도 괜찮지 않을까? 그런데 어느 음반 기획사가 정말 「욕」을 수정 또는 삭제하지 않고 고스란히 앨범에 담을 만큼 확실히 개길 수 있을까?*) (*〈황신혜 밴드〉는 1997년 3월 드디어 판을 냈다. 방송에서는 '저질'이라고 나오지 않는다.)

독수리 날개를 묶고 닭과 **함께** 키우면?

어때요? 개기니까 행복해요?

　　까치 : 행복하기 위한 대가를 치르고 있지만, 행복해요. 저는요, 인간에 대해 끈질긴 희망을 갖고 있거든요, 실낱처럼 가늘지만요. 지금 우리가 이렇게 즐겁게 노래를 부르고 친구들과 죽이 맞아서 신나는 거, 그게 다 우리 사회가 아직 예술가를 대접 안 하는 사회이기 때문이에요. 예술가를 대접하는 사회는 인간성을 잃은 사회예요. 오죽 인간이 그리우면 예술을 떠받들고 예술가를 우상화하겠어요? 두려운 건, 우리 사회도 곧 예술가들이 대접받는 사회가 될 거라는 사실이에요.

　　(자기들이 예술을 한다고 분명히 그랬지? 그런데 예술가를 대접 안 해 줘서 행복하다는 거야? 다섯 번째 개김인가? 아, 헷갈려. 잠깐 정리가 필요할 것 같아. 차근차근. 아, 이제 조금 감이 잡히는 것 같아. 개기는 사람들이 너무 희귀해지면, 그 희소 가치 때문에 사람들이 바리바리 돈 싸들고 개기는 예술가들에게 달려가는 거야. 그래서 바리바리를 백 번쯤 곱한 돈을 벌고, 거기서 바리바리만큼을 또 떼서는 누가 어디서 개기지 않나 판돈을 걸려고 사방을 둘러보는 거야. 그러면 당연히 불행한 사회가 되는 거지. 록이 그랬고, 펑크가 그랬고, 얼터너티브가 그랬지. 하지만, 너도 나도, 개나 소나, 숭어나 망둥이나 다 개기면 아무도 돈 싸들고 오지 않을 거야. 미국 애들, 영국 애들은 이제 개기고 싶어도 못 개겨. 바리바리 부대가 너무 막강하니까. 우리도 곧 그렇게 되겠지? 이미 그렇게 됐나?)

마지막으로 젊은 친구들에게 한 마디만 해 주셔요.

　　까치 : 누구나 저 정도 베이스는 칠 수 있어요. 정말 누구나요. 그런데 사람들은 자기의 삶에 장르를 구분하죠. 예를 들어 건축과 영화는 서로 다른 장르라고 구분하는 거예요. 그런데 그런 장르 구분은 결국 그렇게 훈련받았기 때문일 뿐이거든요. 독수리 날개를 묶고서 닭들하고 함께 키워 보세요. 나중에 풀어 줘도 그 독수리는 못 날아요. 아니, 안 날아요….

　　(짧게 몇 마디만 더 할게. '정윤희 밴드' 만드는 기분으로 이 글을 쓰고 싶었어. 내가 어렸을 땐 정윤희가 제일 이뻤거든. 그런데 잘 안 됐어. 나도 한 번 빵꾸로크로 글을 써 보고 싶었는데, 난 여전히 뻣뻣해. 별 수 없지 뭐. 내가

아무리 독수리였으면 뭐해? 벌써 30년을 훨씬 넘게 닭대가리들하고 살아 왔는데. 하여간 너라도 날개가 몸통에 딱 달라붙어 버리기 전에 개겨 주었으면 해. 개김이 저항이나 일탈 등의 인접 개념과는 어떤 변별성을 취득하느냐고? 개김의 개념 규정은 어떤 접근 방법을 통해 어떤 형식으로 이루어질 수 있느냐고? 아휴, 이 닭대가리야! 그걸 왜 나한테 물어! 니가 개기면서 찾아 봐. 그리구, 제발 그 어려운 말로 개기는 짓만큼은 좀 참아 줬으면 좋겠어. 그리고 참, 〈황신혜 밴드〉가 제대로, 잘, 쓸모 있게 개기는지 어떤지는 니가 알아서 판단해. 자, 마지막 한 마디! GIRLS & BOYS! BE GAGITIOUS!)

『지성과 패기』 1996년 9-10월호, 선경 그룹 발행

뒷얘기 : 이해가 안 된다구?

사회학 박사 논문 제출을 코앞에 두고 있는, 나보다 3년 어린 친구가 전화를 걸어 왔다.
"조병준 씨, 이번 달 『지성과 패기』 읽었어요. 그런데 조금 심하더라."
"너무 개긴 것 같아요?"
"응, 그런 것 같아요. 한참 배꼽 잡고 웃기는 했는데, 좀 심하지 않아요?"
"재미있었으면 됐어요. 더 바랄 게 뭐 있나요."
선화 대화는 그 정도에서 끝났다. 얼마쯤 시간이 지난 다음 그 친구와 만나게 되었다.
"나, 솔직히 말하면, 〈황신혜 밴드〉 글 잘 읽히질 않았어요."
"에? 그게 무슨 말씀이서요?"
"글이 눈에 잘 들어오질 않더라고요. 그래서 90학번대 후배에게 물어 봤어요. 너는 그 글을 쉽게 이해할 수 있디? 그랬더니, 걔는 아주 잘 이해가 되더래요."
"성공했다! 애들 읽으라고 쓴 글이었거든요. 그런데 정말 이해가 잘 안 됐어요?"
"네에. 내가 벌써 너무 늙었나 봐…."

눈으로는, 귀에 들리는 말을 읽는 것이 불가능할까?

이해가 안 된다구? 참 의외의 반응이었다. 나도 잘 이해가 안 되어서 한동안 골머리를 앓았다. 어디서 무엇이 잘못된 것이었을까? 왜 그 친구의 눈에는 내 글이 그렇게 낯설었던 것일까? 나는 그저 주제가 '개김' 이니 형식도 '개겨야 한다'고 생각했던 것뿐인데, 그것이 그렇게 시각 장애를 일으킬 정도로 충격적인 것이었나? 그저 말하는 것처럼 글을 써 보고 싶었을 뿐인데, 눈으로는 귀에 들리는 말을 읽는 것이 불가능한 일이었을까?

잘 되면 내 탓, 못 되면 남의 탓이라더니 나는 지금 책임을 그 친구에게 돌리려 발버둥을 치고 있다. 가엾은 친구! 대학 4년, 석사 과정 2년, 박사 과정 5년 만에 완전히 빼도 박도 못 하게 '아카데믹한 글쓰기'에 중독되어 버리고 말았구나!

나는 선생님이 되고 싶지 않아!

이상한 일이다. 한국에서의 글쓰기는 항상 '점잖아야 한다'! 품위와 권위는 항상 동의어가 된다. 글이 점잖지 않으면, 단박에 읽는 사람들이 시각 장애자가 되고 만다. 품위와 권위는 동의어가 아니다. 찰리 채플린이 품위를 지켜서 그의 영화가 '권위'를 갖게 되었는가? 이야기마다 그 이야기를 제대로 전달하기 위한 그릇, 곧 형식은 달라지게 마련이다. 그런데 한국에서 글이라는 그릇들은 거의 한결같이 고려 청자 아니면 조선 백자다. 점잖은 글들의 독재! '선생'들의 책임이 크다. 그런데 이를 어쩌나! 젊은 대학생들과 잡지의 편집자들이 나를 '선생님'이라고 부른다. 아냐! 나는 선생님이 되고 싶지 않아!

(想―4)

애틀랜타, 서울

'서울'이 없다, '서울 시민'이 없다

애틀랜타 올림픽 개회식과 서울 올림픽 개회식에서 가장 큰 차이점이 무엇이라고 생각하는가? 여러 가지 모범 답안이 가능하겠지만, 나는 '개인주의와 집단주의의 차이'라는 답안을 제출하고 싶다. 벌써 8년의 세월이 지났으니 당연히 기억이 흐려졌겠지만, 서울 올림픽 개회식을 회상해 보기 바란다. 거기에서 '한국적'이라는 형용사를 떼고 '서울적'이라는 형용사를 붙일 수 있는 행사가 몇 개나 있었던지를 생각해 보자.

　　서울이 잘 기억나지 않는다면, 4년 전의 바르셀로나를 기억해 보라. 바르셀로나 올림픽의 개회식이 '스페인적'이라기보다는 '카탈로니아적'이었다는 것을 그리 어렵지 않게 기억할 수 있을 것이다. 애틀랜타의 개회식 역시 철저히 '남부적' 또는 '조지아적'이었다. 내 기억이 터무니없이 나쁘지 않다면, 서울의 개회식은 그저 '한국적'이었을 뿐, 거기서 한눈에 "아, 저게 바로 서울이다!"고 감탄할 내용은 없었다.

　　바르셀로나와 애틀랜타의 올림픽 개회식은 해당 도시들이 자리잡은 지역의 문화에 무게 중심을 두고 있었다. 1988년의 서울을 그들 도시와 직접 비교할 수는 물론 없다. 우리에겐 그들처럼 지역 문화를 강조할 여유가 없었다. 나라

나눔 나눔 나눔 (조병준과 함께 나누는 문화 이야기) **想** (애틀랜타, 서울)

의 크기 자체가 작기도 하거니와, 지방 자치의 역사 자체가 실종되어 있었다. 그리고 지독한 군복 문화가 나라를 점령하고 있었다. 그런 지리적, 역사적 사정을 감안하더라도, 역시 서울 올림픽의 '서울 실종'은 뭔가 개운치 않은 여운을 남긴다. 예를 들어, 1988년이 아닌 2002년에 서울에서 올림픽이 열린다고 가정해 보자. 과연 개회식에서 얼마나 '서울적'인 것을 보여 줄 수 있을까. 나는 자신이 없다. 서울에서 태어나고 서울에서 자랐지만, 과연 무엇이 서울의 고유한 개성인지, 남들에게 내세울 자신이 없다.

　　서울의 상징? 한강? 남산? 낡은 아파트 두 채를 멋지게 폭파해 버렸다고 해서 남산의 풍취가 되살아날까? 어림없는 소리다. 한강 양쪽 강변을 온통 빽빽이 메우고 있는 저 도도한 아파트들의 진군 행렬을 보라. 서울적인 것은 고사하고, 거기엔 한국적인 것조차도 그야말로 '초전박살'이다. 형편없이 쪼그라든 고궁 몇 개가 있기는 하지만, 그 고궁들은 이미 흘러가 버린 과거의 박제일 뿐이다. 가슴이 아프지만, 인정할 것은 인정하자. 서울에는 현재 살아 있는 서울만의 문화가 없다. 그나마 남아 있던 서울의 자연적 개성, 즉 자연 환경조차도 이미 깡그리 참수형을 당해 버렸다. 관악산과 도봉산, 낙산과 인왕산의 산허리를 뎅겅뎅겅 잘라 버린 아파트들 때문이다.

모두가 한 덩어리면, 거기에 **왕래와 소통은 없다**

2002년에 다시 올림픽을 서울에서 연다 해도, 우리가 보여 줄 수 있는 것이 고싸움과 태권도와 강강술래말고 무엇이 있을지, 나는 모르겠다. 그것들이 우리의 자랑스러운 문화임을 부인하려는 것이 아니다. 한국을 잠시 접어 두고 서울을 생각할 때, 우리에게 거의 아무것도 없음을 이야기하려는 것뿐이다.

　　나의 정체성은 내가 속한 문화에서 나온다. 내 가족의 문화, 내가 다닌 학교의 문화, 내가 만나는 사람들의 문화가 나를 구성한다. 서울 시민으로서의 나의 정체성은 서울의 문화가 만들어 낸다. 그런데 서울에는 문화가 없다. 그렇다면 서울 시민으로서의 나는 없다. 인구가 1,000만을 넘는다는 서울이지만, '서울 시민'은 단 한 사람도 없다는 결론이 나온다. 결국 서울은 유령들의 도시인 것이다. 1,000만 개의 유령들이 횡행하는 도시, 그것이 서울이라는 생각이 나를 소름끼치게 한다. 서울과 부산, 대구, 광주가 점점 더 닮아 가고 있다는 생각이 나를 거의 기절하게 만든다. 이런 식으로 간다면 대한민국 전체가 유령의 나라로 전락해 버릴지도 모른다.

어쩌다가 일이 이 지경에까지 이르렀는지 따지다 보면 수많은 원인이 드러날 것이다. 이 짧은 글에서 그 원인들을 다 거론하기는 불가능하다. 한 가지만 짚고 넘어가기로 하자. 우리는 그 동안 집단의 논리에 휘말려 개인을 무시하고 살아 왔다. 그것이 서울을 유령의 도시로 만든 가장 큰 원인이다. 가회동의 기와집이 개인주의의 표현이라면, 한강변의 고층 아파트는 집단주의의 표현이다. 다닥다닥 처마를 붙이고 있을망정 기와집들은 '혼자'로 남아 있을 수 있다. 아파트는 기본적으로 '혼자' 남아 있을 수 없다. 각자가 혼자로 남아 있을 때라야 그 각각의 혼자들이 서로 왕래하고 소통할 수 있는 법이다. 모두가 한 덩어리로 뭉쳐 있을 때, 거기에서 왕래와 소통은 이루어질 수 없다. 아파트에서의 소외는 피할 수 없는 결과다. 아파트의 주민들이 혼자 있다고 느끼는 것은 착각일 뿐이다. 그들에겐 혼자 있을 자유가 없으며, 그래서 왕래하고 소통할 권리를 박탈당하는 것이다. 왕래와 소통 없이 문화는 생겨날 수 없다.

혼자이기를 두려워하지 말자

모두가 똑같은 군복을 입고 있었다. 상황은 조금씩 나아지고 있지만, 여전히 멀었다. 개성을 부르짖는 소위 신세대들도 게스와 캘빈 클라인에서 벗어나지 못한다. 아직도 우리는 혼자이기를 너무, 쓸데없이, 바보 같이, 두려워한다. 개인들이 혼자이기를 두려워하는 한, 문화의 다양성은 물 건너간 얘기다. 혼자이기를 두려워하지 말자. 그래야 서울의 문화도 나올 수 있고, 한국의 문화도 나올 수 있다. 파이팅!

『한대 신문』 1996년 7월 23일자, 한양 대학교 발행

나눔 나눔 나눔 (조병준과 함께 나누는 문화 이야기) 想 (애틀랜타, 서울)

뒷얘기 : 스타일에 대하여

어떤 글을 글쓴이의 이름 없이 읽었을 때를 생각해 보자. "이 글은 아무개의 글이구나" 하고 단박에 짐작할 수 있는 글을 쓰는 사람이 몇이나 될까?

둥글둥글한 세상, 둥글둥글한 사람들

한국 사람들은 참 '익명성'을 좋아하는 사람들이라는 생각이 들곤 한다. '남들이 하는 대로'를 기본 철학으로 갖고 있지 않는 한, 저 끔찍한 사각형 아파트들을 수십 년 동안 아무 저항감 없이 받아들일 수는 없다. 사람들이 흔히 말하는 대로 '모난 돌은 정에 맞아 깨지는' 사회가 우리 사회인지도 모르겠다. 그러니 천재가 나오기는 아예 불가능하다. 천재가 없는 세상에서는 '정 들고 설치는' 깡패들만 득세한다. 5공, 6공 등으로 대표되는 깡패들이 워낙 득시글대다 보니 사람들이 모두 둥글둥글하다. 정치에서만 그런 게 아니라 대학을 포함한 모든 사회 영역에서 그렇다. 모두들 알아서 둥글둥글해진다.

"나는 정에 맞아 깨져도 모나게 살겠다"

제발 모난 돌들이 사방에서 튀어나왔으면 좋겠다. 자기 몸을 일부러 정으로 두들겨 모나게 만드는 사람들이 여기저기서 뿅뿅 튀어나왔으면 정말 좋겠다. 그러려면, 우선 "나는 정에 맞아 깨져도 모나게 살겠다"는 사람들이 나와 주어야 할 것이다. 자기 스타일을 고집하는 사람들이 많아져야 한다는 얘기다. 세상이 바뀌길 기다리면 아무것도 되지 않는다. 세상은 사람이 달라져야 바뀌는 것이니까. 그런데 사람이 달라질 수 있는 것은 '젊은 시절' 뿐이다. 희망이 있는지, 없는지 잘 모르겠다.

가만, 나는 제대로 하고 있나? 내 정신의 나이는 지금 몇이나 될까?

(想—5)

몸을 위하여

의무 경찰을 위하여

산더미처럼 쌓여 있다. 몸에 관해, 몸의 해방에 관해, 몸을 둘러싼 자본주의의 농간에 관해, 그리고 당연한 수순으로, 몸과 마음의 이분법을 극복하는 방법론에 관해, 또 서양과 동양의 몸관(觀)이 어떻게 다른지에 관해, 산더미처럼 책과 잡지, 글과 사진과 그림이 쌓여 있다. 그 산더미에 티끌 하나를 더하기 위해 이렇게 또 몸에 대한 이야기를 쓴다. 두렵다. 무슨 새로운 이야기를 할 수 있을 것인가? 문자가 등장한 이래로 끝없이 되풀이되지 않았던가? 몸과 마음, 육체와 정신, 육신과 영혼, 그 항상 똑같은 이분법과 변증법을 다시 중얼거려야 하는가? 그것을 넘어서는 새로운 이야기로 과연 무엇이 있을 것인가?

유림(儒林)의 질책에 못 이겨, 또 성범죄 증가의 가능성에 미리 능동적으로 대처한다는 명분 아래 대한민국 경찰은 마침내 몸의 노출에 대해 법의 심판을 가하기로 결정했다. 가슴과 둔부가 노출되는 옷과 공공 장소에서의 알몸 목욕 등이 단속 대상이 될 것이라 하는데, '아닌밤중에 홍두깨' 란 얼마나 절묘한 표현인지를 다시 한 번 실감한다. 하여간 갑자기 시계 바늘은 20여 년 전으로 되돌아가, 경찰관들이 자를 들고 미니 스커트의 무릎 위 길이를 재는 일이 재연될 전망이다. 어느 일간지는 사설에서 재미있는 지적을 하나 더 보태 사람들을 또 한 번 웃게 만들었다. 단속에 나설 젊은 의무 경찰들과 여성들 사이에서 벌어질 실랑이가 오히려 더 외설스러운 장면을 연출할 것이 우려된다는 내용의 사설이었다.

웃고만 넘어갈 일은 분명히 아니다. 몸은 이제 일부 '의식 있는 사람들'이 위험 수위에 이르렀다고 판단할 만큼 해방되기에 이르렀고, 경찰이 핑계로 내세운 '유럽'을 비롯한 기성 체제는 단호하게 몸의 해방구를 봉쇄하겠다고 선언한 것이다. 논설 위원의 우려는 참 현명한 것이었다. 지금 배꼽과 어깨와 허벅다리를 해방시킨 여자들은 20년 전, 경찰이라면 일본 순사를 연상하며 울음부터 터뜨리던 그 여자들이 아니다. 경찰이라고 다른가? 의무 경찰이라면 그들 또한 차인표와 이정재와 〈클론〉의 구준엽을 추앙하며 보디 빌딩에 '몸 바치는' 신세대들이다. 이 느닷없는 노출 단속령은 아무래도 지금의 '몸에 대한 컬트 현상'을 확인, 또는 강화시키는 해프닝으로 끝날 가능성이 높다. 당분간 지나가는 여자들의 몸에 시선을 고정시킬 것을 '명(命) 받은' 의무 경찰을 위하여 축배를!

〈클론〉을 위하여

"이제 몸에 대해 이야기하자. 이제 몸이 문제다. 숨기고 억압하던 몸에서 드러내고 즐기는 몸으로 바뀐 세상. 왜 여성들은 목숨을 걸고 다이어트에 매달릴까? 몸은 어떻게 스타를 만들고, 돈을 만들까? 사람들의 피부색을 바꾼다면 세상은 어떻게 달라질까? 『이매진』이 보여 주는 몸과의 근접 조우." "몸은 아름다운 것이다… 몸은 마음보다 우선한다… 몸은 보여지기 위한 것이다… 몸은 스스로 만드는 것이다… 몸은 소비의 대상이다… 몸은 표현의 수단이다… 몸은 저항의 수단이다… 몸은 단지 몸이 아니다…" "신세대에게 있어 몸이란 표현과

자기 실현으로서의 몸이다. 부의 혜택을 받고 자란 그들에게 몸은 더 이상 노동이나 생존의 수단이 아니다. 신세대 문화에 활력이 있다면 그 문화가 살아 있는 몸, 바로 그 곳에 뿌리 내리고 있기 때문이다." (이상 『이매진(IMAGINE)』 1996년 8월호, 삼성 출판사)

'21세기 문화 특급' 『이매진』이 몸을 특집으로 다루며 내세운 수많은 현학적 또는 선언문적 글들은 한 장의 흑백 사진 앞에서 꼬리를 감추고 만다. 상체를 벌거벗고, 눈을 감거나 선글라스로 가리고, 고개를 뒤로 젖혀 입을 벌리고, 서로의 하체를 근접시킨 채, 손을 잡고 있는 두 남자(!)의 사진이다. 「꿍따리 샤바라」의 〈클론〉이다. 사진에는 이런 설명이 붙어 있다. "남성 스타들에게도 육체적인 매력은 인기의 비결이 되었다." 그들이 워낙 '육체파' 가수라는 사실은 만인이 다 알고 있는 바다. 이상한 일은 따로 있다. 왜 『이매진』의 사진가는 〈클론〉의 두 남자로 하여금 손을 잡고 '오르가슴'의 표정을 짓게 했을까? '상상' 해 보시기 바란다. 대답이 나오거든 내게도 좀 알려 주시길 부탁한다.

백설 공주와 계모 왕비를 위하여

지금 이 글을 읽는 사람 중에 백설 공주를 모르는 사람은 없으리라고 믿는다. 조금 이상한 백설 공주 이야기가 있다. 제임스 핀 가너(James Finn Garner)라는 미국의 작가 겸 코미디언이 쓴 『정치적으로 올바른 베드타임 스토리(Politically Correct Bedtime Stories)』(실천 문학사, 1996)라는 책에 실린 백설 공주의 리메이크판이 그것이다.

계모 왕비가 백설 공주의 '미모'를 질투해 죽이려 하는 것과 백설 공주가 숲 속 난쟁이들의 집으로 피신하는 얘기까지는 그림 형제의 오리지널 『백설 공주』와 같다. 그 다음부터는 모든 얘기가 신랄하게 뒤집어진다. 난쟁이들은 지독한 테스토스테론(남성 호르몬) 숭배자들인 데다, 자신들이 "정신적으로 가장 드높은 거인들"이라는 왕자병에 걸려 있다. 당연히 그들은 백설 공주가 여자라는 이유만으로 그녀를 구박한다. 한 술 더 떠 왕자는 임포텐스에다, 독사과를 먹고 죽은—죽은 것처럼 보이는—백설 공주에게 성적 흥분을 느껴 어떻게 해 보려는(!) 저질이다. 그런데 정작 이 리메이크 동화의 압권은 바로 계모 왕비와 백설 공주가 서로를 동지로서 이해하기 시작하는 대목이다.

사과 장수 노파로 변장한 왕비는 백설 공주의 "아름다운 얼굴과 날씬하고 팽팽한 몸매를 보고 부러움과 자기 혐오감이 물결처럼 번갈아 밀려드는" 바람에 울음을 터뜨린다. 백설 공주가 왕비를 위로한다. "아름다움은 내면에서 나오는 것"이라고. 왕비는 말한다. "나도 오랫동안 나 자신한테 그렇게 말해 왔다우. 그런데 아직도 난 그걸 믿지 않아요. 아가씨는 어떻게 그처럼 완벽한 몸매를 유지할 수 있지요?" 백설 공주가 대답한다. "저는 명상을 하고, 날마다 세 시간씩 스텝 에어로빅 운동을 하고, 제 몫으로 주어진 음식은 무엇이든 절반만 먹는답니다. 제가 어떻게 하는지 가르쳐 드릴까요?"

나머지 이야기는, 혹시 흥미를 느낀다면 책을 찾아 읽기 바란다. (책값이 아깝지 않을 것이라는 점만큼은 확실히 보장한다.) 다만 왕비의 말을 한 구절만 더 옮기겠다.

"앞으로 나는 여성의 영혼과 육체 사이의 균열을 치료하는 데 내 인생을 바치겠다. 육체의 타고난 모습을 받아들이고, 영혼과 육체가 조화를 이룬 통일체로서 다시 완전해지는 법을 여성들한테 가르칠 것이다."

라플레시아를 위하여

라플레시아라는 꽃을 아는가? 세계에서 가장 큰 꽃이다. 수마트라에서 자생하는 이 꽃을 처음 발견한 사람은…, 말을 바꾸자. '유럽인으로서' 이 꽃에 대한 기록을 처음 남긴 사람은 수마트라의 영국 식민 총독이었으며, 싱가포르를 건설한 토머스 스탬포드 래플스다. 왜 그의 이름을 기려야 하는지는 모르겠으나, 하여간 세계에서 가장 큰 이 꽃에는 라플레시아라는 이름이 붙여졌다. 직경이 30센티미터에 달하는, '사치스러울 정도로 큰' 이 꽃의 거대함에 대해 생물학자들은 여러 가지 진화론적 설명을 모색했다. 꽃가루를 옮겨 줄 곤충을 놓고 다른 꽃들과 쟁탈전을 벌이기 위한 것이라는 설명도 있었지만, 굳이 쟁탈전을 벌이지 않아도 충분할 만큼 파리 등 온갖 곤충들이 득시글대는 밀림이라는 서식 환경 때문에 그 설명은 기각되었다. 한 생물학자가 경제 원칙으로 이 거대한 꽃을 설명하는 가설을 내세웠다.

"라플레시아는 다른 꽃들과는 달리 비용 효과의 경제 원칙에 지배되지 않을지도 모른다. 이 식물이 소비하는 영양분은 자신이 번 것이 아니다. 소비하는 영양분을 숙주인 덩굴 식물로부터 가져온다. 이러한 착취로 … 라플레시아가 착취하는 영양분의 한계에는 제한이 있을 수 없다. 다른 세계에서와 마찬가지로 식물의 세계에서도 불로 소득은 터무니없이 한계를 벗어나는 낭비와 사치로 이어지는 것 같다."(『식물의 사생활』, 데이비드 애튼보로, 도서 출판 까치, 1995)

다시 라플레시아를 위하여

라플레시아 이야기를 조금 더 해 보자. 불로 소득은 터무니없이 한계를 벗어나는 낭비와 사치로 이어진다? 육체를 아름답게 유지하기 위한 이 광란의 세태가 1990년대의 현상임을 생각할 때 애튼보로의 설명은 어떻게 반박할 도리가 없어 보인다. 먹고 사는 데 걱정이 없을 때 생물들의 몸 색깔이 화려해진다는 사례는 5대양 6대주에 걸쳐 널리 알려져 있다. 매섭고 추운 겨울을 매년 겪어야 하는 한반도에서 절대로 극락조는 발생하지 않는다. 보릿고개와 '무작정 가출'이 겨우 고개를 숙였을 때도 미니 스커트는 고개를 내밀지 않았던가. 신촌에서는 열 몇 살짜리 '삐끼'들도 월수 100만 원은 쉽게 올린다고 한다. 아무리 물가가 비싸다고는 하지만, 먹고 몸을 가리는 데 필요한 돈을 훨씬 초과하는 액수다.

어느 시사 잡지가 '세기말 신흥 종교'라고 이름 붙였던 다이어트 전쟁을 비롯해, 몸에 대한 이 샤머니즘적 숭배 현상은 분명히 불로 소득과 관계가 있다. 부모의 돈, 또는 노동량에 비해 과도하게 높은 임금이라는 불로 소득을 영양원으로 해서 20세기 말 한국의 육체파 청년들은 몸이라는 꽃을 키운다. 남녀를 불문하고 가슴은 튀어나오고 키는 죽죽 늘어난다. 풍족한 생물들이 몸 색깔을 화려하게 만드는 이유는? 단 하나다. 괜찮은 '성적 배우자'를 구하기 위한 것이다. 섹스 어필은 다른 뜻이 아니다. 괜찮은 성적 배우자를 구할 수 있는 몸을 가지고 있다는 뜻이다. 그런데 라플레시아는 섹스 어필이라는 그 생물학적 목적마저도 초월한다. 꽃가루 매개는 더 이상 거대한 라플레시아의 목적이 아니다. 그냥 키우는 것이다.

    20세기 말 일부 인류—잊지 말자. 아직도 인류 남녀의 대부분은 풍만한 젖가슴이 아니라 앙상한 갈비뼈를 노출하고 있음을—의 몸에 대한 과잉 투자가 결국 라플레시아의 수준으로 넘어가지 않으리라고 장담할 수 있을까? 그럴 경우, 과연 어떤 일이 벌어질까? 라플레시아의 거대한 꽃은 금새 지독한 냄새를 풍기며 썩기 시작한다. 향수 산업의 어마어마한 부흥은 과연 그것과 아무런 관계가 없을까? 우리의 불로 소득 중 얼마나 많은 부분이 다른 불쌍한 덩굴 식물로부터 착취한 것인지를 생각해 보아야 하지 않을까? 베트남에서, 스리랑카에서, 아니 김포와 동두천과 안산에서, '피부가 약간 검은' 외국인 노동자들로부터 착취하는 불로 소득을 가지고 우리가 지금 탱탱한 젖가슴을 키우고 있는 것은 아닐까? 종속 이론을 신봉하며 미국의 독점 자본을 물어뜯던 한국의 대학생들은 왜 이제 입이 닫혀 있을까?

다시 백설 공주와 계모 왕비와 〈클론〉을 위하여

백설 공주와 계모 왕비의 비극은 남자들에게서 비롯된 것이었다. 거울아, 거울아, 이 세상에서 누가 제일 아름다우니? 거울은 물론 남성의 비유다. 남성에게 보이기 위한 아름다운 몸에 대한 갈망이 왕비를 정신 분열증으로 몰아갔다. 백설 공주 또한 피해자였다. 왕자가, 잠든 그녀에게 '사랑'을 느끼고 그녀를 '유리관'에 담아 싣고 가다가 그녀를 살리게 된 것은 오로지 그녀의 '아름다움'이 유일한 이유였다. 왕자는 백설 공주의 머릿속에 무엇이 들어 있는지에 대해선 단 한 번도 생각해 보지 않았다. 그녀를 구원한 것은 그녀의 착한 심성이 아니라 그녀의 '착한 몸'이었다. 착한 난쟁이들과 부족한 것 없이 맘 편하게 살았음에도 살이 찌지 않았고, 독이 든 사과를 먹었음에도 푸른 반점을 만들지도 않았던 착한 몸! 백설 공주 이야기가 여자들만의 이야기라고 착각하지 말자. 못생긴 왕자, 비쩍 마르고 숏다리인 왕자를 본 적이 있는가? 백설 공주가 그 착한 일곱 난쟁이 중 누구와도 사랑에 빠지지 않았음을 기억하자.

누가 피해자이고 누가 가해자인가 하는 얘기는 그만두자. 어차피 모두가 피해자이고 가해자이니 말이다. 다른 얘기를 해 보자. 리메이크판 백설 공주에서 왕비가 눈물을 터뜨린 대목을 기억해 보자. 그녀가 분열증에 걸린 것은 결국 '늙음'에 대한 두려움이었다. 한때 자신을 가장 아름답다고 말해 주던 거울이 어느 날 이제는 백설 공주가 더 아름답다고 말했다. 그 말 속에 담긴 속뜻은 이렇다. "왕비여, 당신은 이제 늙었다. 당신의 시대는 이제 갔다. 이제 백설 공주의 시대다." 세월이 지나서 백설 공주가 똑같은 질문을 거울에게 한다면, 거울은 또 똑같은 대답을 할 것이다. "당신은 이제 늙었다. 당신은 이제 더 이상 아름답지 않다."

　몸에 대한 숭배는 예외 없이 늙음에 대한 경멸 또는 공포로 이어진다. 늙으면 몸이 망가지기 때문이다. 〈클론〉이 40대, 50대가 되어서도 그 눈부신 몸매를 그대로 유지할 수 있을까? 그럴 수도 있다. 50대가 된 〈롤링 스톤즈〉의 리드 싱어 믹 재거를 보라. 그 좋아하던 담배와 마약과 육류를 모두 끊고 여전히 팽팽한 몸으로 무대에 서는 그 열정을 보라. 〈클론〉도 그럴 수 있으리라. 하지만 70이 넘어서도 그럴 수 있을까? 만약 그렇다면 그건 괴물이지, 더 이상 인간이라 할 수도 없으리라(아니면 필시 악마가 뒤에 숨어 있으리라). 늙음에 대한 경멸 또는 공포와 연결되는, 몸에 대한 숭배에는 확실히 문제가 있다. 지금 잘 사는 세계의 몇 나라들을 휩쓸고 있는 이 '몸교'는 이 세상 그 어느 종교보다도 배타적이며 근본주의적이다.

　몸교의 신도들이 결코 용서할 수 없는 이교도는 바로 '늙고 추한 자'들이다. 강남의 물 좋은 나이트클럽과 신촌의 잘 나가는 록 카페에서 펼쳐지는 몸 예배에는 30대조차 동참이 허락되지 않는다. 어쩌다 운이 좋아 그 현장에 끼어들게 된 늙은 자들에게는 예외 없이 유황불보다 더 뜨거운 눈총이 주어진다. 중년의 여유, 노년의 지혜 따위의 미덕들은 결코 존경의 대상이 되지 못한다. 몸교의 신도들은 아름다운 몸을 지닌 같은 신도들만을 사랑할 수 있다. 몸과 마음, 육체와 영혼 따위의 이종 교배는 결코 허용되지 않는다. 세대 간의 교류는 원천 봉쇄된다. 아니면 몸교 신도들의 생물학적 나이가 30대를 넘을 때까지 보류된다. 같은 젊은 세대라 해도, 몸이 아름다워야 한다는 계율을 지키지 못하는, 한 마디로 해서 '경제적 계급'이 다른 자들과의 교류도 역시 차단된다. 나이에서, 계급에서, 인종에서, 모든 면에서 몸교의 신도들은 '끼리끼리만' 논다.

『이매진』에 실린 〈클론〉의 사진이 동성애적 뉘앙스를 풍기고 있는 것도 결코 우연이 아니다. 끼리끼리만 노는 하나의 사례일 뿐이다. (오해를 피하기 위해 한 마디. 나는 동성애에 대해 어떠한 편견도 가지고 있지 않다! 다만 정도를 지나쳐 '끼리끼리만'을 주장하는 문화가 위험하다는 이야기를 하고 싶은 것뿐이다.) 계모 왕비가 영혼과 육체의 완벽한 조화를 여성들에게 가르치겠다고 맹세했지만, 과연 젊은 여성들이 그녀의 고리타분한 강의를 들으려 할지 심히 의문이다.

다시 의무 경찰, 그리고 **몸**을 위하여

교류가 없는 집단은 필연적으로 퇴화한다. 근친 교배는 악성 유전자의 발현을 보장하기 때문이다. 또 교류의 차단은 소외를 낳고, 소외당한 집단은 대개 복수를 꾀하게 마련이다. 배타주의와 근본주의에 물든 집단은 결국 안팎에서 협공을 당하게 된다. 일단 외부로부터의 공격은 시작되었다. 텔레비전 뉴스에 출연해 과도한 노출에 대한 처벌을 단호하게 약속한 파출소장에서부터 공격은 시작되었다.

현재의 상황은 조금 복잡하다. 파출소장은 공격을 선언했는데, 의무 경찰들이 그것을 절호의 기회로 악용할지 모른다는 걱정이 함께 제기된 것이다. 몸에 대해 쏟아져 나오는 지식인들의 글들이 바로 그런 상황에 있는 것은 아닐까? 한쪽에서 몸의 해방을 둘러싼 자본주의의 농간을 비판하는 와중에, 한쪽에서는 문화를 표방하며 벗은 몸에 카메라를 들이댄다. 양쪽 다 이른바 지식인들이 하는 행농이다.

알고 있다. 그러는 너는 도대체 어느 편에 서 있느냐 하는 질문이 제기되리라는 것을. 그런 질문에 나는 이렇게 대답하겠다. "나는 몸의 해방에 전적으로 찬성한다. 그리고 나는 지금 이 자리에서 벌어지는 몸에 대한 컬트적 숭배에는 눈쌀을 찌푸린다." 박쥐 같은 자식이라고 욕해도 할 수 없다. 찌는 한여름에도 남자들은 긴 바지를 입어야 한다는 시대 착오도 나쁘지만, 굶어 죽어 간다는 동포들이 있는데 다이어트 시장에 수천억 원을 쏟아 붓는 불감증도 역시 나쁘기 때문이다. 다시 고리타분하지만, 문제는 균형이다. 중용, 또는 중간에 서기.

양쪽 다 인정하기, 그러면서 양쪽 다 부정하기.

단, 몸에 대한 숭배가 자본주의의 특산품이라는 오해는 그만 풀었으면 좋겠다. 백설 공주와 계모와 왕자의 이야기가 그것을 입증하고 있다. 헤라클레스와 나르시스가 그 우람한 몸과 잘생긴 얼굴로 웅변하고 있다. 아름다운 몸에 대한 숭배는 결코 독점 자본에 의해 처음 생겨난 것이 아니라는 것을 동화와 신화들은 당당히 선언한다. 아름다운 에인젤 피시의 비늘과 극락조의 깃털과 수사슴의 뿔은 말한다. 잘 먹고 잘 살아 봐! 우리처럼 아름다워질 수 있어! 감히 단언하건대, 아름다운 몸은 생물학적 본능이다, 또는 생물학적 진화의 방향이다. 자본은 그런 생물학적 힘을 이용하고 있을 뿐이다.

자, 의무 경찰들은 어떻게 해야 할까? 웬만한 노출은 그냥 눈 감아 주자. 그리고 단속을 핑계로 성희롱을 시도하려는 흑심은 절대 품지 말자. 하지만, 만일 백주 대로에 알몸으로 나섬으로써 자신의 상품 가치를 높이려는 자들이 혹시 있다면 단호히 그들의 진로를 가로막자. 그런 다음에 혹시 그럴 만한 능력이 있다면, 논리적으로 또 자상하게, 몸에 빠진 젊은이들에게 이야기해 주자.

"지나친 몸 탐닉은 당신의 마음 건강을 해칠 수 있습니다. 당신의 몸과 마음은 하나이기 때문입니다. 그리고 영혼과의 이종 교배 없는 몸끼리의 결혼은 기형아를 낳을 수 있습니다. 게다가 지금 세상에는 굶어 죽어 가는 몸들도 많이 있답니다."

『지성과 패기』 1996년 9-10월호, 선경 그룹 발행

어떤 대학생 친구가 이 글을 읽고 이렇게 말했다. "재미있게 읽었어요. 그런데 결국은 구태 의연한 결론이 나오더군요. 뭔가 다른 결론을 내릴 수는 없었을까요?"

부분적으로 '절대적'인 것들

글을 쓰면서 자주 부딪치는 문제다. 남들이 하지 않은 이야기를 하고 싶은 욕망이야 굴뚝 같다. 그런데 어떤 이야기들은 할 수 없이 똑같은 이야기를 반복해야 한다. 철 모르던 시절에는 나 역시 그런 이야기들을 싫어했다. 그런데 나이를 먹다 보니, 결국 어떤 결론들은 무한히 반복될 수밖에 없음을 알게 된다. 살인하지 말라, 네 이웃을 사랑하라, 마음을 평정하게 지켜라…. 수천 년을 이어져 내려왔으니 '구태 의연' 그 자체이지만 그래도 그런 덕목들은 여전히 유효하다. 진리가 상대적이고 도덕이 상대적이긴 하지만 그래도 사람 사는 세상에서 어떤 진리와 도덕들은 부분적으로 '절대적'이다. 가령 '자유, 평등, 박애' 같은 것들이 그런 절대적 진리며 도덕이다.

사실 따지고 보면 우리가 하는 이야기들 속에 담겨 있는 진짜 알맹이들은 이미 수천 년 전부터 사람들이 숱하게 되풀이해 온 것들이다. 또다시 반복되는 얘기지만 문제는 이야기를 전달하는 '모양새' 즉 형식이다. 좋은 이야기는 일단 재미있다. 아무리 고리타분하고 지겨운 주제라도 재미있는 이야기로 풀어 갈 수 있다.

좋은 이야기꾼

모든 글쓰는 이는 결국 '이야기꾼'이라고 나는 생각한다. 좋은 이야기꾼은 그가 하는 이야기 내용의 좋고 나쁨에 의해 판가름나지 않는다. 얼마나 '재미있게' 그리고 얼마나 '구구절절하게' 또는 생생하게 이야기를 풀어 갈 수 있느냐에 따라 그가 좋은 이야기꾼인지 나쁜 이야기꾼인지 판가름이 난다. 그런 좋은 이야기꾼이 되는 것이 내 큰 소망 중의 하나다. 글을 쓸 때마다 그 소망에 얼마나 가까이 다가갔는지 반성한다. 항상 결론은 '아직 멀었구나'다.

세기말은 없다!

김용호 · '문화 비평가'라는 말을 싫어하는 문화 평론가. 그의 첫 책 『와우!!』에는 '자유 저술가'로 되어 있는데, 그는 그냥 '글쓰는 사람'으로 불려지기를 원한다. 서울대 철학과를 마치고 서강대에서 「문화적 허구의 해체를 위한 기호론적 접근─유식설(唯識說)의 적용」이란 논문으로 언론학 박사 학위를 받았다. MBC와 〈크리스챤 아카데미〉 연구 위원, 계간 『대화』지 주간 등을 지냈다. 1996년 초에는 『와우!!―김용호 영상 화두 1』을 발간, 글쓰기의 새로운 형식을 제시한 것으로 세간의 주목을 끌었다. 이 책에는 영화라는 양탄자를 타고 사회 과학, 문학, 동양 사상, 물리학, 우주 과학 등의 담론들을 넘나들며 서로의 경계를 허물고 삼투하면서 새로운 문명의 전환을 예견하는 '21세기형 인문주의자'의 통찰이 흥미진진하게 기록되어 있다.

(74・75)

없다?
─ 문화 평론가 김용호 인터뷰

세기말은 없다! 세기말은 없다?

만화로 인류의 역사를 훑었다. 주제가 세기말이니만큼 일단 역사를 한두름에 꿰는 것이 필요하다고 생각했다. 만화라고 비웃지 마시라. 어떤 사람은 할리우드 SF와 홍콩 무협 영화를 거북이 등껍실처럼 이용해 인류 문명의 '대전환'을 족집게 도사처럼 짚어 내기도 한다. 하여간 그 만화책의 중국편에서 다음과 같은 이야기를 하고 있었다. "기원전 450년경 진, 초, 제, 한, 위, 연 등 일곱 나라, 즉 7웅이 중국을 분할하여 끝없이 싸움을 벌였다. 각지에 도둑이 들끓어 민심은 도탄에 빠졌다. 출구 없는 암울한 세월이었다. 그 시련은 누구에게나 닥친 것일까? 기원전 600년에서 400년 사이에 탈레스와 소크라테스는 그리스에서 사색했고, 부다는 인도를 주름잡았고, 이스라엘의 선지자들은 설교했으며, 중국에서는 제자 백가(諸子百家)가 저마다 도(道)를 추구했다."(『만화로 보는 인류의 역사─2권』, 래리 고닉, 고려원 미디어)

나눔 나눔 나눔 (조병준과 함께 나누는 문화 이야기) **想** (세기말은 없다! 없다?—문화 평론가 김용호 인터뷰)

　　기원전 600년에서 400년 사이, 그리스와 인도와 중동과 중국에서는 어떤 달력을 쓰고 있었을까? 19세기 말까지 조선에서는 왕의 즉위에서 죽음까지를 한 단위로 해서 해〔年〕를 세웠다. 지금 20세기에도 일본에는 여전히 왕의 즉위 연도를 기준으로 해를 세는 관습이 남아 있다. 시간을 재는 잣대는 민족마다, 문화권마다 달랐다. 서구 문명이 지구를 거의 송두리째 정복하면서 예수의 탄생을 기준으로 하는 '종교적 달력'이 지구촌 거의 모든 나라의 안방에 걸리게 되었다.

　　참으로 힘이 센 서양 문명! 서양인들이 비록 식민지로 정복했던 공간에서는 물러났다지만 그들은 여전히 지구의 시간을 고스란히 정복하고 있는 것이다. 그 덕분에 아주 많은 나라와 민족이 지금 세기말을 이야기한다. 왕이 독살당하고 왕조가 끊겨 더 이상 시간의 기준점을 세우지 못했던 한민족도 지금 너무나 당연하게 세기말을 이야기한다. 100년 전만 해도 세기말이라는 말도 모른 채 잘 살았을 것이 틀림없는데.

　　원래 이 인터뷰의 제목은 「세기말은 없다!」였다. 그것이 지금 「세기말은 없다?」로 바뀌어 있다. !와 ?의 차이! 또는 차이? 그저 말장난하고 놀자는 것이 아니다. 거창하게 얘기하면, !와 ?의 차이는 세계관의 차이에 고스란히 대응한다. 가령, !가 절대주의의 아이콘이라면, ?는 상대주의 또는 회의주의의 아이콘에 해당한다.

　　처음 인터뷰를 기획할 때의 생각은 단순했다. 영화에서 출판, 그리고 립스틱까지 황금알 낳는 암탉 신세가 된 이른바 '환생 신드롬'을 비롯한 세기말 논의의 허구성을 짚어 보자! 그 밑에 깔려 있는 천박한 상업 논리를 뒤집어 만천하에 공개하자! 그런 생각이었으니 당연히 !가 붙을 수밖에 없었다.

　　김용호를 인터뷰 대상자로 꼽은 이유 또한 단순했다. 자신의 첫 책 『와우!—김용호의 영상 화두 1』에서 김용호는 초지일관 문명의 전환을 이야기한다. 할리우드와 홍콩의 상업 영화들을 증거물로 삼아 그는 인류의 문명이 극적인 전환기에 있음을 밝혀 낸다. 물리학과 철학와 종교, 무협지와 SF를 넘나들며 엮어지는 그의 이야기에는 시간이 중요한 열쇠 개념으로 등장한다. 예를 들어

김용호

「왜 우리는 미래를 기억하지 못하는가」라는 제목의 글이 있다. 이 글에서 김용호는 『터미네이터』와 『모모』를 예로 들어 '절대 시간'을 반박하고, 과거와 현재와 미래를 구분하는 '직선적 시간' 개념이 이제는 시효를 넘긴 낡은 개념이라고 주장한다. 영원한 현재를 상정해야 한다는 것이다. 「세기말은 없다!」라는 기획 의도에 딱 알맞은 논리였다. 그래서 그를 인터뷰했는데, 그는 결국 '없다!'를 '없다?'로 바꾸어 놓았다. 이 글은 그 '!에서 ?로의 전환' 과정을 요약한 것이라고 보아도 별 탈은 없을 것이다.

열린 세기말의 가능성

"세기말이라는 개념 속에는 숫자에 주술적 의미를 부여하려는 의도가 담겨 있어요. 숫자의 배열이 삶의 양식을 결정한다고 생각하는 거죠. 서구의 시간 개념이 직선적이라는 사실이야 누구나 다 아는 얘길 텐데, 그런 직선적 시간에서는 자연스럽게 종말론이 도출될 수밖에 없어요. 시작이 있으니 끝도 있다는 얘기죠. 19세기 말의 데카당스는 그런 종말론적 세기말 담론의 대표적인 예가 되겠죠. 그런데 저는 지금 우리의 20세기 말을 그렇게 데카당스로만 볼 것이 아니라고 생각합니다. 종말론을 무조건 거부하는 이야기들이 많은데, 사실 종말론에는 기존 형태의 삶이 종말에 도달했다는 불안과 함께 새로운 삶에 대한 희망 또는 기대가 뒤섞여 있어요. 저는 세기말 논의가 사실 우리 19세기의 '후천 개벽'론, 그리고 1960년대 서구의 히피 운동 등에서 이미 시작된 것이라고 봐요. 세기말 논의는 문명 전환의 시각에서 바라보아야 하고, 또 무엇보다 평정한 눈으로 보아야 합니다."

그는 세기말을 문자 그대로의 의미로부터 훨씬 멀리 확장시켜 해석하고 있었다. 19세기 강증산의 '후천 개벽' 설은 제쳐 두더라도, 1960년대라면 20세기의 세기 '중' 이지 세기말은 아니다. 세기말 개념을 놓고 시비를 걸려는 찰나에 그가 말을 이었다.

"종말론적 세기말에는 양극적인 가능성이 있어요. 미신으로 흘러갈 가능성이 그 하나고, 전혀 새로운 문명의 틀을 마련할 가능성이 다른 하나죠. 여기서 우리가 경계해야 할 것은 바로 기계론적 합리주의로 돌아가는 것입니다. 지금 우리 세계에는 사회 체계, 자연 현상 모두 다 기존의 합리주의만으로는 해석할 수 없는 것들이 너무 많아요. 지금 우리에게 절실히 필요한 것은 합리주의에 바탕한 근대적 지식이 아니라 고대로부터 이어져 오는 '지혜' 입니다."

그 때부터 세기말은 '없다!' 에 대한 김용호식 비판이 시작되었다.

"없다에 마침표 또는 느낌표를 찍는다고 생각해 봅시다. 그건 곧 현실을 확정된 것으로 마감한다는 얘기거든요. 그런데 과연 현실이 그렇게 확정된 것일까요? 확정된 현실 속에는 '내' 가 끼어들 자리가 별로 없어요. 저는 현실이란 곧 잠재된 가능성 혹은 불확실성이라고 생각해요. 세기말이 있다, 없다를 확정짓지 말자는 겁니다. 세기말 자체의 가능성을 열어 두자는 얘기죠. 그렇게 열려 있는 가능성으로 현실을 인식할 때 '나' 의 참여는 필수적인 것이 됩니다."

명퇴(名退)와 하차(下車)족

인터뷰 중간쯤 그가 갑자기 그 자리에 있던 사람들에게 질문을 던졌다. 졸지에 질문자와 답변자가 바뀌었다. "불안할 때 무엇에 기대십니까?"가 그의 질문이었다. 그리고 그는 그것이 세기말 담론의 관건이라고 덧붙였다. 졸지에 방관자에서 질문당하는 자로 '정체성' 이 바뀐 사람들은 잠시 당황하다가 머뭇머뭇 자기 이야기를 시작했다.

몇 달 간 실업자 신세를 경험했던 20대 청년은 당시 실업으로 빚어졌던 불안을 문학에 기대서 달랬다고 토로했다. 30대 중반의 잡지 편집자는 현실적 불안과 존재론적 불안을 구분한 뒤, 앞의 불안은 주변 사람에게 기댈 수 있지만 뒤의 불안은 그저 괄호 안에 닫아 둔 채로 산다고 답했다. 존재론적 불안에 정면 대응할 때 현실 생활이 불가능함을 알기 때문이라는 것이었다. 그와 비슷한

나눔 나눔 나눔 (조병준과 함께 나누는 문화 이야기) **想** (세기말은 없다! 없다?—문화 평론가 김용호 인터뷰)

연배의 사진 작가는 창작 욕구와 현실 간의 괴리, 그리고 컴퓨터의 침입으로 인한 사진 '작가'로서의 불안을 이야기하면서 솔직히 기댈 데가 없다고 답했다. 김용호는 자신도 얼마 전에 생계를 걸고 있던 두 개의 파트 타임 밥줄이 모두 끊어지는 불의의 사태를 겪었다고 얘기했다.

"대량 실업이야말로 바로 이 세기말의 물리적 기초입니다. 테크놀로지 덕분에 경제 구조가 근본적으로 변하는 거죠. 당장 한국만 해도 이제 종신 고용은 끝났어요. 실직에 대한 두려움은 단순한 생계의 불안이 아니예요. 회사에서 과장으로서의 나, 집에서 가장으로서의 나, 그렇게 사회를 기준으로 해서 형성된 나의 '정체성'이 붕괴되는 데에서 비롯되는 두려움이라는 얘기죠. 모든 게 급속도로 변화하고 있습니다. 그러다 보니 기댈 데가 없어요. 심지어는 자신의 정체성마저 흔들리는 판이니 남에게 기댄다는 건 애초에 있을 수 없는 일이죠. 사회는 계속 불안해지고 있습니다. 그런 사회에 자기의 정체성을 맞출 때 끝없이 불안해질 수밖에 없죠. 흔들리는 정체성을 바로잡기 위해서 우리가 할 수 있는 일이 무엇일까요? 종교로 돌아가나요? 아뇨. 제도권 종교는 더 이상 우리의 불안을 구원해 주지 못합니다. 사회에 의해 규정된 나의 가짜 정체성에서 어떻게 탈피하느냐, 그 탈출의 길을 찾아야 해요. 하차족이 늘어난다죠? 출근길 지하철 전동차에서 뛰어내리는 사람들이요. 지하철에서 뛰어내리든, 버스에서 뛰어내리든, 뛰어내려서 '진짜 자기'를 위한 삶을 시작해야 합니다. 심지어 가족조차도 상대화시켜야 해요. 그렇지 않고선 이 불확정의 시대를 살아 남을 수 없어요. 이 상황을 버티지 못할 때 자칫 미신과 정치적 선동에 빠져들게 됩니다. 미신적 세기말은 결코 안식처가 될 수 없어요. 애초에 그런 세기말이란 존재하지 않으니까요. 나의 안식처는 외부가 아니라 내 안에 있어야 합니다."

김용호는 자신도 '박사'로서의 삶을 어떻게 벗어 던지느냐가 과제라고 말했다. 스스로 자신의 말에 '어려운 구석이 많다'는 것 때문에 고민을 많이 한다고도 했다. 하지만, 그는 일단 대학이나 연구소 등 박사들이 '당연히' 가야 한다고 믿는 직장을 아예 잊어 버리기로 결심한 사람이다. 문화 비평가라고 남들이 붙여 준 호칭도 그는 마음에 들지 않는다. 비평이라는 용어 자체에 대해 거부감을 갖고 있는 탓에 그는 그냥 '글쓰는 사람' 정도면 좋겠다고 생각한다.

외부와의 관계를 통해 만들어지는 정체성을 벗어 던지는 삶? 모든 것을 '상대화시키는' 삶? 그런 부평초 같은 삶으로 불안을 이기라는 말인가? 불안으로 불안을 이겨라?

멈춰! 우연에 니 몸을 맡겨 봐!

김용호는 외부와의 관계에서 만들어진 정체성을 지키며 살아가는 삶이 '부평초 같은 삶'이라고 거꾸로 말했다.

"기술 문명 덕분에 시간이 고농도로 응축되었습니다. 시간이 응축됨에 따라 공간도 응축되었죠. 문제는 그렇게 응축된 시공간이 개인들의 삶을 획일화시킨다는 것입니다. 개인의 '지금, 그리고 여기'에 우주의 시공간이 들어 있어요. 개체가 놓여진 시공간 속에 보편적인 시공간이 동시에 존재한다는 거죠. 그런데 너무나 많은 요소들이 작용해 개체 안에서 우주의 시공간이 구현되지 못하고 있어요. 개체의 '지금, 여기'를 회복시켜야 합니다. 단 한 순간에 삶의 모든 시공간이 분출될 수 있어요. 여기에서 '우연'의 소중함이 비롯됩니다. 획일적인 라이프 스타일에 끌려다니는 한, 삶의 질은 높아질 수 없어요. 멈춰야 할 순간이 있어요. 개인에게도, 문명에게도 마찬가집니다. 지금까지의 문명은 시간과 공간을 모두 재(財)테크의 연장선에서 다루고 있어요. 끝없는 욕망 때문에 개인과 문명의 육체와 정신이 모두 피폐해지고 있어요. 멈춰야 합니다. 멈춰서 한 순간의 우연에 나를 내던져야 해요. 그 때 비로소 새로운 삶으로 진입할 수 있습니다."

여기서 우리노 삼시 발을 멈춰 보자. 첫머리에 인용했던 그 만화책의 이야기를 기억해 보자. 수천 년을 이어온 인류의 문명사에서 하필이면 기원전 600년에서 400년 사이의 겨우 200년의 짧은 시간이었다. 하필이면 그 때 세계의 곳곳에서 동시 다발로 그렇게 사람들은 불안에 시달려야 했을까? 어떻게 그렇게 '거의 동시에' 모든 문명권에서 엄청난 사상의 지각 변동이 일어날 수 있었을까? 지금과 같은 압축된 시공간이 없었을 테니, 당연히 서로의 교류도

나눔 나눔 나눔 (조병준과 함께 나누는 문화 이야기) **想** (세기말은 없다! 없다? ―문화 평론가 김용호 인터뷰)

그리 넉넉치 않았을 것이 뻔한데, 어떻게 그런 '동시성'이 가능했을까? 우연하게도!

　"불안의 시대, 위기의 시대는 곧 절호의 기회이기도 합니다. 삶의 근거가 흔들릴 때는 곧 새로운 근거를 찾기 위한 실험을 펼칠 기회가 될 수도 있어요. 과거로, 아니면 다른 지역으로 '다른 사상'을 찾으려는 노력이 시작됩니다. '적극적으로' 새로운 삶을 찾으려는 노력이죠. 내 삶 자체가 하나의 실험이라는 것을 깨달아야 해요. 인생을 거는 실험이죠. 그런데 그런 실험이 가능하려면, 우선 내가 물렁물렁해져야 해요. 물처럼, 바람처럼, 유연해져야 한다는 얘깁니다. 그릇의 모양이 어떻든 물 자체는 변하지 않습니다. 어떤 스타일의 삶을 살든 마음이 물이어야 해요. 여기서 어려움이 생겨납니다. 물처럼 유연한 마음을 유지하려면, 일단 '지금, 여기'를 있는 그대로, 인정해야 한다는 거죠."

　'지금, 여기'를 고스란히 인정하면서, 그러면서 또 온전히 새로운 삶을 실험하라고? 나는 그가 미워진다. 그런 양극적인 태도를 어떻게 한 몸 안에서 실천하라는 것인가! 나처럼 평범한 위인이, 말하자면 뱁새 주제에, 어떻게 그런 원대한 황새의 인생을 좇아갈 수 있다는 말인가. 많은 사람들이 나와 똑같은 절망에 빠지리라고 짐작한다.

전 지구적인 **실험**에 필요한 데이터가 되는 **내 삶**

기원전 600년에서 400년 사이와 비슷하게 기원후 1990년대에 '누구에게나' 시련이 닥쳐 왔다. 세기말이라는 이름의, 미래에 대한 불안이 몰려 왔다. 위기의 시대는 또한 실험의 기회라고 김용호를 비롯한 많은 '깨인 사람들'이 말한다. 듣고 이해하기는 쉽지만, 그대로 따르자니 몸이 말을 잘 안 듣는다. 어쩔 거나? 김용호가 던진 위로의 말을 나 스스로에게, 그리고 나와 비슷한 보통 사람들에게 전한다. 곰곰이 생각해 보고, 해 볼 만하다고 판단이 들면, 당신도 당신의 인생을 실험에 던져 보기 바란다.

"하늘이 나를 내렸다는 것을 믿어야 합니다. 하필이면 지금, 여기에 하늘이 나를 내렸습니다. 세상이 흔들릴 때는 그냥 세상 밑바닥으로 가라앉아야 합니다. 가라앉아야 다시 떠오를 수 있으니까요. 타인과의 관계에 근거한 정체성을 포기하되, 서로 독립적인 개체로 설 수 있도록 격려하는 정신적 공동체를 만들어야 합니다. 그 정신적 공동체는 전 지구적인 네트워크로 커질 수도 있을 겁니다. 내 삶의 실험이 전 지구적인 실험에 필요한 데이터가 될 수도 있습니다."

세기말은 있다! 세기말은 있다? 세기말은 없다! 세기말은 없다? 결론을 미리 내려 놓고 하는 실험은 백이면 백 다 사기 행각에 불과하다. 가설을 세우는 것이야 당연한 일이다. 다만, 그 가설조차도 열려 있어야 한다. 끝없는 물음표를 단단히 각오한 실험만이 진정한 진리 또는 도(道)로 가는 길이다. 세기말은 없다?

『지성과 패기』 1996년 11-12월호, 선경 그룹 발행

나눔 나눔 나눔 (조병준과 함께 나누는 문화 이야기) 想 (세기말은 없다! 없다? — 문화 평론가 김용호 인터뷰)

뒷얘기 : 내가 좋아하는 선배 김용호

김용호와 나는 벌써 10년째 형과 아우로 지내는 관계다. 그의 첫 책 『와우!!』를 읽어 본 사람이라면, 머리글에서 그가 나를 놓고 중얼거린 이야기를 기억할 수 있을 게다. 그는 이렇게 썼다. "조병준은 논리에 묶였던 나를 영화로, 춤으로 풀어 준 후배이자 스승이다." 그의 말을 패러디해서 바꾸면 이렇게 된다. "김용호는 영화와 춤에 묶였던 나를 논리로, 철학으로, 또 영성으로 풀어 준 선배이자 스승이다."

너무 잘 알아 할 수 없었던 인터뷰

하여간 우리는 수많은 영화를 함께 보았고, 수많은 나이트클럽에서 함께 춤을 추었고, 수많은 시간들을 '야부리'로 지새웠다. 너저분한 연애 이야기에서 장대한 우주 순환론에 이르기까지 우리의 야부리에는 밑도 끝도 없었다. 그가 없었다면, 아마 나는 석사 논문을 쓰지 못하고 대학원을 그만두었을지도 모른다. 그리고 어쩌면 지금 '문화 평론'이라고 이름 붙인 이런 글들은 쓸 꿈도 꾸지 않았을 것이다. 한 마디로 하면, 김용호는 내 '지적 편력'의 스승이자 동반자였던 셈이다.

『와우!!』가 출간된 직후 『페이퍼』에서 내게 김용호 선배를 인터뷰해 주지 않겠느냐고 제안했다. 사양할 수밖에 없었다. 나는 김용호 선생을 너무 잘 알아요. 어떻게 객관적인 인터뷰를 할 수가 있겠어요? 그런데 '내 책'을 묶자는 제안에 동의한 다음, 나는 아무런 망설임 없이 김용호 인터뷰를 스스로 기획했다. '내 책'이니 객관성 운운하며 위선을 떨 일은 없어도 되겠거니 생각했다. 그와 내가 10년 간 나눴던 그 수많은 대화들을 만약 기록으로 남겨 놓았다면, 그것만으로도 얼마든지 아주 좋은 책 한 권은 만들고도 남았을 것이다. (정말이다!)

춤추는 철학자

『지성과 패기』측에서 「세기말은 없다」라는 특집 하에서 김용호를 인터뷰하자는 제안이 나중에 들어왔다. 90분짜리 테이프 두 개를 거의 다 채울 만큼 긴 대화가 오고 갔지만, 주어진 원고량은 30장이었다(결국 또 5장 정도를 넘기고 말았지만). 제한된 원고량 탓으로 돌리고 싶지만, 그의 이야기를 제대로 전달하지 못한 것은 순전히 나의 무능력 탓이다.

    문화 평론가 또는 자유 저술가라는 이름으로 불리고 있지만, 나는 김용호를 기본적으로 '철학자'라고 생각한다. 열심히 록 카페에 가서 춤을 추지만, 춤을 출 때조차도 그는 철학자다. 내 선배라서가 아니라, 김용호는 참 소중한 사람이다. 철학자가 별로 없는 이 나라에서 그는 나름의 독특한 방법으로 철학을 이야기하고 실천한다. 조금 어렵다는 세간의 수군거림이 있기는 해도, 그의 글쓰기는 좋은 글쓰기의 한 모델이 될 수 있다. 이 얘기는 내 나름대로 '객관성'을 잃지 않고 하는 말이다. 참 좋은 스승을 내게 내려 준 하늘에 감사한다. (인터뷰 기사를 읽은 용호 형 왈, "야! 무슨 빠다를 그렇게 많이 발랐나?" 이 뒷얘기를 또 읽으면 아마 이렇게 말하겠지. "빠다 좀 제발 그만 발라라!")

DREAM

(夢—1)

마더 테레사와  함께

"캘커타에 무엇이 있길래?"

1년 6개월 만에 돌아온 한국에서는 인도에 대한 이야기가 부쩍 늘어나 있었다. 이야기의 대종은 중국에 이어 한국 기업들이 진출할 인구 8억의 거대한 시장으로서의 인도에 관한 것이었다. 그러더니 최근에는, 극심한 더위로 인해 수백 명이 목숨을 잃었다, 뇌염이 발생해 어린이들이 희생당하고 있다는 등의 인도발 외신이 신문에 실린다. 그런 기사들을 접하며 아침마다 '우리들'이 지나다녔던 캘커타의 거리 풍경이 떠오른다.

파크 서커스를 지나 〈프렘단〉으로 가는 길목, 철도 위를 지나는 '4번 다리' 초입에는 지난 1994년 겨울부터 대우 씨에로 승용차의 광고판이 세워져 있었다. 광고판 아래로는 낡은 차들이 시커먼 매연을 뿜으며 달리고 다리 양쪽으로는 사람과 짐승의 배설물에 둘러싸인 빈민들의 집이 있다. 확성기를 통해 들려 오는 모슬렘의 코란 암송 소리, 언제나 거리를 가득 메우고 있는 사람들, 초콜릿을 달라고 외치는 아이들을 지나 〈프렘단〉으로 들어가면 300여 명의 환자들이, 그리고 오전 4시간의 일이 '우리들'을 기다리고 있었다. 내가 '우리들의 캘커타'를 떠나던 5월에 이미 그 거리의 기온은 40도를 넘나들고 있었다. 대우 씨에로를 많이 팔았을까. 〈프렘단〉의 식구들, 환자들과 수녀님들과 자원봉사자 친구들은 그 더위를 어떻게 버티고 있나…

아주 우연하게, 아니라면 내 업(業) 탓으로 나는 캘커타를 참 여러 번 들락거렸고 머물렀다. 처음에는 그저 며칠, 두 번째는 3개월, 그리고 세 번째는 6개월. "캘커타에 무엇이 있었길래?" 사람들이 묻는다. 짧게 대답하기는 어렵다. 길게 이야기를 해 주어도 끝나고 나면 한 마디를 덧붙여야 한다. "가서 보시오." 살아 보지 않고서 캘커타를 이해하기는 불가능하다. 그것을 알고 있으면서도 나는 이 글을 쓴다. 혹시 길을 몰라서 가지 못하는 사람들이 있다면 조금이나마 도움이 될 것이므로. 그리고 내가 캘커타에서 누렸던 자유와 평화와 행복을 약간이나마 나눌 수 있다면 좋은 일이 될 터이기에.

나를 잠시 한구석으로 숨게 만들었던 아이들

부처와 간디의 나라, 갠지스와 타지마할의 나라, 지진과 홍수와 가뭄과 질병에 더해 암살 및 대량 학살을 동반한 종교 분쟁까지 재앙으로 편안할 날이 없는 나라, 라마크리슈나와 크리슈나무르티 등 수많은 명상의 구루(스승)들이 태어난 나라, 히피들이 꿈꾸는 나라. 인도로 가는 길에 들어설 때 인도에 대해 내가 알고 있던 것은 대충 그런 것들이었다. 캘커타가 인도로 가는 길의 출발점이 되었던 것은 비행기 값이 제일 쌌기 때문이었다.

1990년 11월 초에 처음 들어간 캘커타는 더러웠고 참혹했다. 식당에선 밥 먹기가 두려웠고, 저녁 샤워 때 코에선 석탄처럼 시커먼 검댕이가 끊임없이 빠져 나왔다. 손발이 없는 걸인들은 거리에 나서기를 무섭게 만들었고, 잠든 사람들을 밟지 않고 밤거리를 걸으려면 조심해서 발을 옮겨야 했다. 그저 여행으로 들어간 캘커타엔 오래 머무를 이유가 하나도 없었다. 노벨 평화상을 받은 마더 테레사가 캘커타에 있다는 것은 알고 있었지만 굳이 그 곳을 찾겠다는 계획은 없었다. 언제였던가, 테레사 수녀가 한국을 방문해 내 모교인 서강대에서 강연을 했을 때에도 나는 관심이 없던 사람이었다.

　　바닥으론 바퀴벌레, 천장으론 도마뱀들과 동침을 해야 하는, 당시 20루피(현재 1루피는 우리 돈으로 약 30원)짜리 구세군 숙소에서 미국인 아줌마 여행자 데비를 만났다. 그녀의 권유가 없었다면 캘커타에서의 셋째 날 오전 몇 시간을 〈쉬시바반(아이들의 집)〉에서 보내는 일은 생기지 않았을 것이다. 버려진 아이들이 나를 잠시 한구석으로 숨게 만들었다. 눈물을 보이지 않기 위해서.

　　그 날 저녁 캘커타를 떠나게 될 데비가 내게 물었다. 자원 봉사자로 일해 볼 생각은 없느냐고. 생각해 보겠다고 대답했지만, 사실 이미 나는 캘커타를 바로 떠날 생각을 하고 있었다. 아이들을 돌보는 서양인 자원 봉사자 여인들의 모습은 참으로 아름다웠지만, 나는 그렇게 할 자신이 없었다. 날마다 구석에 숨어야 할 일이 두려웠는지도 모른다. 3개월 여에 걸친 인도 여행 중반께 다시 캘커타에 들렀다. 이번엔 우연히 동행이 되었던 한국인 가족 덕분에 또다시 마더 테레사의 집 가운데 하나인 〈칼리가트(Kalighat)〉에 들렀다.

　　'죽음을 기다리는 집' 이라고 어느 여행 안내 책자에 실린 집. 어두운 실내에는 빈사의 환자들이 침대 위에서 죽음을 기다리고 있었고, 앞치마를 두른 금발의 자원 봉사자 몇이 그들을 돌보고 있었다. 그저 관광객으로 잠시 둘러보고 그 곳을 나왔다. Home for the Dying Destitute, 죽어 가는 빈자들을 위한 집. 어둡고 침울한 집. 그 정도의 느낌뿐이었다. 그 동안의 인도 여행에서 수많은 충격에 길들여진 탓으로 나도 이미 무디어져 있었다. 다만 그 곳에서 환자들을 안아 나르고 있던 자원 봉사자의 모습은 여전히 내 이해의 한계를 넘어 있었다.

　　동행들과 함께 수도원 본부를 방문해 테레사 수녀님을 직접 만나 뵐 수 있었다. 주름이 가득한 얼굴, 굽은 허리. 수녀님은 방문객 모두에게 일일이 축복을 내려 주었다. 저렇게 작은 여인이 그렇게 힘들고 큰 일을 하고 있구나. 그런 생각뿐이었다. 여기저기서 카메라 플래시가 터졌고 수도원을 나서는 수녀님의 뒤에도 비디오 카메라를 맨 방문객이 따라붙어 있었다. 접견실 입구에 걸린 예수의 두상 아래 걸린 성서의 한 구절이 잠시 수녀님의 뒷모습에 겹쳐졌다. "나, 내게 위로를 줄 한 사람을 찾았으나 찾지 못했나니. 그 한 사람이 될지어니." 다시 여행을 계속했고, 귀국을 위해 또 한 번 캘커타에 들러야 했지만 수도원 주변으로는 얼씬도 하지 않았다.

무엇이 이 혐오스러운 도시에 머물게 하는가?

그리고 돌아온 한국에서 나는 인도를 잊기 위해 노력했다. 언제나 사는 일은 힘이 들었지만, 인도에서 지낸 한 철은 그 일을 더욱 힘들게 만들었다. 까닭 없이 빠듯하고 까닭 없이 어수선한 삶. 그저 내 앞가림 하기에도 힘든 세상. "힘들지 않게 사는 사람 있으면 나와 보라고 해." 사람들은 말했지만, 그것이 나를 위로할 수는 없었다. 인도를, 그리고 여행자의 자유와 평화를 잊기 위해 노력했지만 다시 돌아가고 싶었다. 그 인도에 다시 들어가기까지는 해를 세 번 넘겨야 했다. 그 3년 동안 겨우 밥 먹고 옷 입고 사는 일에 진이 빠졌다고, 만나고 헤어지는 사람들이 나를 피폐하게 만들었다고, 잠시 이 곳을 벗어나야 한다고 결론을 내렸다. 글을 한 편 쓰겠다는 핑계를 대고 서울을 떠났다. 1993년 12월 15일, 서른세 번째 생일이 이틀 지난 날이었다. 첫 여행 때의 설레임도 이미 없었고, 배낭족으로는 이미 꽤나 나이가 들어 버린 처지였다.

　　다시 캘커타. 3년의 시간에도 캘커타는 변하지 않은 그대로의 모습이었다. 구세군 회관은 그새 30루피로 값이 올랐지만 그나마 빈 침대가 없었다. 별일 없이 사흘을 보내고 타고르의 고향 마을인 산티니케탄으로 발을 옮겼다. '평화의 땅' 이라는 이름처럼 평화로운 곳. 한국인 유학생들의 환대를 받으며 한 해가 저무는 2주일을 보냈다. 평화가 너무 풍족하면 오히려 허기를 느끼게 되는지도 모른다. 눌러앉아 글이나 쓸까 하던 생각은 지워지고, 길로 나서야 한다는 욕심이 생기기 시작했다. 첫 번 여행에서 제대로 둘러보지 못했던 남쪽으로 내려가고 싶었다. 마드라스 행 기차표를 예매하려 했지만 표가 없었다. 할 수 없이 캘커타로 일단 돌아가야 했다. 그리고 가능하다면 그 날로 떠나고 싶었던 캘커타에서 나는 석 달을 머물게 되었다.

　인도 남부의 길 대신, 그토록 다시 가 보고 싶었던 바라나시의 성스러운 강물 갠지스 대신에 캘커타의 골목들을 흘러다녔다. 그 길 위에서 수많은 사람들을 만났고, 수많은 삶과 죽음을 만났다. 테레사 수녀님이 닦아 놓은 길. 영국 청년 제임스와 덴마크 처녀 베티나가 나를 그 길로 이끈 우연한 동행자들이었다. 산티니케탄으로 들어가기 전 사흘 밤을 묵은 게스트하우스에 함께 있었던 그들은 매일 새벽 다섯 시에 도미토리(공동 침실)에 잠든 여행자들을 깨우며 숙소를 나섰다. 그리고 2주 후에도 그들은 여전히 같은 집에 있었고, 여전히 나의 새벽 잠을 깨웠다.

　점심께 돌아온 제임스와 통성명을 하고 여행자들이 흔히 그러하듯 쉽게 친구가 되어 이야기를 나눴다. 도대체 이 끔찍한 캘커타에서 무얼 하길래 아직껏 버티고 있느냐, 꼭두새벽에 남들의 단잠을 깨우는 이유는 무엇이냐? "우리는 마더 테레사의 집에서 일하고 있다." 그저 한 번 경험해 보면 괜찮을 일이라는 생각이었고, 마드라스로는 언제든 떠나면 그만이었다. 1주일 정도의 경험이면 충분할 것 같았다. 내가 겪어 보지 않았던 삶을 한번 살아 보자. 무엇이 이 젊은 청춘들로 하여금 이 혐오스러운 도시에 머물게 하는지 알아 보자.

　제임스를 따라 수도원 본부로 가서 자원 봉사자 담당 수녀 시스터 디나를 만났다. 신상을 기록하고 '일터'를 배정받아야 했다. "얼마나 머무를 생각이냐?" "한 1주일이나 열흘쯤…." 시스터 디나는 내 카드에 열흘이라 적고 오전 일과란에 'Prem Dan'이라고 적었다. "오전 일과는 오전 8시에 시작해 12시에 끝난다, 이렇게 저렇게 찾아가면 되는데 자신이 없거든 새벽 6시 미사에 참석해 자원 봉사자들과 함께 갈 수도 있다." 설명을 듣고 자리에서 일어서려는데 옆자리 두 여자의 카드가 눈에 들어왔다. 두 여자의 카드는 오전과 오후란이 각기 다른 이름으로 채워져 있었다. 돌아서 나오는 길에 얼핏 생각이 들었다. 기왕 하는 것, 남들은 몇 달씩도 하는데 겨우 열흘, 그래 까짓것, 오후에도 한번 해 보자. 〈칼리가트〉. 죽어가는 빈자들을 위한 집. 그 곳에 가겠다는 생각이 어쩌다 들었는지, 내 입으로 그 일터를 내게 배정해 달라고 어떻게 말할 수 있었는지 나는 지금도 모른다. 나는 내 인생에서 한 번도 죽음을 내 눈으로 본 적이 없었다.

가난한 예수와 가난한 마리아 그리고
마음이 가난한 사람들

서더 스트리트. 캘커타에 흘러든 배낭족들이 집결하는 곳이다. 도미토리는 30~50루피, 싱글이나 더블 룸은 60~150루피. 싸게 묵으면 하룻밤에 900원. 돈도 돈이지만 도미토리에는 사람들을 만나는 쏠쏠한 재미가 있다. 영락 없는 히피 차림의 방랑자들이 있는가 하면, 마더 테레사 외에도 닥터 잭이라는 프랑스 의사가 시작한 〈캘커타 구조대(Calcutta Rescue)〉라는 이름의 무료 거리 진료팀 등 각종 빈민 구호 단체의 자원 봉사자들도 이 거리에 둥지를 틀고 있다.

새벽 다섯 시 반. 서더 스트리트 게스트하우스 곳곳의 문이 열린다. 혼자, 아니면 삼삼오오. 그 새벽에 거리로 나서는 외국인은 거의 100퍼센트 마더 테레사의 집으로 가는 '일꾼' 들이다. 부지런한 릭쇼왈라(인력거꾼)들이 '마더 하우스(수도원 본부)' 를 외친다. 10루피면 갈 수 있지만 자원 봉사자들은 릭쇼를 타지 않는다. 그들에게 10루피는 한 끼의 식사 값도 될 수 있거니와, 무엇보다 사람을 사람이 태우고 간다는 생각을 할 수 없기 때문이다. 그렇게 대부분의 자원 봉사자들은 인도인들처럼 가난해지고자 노력한다. 어차피 험한 일을 하러 나서는 길, 옷차림에 신경 쓸 필요도 없다. 낡은 티셔츠, 반바지, 샌들.

1월의 캘커타는 춥다. 스웨터 위에 윈드파커를 걸쳐도 몸이 떨리는 새벽 거리는 시린 잠에 빠진 집 없는 이들로 가득 채워져 있다. 마더 하우스로 가는 길은 회교도들의 거주지를 통과한다. 인도인의 70퍼센트가 힌두교도이고 20퍼센트가 회교도라고 한다. 가난한 힌두들도 물론 많지만, 소수 집단인 탓에 회교도 거주지는 대개 빈민가에 속한다. 마더 테레사의 집들은 대개 회교도 거주지에 자리잡고 있다. 좁은 골목길에는 벌써 부지런하지만 여전히 가난한 인도인들이 북적대기 시작한다. 까마귀와 집 없는 개들과 염소와 소, 사람들이 뒤섞이기 시작한다. 그렇게 20여 분을 걸으면 캘커타 'AJC Bose Road 54/A' 5층짜리 회색 시멘트 건물에 닿는다. 수도원이라면 연상되는 높은 담장, 넓은 정원, 장엄한 성당 등이 마더 하우스에는 없다. 마더 하우스의 창문들은 인력거와 오토 릭샤(삼륜 택시), 전차와 각종 자동차들이 동트면서부터 뿜어 내는 소음과 매연을 고스란히 받아들인다. 수도원 2층의 예배당도 시멘트 바닥 그대로다. 겨

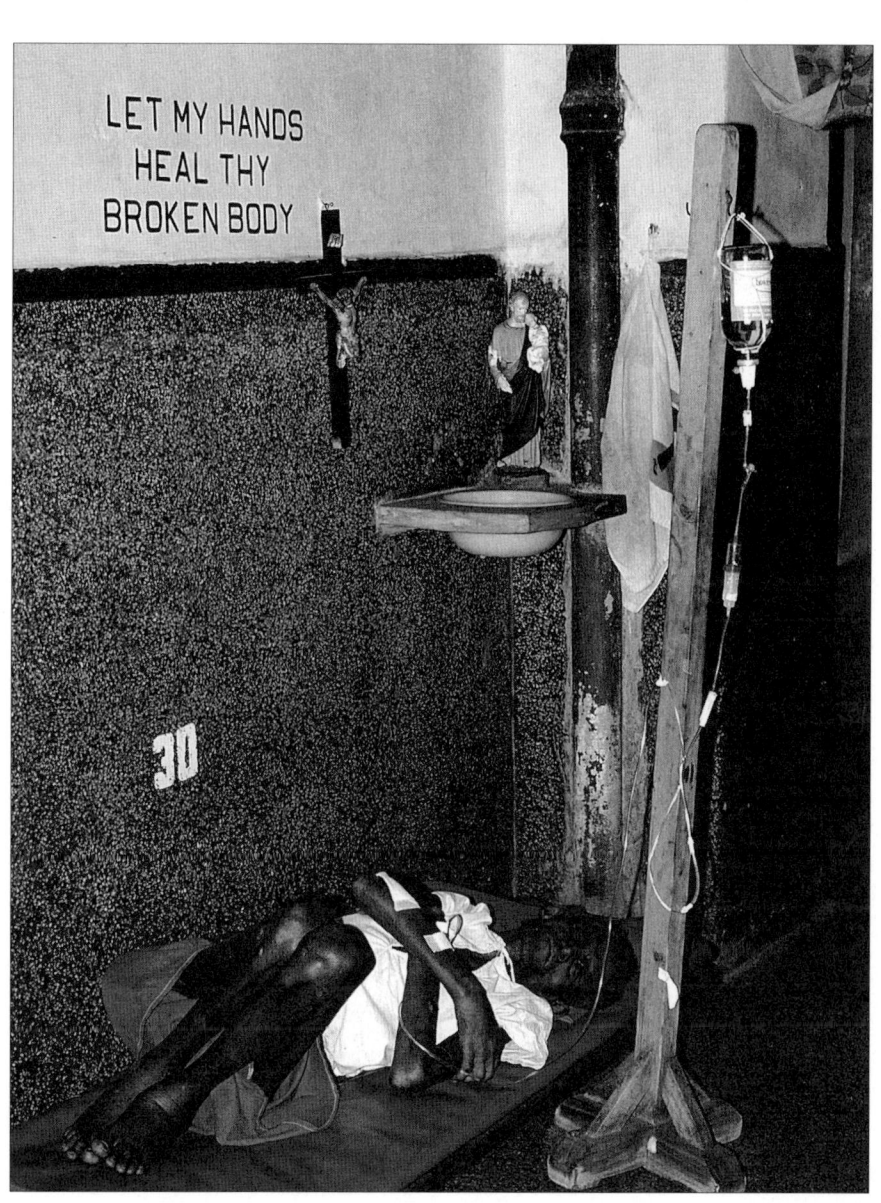

울에는 냉기를 막기 위해 얇은 천을 깔아 놓을 뿐이다. 아무런 장식도 없는, 그저 예수와 마리아의 상이 모셔진 제대가 있을 뿐이다.

중국 등 몇 나라를 제외한 전 세계 160개국에 수도원을 두고 4,000명이 넘는 수녀님들이 300곳이 넘는 '가난한 이들을 위한 집'을 운영하는 커다란 수도회, 〈사랑의 선교회(Missionaries of Charity)〉의 본부. 그 곳에 있는 예수는 우리가 주위에서 흔히 볼 수 있는 그런 예수의 상이 아니다. 거대하고 화려하지 않다. 가난한 예수와 가난한 마리아가 있는 수도원. 푸른 줄이 쳐진 하얀 무명 사리 한 벌만을, 그것도 소유하기 위해서가 아니라 '사용'하기 위해서 갖고 있는 가난한 수녀들이 그 곳에 기거한다. 병들고 배고프고 가난한 이들을 돌보는 수녀들의 일손에 보탬이 되기 위해 캘커타로 찾아온 전 세계의 자원 봉사자들이 그 곳에 모여든다. 배경이 다르고 찾아온 동기가 제각각이지만 한 가지는 똑같다. 마음이 가난한 사람들.

몇 달, 몇 년을 '보수 없는 중노동'으로 보낼 수 있는 천국?

사람에 따라 다르지만 자원 봉사자들이 먹고 자고 움직이며 쓰는 한 달 생활비는 평균 100~150달러. 마더 테레사가 자원 봉사자들에게 주는 것은 아침 식사로 나오는 빵 한 조각과 바나나 한 개와 차 한 잔, 그리고 일터에서 휴식 시간에 나오는 차와 비스킷이 전부다. 그 외에는 모두 자기가 알아서 자기 돈으로 해결해야 한다. 물론 미사에 참석하지 않으면 아침도 사 먹어야 한다. 철저하게 자비 부담의 원칙이 지켜지는 캘커타에 찾아오고 생활하려면 고향에선 웬만큼 사는 축에 든다고 봐야 할 것이다. 어쩌면 고향에서는 하루에 100달러를 쓰고 살던 이들도 있을는지 모른다. 그러나 이 곳에서는 모두가 가난하다. 하루 3,000원. 캘커타는 천국이다. 물가가 싸기 때문에, 그리고 그 덕분에 떼부자가 아닌 보통 사람들이 와서 몇 달, 심지어는 몇 년을 '보수 없는 중노동'으로 보낼 수 있기 때문에 천국이다. 모두가 정말로 행복하다고 느끼며 말하며 사는 천국이다. "마음이 가난한 이들은 복이 있나니 천국이 저들의 것이라."

미사 후 아침 식사를 마치면 7시 반쯤. 8시에 시작되는 일과 시간을 맞추려면 바로 출발해야 한다. 마더 테레사의 집은 캘커타에 여러 곳이 있다. 나이, 성별, 질병에 따라서 각기 다른 환자들이 수용되어 있다. 자원 봉사자들은 원칙적으로 자신이 원하는 장소에서 일할 수 있지만, 때로는 일손이 많이 필요한 곳으로 보내지는 경우도 있다. 자원 봉사자들이 가장 많이 일하는 곳은 앞에서 이야기한 〈쉬시바반〉을 비롯해 〈프렘단〉, 〈칼리가트〉, 그리고 빈민가의 어린이들을 위한 학교인 〈간디 스쿨〉 등이다. 이 외에도 수사들이 운영하는 남자 어린이들의 고아원에서 일할 수도 있다.

  7시 반이 다가오면 여기저기에서 신참 봉사자들에게 외치는 고참 봉사자들의 호출이 들려 온다. "프렘단!" "칼리가트!" "쉬시바반!" "간디 스쿨!" 물론 미사의 참석 여부는 온전히 자기 의사에 달려 있다. 봉사자들이 모두 카톨릭이 아닌 것은 물론이다. 개신교도, 불교도에서 인도인 힌두교도나 회교도 그리고 무신론자까지. 종교 간의 갈등이 마더 테레사의 집 안에는 발붙일 틈이 없다. 미사에 참석하지 않은 사람들은 각기 숙소 부근에서 아침을 해결하고 각자의 일터로 향한다.

  〈쉬시바반〉은 걸어서 5분 거리, 〈칼리가트〉와 〈간디 스쿨〉로는 버스를 타고 가지만 〈프렘단〉으로 가는 이들은 30분 이상을 걸어야 한다. 어느 새 인파와 자동차들로 꽉 찬 거리. 신호등이 거의 없고 차선이 거의 지켜지지 않는 캘커타의 차도를 건널 때는 좌우를 잘 살피고 재빨리 뛰어야 한다. 캘커타의 운전사들은 브레이크 밟기를 죽도록 싫어한다. 사방에서 울려 대는 경적 소리는 행군 나팔이다.

  30분을 걷다 보면 어느 새 땀이 밴다. 인도의 한겨울인 1월에도 그렇다. 해가 떠 있는 동안에는 캘커타는 언제나 여름이다. 3월로 접어들면 줄줄 비처럼 땀을 거리에 쏟아야 한다. 그리고 5월 중순이면 지긋지긋하게 비 내리는 몬순(monsoon, 계절풍, 혹은 서남 계절풍이 부는 인도의 우기(雨期))이 시작된다. 그래도 지낼 만한 건기(乾期, 10월에서 2월까지)에는 봉사자들도 많고, 여행을 목적으로 들어와 단기간 봉사 활동을 하고 떠나는 배낭족들도 많다. 많을 때는 200명 이상의 봉사자들이 캘커타에 모여든다는 이야기를 듣기도 했다. 들어오고 나가는 일이 전적으로 자유인 탓에, 그리고 여행 중 잠시 머무는 사람들도 많은 탓에 봉사자들의 숫자는 항상 들쭉날쭉하다.

내가 일했던 〈프렘단〉과 〈칼리가트〉의 경우, 보통 때의 봉사자 수는 대개 20~30명 정도였다. 더위가 시작되던 즈음에는 불과 서너 명이 나타나는 경우도 있었지만. 아예 작정하고 몇 개월 혹은 1년을 머무는 사람이 있는가 하면, 하루나 며칠을 머물고 가는 여행자들도 있다. 나처럼 그저 며칠로 시작했다가 몇 주 혹은 몇 개월을 눌러앉는 이들도 있다.

〈프렘단〉, 몸으로 부딪치는 사랑이 있는 곳

〈프렘단〉에서의 아침은 수녀들의 기도와 함께 시작된다. 맨 처음 일은 청소. 남자 환자 150명이 기거하는 세 개의 병동을 샅샅이 쓸고 닦는 일이다. 우선 혼자 움직이지 못하는 환자들을 세면장으로 옮겨야 한다. 팔 다리를 제대로 쓰지 못하는 환자들과 정신 박약자들이 모여 있는 중간 병동은 밤새 배설물로 범벅이 되어 있다. 결핵 환자들과 노인들, 부상자들이 있는 양쪽 병동은 그래도 낫지만 세 병동 모두 철제 침대를 쌓아올리고 물청소를 하는 것은 마찬가지다. 양동이로 물을 길어 바닥에 뿌리고 빗질로 쓸어 내고 소독약을 뿌려 다시 한 번 쓸어 내고 행궈 내는 일. 오물로 범벅인 물바다를 수녀들과 봉사자들은 맨발에 샌들로 아무 거리낌없이 철벅철벅 헤집고 다닌다.

눈이 아픈 소독약. 청소 도구라야 싸리비가 전부. 물청소가 끝나면 물기를 말리기 위해 큰 담요를 이인 일조로 끌고 바닥을 몇 번씩 왕복한다. 물에 젖은 담요를 바닥에 끌고 다니는 일이 얼마나 힘든지 안 해 본 사람은 알지 못한다. 침대를 바닥에 내려 놓고 몇 사람이 150개나 되는 침대 하나하나를 소독액으로 닦는 동안 다른 사람들은 그 수만큼의 매트리스를 닦는다. 매트리스가 마르면 이제 침대보를 덮는 순서. 매일 아침 이 일을 되풀이하는 것이다. 어느 나라의 병실 바닥이 그보다 깨끗할 수 있을까. 청소가 진행되는 동안 몇 봉사자들은 환자들을 씻기는 일을 담당한다.

오물로 범벅이 되어 있는 환자, 목욕이 싫다고 소리를 질러 대는 환자,

샤워가 아니라 물을 끼얹어 하는 목욕장은 아침마다 아수라장이다. 오물과 밤새 더러워진 붕대와 비누때, 물 소리와 아우성 소리로 가득찬 〈프렘단〉의 목욕장. 아수라장이지만 그 곳은 즐거운 아수라장이다. 봉사자들과 환자들이 몸으로 만나는 곳이기 때문에. 다른 모든 일은 수녀님들과 함께 하지만 이 일만큼은 아무래도 봉사자들 몫이 된다.

그렇게 청소와 목욕이 끝나면 다음 일은 빨래. 세탁기는 물론 없다. 비눗물에 삶은 빨래를 건져 방망이로 두드리고 헹궈 옥상의 빨랫줄에 너는 일. 수돗물이 시원찮은 날에는 우물터까지 빨래를 운반하고 물을 긷는 일까지 보태진다. 매일 쏟아져 나오는 엄청난 양의 빨래를 처리하는 동안에는 모른다. 오전 일을 모두 마치고 〈프렘단〉을 나서면 길가에서 옥상에 널린 빨래들을 내려다볼 수 있다. 바람에 나부끼는 수많은 빨래들은 마치 전장에 널린 형형색색의 깃발들 같다. 겨우 고지를 탈환한 기쁨의 깃발들. 〈프렘단〉의 아침은 전투에 버금간다. 봉사자들의 휴일인 목요일을 빼고 매일 벌어지는 즐거운 전투.

빨래가 유독 많은 날에는 10시 반에 시작되는 휴식 시간을 못 누리는 봉사자들이 생기기도 한다. 그렇다고 좁은 빨래터에 모든 봉사자가 달려들 수도 없다. 빨래터에서 밀려난 일부 봉사자들은 환자들의 머리와 수염을 깎아 주거나 손톱 발톱을 잘라 주고, 몸에 기름 바르기를 좋아하는 인도인들에게 마사지를 해 주기도 한다. 한가한 날이라면 그저 환자 옆에 앉아 당연히 잘 될 리가 없는 이야기를 나눌 수도 있고, 실제로 나이가 어리건 아니면 정신적으로만 어리건 간에 '어린' 환자들과 놀아 주어도 좋다. 환자들의 대부분은 영어를 전혀 못한다. 그리고 인도인들은 천성적으로 고맙다는 말을 잘 하지 않는다. 그러나 그들의 깡마른 손에서, 검은 얼굴의 미소에서 봉사자들은 충분히 감사와 애정을 읽어 낼 수 있다. '몸으로 부딪치는 사랑'이 그 곳에 있는 것이다.

그러는 동안 의료 경험이 있는 봉사자들(의학을 전공하거나 〈프렘단〉에 와서 현장 교육으로 다져진 고참들)로 이루어진 간호팀은 '의료 봉사'를 담당한다. 치료라야 상처를 소독하고 새로 붕대를 감아 주는 수준이 대부분이지만, 의료 혜택이라곤 거의 받아 본 적이 없는 이 곳 환자들에겐 그것이 작은 일이 아니다. 물론 봉사자들의 수준에서 해결할 수 없는 환자들은 병원으로 후송하거나 의료 담당 수녀들이 치료를 맡는다. 대부분 길에 쓰러져 있다가 수녀님들이나 봉사자들 혹은 현지인들에 의해 실려 온 신입 환자들은 크건 작건 몸에 상처가 있다. 심한 경우에는 상처를 헤집고 벌레들을 핀셋으로 일일이 끄집어 내야 하는 경우도 있다.

신참 봉사자들이 막바로 간호팀에 합류하는 경우도 있지만, 간호팀은 대개 몇 개월 이상을 일해 온 고참들이 맡는다. 경험도 경험이거니와 제 발로 오지 않는 환자들을 찾아 데려오려면 환자들의 얼굴을 모두 알고 있어야 하기 때문이다. 정신이 박약한 환자를 치료할 때에는 서너 명이 달려들어 팔 다리를 붙들고 있어야 하기도 한다. 간호팀들은 거의 대부분 휴식 시간을 맞추지 못한다.

노동의 신성함이 살아 있는 캘커타

모든 일이 제대로 진행되면 10시 반에 시작되는 30분 정도의 휴식 시간을 누릴 수 있다. 봉사자들이 땀을 식히며 신·고참 간에 인사를 나누고 서로 친구가 되는 시간이다. 땀을 한껏 흘린 다음에 마시는 더운 차, 그리고 환자용으로 기증된 네덜란드제 프로틴 비스킷. 캘커타를 떠난 봉사자들이 가장 그리워하는 것들이다.

스페인에서 핀란드에 걸치는 전 유럽, 아르헨티나에서 캐나다에 이르는 미주 대륙, 거기서 온 백인들 틈새에 G7 회의처럼 유일하게 비백색 인종인 일본인들, 이들이 봉사자의 절대 다수를 차지한다. 어쩌다 남아프리카나 인도양의 섬나라 출신 봉사자를 만나기도 하지만 그들도 백인이기는 마찬가지. 가끔 싱가포르 사람들이 눈에 띄는 정도다. 그리고 가뭄에 콩 나듯 어쩌다 참 반갑게 찾아오는 한국 사람. 아쉽게도 여행차 들어온 사람들이라 짧으면 하루, 길면 1주일 내외를 머물다 떠나는 경우가 대부분이었다. 서더 스트리트에 묵었던 첫 번째 시기에는 오다가다 만난 배낭족 청년들을 좋은 경험을 할 데가 있다고 꼬드겨 데려가기도 했지만, 봉사자 친구들과 함께 방을 얻어 지냈던 두 번째 시기에는 두어 달 이상 모국어를 꺼내 보지 못하고 지낸 적도 있었다.

나이에서 직업, 종교, 살아가는 철학에 이르기까지 그들은 백인 백색이다. 그저 평범한 생물학과 대학생이 있는가 하면 록 그룹의 리더도 있다. 10대

시절을 마약과 방탕으로 보냈다는 청춘이 있는가 하면 대학의 신학 교수도 있다. 열아홉 살 '꼬마'들이 있는가 하면 반백의 은퇴한 노부부도 있다. 그들 간의 공통점이라야 그저 대개는 '보통 사람들'이라는 것, 그리고 모두 '착한' 사람들이라는 것이다.

휴식 시간이 끝나면 기다리던 점심 시간. 남녀 모두 300명의 환자에 주변 빈민들을 위한 무료 급식분까지 합쳐 점심 식사는 우선 그 양이 엄청나다. 쌀밥과 카레뿐이지만 밥이 모자라는 일은 한 번도 없다. 1주일에 한 번은 고기도 나온다. 잘 사는 나라 사람의 눈으로 보자면 형편 없는 식사일 수도 있지만 환자들의 대부분은 거리에서 한 끼 밥을 구걸하던 사람들이다. 또 인도인 대부분의 식사는 바로 그 수준이다. 제 발로 걸을 수 있는 사람들은 길게 줄을 서고, 나머지는 봉사자들이 접시를 날라다 주거나 먹여 주기도 한다. 까마귀들이 떨어진 밥풀을 주워 먹으려 〈프렘단〉의 식탁에 동참한다.

식사가 끝나면 환자들을 병상으로 옮긴다. 이젠 낮잠 시간이다. 식기라야 환자 1인당 양은 접시 하나와 물컵 하나뿐이다. 인도인들은 손으로 밥을 먹는다. 취사용 석탄재를 걸러 만든 자연 세제로 설거지를 한다. 수세미는 코코넛 껍질로 만든다. 설거지를 하는 동안 나머지 사람들은 식사 장소를 깨끗이 물로 쓸어 낸다. 설거지와 마무리 청소에는 그래도 건강한 축에 속하는 환자들도 동참한다. 설거지 끝. 청소 끝. 〈프렘단〉의 아침 일은 그렇게 12시를 전후해 끝난다. 아무리 길이 든 고참들도 이 때는 "후" 한숨을 내쉰다. 신참들은 물론 정신이 하나도 없다.

우연히 하루 아침 일을 함께 해 보고 떠났던 한국인 단체 관광객 중의 한 사람은 특히 빨래 일에 충격을 받았다. 돌아가면 돈을 벌어서 세탁기 몇 대 기증해야겠다는 농담 반, 진담 반 이야기를 했다. 그러나 마더 테레사는 결코 세탁기를 사지 않을 것이다. 전 세계에서 들어오는 기부금이 운영 자금의 전부이지만, 그 액수는 사실 그리 만만치 않다. 우선은 그 돈으로 식량과 의약품을 사야 하기도 하지만, 돈이 없어서 세탁기를 못 들이고 수도 펌프를 설치하지 못하는 것이 아니다. 가난한 삶을 살아야 하기 때문이다. 자신이 가난해지기 전에는 가난한 남을 도울 수 없기 때문이다. 캘커타에는 노동의 신성함이 살아 있다. 몽당 싸리비와 빨래 방망이에 담긴 노동의 신성함. 일이 얼마나 사람을 신나게

하는가. 더구나 보수 없이 오로지 남을 위해 하는 일이다. 그 신명으로 인해 마더 테레사의 집에서의 일은 바로 '나 자신'을 위한 일이 된다. 일이 꿈이 된다.

죽음이 있는 집의 옥상에서 보는 캘커타의 석양

오전 일과를 마치면 봉사자들은 흩어진다. 오후 일을 계속 하는 이들도 있고, 그저 쉬거나 자기 일을 하는 이들도 있다. 모든 것은 자유다. 몸이 아프거나 피곤하면 며칠 일을 빠질 수도 있다. 아무도 뭐라 하지 않는다. 오히려 며칠 동안 나타나지 않을 경우엔 대개 초콜릿이나 비스킷을 들고 오는 친구들을 숙소에서 마주치기 십상이다. 험하게 먹고 자면서 고된 일을 함께 하는 동료들이다. 거기에 착하고 열린 마음은 모두들 기본으로 갖추고 있는 친구들. 지극히 자연스럽게 캘커타 마더 테레사의 봉사자들 사이에는 참으로 특별한 '공동체'가 형성된다. 영어로 해야 하는 불편함이 있긴 하지만 이들 간의 커뮤니케이션은 거의 환상적이다. 서로 아껴 주고 칭찬해 주는 일이 봉사자들의 또 하나의 큰 일이다.

경쟁과 비방이 없는 나라. 콜라 한 병을 사 마셔도 함께 마시겠느냐고 먼저 묻는 나라. 각자 자기 일은 자기가 알아서 하면서도 챙길 것은 서로 챙겨 주는 나라. 동서양의 차이 없이, 유년기를 벗어난 이후 그런 나라에서 살아 본 사람이 누가 있을까. 약육강식, 자연 선택의 논리가 판치는 자본주의 체제의 세계에서 캘커타의 공동체는 참으로 희한한 경험이 된다. 물론 여기에 수녀님들의 지극한 애정이 따르고, 또 무엇보다 아프고 가난한 환자들이 온몸으로 보여 주는 정까지 합쳐진다. 그래서 캘커타를 떠나야 할 때, 봉사자들은 남녀 할 것 없이 대개는 눈물을 떨구고야 만다. 떠나고 싶지 않은 나라, 다시 돌아가고 싶은 나라…

내가 겨우 열흘이라는 전제 아래 겁 없이 시작했던 〈칼리가트〉의 오후 일도 〈프렘단〉의 일과 거의 비슷하다. 청소와 목욕과 빨래와 식사. 〈칼리가트〉의 오후 일에는 환자들에게 약을 나누어 주는 일이 봉사자들의 몫이라는 정도가 다를 뿐이다. 일 자체는 비슷하지만 〈프렘단〉과 〈칼리가트〉는 서로 전혀 다른 분위기를 지니고 있다. 〈프렘단〉이 상대적으로 건강한 사람들의 집이라면,

〈칼리가트〉는 '죽어 가는 빈자들을 위한 집'이라는 이름 그대로 항상 죽음을 대할 준비를 하고 있어야 하는 집인 것이다. 남녀 각기 50명의 환자. 오후 3시에 시작되는 첫 일은 우선 점심 식사 후 더럽혀진 환자들의 옷을 갈아 입히는 일이다. 50명 중 20명 정도는 언제나 중환자들이다. 몸을 움직일 수 없는 사람들에 전혀 의식이 없는 사람들까지. 그 고약한 일을 '잘 먹고 잘 살았던' 봉사자들이 얼굴 하나 찡그리는 일 없이 잘들 해낸다. 그리고 빨래.

겨울철이면 담요를 빠는 일이 상당한 중노동이다. 아일랜드에서 온 존이, 이름하여 '칼리가트 담요 세탁법'을 개발해 냈다. 두 사람이 나란히 빨래 욕조 위에 올라 서서 담요 양쪽을 잡고 소독약이 담긴 물 속에 담갔다가 빼내며 쳐대기를 반복하는 방법이다. 물살과 공기 방울을 순전히 사람의 힘으로 만들어 내는 것이다. 인간 세탁기. 그래도 담요에 남겨진 오물은 솔로 문질러 떼어 낸다. 그 일을 장갑도 없이 그저 맨손으로 하는 이가 많다. 아침 봉사자들이 해 놓은 빨래를 걷고 그 자리에 다시 젖은 빨래를 넌다. 늦게 빨래가 끝나는 날이면 〈칼리가트〉 옥상에선 캘커타의 석양을 볼 수도 있다. 스모그로 언제나 뿌연 캘커타의 하늘이지만 그래도 〈칼리가트〉의 석양은 참 아름답다.

빨래가 끝나면 역시 자원 봉사자로 1주일에 두세 번 방문하는 인도인 의사들의 처방대로 약을 나눠 준다. 때로 약을 그냥 버리는 환자들도 있기 때문에 제대로 다 삼키는지를 옆에 앉아 확인해야 한다. 간호원 출신이나 고참들은 여기서도 수녀님들이 담당하는 간호일을 돕는다. 중환자들이 많은 탓에 〈칼리가트〉의 간호팀은 조금 더 전문적이다. 그리고 저녁 시간. 환자들은 저녁을 일찍 4시 반께 먹는다. 가끔 밥과 카레를 거부하고 비스킷과 우유를 달라는 환자들도 있다. 제대로 식사를 하지 못하는 이들에게는 우유나 다른 영양식을 주어야 하지만, 그저 떼를 쓰는 환자들에겐 야단도 쳐야 한다. 환자들의 대다수는 결핵을 앓고 있다. 잘 먹어야 하는 것이다.

설거지와 마지막 정리 청소가 끝나면 3시간 여의 〈칼리가트〉 오후 일과가 끝난다. 수녀님들이 정성껏 끓인 차와 비스킷으로 잠시 친교의 시간을 가진 후 해산. 아침에 큰 일들은 대개 마친 덕분에 〈칼리가트〉의 오후는 그래도 조금은 넉넉하고 한가로운 편이다. 봉사자의 수도 예닐곱, 적을 때는 서너 명으로 그 안의 동료 의식도 조금 더 쉽게, 더 튼튼히 다져진다. 다만 가끔, 때론 거의 매일 마주쳐야 하는 죽음이 있다는 사실이 〈칼리가트〉를 특별하게 만든다.

〈칼리가트〉, 죽음과 파괴의 여신이 사는 집 옆에서

〈칼리가트〉를 거쳐 간 환자는 수만 명에 달한다. 초기에는 거의 절반 정도가 죽어 나갔다지만 이제 의료 기술의 발달과 함께 조금씩 나아지는 인도의 생활 수준 덕분에 예전처럼 많은 사망자를 볼 수 있는 것은 아니다. 대부분의 환자들은 살려고 애쓴다. 수녀님들과 봉사자들도 어떻게든 사람을 살리려고 애쓴다. 그래도 이 곳에서 사람들은 죽어 가고 봉사자들은 그 주검을 닦고 흰 천으로 덮어 묘지나 화장터로 보내는 일까지 떠맡고 있다. 그러나 〈칼리가트〉에서의 죽음은 우리가 흔히 생각하는 죽음과는 다른 무엇을 지니고 있다.

　　마더 테레사가 처음으로 세상에 지은 집이 바로 〈칼리가트〉였다. 1910년 8월 27일 유고슬라비아의 알바니아계 집안에서 태어난 수녀님이 캘커타에 들어온 것은 1928년 11월이었다. 〈로레토 수녀회〉의 학교에서 지리학을 가르치던 수녀님은 가난한 이들을 위해 일하라는 부름을 받은 뒤 수도복을 벗고 지금의 푸른 줄이 쳐진 하얀 사리를 걸친 채 캘커타의 거리로 나선다. 그것이 1948년 8월. 그리고 1952년 한국 카톨릭에서는 '영생의 집'이라고 부르는 〈칼리가트〉의 문을 연다.

　　'칼리가트'는 원래 힌두교의 여신인 칼리의 신전을 말한다. 칼리는 죽음과 파괴의 여신. 지금 마더 테레사의 집은 그 '칼리가트'를 찾아온 힌두교 순례자들의 숙소였다. 캘커타 시청의 도움으로 마더 테레사는 이 곳을 행려 병자 구호소로 만들 수 있었다. 지금도 칼리의 신전과 마더 테레사의 집은 나란히 붙어 있다. 신전에서는 매일 칼리 여신을 위해 검은 염소의 목이 잘린다. 죽음의 여신의 신전과 마더 테레사의 '죽어 가는 빈자들을 위한 집'. 기이한 대조가 아닐 수 없다. 하지만 가만히 생각해 보자. 삶과 죽음이 과연 별개의 것인가. 사멸 없이 탄생이 이루어질 수 있는가. 수많은 종교들은 죽음이 곧 다른 삶의 시작이라고 말하지 않는가. 아니, 그런 사변적인 이야기들은 미뤄 놓기로 하자. 마치 집승처럼 길 위에서 죽어 가던 사람들이 이 곳에선 다른 사람들의 손길 안에서 평화롭게 죽어 갈 수 있는 것이다. 그것만으로도 충분하지 않은가.

　첫째 날, 둘째 날 캘커타의 일을 시작했을 때 나는 그저 열흘이 빨리 지나가기만을 원했었다. 해 보지 않았던 중노동도 힘들었지만, 무엇보다 환자들의 참상을 매일 대하는 것이 끔찍했다. 〈칼리가트〉의 첫 오후에 나는 내 눈앞의 죽음을 보았고, 죽음을 만졌다. 거리에서 살다가 죽어 가던 사람. 겨우 며칠, 아니면 몇 시간, 다른 이들의 도움의 손길이 무슨 의미인가. 인도 사방에 그렇게 살고 죽어 가는 사람들이 얼마나 많았던가. 아시아에 아프리카에 남미에, 심지어 저 유럽과 미국에, 이 세계에 그런 사람들이 얼마나 많은가. 여기서 그들을 돕는다고 잠시 머무는 일에 무슨 의미가 있는가. 그렇게 격한 슬픔과 분노와 회의를 가져 보았던 때가 또 있었던지 모르겠다. 내가 열흘을 버티기로 한 것은 순전히 그것이 약속이었기 때문이었다. 내가 합의한 약속.

　열흘이 지나고도 나는 캘커타를 떠나지 않았다. 마드라스에도, 바라나시에도 가지 않았다. 나는 그 곳에서 행복했으므로. 그 곳에서 눈물을 흘리는 일이 부끄러운 일이 아님을 배울 수 있었다. 그리고 눈물만으로는 충분치 않다는 것을 배웠다. 눈물과 회의 대신에 웃으면서 즐거운 마음으로 해내야 할 일들이 세상에는 널려 있음을 배웠다. 마더 테레사의 형제 자매들이 내 배움의 스승이었다. 물질적으론 안락할 수 있었을 삶을 포기하고 힘든 봉사의 삶으로 들어선 수녀님들, 세상에서 가장 아름다운 웃음을 지닌 자원 봉사자 친구들. 그들을 매일 만나고 그들의 삶과 내 삶을 함께 나누는 것은, 그 어떤 여행보다 좋은 여행이었다. 참으로 별난 삶으로의 여행. 별나고 아름다운 삶으로의 여행이었다.

초콜릿과 쌀죽 그리고 씨 발라 낸 수박…

3개월이 지났을 때, 스페인 친구 하나가 런던으로의 초청을 제의해 왔다. 한번 다시 새로운 세상을 보고 싶기도 했고, 캘커타는 그만하면 됐다는 생각도 있었다. 잠시 서울에 들러 식구들에게 인사하고 런던으로 떠났다. 3개월을 런던에 머문 후, 유럽으로 건너갔다. 여행 겸 캘커타의 친구들도 만날 겸. 프랑스, 스위스, 독일, 스페인. 유럽 여행은 고스란히 캘커타의 연장이 되어 버렸다. 친구들이 있는 곳으로 발길을 돌렸고 그들이 고향에서는 어떻게 사는지, 그 삶에 내 삶을 또 한 번 엮어 보았다. 4개월에 걸친 유럽 여행 중 나는 그 비싸다는 유럽의 기차표와 비행기표 값을 포함해 고작 1,500달러(120만 원) 정도를 썼다. 친구들이 먹여 주고 재워 주었다. 캘커타의 공동체는 유럽에서도 여전히 살아 있었다. 캘커타라는 공통 분모가 없이도 그들이 내게 그렇게 잘 해 줄 수 있었을까. 물론 여행 중 새로운 친구들을 만들 기회도 있었다. 그들은 흔히 묻곤 했다. 도대체 캘커타가 어떤 곳이길래 그런 우정을 만들어 낼 수 있느냐고. 내 대답은 간단했다. Go and see. 가서 봐.

캘커타의 친구들은 그들이 캘커타를 떠난 후에도 여전히 캘커타의 삶을 살고 있음을 내게 보여 주었다. 에이즈 환자 구호 단체에서 봉사 활동을 하는 친구, 가족 없는 노인들을 정기적으로 방문해 보살피는 친구, 유럽의 대도시에서 마더 테레사가 운영하는 무료 급식소나 '집'에서 일하는 친구, 아예 직업을 사회 봉사 관련 직종으로 전환한 친구도 몇 있었다. 모두들 캘커타를 그리워하는 것은 한결같았다. 많은 친구들이 돌아갈 계획을 세우고 있기도 했다. 나 또한 캘커타를 그리워했다. 3개월은 결코 긴 시간이 아니었다.

서울행 귀국표를 팔고, 캘커타 행 표를 샀다. 그저 두어 달만 더 있다가 돌아가자. 그리고 여섯 달을 살았다. 긴 여행에 지친 탓이었는지, 몸의 기운도 지난 번처럼 쌩쌩하지는 않았다. 무작정 행복했던 지난 번과는 달리 때로는 까닭 없이 우울해지고 슬퍼지기도 했다. 기독교 신자도 아니면서 저녁 일과 후에 열리는 묵상 기도에는 거의 빠지지 않고 참석했다. 그저 아무 말없이 침묵 속에 잠겨 있었다. 아침에, 혹은 오후에 죽어 간 환자들의 얼굴을 생각했다. 아니면 그저 내 삶을 생각했다.

처음에는 감히 끼어들 엄두를 내지 못하던 〈프렘단〉의 간호일에도 참여했다. 산 자의 비명에도 불구하고 그들의 상처에 칼과 손을 들이댈 수 있었던 것이다. 환자들의 얼굴과 이름을 외울 수 있었다. 신참들에게 잔소리를 늘어 놓기도 했다. 어느 새 나도 고참 '발런티어' 가 되어 있었다.

두 번째 캘커타는 분명 첫 번째와는 달랐다. 나는 그것을 제대로 설명할 수가 없다. 그저 조금 더 깊어졌다고나 할까. 어쨌든 이제 서울로 돌아가야 할 때였다. 잠시 바람을 쐬고 싶기도 했던 터에 네팔 히말라야 트레킹에 나선 친구들의 길을 따라 나섰다. 그리고 캘커타에 돌아와 덜컥 병이 들어 버렸다. 40도를 웃도는 고열과 설사, 구토, 통증. 친구들이 병원으로 나를 실어날랐고, 수녀님들과 친구들이 매일 병원으로 찾아왔다. 약을 들고, 초콜릿과 중국 식당의 쌀죽과 씨 발라 낸 수박을 들고. 병원비를 선납해 주었던 미국 친구 리처드는 돈 달라는 얘기도 없이 고향으로 돌아가 버렸다. 수녀님들이 약을 모두 댔고, 수녀님들이 구하지 못하는 약을 사 온 친구들은 '얼마나 들었느냐'는 내 질문을 무시했다. 말라리아와 티푸스라는 아리송한 진단 아래 링거액과 항생제 주사로 보름을 살아야 했다. 병이 심하던 첫 1주일 동안엔 봉사자 친구들이 교대로 24시간 내 병상을 지켰다. 나무 걸상 네 개를 이어 자면서.

눈물이 부끄러운 것이 아님을…

퇴원 후 서울행 비행기를 기다리며 가끔씩 〈프렘단〉과 〈칼리가트〉를 찾았다. 수녀님들과 친구들은 내가 일하는 것을 결사적으로 막았다. 일할 힘도 없었지만. 숨쉬기도 힘든 4월의 캘커타. 나는 캘커타를 떠날 때 조금 울었다. 울었다는 이야기를 부끄럽지 않게 쓸 수 있다. 캘커타에서 눈물이 부끄러운 것이 아님을 배웠기 때문에. 그리고 하나 더. 서울에서도 캘커타처럼 살 수 있으리라는 것을 모르는 새에 배웠다. 마더 테레사의 말씀처럼 캘커타는 내게, 그리고 모두에게 '좋은 학교'였다.

"죽어 가는 사람들을 위해 수녀님께서 하시는 일은 정확히 무엇입니까?"
 "무엇보다도 그들에게 자기네가 버려진 것이 아니라는 사실을 느끼도록 해 주는 일입니다. 진정으로 자기들을 사랑하고 받아들여 주는 사람들이 있다는 것을 적어도 살아 있는 몇 시간 동안이라도 느껴서 알 수 있도록 하는 것입니다… 자기들을 위해서 일생을 바치는 젊은이들이 있다는 사실을 알아 주기를 우리는 바랍니다."(『인도의 마더 테레사』, 성바오로 출판사)

『시사 저널』 1995년 7월 13일자, 20일자

나눔 나눔 나눔 (조병준과 함께 나누는 문화 이야기) 夢 (마더 테레사와 함께)

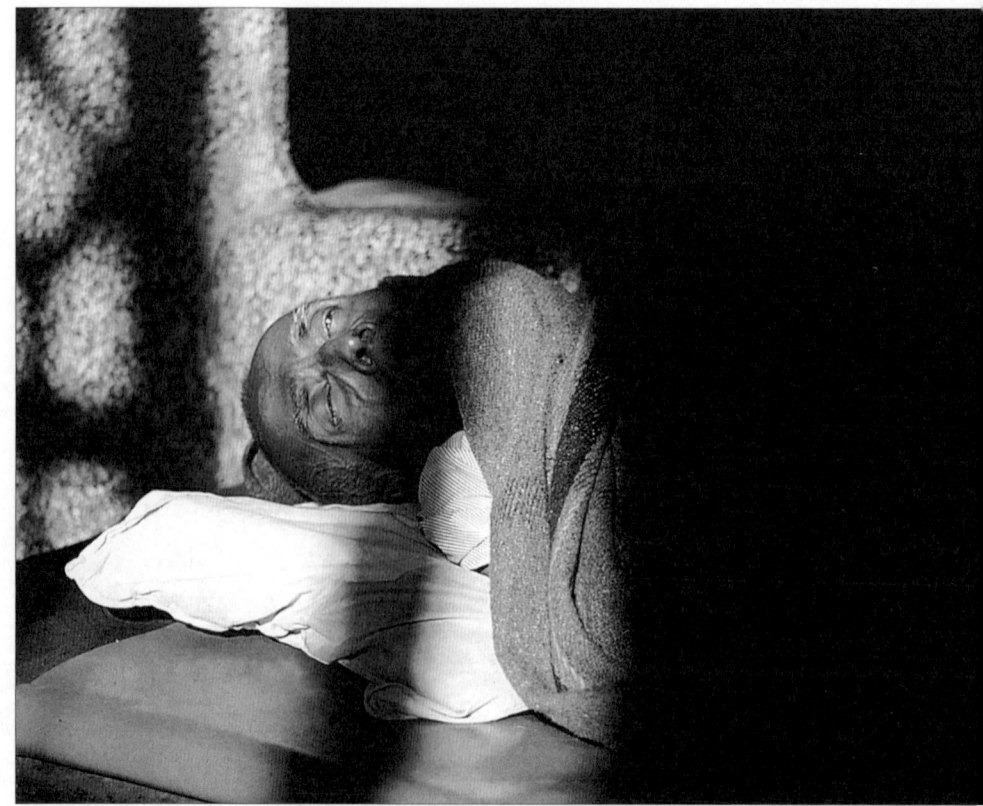

뒷얘기: 긴 여행에서 돌아온 자의 글쓰기

1년 6개월이 넘는 여행 기간 동안 거의 글을 쓰지 않았다. 처음 석 달 열심히 일기를 쓰다가 그만두었다. 편지도 최소한으로 줄였다. 기록해야 한다는 강박증에서 벗어나고 싶었다. 기억에 남는 것만 내 인생에 남겨 두어도 충분하다는 깨달음도 있었다. 유럽 체류 8개월과 두 번째 캘커타 생활 6개월은 그래서 '문서상으로는' 완벽한 공백으로 남아 있다. 책도 거의 읽지 않았다. 그저 경험하고 생각하면서 살고 싶었다. 그 결과는?

1초 단위까지 생생하게 남아 있는 시간들

대체로 만족한다. 많은 땅과 거리와 시간의 이름들이 잊혀졌다. 심지어는 사람들의 이름조차 많이 잊혀졌다. 한편으로 아쉬운 마음이 드는 것은 사실이다. 꼼꼼히 기록해 놓았더라면 요긴하게 써먹을 수 있을 텐데 하는 아쉬움이다. 하지만 별로 신경 쓰지 않는다. 기억의 큰 덩어리들은 오히려 더 섬세한 디테일까지 살아 남아 있으니까. 어떤 시간들은 1초 단위까지 다 생생하게 남아 있으니까. 그리고 덤으로 얻은 선물이 하나 있었다. 모국어를 쓰지 않고 산 1년 6개월은 내게 새로운 글의 세계를 열어 주었던 것이다. 짧게 쓰기로 했다. 그리고 그냥 말하는 것처럼 쓰고 싶었다.

돌아와서 처음으로 청탁받은 글이 「인도 '마더 테레사의 집' 자원 봉사 체험기」였다. 친구 동생인 『시사 저널』의 기자가 집으로 찾아왔다. 데스크에서 엄명을 받고 왔노라고. 200자 원고지로 80장, 2회로 나누어 싣겠다고 했다. 처음엔 80장이 넉넉한 분량이라고 생각했다. 주간지에서 80장이면 절대 적은 원고량이 아니다. 그런데 쓰다 보니, 80장은 너무 짧았다. 가슴 속에 채워진 말이 워낙 많았다. 그 말들을 겨우 달래서 일부만 끄집어 내자니 보통 힘드는 일이 아니었다. 글 쓰는 법을 잊었는지 나오는 글도 엉망이었다. 거의 2년 만에 처음으로 '데드 라인'을 지키는 일도 엄청난 고역이었다. 게다가 그 사이에 나는 원고 장수 계산법까지 잊어 버리고 있었다.

허겁지겁 마감을 시켜 놓고 바로 덴마크 행 비행기를 타야 했다. 원고가 넘친다고 연락이 왔다. 친구의 동생이라 맘 놓고 떠넘겼다. 니가 알아서 줄여. 한 달에 걸친 두 번째 유럽 여행을 마치고 돌아와서야 잡지를 보았다. 아주 많은 부분이 잘려 나가고 없었다. 나중에 계산해 보니 처음 넘긴 원고는 거의 100장에 가까웠다. 그러니 할 말은 없다. 글이 잘린다는 것은 참 속 상하는 일이다. 아무리 사소한 문장이라도 잘려 나갈 때는 일단 모양새가 이상해지게 마련이다. 영화에서 진한 장면이 잘려 나갈 때 사람들이 금새 알아차리는 것과 똑같다. 많은 사람들이 글이 이상하다고 지적했다. 이제 다 복원시켜 놓긴 했지만 지금도 부끄럽다.

흩어진 개인들의 공동체

캘커타에서의 경험은 지금까지 내 삶 그리고 내 글에 자취를 남기고 있다. 그 이야기를 또 하려면 다시 100장 정도의 원고가 필요하니, 참기로 한다. 한 가지만 얘기하고 넘어가련다.

나는 그 곳에서 '새로운 삶'의 실마리를 보았다. '흩어진 개인들의 공동체'였다. 그 곳에는 다 함께 외치는 구호도 없었고, 멋진 조직 강령도 없었다. 얼핏 무질서하고 시행 착오 투성이로 보이기도 했지만, 거의 모든 일이 아주 매끄럽게 굴러갔다. 아무것도 공동 소유로 하지 않았고 각자 자기의 소유물과 자기의 시간을 철저하게 지켰지만, 그것은 분명히 '공동체'였다.

대개의 공동체들은 그 생존을 위해서 규율과 체제를 만들어 내기 마련이다. 그리고 그 규율과 체제는 어쩔 수 없이 공동체 구성원들을 억압하게 된다. 인류 역사상 수많은 공동체들이 결국 무너지고 만 것은 바로 그 억압 때문이었다. 캘커타의 자원 봉사자 공동체에는 그런 억압이 없었다. 모든 것이 완전한 자발성을 토대로 이루어지기 때문이다. 자발성이 토대가 될 때, 그 때부터 의무와 권리는 서로 상대 개념이 아니다. 의무가 곧 권리요, 권리가 곧 의무다. 모든 일이 즐거워진다.

이 일을 하라고 남에게 요구할 때, 저 일을 해야 한다고 스스로에게 강요할 때, 그 요구 또는 강요 때문에 인생과 세상이 지저분해진다. 인생과 세상을 즐겁게 사는 길은 하나뿐이다. 저 좋은 일을 저 좋은 방법대로 하는 것뿐이다. 닫힌 공동체, 곧 규율과 체제로 굴러가는 공동체에서는 그렇게 살 수가 없다. 열린 공동체, 곧 내가 개인으로 남아 있을 수 있는 공동체에서만 그런 삶은 가능하다. 캘커타 마더 테레사의 자원 봉사자들은 바로 그런 열린 공동체의 가능성을 내게 보여 주었다.

지금 캘커타의 친구들은 지구 곳곳에 흩어져 있다. 유럽, 아메리카, 아시아, 아프리카, 오세아니아. 흩어져 있지만, 우리는 여전히 살아 있는 공동체를 몸으로 느낀다. 가끔씩 주고받는 편지와 전화, 그리고 캘커타의 기억이 우리를 공동체로 묶는 그물망이다. 글로벌 네크워크!

내 앞에도 한국인 자원 봉사자들은 있었다

잡지를 읽은 사람들이 한동안 전화를 걸어 왔다. 캘커타에 가고 싶은데 정보를 달라는 사람들이 많았다. 매스 미디어의 영향력은 역시 작지 않다! 다시 한 번 마더 테레사와 친구들에게 감사한다. 그들이 아니었다면, 여전히 내 삶은 별로 재미있지 않았을 것이다. 내 글도 여전히 지저분하는지도 모른다.

아! 딱 하나만 더 얘기하자. 『시사 저널』의 편집자는 '편집자 주'에서 나를 '마더 테레사와 함께 일한 첫 한국인'이라고 소개했다. 전혀 사실이 아니다. 내 앞에도 한국인 자원 봉사자들은 분명히 있었다. 나처럼 떠벌리지 않고 조용히 일했을 뿐이다. 가끔 캘커타 얘기를 하는 것이 "나 잘 났소" 하고 떠드는 것과 무엇이 다를까 하는 생각이 들기도 한다. 하지만 영국 청년 제임스와 덴마크 처녀 베티나를 떠올리면 그런 생각을 접어 둘 수 있다. 좋은 경험을 나눌 가능성이 있다면, 그걸 떠벌린다고 크게 잘못된 것이 아닐 수도 있다고 핑계를 댈 수가 있는 것이다.

만국의
꿈꾸는
夢 자들이여,

(夢―2)

흩어지자

― 작지만 큰 개인, 연극 연출가 김아라

작은 것이 아름답다?

작은 것이 아름답다. 갑자기 작은 것에 대한 예찬이 여기저기서 들려 오고 있다. 중후 장대(重厚長大)에서 경박 단소(輕薄短小)로 산업의 중심이 옮겨져야 한다는 이야기는 이미 오래 전부터 떠돌고 있었다. "만국의 노동자여 단결하라"던 구호는 동유럽의 몰락 이후 잠잠하더니, 어느 때부턴가 갑자기 "만국의 아나키스트여 흩어져라"는 구호로 바뀌고 있는 듯하다. 작은 단위들의 느슨한 연대를 통해 억압적인 중앙 집권 체제의 폐해를 몰아내 보려는 '소규모 공동체'도 하나둘씩 늘어나고 있는 모양이다. 작은 영화관과 작은 라이브 공연장이 관객들을 끌어들인다. 작게, 더 작게를 지향하다 보니 단칸방을 '원 룸'이라고 아름답게 부르며 사는 독신자들이 늘어난다. 작은 것이 아름답다고? 왜 아름다운가? 그런데 정말로 작은 것이 아름다운가? 세력과 이윤의 '극대화'를 지상

목표로 하는 정치와 경제에서야 애당초 작은 것이 아름답기는 힘들 터이므로, 그냥 문화에서만 한번 살펴보기로 하자.

교보 문고와 종로 서적에서 자기 출판사 책 사재기로 베스트 셀러 만들기, 대형 뮤지컬 제작에 수억 원씩 쏟아 붓기, 체육관과 운동장과 해외에서「열린 음악회」녹화하기 등등을 보자. 유치원생까지 동원된〈광주 비엔날레〉관객 동원의 대기록은 담당자들을 황홀케 했단다. 아직 극장 하나 제대로 지어지지 않은 어느 지방 도시에서는 기왕 하는 거 크게 하자며 당장 내년(1997년)부터 '세계 연극제'를 열 준비를 하고 있단다. 문화에서도 여전히 작은 것은 큰 것보다 별로 아름답지 않다. (*의왕 세계연극제는 결국 환경 문제를 이유로 무산되고 말았다.)

사방을 둘러보면 여전히 큰 것들만 눈에 띈다. 아름다운 작은 것을 보려면 눈을 여러 번 씻고 봐야 겨우 보인다. 그런데 우리는 지금 작은 것이 아름답다는 이야기를 하고 있다. 마치 잠꼬대처럼. 잠꼬대라고? 우리가 작은 것이 아름답다고 말하는 것은 꿈꾸며 중얼거리는 잠꼬대일지도 모른다. 큰 것들이 하도 위세를 부려 점점 더 작아지는 우리의 삶이 억울하고 원망스러워 꿈 속에서나마 작은 것이 아름답다고 중얼거리고 있는지도 모른다. 그런데 누가 말했더라, 꿈을 오래 꾸다 보면 꿈이 현실이 된다고.

정치와 기업과 문화 산업(그리고 대개의 문화 행정가)은 꿈을 꿀 능력이 없거나, 있어도 아주 한정된 종류의 '돼지꿈'만을 꿀 수 있다. 그들이 바라는 돈과 권력과 인기는 너무나 물질적이라 꿈을 꾸기 위해 꼭 필요한 정신에게는 단 한 평의 공간도 나눠 줄 수가 없기 때문이다. 스스로 원해서 버렸건, 아니면 운이 안 따라 주어서 놓쳤건 간에 돈과 권력과 인기에서 거리를 둔 사람들, 즉 정신이 자리잡을 여유 공간을 확보한 사람들만이 꿈을 꿀 수 있다. 그 꿈 속에서는 작은 것들이 아름답다. 왜?

"나 따라서 바쁘게 뛰어야지, 안 그러면 굶어 죽는다"고 을러대는 대기업이 없으니 아름답다. "나한테 붙어, 안 그러면 죽어!"라고 윽박지르는 거대한 중앙이 없기 때문에 아름답다. "가뜩이나 먹을 떡도 얼마 없는데, 우리가 뭉쳐야 조금 더 먹지 않겠어?"라고 가입을 구슬러 대는 온갖 문화 예술 단체들이 없기에 아름답다. 내가 있고 싶은 나로 남아 있을 수 있고, 내가 하고 싶은 일만

김아라와 그의 딸 가람이

하면 되고, 내가 가끔 만나고 싶은 사람들만 만나면 되는 것, 바로 자유다. 그 자유로 인해 작은 것은 아름다워진다. 그 자유란 나를 키우려고 무리하지 않는 것, 곧 자연스러운 상태로 나를 내버려 두는 것을 뜻하는 것이기도 하다.

작은 것이 아름다운 이유는 무엇보다 그것이 자연의 상태에 가깝기 때문이다. 자연은 아름답다. 무한히 아름답다. 자연의 상태에 가까운 작은 것도 무한히 아름다울 수 있다. 한계가 없으니 더 이상 작다는 상대적 개념도 무의미해진다. 작으면서 동시에 매우 큰 것의 아름다움이 가능해진다. 각자의 구성원을 '있는 그대로의 나'로 내버려 둠으로써, 사이비가 아닌 진정한 공동체를 가능케 하는 것도 바로 그 '아름다운 작은 것'의 꿈이다.

아직 꿈에 불과할지도 모르지만, 결국 슬픈 꿈으로 끝나 버릴지도 모르지만, 어쨌든 우리는 지금 '아름다운 작은 것'을 정신으로, 또 몸으로 계획하고 실천하는 사람들을 꿈이 아닌 현실에서 가끔 만난다. 큰 것이야 멀리 있어도 잘 보이겠지만, 작은 것은 아무래도 가까운 곳에서 찾아지게 마련이다. 어디 보자, 내 가까운 주위에 누가 그렇게 '아름다운 작은 것'을 꿈꾸고 있었더라?

크게 또 작게, 작게 또 크게, 다시 작게

끝없이 거대하게, 끝없이 중앙으로 치닫는 문화의 주류에서 벗어나 실개천에 발을 담그고 자꾸 작게, 자꾸 변두리로 찰박찰박 걸음을 옮기는 예술가를 한 사람 소개하려 한다. 이제 겨우 실개천에서 발걸음을 옮기기 시작했을 뿐이지만, 나는 그 걸음에서 '아름다운 작은 것'의 꿈을 본다. 작은 개인에게서 시작했지만, 살금살금 또 다른 개인들을 불러들여 '작고 느슨한 연대'의 공동체를 싹 틔우고 있는 꿈이다. 연극 연출가 김아라가 바로 그 꿈을 꾸고 있는 사람이다.

내가 김아라를 처음 만난 것은 1992년이다. 그 때의 김아라는 상당히 '큰' 사람이었다. 30대 초반의 나이에 이미 그는 대한민국의 주요한 연극상은 거의 다 섭렵하고 있었다. 연극의 해 기념 공연의 연출이 그에게 맡겨졌다는 사실 하나만으로도 그가 당시 얼마나 '큰 덩치'를 가지고 있었는지는 쉽게 짐작할 수 있을 것이다. 뉴욕에서의 연극 공부를 마치고 돌아온 이후, 그는 상당히 빠르게 또 수월하게 한국 연극계에서 자리를 잡았다. 첫 연출작 『장미 문신』으로부터 시작해『신더스』『에쿠우스』『사로잡힌 영혼』『동지 섣달 꽃 본 듯이』 등 그의 작품에는 거의 예외 없이 관객이 줄을 이었다. 흥행과 비평, 양쪽에서의 잇달은 성공이 그를 '키워' 놓았고, 나는 그렇게 '커 있는' 연출가 김아라를 만났다.

그 때까지 소속된 극단 없이 프리랜서로 일하던 그는 아마 연이은 성공으로 인한 자신감 덕분이었겠지만, 드디어 자신의 극단 〈무천〉을 만들었다. 인연이 이상하게 맞닿아 나는 전혀 팔자에 없던 연극 단원이 되었다. 연출가와 기획자만 있는 참으로 작은 극단이 〈무천〉이었다. 거의 1년에 가까운 작업을 거쳐『숨은 물』이라는 창단 공연 작품이 만들어졌다. 일본 공연을 성공리에 마친『숨은 물』의 국내 공연에는 당연히 성공하리라는 기대가 넘쳤다. 그러나 결과는 기대를 배신했다.『숨은 물』은 비평적으로는 상당한 성공을 거뒀지만, 흥행에서는 완전한 참패를 겪고 말았다. 기획자의 임무가 무엇인가. 나는 흥행 실패의 책임을 핑계로 극단을 떠났다.

그 실패가 김아라를 다시 '작게' 만들었던 것일까. 1993년 11월부터 12월 말까지 그는 아주 희한한 작품을 들고 나왔다. '관객 수 50명 제한 공연'이라는 문구를 내세운『우리가 서로를 알지 못했던 시간』이라는 작품이었다. 무릎도 벌리지 못하게 꽉 채운 객석을 꿈꾸는 연극판에서 관객 수를 50명으로 제한하는 공연이라니!

그러다가 다시 김아라는 '대극장' 으로 돌아갔다. 1994년 '월드 스타' 강수연을 주인공으로『메디아 판타지』를 만들었고, 그 다음 해에는 인기 작가 장정일의 희곡으로 상당히 '스펙터클' 한『이디푸스와의 여행』을 만들어 덴마크의 〈세계 여성 연극 축제〉에도 다녀오고, 〈서울 연극제〉의 대상을 수상하는 비평적 성공과 흥행 성공을 동시에 거둬들였다. 다시 커진 김아라였던 셈이다.

서울을 떠나 당북 마을에서 홀로, 그리고 함께

그런데 1996년 1월 어느 날, 그가 내게 전화를 걸었다. 온 식구가 경기도 안성군 죽산면의 용설리 당북 마을 저수지 옆으로 이사한다고. 마을 회관을 빌려 살림집과 연습장을 마련했는데, 일손이 모자라니 와서 일손을 보태 달라고. 당북 마을엔 그 전에도 들러 본 적이 있었다. 그와 처음 만나던 해에 그는 나를 당북 마을에 데리고 갔다. 다 허물어진 흙집 하나를 보여 주며 40만 원에 산 집이라고 자랑했다. 도깨비도 별로 살고 싶어하지 않을 정도의 폐가였다. 내가 바깥 세상을 떠도느라 그에게 단 하루도 일손을 보태 줄 수 없었던 1993년에 그는 거의 맨손으로 그 흙집을 누구나 살고 싶어할 만한 집으로 바꾸어 놓았다고 했다. 흙집은 김아라뿐만 아니라, 휴식 또는 집중의 공간이 필요한 예술가들에게 무료로 대여되고 있다고도 했다. 일종의 별장으로서 당북 마을의 흙집이 있었던 것이다. 물론 김아라의 연극 작업 및 일상 생활은 고스란히 서울에서 이루어지고 있었다.

당북 마을의 마을 회관에 살림집과 연습장을 함께 차림으로써 김아라는 연극 작업과 일상 생활, 그리고 휴식의 본거지까지를 모두 한 자리에 모아 놓게 되었다. 영화 감독인 남편과 초등 학교에 입학하는 딸 아이도 물론 함께 내려왔다. 서울을 완전히 떠난 것이다.

저수지 탓에 낚시꾼들이나 주말에 드나들던 당북 마을에 갑자기 연극쟁이들이 드나들기 시작했다. 주말마다 배우들이 워크숍을 위해, 아니면 그냥 놀다 가기 위해 찾아온다. 친하게 지내는 시인, 소설가들도 가끔 노트북 컴퓨터를 싸 들고 내려와 며칠을 지내다 가기도 한다. 2월부터 4월 14일까지는 매 주말마다 2박 3일의 신인 배우들을 위한 워크숍이 진행되었고, 4월 하반기에 음악가 임동창과 유럽의 음악인들이 모여 5월 초에 있을 연주회를 위한 연습을 하기도 했다. 조용하던 당북 마을이 술렁거리기 시작한 것은 사실 올해(1996년) 시작된 일은 아니었다.

전위 무용가로, 또 명상가로 널리 알려진 홍신자 선생이 자신의 무용단인 〈웃는 돌〉의 이름을 따 춤과 명상을 위한 집을 당북 마을, 김아라의 흙집 윗 켠에 짓고 '국제적인' 무용 축제를 연 것이 작년(1995년)의 일이었다. 김아라의 흙집에 놀러 왔던 홍신자 선생이 아예 당북 마을을 한국에서의 활동 공간으로 삼아 버렸던 것이다. 덕분에 당북 마을의 촌로들은 난생 처음 마을에 들어온 외국인을 만나기도 했고, 죽산면 시외 버스 정류장의 택시 기사들은 용설리에 가자면 "아, 〈웃는 돌〉에 가자구요"라고 말하게 되기도 했다. 1991년 김아라가 무너진 흙집을 대지의 소유권 없이 40만 원에 샀을 때, 당북 마을 사람 중 어느 누가 이런 오늘을 상상이나 해 보았을까. 바쁘다는 핑계로 살림집과 연습장 공사에 겨우 하루 품을 도와 주었던 나는 3월 말의 어느 줄곧 비 내리던 주말, 다시 당북 마을을 찾았다.

내게 무슨 즐거움이 있었나, 생각해 보니까 별로 없었어

"항상 꿈꿔 오던 일이었어. 자연 안에서 살면서 자연 안에서 공연까지 할 수 있다면 얼마나 좋을까."

연출자와 기획자로 만났던 인연 덕분에 나는 그를 선생님으로 부르고, 그는 나에게 말을 놓는다(사실은 그 이전에 그가 내 선배의 부인이기도 하다). 연극쟁이의 말이니 그냥 연극의 대사처럼 옮기는 것도 괜찮을 게다. 그냥 있는 그대로, 자연스러운 것이 제일 좋다. 그러니 계속 내게 편하게 하던 그의 말을 그대로 옮겨 보자. 그는 대개의 인터뷰라는 것이 자신을 너무 '비현실적' 인 사람으로 만들어 버리는 것에 대해 속상해 하고 있기도 하다.

"어쩌다가 갑자기 아예 내려올 생각이 들었냐구? 작품 열 개 만들다 보니 십 년이 지나갔지 뭐니. 그 동안 연극하는 즐거움 말고 내게 무슨 즐거움이 있었나, 생각해 보니까 별로 없었어. 그런데 여기 내려오니까 너무너무 행복한 거 있지. 아침에 일어나면 물안개가 얼마나 근사한지 몰라. 게다가 사실 별로 멀지도 않은 거린데, 일단 서울이 아니라는 것 때문에 정말 나를 보고 싶어하고 내가 보고 싶은 사람들만 찾아오거든. 오히려 좋은 사람은 서울에 있을 때보다 훨씬 더 자주 만나게 되더라, 얘."

"서울? 너도 알잖니? 서울에 있으면 항상 쫓길 수밖에 없다는 거. 아무리 바쁘게 뛰어다녀도 항상 바쁜 거. 불필요하고 에너지 낭비밖에는 아무것도 나눔 나눔 나눔 (조병준과 함께 나누는 문화 이야기) 夢 (만국의 꿈꾸는 자들이여, 흩어지자—작지만 큰 개인, 연극 연출가 김아라)

아닌 만남들 때문에 고독해지고 싶어도 고독해질 수 없다는 거. 산소가 모자라다는 생각, 너도 많이 해 봤을 거야. 여기 있다가 서울에 갔다 오면 이틀을 고생해. 서울의 폭력적인 소음이 계속 귀에 남아 있는 거야."

"배우들이 불편해 하지 않겠냐구? 아니, 오히려 너무들 좋아해. 서울에서 연습하다 보면 제일 끔찍한 일이 뭔지 아니? 쉴 새 없이 울려 대는 전화, 핸드폰, 삐삐 소리야. 아무리 스위치를 꺼 놓고 있어도 신경까지 꺼지지는 않거든. 여기 들어오면 핸드폰, 삐삐는 잊어 버려도 돼. 어차피 금방 달려갈 수도 없으니까. 아르바이트, 텔레비전 출연 교섭에 신경 안 쓰고 집중할 수 있어 좋고, 연습하러 오는 게 쉬러 오는 거랑 똑같은데 얼마나 좋으냐고 배우들이 더 난리야."

아비뇽은 뭐 별다르게 시작했겠니

저녁 시간이 되어 배우들이 저녁 식사 준비를 하는 동안 흙집까지 함께 봄비 속에 저녁 산책을 나섰다. 그의 딸 가람이와 가람이의 동생인 강아지 또또가 함께 따라 나섰다. 아파트에서 살았던 탓에 가람이는 그 동안 강아지 동생을 가져 보지 못했다.

"가람이 학교 문제? 난 가람이 때문에라도 여기 내려오길 정말 잘 했다는 생각이야. 어릴 때 자연 속에서 살 수 있다는 게, 얼마나 큰 행운이니. 동네 애들하고 맨날 뛰어다니는 가람일 보면 내가 엄마로서 해 줄 수 있는 제일 큰 걸 해 줬다는 생각도 드는 걸."

흙집 위에는 홍신자 씨의 명상과 춤의 집 〈웃는 돌〉이 자리잡고 있었다.

"홍신자 선생 들어온 거, 대환영이지 뭐. 서로 마음 맞는 사람들끼리 함께 있다는 게 얼마나 좋은 일이니. 아참, 아직 구체적으로 계획이 짜인 건 아닌데, 이번 여름에 홍신자 선생하고 함께 '죽산 페스티벌'을 열어 볼 생각을 하고 있어. 무용, 연극, 미술을 한데 묶어서 해 보자는 생각인데, 아마 6월이 될 거야. 도와 줄 거지? '글쎄' 라고 하지 말고 '네' 라고 좀 해 봐라."

산책을 마치고 돌아오자 연습실의 베니어 합판 식탁 위엔 빙어 튀김과 매운탕이 준비되어 있었다.

"투망만 던져 놓으면 반찬 걱정은 할 필요가 없어. 너도 겪어 봐서 알겠지만, 서울서 작업하면 한 달에 식비만 백만 원씩 깨지잖니. 물고기 잡아서 반찬해 먹으니 도대체 돈 쓸 일이 없는 거야. 이제 날 풀리면 애들 데리고 나물도 캐다 먹을 생각인데, 그럼 정말 쌀값만 있으면 되는 거야."

봄비 속에 어둠이 내리자 저수지 건너편 몇 집의 불빛이 보일 뿐, 유리창 밖은 사방이 조용하고 평화롭다.

"여건이 되면 야외 극장도 하나 짓고, 수련장도 마련해서 야외 연극 축제를 여기서 열고 싶어. 정책적 배려? 얘, 아예 꿈도 안 꾸는 게 좋아. 어쩌다 된다고 해도 관청하고 연결되면 항상 거대 스케일로 굴러가는 거, 너도 알잖아. 그냥 내가 할 수 있는 만큼 조금씩 해 가면 돼. 굳이 여기저기 찾아다니면서 굽신거리고 싶지도 않고 그래야 할 이유도 없어. 그냥 자연스럽게 하다가 뜻 맞는 사람들끼리 모이게 되면 모이는 거고, 그래서 도와 주겠다는 데가 나서면 도움도 받으면 되고. 대규모 기획이 무슨 필요가 있어? 각자 하고 있는 자기 작업을 모으다 보면 자연 발생적으로 예술인 마을도 생기고 축제도 생겨나겠지. 아비뇽은 뭐 별다르게 시작했겠니. 커피 한 잔 더 마실래? 사진 찍는다구? 그래, 워크숍 다시 시작할 시간이구나."

배우들이 연기 연습을 하는 동안 가람이와 동네 꼬마들과 또또가 유리창에 얼굴을 붙이고 함께 즐거워하고 있었다. 가끔씩 배우들의 동작을 따라 하기도 하면서.

자연 안에서, **함께 놀며,** 가끔 세계로

문학인이나 미술가들에게서 서울을 떠나 자연에 묻힌 개인적 공간으로 들어간 예를 우리는 많이 알고 있다. 예술의 가장 큰 원천은 상상력이다. 갇힌 곳에선 상상력이 숨쉴 수 없다. 몸은 꽉 막힌 구로 공단에 살고 있어도 정신만 강원도 오대산에서 살고 있으면 되지 않겠느냐고? 나는 이제 그런 말을 믿지 않는다. 몸과 마음이 얼마나 강력하게 서로를 묶고 있는지를 안다면 그런 헛소리에 결코 동의할 수 없을 것이다.

나눔 나눔 나눔 (조병준과 함께 나누는 문화 이야기) **夢** (만국의 꿈꾸는 자들이여, 흩어지자—작지만 큰 개인, 연극 연출가 김아라)

도시적 상상력? 물론 말은 좋다. 하지만 음악회나 연극 공연을 보고 나서 복도에 나서자마자 삐삐와 핸드폰을 꺼내 들고 그 사이에 누가 연락을 했는지를 점검해야 하는 상황에서 과연 상상력이 제대로 기를 펼 수 있을까? 상상력을 위해선 일상의 현실이 감히 범접 못 할 비무장 지대가 마련돼 주어야 한다. 도시에서 그런 비무장 지대는 불가능하다. 기본적으로 홀로 있기가 불가능한 까닭이다. 그러나 자연은, 물론 정복과 이용의 대상으로서의 자연이 아닐 경우에 한해, 인간으로 하여금 그런 비무장 지대에서의 고독한 소요(逍遙)를 허용해 준다. 그 고독한 소요에서 상상력이 피어오른다.

문학이나 미술 등 창작 작업이 개인적으로 이루어지는 장르와 달리, 연극에서는 탈(脫) 서울, 자연 회귀의 예를 찾아보기 어렵다. 집단 작업이라는 한계가 워낙 큰 탓이다. 연극만으로 먹고 살기가 불가능하므로 뭔가 다른 일을 해야 하는데, 그러자면 또 도시에 몸을 두고 있어야 한다는 경제적 문제도 있다. 김아라의 탈 서울 역시 아직은 부분적일 뿐이다. 그는 올(1996년) 연말 덴마크의 아루스 시의 연출 초청을 받아 셰익스피어의 『리어왕』을 재구성한 작품으로 유럽 각국의 배우들을 데리고 '다국적, 다언어' 연극을 공연한다. 물론 한국인 스태프와 배우의 참여도 계획되어 있다. 그 전에 한국에서 먼저 '한국어판' 공연을 할 예정인데, 관객 문제 때문에 공연은 서울에서 이루어질 것이다. 연습 역시 아무래도 서울과 당북 마을을 번갈아 가며 진행될 것이라 한다. 배우들의 24시간을 독점하기는 현실적으로 불가능하기 때문이다.(*이 프로젝트는 덴마크 측의 요청에 의해 시기와 내용이 달라졌다.)

하지만, 김아라는 일단 의미 있는 첫걸음을 내디뎠다. 서울에서 잘 나가는 사람들과 뭉쳐 있지 않으면 아무것도 해낼 수 없는 현실을 무시하기로 한 것이다. 고독해지고 싶을 때 고독해질 수 있는 환경을 선택했다. 현실적 이익을 손쉽게 확보해 줄 '도시적 인간 관계'보다는 상상력의 자유를 보장해 줄 '자연과의 공존'을 선택했다. 물론 그렇다고 해서 그가 무조건 외로워지는 것은 결코 아니다. 그의 뜻에 찬성하고 동참을 원하는 '진짜' 동료들이 그를 만나러 당북 마을로 내려갈 것이다. 사람들은 '개인적' 친분에서 우선 '놀러 다니며' 그 공동체에 드나들기 시작한다.

서로 친한 개인들은 때로 아주 커다란 힘을 만들어 낼 수도 있다. 아주 많은 예술가들이 그렇게 시작해 새로운 예술 사조를, 시대 정신을 만들어 왔음을 우리는 숱하게 보아 왔다. 물론 작업이 끝나면 김아라는 다시 홀로 남을 것이다. 작은 시작이요 작은 끝이다. 그 중간에 만들어지는 공동체는 아무도 구속하지 않는다. 구태여 자신의 덩치를 키우려 애쓸 이유가 없는 '애초에 작게 남기로 작정한' 공동체이기 때문이다. 당연히 들고남이 자유롭다. 김아라가 꿈꾸는 공동체는 작고 열린 공동체다.

얕은 산들과 작은 저수지, 그리고 소수의 마음 맞는 사람들에 둘러싸인 김아라의 연극 공간은 아름답다. 작지만 동시에 크다. 열 집이나 될까, 작은 시골 마을 당북 마을에서 마치 차원 이동하듯 김아라는 세계로 나선다. 덴마크 초청 공연을 준비하고 있고, 아비뇽 초청 건이 팩스와 국제 전화로 추진되고 있기도 하다. 하루에 세 번 버스가 다니는 '쬐그만' 마을이 요술처럼 세계로 연결되고 있는 것이다. 그 연결선을 따라가 보면 역시 김아라를 '친구'로 생각하는 서로 국적이 다른 개인들이 서 있다.

김아라가 당북 마을에서 꾸고 있는 '아름다운 작은 것'의 꿈이 어느 날 정말로 현실이 될 수 있을까. 나는 그렇게 되기를 꿈꾼다. 꿈이라도 꿀 수 있으니 얼마나 행복한 일인가. 김아라처럼 작고도 큰 개인들이 여기저기서 비슷한 잠꼬대를 해 주는 날을 꿈꾼다. 그러면 세상 살기가 참 신나는 일이 될 텐데. 나도 용기를 내서 그 비슷한 잠꼬대를 중얼거릴 수 있을 텐데. 만국의 꿈꾸는 자들이여, 흩어지자. 서울을 떠나고, 거대한 공동체를 떠나고, 거창한 기획을 떠나자. 작은 것들도 아름다운데, 하물며 작은 것들이 뭉치지 않고 흩어져 있으면서 이루는 '작으면서 큰 것'은 도대체 얼마나 무지막지하게 아름답겠는가.

개인, 가장 작고 동시에 가장 거대한 단위

작은 것이 아름답다는 명제의 참됨을 증명하기 위해서 나는 가장 작은 단위를 골랐다. 개인. 개인을 작다고 우습게 보지 말자. 인류의 역사에는 얼마나 많은 위대한 개인들이 있었던가를 생각해 보자. 홀로 보리수나무 아래 있던 개인으로서의 석가가 위대한 불교 정신의 공동체를 가능케 하지 않았던가. 홀로 40일 간 광야를 떠돌던 예수가 또한 위대한 기독교 정신의 공동체를 만들어 내지 않았던가. 내가 '교단' 또는 '교회'의 공동체가 아니라 '정신'의 공동체라고 쓴 것에 조금 신경 써 주기 바란다. 그리고 그들이 깨달음을 위해서 항상 성전과 왕궁이 아닌 '광야와 보리수' 즉 자연과 함께 있었던 것도 눈여겨봐 주기 바란다.

불행히 인류는 그 '나 홀로' 스승들의 가르침을 오해해 '무조건 뭉쳐 거대한 집단'을 만들어 내고 말았다. 위대함과는 거리가 아주 먼 거대함만으로 가득찬 집단을. 자연을 형편 없이 축소시키고 만신 창이로 만들어 가면서 말이다. 종교까지를 포함해 인류가 모든 분야에서 맹렬히 추구해 온 거대 집단에로의 달음박질이 초래한 참상을 굳이 여기서 일일이 열거할 필요가 있을까. 어쨌든 거대한 집단이 환경과 정신을 오염시키고 있는 것이 문제라면, 문제 해결의 열쇠는 그 반대편에 있을 것이다. 가장 작은 단위이며, 자연과 함께 있는, 개인이 그 열쇠라고 나는 생각한다.

개인을 우습게 보지 말아야 할 또 한 가지 이유. 어느 개인도 다른 개인들로부터 떨어져 있지 않다는 것이다. 한 개인을 구성하는 것은 그 개인이 만난 수많은 다른 개인들이다. 부모, 형제, 친척, 친구, 스승, 제자, 선후배, 애인, 나를 물 먹인 직장 동료, 나를 두들겨 팬 깡패 없이 내가 형성될 수 있었을지를 생각해 보라. 직접적이건 간접적이건, 물리적이건 정신적이건 간에 내가 만나는 모든 개인들이 나를 형성한다. 그 모든 개인들은 또 그들 자신을 형성한 개인들을 갖고 있다. 만약 내 친구 중 하나가 배낭 여행에서 아프리카 원주민을 만나고 왔다면, 그 아프리카의 개인은 내 친구를 통로로 해서 나를 구성해 주는 개인이 된다. 그렇게 징검다리를 여러 번 건너 보자. 나라는 개인은 마침내 지구상의 모든 개인을 담게 될 것이다.

어디 사람에만 국한될 것인가. 그 아프리카인이 알고 있는 짐승과 풀도 나를 구성하는 모체의 일부분이다. 모든 개인은 홀로이지만, 동시에 모든 개인은 전 지구의 생명체가 이루는 공동체 자체이기도 하다. 지구가 빅 뱅에서 시작되었으므로 나는 곧 우주 자체이기도 하다. 개인은 곧 위대한 공동체다. 그 때 작은 개인은 할 수 없이 거대해진다. 하지만 그 거대함에 대해서는 부끄러워할 이유가 전혀 없다. 내가 개인임을 자랑스러워 하자. 나는 작고 또한 아주 크며, 나는 인간이며 또한 우주를 포함한 자연임을 생각하자. 새로운 아름다움의 세계가 그 때 비로소 열릴 것이다.

『대화』 1996년 여름호, 대화 출판사 발행

1996년 여름호 『대화』지에 원고를 넘길 때 제목은 「작지만 큰 개인, 연극 연출가 김아라」였다. 편집진은 그 제목이 약하다고 판단했고, 좋은 제목을 정하느라 골머리를 앓고 있었다. 편집 기자 김익헌이 "만국의 꿈꾸는 자들이여, 흩어지자"를 들고 나왔다. 좋아, 좋아! (그 김익헌은 지금 넥타이 매고 은행에 신입 사원으로 들어갔다! 글재주가 보통을 넘고, 생각과 몸짓의 자유로움 또한 보통을 넘는 친구인데, 솔직히 아깝다. 아무쪼록 그의 은행 생활이 평탄하기를! 그리고 그가 언제든 다시 그 번뜩이는 문재(文才)를 마음껏 발휘할 수 있기를!)

'분자' 공동체를 이루지 못한 '원자' 개인의 절망

같은 호 『대화』지에 내 번역으로 「유나바머 선언문, 산업 사회와 그 미래」가 함께 실렸다. 우연한 일이었지만, 도시를 등지고 자연으로 떠난 두 사람의 이야기가 앞뒤에 실리게 되었던 것이다. 그 호 『대화』지의 특집 제목은 「다윗의 돌을 던져라」였다. 거대한 골리앗에 맞선 다윗의 돌팔매질을 거대 문명에 대한 '작은 몸짓들의 반란'으로 비유한 것이었다. 유나바머의 돌팔매질은 '폭탄 소포'라는 모습으로 던져졌다. 유나바머 또한 작은 공동체로의 회귀를 꿈꾼 사람이었다. '흩어짐'의 함정을 유나바머에게서 본다. '분자' 공동체를 이루지 못하고 '원자'로만 남겨진 '개인'의 절망을 유나바머에게서 본다.

다시 한 번 세상 만물의 '음양(陰陽)'을 생각한다. 흩어지는 힘, 곧 원심력이 있으면 또한 끌어당기는 힘, 곧 구심력이 있어야 태양계와 은하계와 우주가 유지된다. 만국의 꿈꾸는 자들

뒷얘기: 반란과 공동체를 동시에 담을 수 있는 말은 무엇일까?

나눔 나눔 나눔 (조병준과 함께 나누는 문화 이야기) 夢 (만국의 꿈꾸는 자들이여, 흩어지자―작지만 큰 개인, 연극 연출가 김아라)

이여, 흩어지자. 그러나 조심하자. 자칫 그 원심력이 너무 강하면, 완전히 궤도를 잃고 우주를 떠도는 '깡패' 혜성으로 전락할 수도 있다. 그러다가 죄 없는 행성을 박살낼 수도 있다. 흩어지되 우주의 운행을 유지할 수 있는 구심력은 견지해야 할 것이다. 지루하게 반복되는 이야기이지만, 그 구심력의 이름은 '공동체'다. 나 홀로 서 있되, 내 옆의 친구들과 어깨를 기댈 수 있는 공동체다. 그래서 골리앗을 때려눕히는 이야기에서 빌려 온 「다윗의 돌을 던져라」라는 특집 제목은 내 마음에 들지 않았다. 독자들이여, 한 번 머리를 굴려 보라. 원심력과 구심력을, 그리고 반란과 공동체를 동시에 담을 수 있는 말이 무엇이겠는지를….

좋은 잡지는 잘 팔리지 않는다!?

한 마디만 더 하자. 1996년 가을호를 끝으로 『대화』지가 문을 닫고 말았다. 내 글을 실어 주어서가 아니라, 『대화』는 참 좋은 잡지였다. 좋은 잡지는 잘 팔리지 않는다. 그 서글픈 진실이 나를 울린다.

(夢—3)

영원히 변치 않으며 둥근 어떤 것

달은 변한다, 그리고 변하지 않는다

언젠가 엉뚱한 소리를 했다가 어느 선배에게서 뒤통수를 얻어맞았다. 홍대 앞 록 카페에서 잠시 춤을 즐기다가 나오는 길이었다. 누군가 이런 질문을 던졌다. "왜 여자들은 평균적으로 남자들보다 춤을 잘 출까?" 나는 20년에 가까운 '플로어' 경험을 통해 형성된 나의 논리적 가설을 의기 양양하게 제시했다. 그 때 그 대화를 줄여서 옮긴다.

"여자들은 달을 몸에 품고 있잖아요!"
"그게 무슨 소리야?"
"여자들은 달이 변하는 대로 따라서 몸이 변하잖아요?"

"아, 그거! 그런데 그게 춤하고 무슨 상관이야?"

"춤이란 건 기본적으로 리듬을 타야 출 수 있는 거죠. 리듬은 결국 변화거든요. 밀물 썰물도 결국 리듬이 아니겠어요? 달은 매일매일 모양이 변하죠. 달에는 리듬이 있지만, 매일 똑같은 모양의 해에는 리듬이 없어요. 해는 남자이고, 달은 여자잖아요? 당연히 여자들이 춤을 잘 출 수밖에 없죠."

"에라, 이 자식아!"(뒤통수 퍽!)

뒤통수를 맞고 입을 다물긴 했지만, 나는 로마 교황의 뒷전에서 중얼거렸던 갈릴레오처럼 혼자 속으로 중얼거렸다. "그래도 달은 변해요."

달은 변한다. 그래서 줄리엣은 로미오가 달을 두고 사랑을 맹세하려 했을 때 결사 반대했다. 달은 변한다. 그래서 늑대 인간과 드라큘라는 달밤에 변신한다. 그러나 사실 달은 변하지 않는다. 우리 눈에 보이는 부분이 늘었다 줄었다 할 뿐이다. 그러니 달은 변하지 않으면서 변하는 것이다. 변하지 않으면서 변한다. 달이 아름다운 이유? 나는 감히 단언한다. 달이 아름다운 이유는, 변하지 않으면서 변하기 때문이라고.

변신은 무죄?

'여자의 변신은 무죄' 라고 주장하던 어느 광고가 기억난다. 그 광고는 겉으로 드러난 것보다 훨씬 더 강력한 메시지를 던지고 있었다. '여자의 변신하지 않음은 엄청난 죄악' 이라는 메시지였다. "당신은 옷을 바꿔 입어야 하고, 구두를 바꿔 신어야 하고, 립스틱 색깔을 바꿔 발라야 한다. 바꾸지 않는 것은 크나큰 죄악이다. 당신이 변신하지 않는다면 어느 남자도 당신을 쳐다보지 않을 것이다." 그런 메시지였다. 날이 갈수록 무죄 판정을 위해 필요한 알리바이는 늘어간다. "당신은 이제 머리카락의 색깔을 바꿔야 한다. 당신은 이제 콘택트 렌즈로 당신의 눈 색깔을 바꿔야 한다."

오해하지 말라. 여자들의 유행을 비판하려고 앞의 문단을 쓴 것은 아니다. 생각해 보라. 세상 만물은 모두 변하지 않는가? 살아 있는 모든 것은 변하지 않는가? 변하지 않는 것은 죽은 것들뿐이다. 그런데, 잠깐 다시 생각해 보자. 이 우주에 과연 죽은 것이 있는가? 없다! 우주가 빅 뱅으로 탄생한 이후, 변하지 않은 것은 아무것도 없다. 바위가 굴러서 돌덩이가 되고 돌덩이가 굴러서 자갈이 된다. 자갈은 모래로, 모래는 진흙으로, 진흙은 먼지로, 먼지는 탄소와 산소와 질소와 수소로, 그렇게 분해된 원소를 다시 풀과 나무들이 흡수해서 나뭇잎이 되고 뿌리가 되고 열매가 되고…. 그렇게 변한다.

    결국 이 우주에 살아 있지 않은 것은 하나도 없다. 그리고 살아 있는 모든 것은 변한다. 변신은 결코 죄가 될 수 없다. 모든 것이 살아 있고, 모든 것이 변하는 이 우주에서 누가 감히 변치 않겠다고 턱도 없는 억지를 부릴 수 있는가! 여자든, 남자든, 생물이든, 무생물이든, 그 누구든, 그 무엇이든, 변신은 무죄다.

    인간들이 끝없이 변신하려 발버둥쳤기 때문에, 우리 인류는 지금 이렇게 끝없이 다채로운 문화가 숨쉬는 세상에 살고 있다. 6.25 피난민에서 선진국 시민으로 변신하려 발버둥친 덕분에 우리 한국인은 지금 OECD에도 가입하게 되었다. 월급쟁이에서 프리랜서로 변신하려 이를 악물고 배고픈 시절을 참아 넘긴 덕분에, 나는 이렇게 남들이 읽어 줄 글을 쓰게 되었다. 변신은 아름답다. 무죄 선언에 그칠 것이 아니라 훈장을 주어야 할 것이다. 변신은 훈장감이다! 그런데 다시 잠깐만!

    잠깐만 가던 발길을 멈추고 생각해 보자. 아주 잠깐만. 그저 잠시 이 책을 덮고 밤 하늘의 달을 보아 주기 바란다. 초승달도 좋고 반달도 좋고 보름달도 좋다. 새카만 그믐밤이라면, 그냥 대강 시각에 맞춰 그 쪽 하늘을 봐도 상관없다. 아까 내가 어거지로 우겼던 이유, 달이 아름다운 이유를 기억해 주기 바란다. 변하지 않으면서 변하기 때문이라는 그 이유를.

유죄가 될 수도 있는 변신

변신은 당연히 무죄다. 문제는 '변신하지 않음' 이다. 변신이 무죄이기 때문에 변신하지 않음은 유죄가 되어야 하는가? "변신은 무죄다. 그런데 변신하지 않음은 변신의 반대말이고 무죄의 반대말은 유죄다. 따라서 변신하지 않음은 유죄다?" 그런 삼단 논법이 정말 제대로 된 논리인지, 우리 한번 고민해 보자. 철학 수업 시간이 아니니, 명제의 참과 거짓을 증명하겠다고 헤매는 짓은 그만두기로 하자. 바보가 아닌 다음에야 그런 삼단 논법이 옳다고 우길 사람은 아마 없을 게다. 그런데, 우리는 바보처럼 그런 생각으로 살아가고 있는 것은 아닐까?

혹시 우리는 변신이 무죄라는 이유 하나만으로 끝없이 변신만을 위하여 살고 있는 것은 아닌가? 변신은 무죄이지만, 그렇다고 해서 끝없는 변신에의 강박 관념 때문에 우리의 삶이 엉망진창이 되어서는 곤란하다. 변화는 만물의 근본 원리이지만, 그렇다고 해서 당장 눈에 드러나는 변화를 만들어 내기 위해 끝없이 조바심치며 허덕이는 삶은 곤란하다.

언젠가 들은 우화 하나를 소개하련다. 어느 백인이 인디언 마을을 방문했다. 백인은 자기네 서구 문명을 자랑하면서 그 예로서 인디언 추장에게 하늘을 날아가는 비행기를 가리켰다. 저 비행기를 타면 아메리카 대륙을 서너 시간만에 횡단할 수 있다고. 인디언 추장이 백인에게 물었다. 영혼이 따라가지 못하는데 몸만 그렇게 빨리 대륙 건너편에 가 있으면 뭐 하느냐고. 속도라는 강박 관념에 사로잡힌 현대 문명을 비꼬는 우화다. 속도에 사로잡혀 있는 것처럼, 우리의 현대 문명은 지금 변신에 사로잡혀 있는 것인지도 모른다. 그것도 콩코드급의 어마어마한 속도로 이루어지는 변신에 사로잡혀 있는 것인지 모른다.

이미 많은 사람들이 지적했다. 인간의 육체적 진화가 문명의 진화 속도를 따라가지 못하고 있다고. 거기서 수많은 문제들이 생겨나고 있다고. 나는 그 지적에 동의한다. 옛날 누구나 푸른 숲에서 살고 있었을 때는 아무도 푸른 숲을 갈망하지 않았다. 인간의 마음, 또는 영혼은 그 때나 지금이나 여전히 숲에서 사는 상태로 머물러 있다. 몸조차도 완전히 숲을 잊지 못했다. 그러나 이제 도시에서 사는 사람들은, 숲이 주변에 없기 때문에, 누구나 푸른 숲을 갈망한다.

운이 좋아 돈을 많이 번 도시인들은 숲 주변에 전원 주택을 짓는다. 그래서 숲 주변의 땅값을 올려 놓고, 전원 주택에 설치된 수세식 화장실과 욕실에서 흘러가는 폐수로 숲 주변의 강물을 오염시킨다. 숲 주변의 전원 주택에서 도시로 출퇴근하기 위해 자가용을 몰고 다니면서 숲 주변의 공기를 오염시킨다.

도시의 회색인에서 전원의 녹색인으로 다시 변신하기 위해 우리는 숲을 녹색에서 회색으로 변신시키고 있다. 영혼은 숲에 머물러 있는데 몸만 대륙을 훌쩍 날아 건너서 도시인으로 변신해 버린 탓에, 그런 문제가 벌어지고 있는 것이다. 숲으로 돌아가려면 화장실도 재래식으로, 자가용도 버스나 자전거로 변신시켜 줘야 할 텐데, 이미 숲을 떠나 도시인으로 변신해 버린 몸은 절대로 그런 불편함을 참으려 하지 않는다. 그 대신 어거지로 숲의 변신만을 강요한다. 변신을 강요당한 숲은 서서히, 때로는 하루 아침에 생명을 잃는다. 인간의 무책임한 변신, 또는 변신에 대한 욕망이 살생(殺生)을 빚는 것이다.

자고 나면 컴퓨터는 486에서 펜티엄으로, 또 펜티엄 프로로 변신한다. 몇 억을 투자해서 단장한 카페들도 불과 몇 년이 지나면 이름과 실내 장식을 바꿔 변신한다. 지은 지 20년이 넘은 아파트는 제대로 지었건, 부실 공사로 지었건, 하여간에 부수고 다시 지어야 한다. 어제의 야당 정치인은 오늘 여당으로 변신한다. 시대는 산업 시대에서 정보 시대로 변신한다. 사방에서 학식 높고 덕망 높은 사람들이 외친다. 변신하라! 변신하는 자만이 살아남을 수 있다. 시대가 변신하는데, 가만히 넋 놓고 있다가는 쪽박 차기 딱 알맞다! 부조건 변신하라!

변신은 무죄이지만, 변신을 향한 강박 관념은 무죄가 아닐 수도 있다. 그 강박 관념으로 인해 끝없이 변신에만 허덕이다가 변하지 말아야 할 어떤 것을 아예 잃어 버린다면, 그 때 변신은 유죄가 될 수도 있다. 변하지 말아야 할 어떤 것? 초승달에서 상현달로, 보름달로, 하현달로, 그리고 그믐달로, 마침내는 새카만 그믐밤으로 변하지만, 달은 언제나 둥근 공(球)으로 우주에 떠 있다. 둥근 공! 변하지 않는 둥근 공!

영원히 변치 않으며 둥근 어떤 것, 어머니됨

왜 성모 마리아의 머리에는 둥근 원이 그려져 있을까? 왜 관세음보살의 머리 위에도 둥근 원이 그려져 있을까? 나는 그 둥근 원이 어쩌면 달이 아닐까 하고 엉뚱한 추측을 한다. 영원한 '어머니됨[母性]'의 상징으로 달보다 더 어울리는 것이 있을까? 여자들의 몸은 달을 따라 변하지 않는가? 그리고 그 변화야말로 새 생명을 만들기 위한 준비 작업이 아니든가? 그런데 3차원의 공은 2차원에서 원이 된다. 달을 머리 위에 그리려면 당연히 원으로 그릴 수밖에 없다. 게다가 지구에 발을 붙이고 사는 우리로서는 끝내 둥근 공으로서의 달을 볼 수가 없다. 성모 마리아와 관세음보살의 머리를 에워싸고 있는 둥근 원은 틀림없이 달을 표현한 것이리라. 말 같지 않은 소리라고 누가 뒤통수를 친대도 나는 그렇다고 계속 우기련다. 어머니됨이란 무엇인가? 수많은 설명이 가능할 것이다. 하지만 나는 그것을 '생명에 대한 사랑'이라고 말하고 싶다.

캘커타에서 가난한 이들을 돌보는 테레사 수녀님의 어머니됨, 인종과 이념을 다 초월해 우선 병들고 부상당해 죽어 가는 사람들을 구하기 위해 전쟁터에 뛰어드는 〈국경 없는 의사들〉의 어머니됨, 홀로 사는 노인들을 방문해 돌보는 어느 이름 없는 중년 부인의 어머니됨, 성 폭행의 위협에 처한 여대생을 구하기 위해 치한과 싸우다 목숨을 잃은 어느 젊은 남자 회사원의 어머니됨…. 어머니됨은 여자와 남자를 굳이 가릴 것 없이 인간에게 주어진 선물이다. 모습과 이름은 어떻게 변할지언정, 그 둥근 본질은 변하지 않는 것이 어머니됨이라고 나는 믿고 싶다. 어머니됨은 바로 생명을 소중히 여기는 마음이다. 나의 생명만이 아니라 나의 아이들, 나의 아이들을 넘어서 다른 사람, 다른 생물, 공기와 물의 생명까지를 모두 소중히 여기고 구하려는 마음이 바로 어머니됨이다.

열심히 변신하자. 달이 변하듯 변신하자. 제아무리 빈틈없이 꽉 짜여진 세상살이라고 해도, 절대로 그 날이 그 날 같지 않도록 매일 변신하자. 그래야 세상이 발전하고, 내 삶이 즐거워진다. 그러나 변신하되, 한 가지만큼은 변하지 않는 그대로를 간직했으면 좋겠다. 우리 모두 속에 분명히 살아 있는 어떤 것, 모든 생명 있는 것들을 소중히 여기는 어머니됨, 그 영원한 둥근 공만큼은 영원히 변치 않게 지켰으면 좋겠다. 변신에 허덕이다 우리는 이미 너무 많은 어머니됨을 잃어 버렸다. 변하는 것은 아름답지만, 변하지 않으면서 변하는 것은 그보다 조금 더 아름다울는지도 모른다.

중간 얘기 : "착오가 있었던 것 같네요"

청탁서를 정식으로 요구하지 않은 것이 잘못이었다. 이만 하면 괜찮은 원고라고 자부하면서 하이텔 편지 쓰기의 엔터 키를 멋지게 두드렸다. 편집자가 전화를 걸어 왔다.

"정말 좋은 원고를 주셔서 감사합니다. 그런데요…. 착오가 있었던 것 같네요. 저희가 부탁드린 원고는 '변하지 않아야 할 것'이 아니라, '우리가 영원히 꿈꿔야 할 어떤 변신'이었거든요…."

그래서 다시 쓸 수밖에 없었던 원고는 이렇다.

변신이라는 꿈, 또는 드림 임파서블

변신이라는 꿈

언젠가 엉뚱한 소리를 했다가 어느 선배에게서 뒤통수를 얻어맞았다. 홍대 앞 록 카페에서 잠시 춤을 즐기다가 나오는 길이었다. 누군가 이런 질문을 던졌다. "왜 여자들은 평균적으로 남자들보다 춤을 잘 출까?" 나는 20년에 가까운 '플로어' 경험을 통해 형성된 나의 논리적 가설을 의기 양양하게 제시했다. 그 때 그 대화를 줄여서 옮긴다.

"여자들은 달을 몸에 품고 있잖아요!"
"그게 무슨 소리야?"
"여자들은 달이 변하는 대로 따라서 몸이 변하잖아요?"
"아, 그거! 그런데 그게 춤하고 무슨 상관이야?"

"춤이란 건 기본적으로 리듬을 타야 출 수 있는 거죠. 리듬은 결국 변화거든요. 밀물 썰물도 결국 리듬이 아니겠어요? 달은 매일매일 모양이 변하죠. 달에는 리듬이 있지만, 매일 똑같은 모양의 해에는 리듬이 없어요. 해는 남자이고, 달은 여자잖아요? 당연히 여자들이 춤을 잘 출 수밖에 없죠."

"에라, 이 자식아!" (뒤통수 퍽!)

뒤통수를 맞고 입을 다물긴 했지만, 나는 로마 교황의 뒷전에서 중얼거렸던 갈릴레오처럼 혼자 속으로 중얼거렸다. "그래도 달은 변해요."

달은 변한다. 그래서 줄리엣은 로미오가 달을 두고 사랑을 맹세하려 했을 때 결사 반대했다. 하지만 어쨌든 로미오와 줄리엣은 달빛 아래서 사랑을 약속했다. 달은 변한다. 그래서 늑대 인간과 드라큘라는 달밤에 변신한다. 달이 아름다운 이유? 변신하기 때문이다. 그것도 날마다 변신하기 때문이다. 달이 날마다 보름달이었다면, 그래도 사람들은 그처럼 달을 사랑했을까? 왜 사람들은 옛날에나 지금이나 여전히 늑대 인간과 드라큘라에 끝없이 매혹당하는가? 그들이 변신하기 때문이다. 달의 힘을 빌어 변신하기 때문이다. 모르는 일이다. 우리들 인간의 유전자 속에는 변신에 대한 욕망이 암호로 저장되어 있을지도 모른다. 영원히 죽지 않는 존재로의 변신, 나약한 육체를 벗어 던진 초월적 존재로의 변신, 끝없는 변신에의 꿈….

위대한 변신

생물의 진화가 무엇인가? 한 마디로 뭉뚱그리면, 끝없는 변신에의 꿈이 실현된 것이다. 빅 뱅에서 생겨난 수소 원자들이 모여 항성으로 변신했다. 늙어 폭발한 초신성의 잔재들이 모여 행성으로 변신했다. 그 행성에서 탄소와 산소와 그 밖에 몇몇 원소들이 모여 최초의 생명체로 변신했다. 바다에서 출발한 생명체는 육지로 올라와 양서류로 변신했고, 양서류는 파충류로, 파충류는 포유류로…. 그 포유류 조상 중의 한 갈래 후손들이 변신에 변신을 거듭해 유인원이 되었고, 그 유인원 중 또 한 갈래는 마침내 호모 사피엔스라는 이름의 생물로 변신했다. 나무에서 열매를 따 먹던, 또는 동굴에서 뼈다귀를 뜯어 먹던 호모 사피엔스들은 구석기인으로 변신했고, 구석기인은 신석기인으로, 마침내 핸드폰과 펜티엄

노트북 컴퓨터로 먹고 사는 현대인으로 변신했다. 위대한 변신!

생물학자들이 말한다. 침팬지와 인간은 98.4퍼센트의 유전자를 공유하고 있다고. 생각해 보라. 98.4퍼센트! 침팬지와 인간 사이에는 겨우 1.6퍼센트의 차이밖에 없다는 것이다. 겨우 1.6퍼센트의 차이를 근거로 인간은 이토록 엄청난 변신을 이루었다. 변신의 원인으로 사람들은 도구의 발명을 들기도 하고, 언어의 발명을 들기도 한다. 침팬지도 도구를 사용하고, 고래도 자기들의 언어를 갖고 있으니, 인간만이 도구나 언어를 사용한다는 어리석은 우월감은 버리는 편이 좋다. 진화 자체가 변신이라고 볼 수 있으니, 인간만이 변신하는 것도 아니다. 인간은 그저 수많은 생물종의 하나일 뿐이다. 그러나 인간은 동시에 매우 특별한 생물이다. 지구 전체의 운명을 손아귀에 넣고 있는 유일한 생물종이기 때문이다. 이렇게 특별한 생물로의 변신을 가능케 한 원인은 과연 무엇이었을까? 그것은 바로 인간의 '문화'였다. 도구와 언어를 넘어선 변신의 힘, 그것이 바로 문화였던 것이다.

문화는 인간을 개체에서 집단으로 변신시키는 힘이다. '가족 문화'는 개인들을 가족이라는 한 울타리로 묶는다. '한국 문화'는 한국인 개개인을 한민족이라는 동아리로 묶고, '동양 문화'는 중국, 한국, 일본의 개인들을 한 덩어리로, '지구촌 문화'는 전 지구인을 하나로 묶는다. 그렇게 인간을 개인에서 집단으로 묶는 문화가 있었기에 '인류'라는 말도 생겨날 수 있었다. 침팬지와 인간의 유전자 차이가 겨우 1.6퍼센트라는 사실에서도 알 수 있듯, 인간 개개인 자체는 별로 크게 변신하지 않았다. 변신한 것은 인간이 아니라 '인류'였다고 해도 잘못된 말은 아닐 것이다. 유인원에서 인류로의 변신, 개체에서 공동체로의 변신, 그것이 바로 인간을 지금처럼 대단한 존재로 만든 위대한 변신이었다.

잘못된 만남

"난 너도 믿었고 내 친구도 믿었기에 난 아무런 부담 없이 널 내 친구에게 소개시켜 줬고…." 문화를 통한 인간의 변신은 항상 좋은 결과만을 가져다 주지는 않았다. 야생의 침팬지들도 집단 투쟁을 가끔 벌인다고 한다. 느슨하기는 하지만 침팬지 사회에도 계급이 존재하고, 지배하는 개체와 지배당하는 개체가 있다고 한다. 현재 남아 있는 원시 수렵 채집민 사회에도 집단끼리 싸움질을 하지 않는 사회는 없다고 한다. 그런 이유를 들어 어떤 생물학자들은 인간의 유전자 안에 전쟁을 좋아하는 유전자가 들어 있다는 결론을 내리기도 하는 모양이다. 중·고등 학교 시절의 역사책을 기억해 보라. 어느 왕이 어느 왕을 죽이고 나라를 빼앗았다는 얘기들이 거의 대부분이지 않은가.

문화가 개인을 공동체로 변신시키는 과정에는 바로 그런 부작용이 있었다. 내가 속한 공동체가 더 잘 먹고 더 잘 살기 위해서 남의 공동체를 무너뜨리는 '못된 짓'이 너무나 흔하게, 말 그대로 '밥 먹듯' 흔하게, 벌어졌던 것이다. 심지어 더 끔찍한 잘못된 만남도 흔히 벌어진다. 나와 내 애인의 공동체에 내 친구도 끼워 넣어 다 함께 즐거운 시간을 가지며 더 큰 공동체를 만들려고 했는데, 그 둘이 나를 배신해 버리는 것이다. 있을 수 없는 일이라며 난 울지만 어쩔 수가 없다. 세상엔 있을 수 없는 일이 널려 있다. 인류 역사는 한 공동체가 자기 혼자, 아니면 제3의 공동체와 힘을 합쳐 다른 공동체를 망가뜨리고, 멸종시키는 사건들이 너무나 많았다. 문화는 본래 공동체를 묶는 힘인데, 어쩌다가 그 문화가 다른 공동체를 깨뜨리는 힘으로 변질되어 버렸을까?

어디서부터 잘못된 것일까? 정말로 인간의 유전자에 잘못이 있는 것일까? 어쩌다 그런 못된 유전자를 잘못 만나는 바람에, 인간은 본래 싸움질을 좋아하도록 타고난 것일까? 아니, 좀더 근본적으로 인간의 유전자 속에는 '이기심'이라는 악성 프로그램이 내장되어 있는 것일까?

주인과 노예, 상류 계급과 하층민, 제국주의 국가와 식민지, 선진국과 후진국…. 인간의 집단들은 항상 다른 인간 집단을 억압하고 착취하는 형태로 굴러 왔다. 더 나쁜 일은 인간의 집단들이 다른 생물 집단을 멸종시키는 작태까지 서슴지 않고 저지른다는 점이다. 말 그대로 인간은 지금 지구 전체를 '말아먹기' 일보 직전까지 와 있다. 인간에서 인류로의 변신이 가져 온 무자비한 결과! 과연 그것은 인간의 유전자에 뿌리 박힌 갈등과 투쟁의 유전자 탓인가? 만약 그렇다면 인류에게 미래는 없을 것이다. 열심히 변신하다가 그 변신 덕분에 모든 다른 생명체와 함께 공동으로 멸종해 버리는 일, 즉 '멸종 공동체'로의 최종 변신만이 남아 있게 될 것이다. 그러나! 그렇지 않다! 인류의 변신은 그렇게 어리석은 방향으로만 진행되지 않는다.

또 다른 변신의 꿈

얼마 전 한동안 신문의 한 귀퉁이를 채웠던 해외 소식이 하나 있었다. 인도 캘커타의 테레사 수녀님께서 심각한 질환으로 병원에 입원했다가 회복되셨다는 이야기였다. 가끔 그분에 대해 비난을 퍼붓는 사람들도 있기는 하지만, 세계의 거의 모든 사람들이 그분을 존경하고, 그분이 이루어 놓으신 일을 감동의 눈길로 바라본다. 길에 버려진 사람들을 구하는 일이었다. 길에 버려져 짐승처럼 죽어 가는 사람들에게 마지막 순간이나마 사람의 손길 안에서 사람답게 죽도록 하는 일이었다. 병들지 않고 힘있는 자들이 병들고 힘 없는 사람들을 보듬어 안는 일. 그것이 바로 테레사 수녀님의 일이었다.

계급과 인종을 모두 초월해 모든 인간을 '사랑'이라는 이름 아래 묶는 일. 남의 고기를 빼앗고 남의 아내를 빼앗는 일로 역사를 지새 온 인류였다. 하지만 인류의 역사에는 내 고기를 남에게 주고 남의 아내에게 잠자리를 마련해 주는 사람들도 또한 항상 있어 왔다. 그런 일을 위해서 예수는 신의 아들에서 가난한 목수의 아들로 변신했고, 부처는 왕자에서 보리수 아래의 깨달음 얻은 자로 변신했다.

잘 사는 선진국의 최고 상류 계급인 의사들은 〈국경 없는 의사들〉로 변신, 인종과 이념을 초월해 전쟁에서 쓰러진 사람들, 질병으로 쓰러진 사람들을 돌보기 위해 가장 위험한 곳으로 뛰어든다. 〈그린 피스〉의 환경 전사들은 고래를 살리기 위해 자신의 생명을 걸고 거친 바다에 쪽배를 띄운다. 그렇게 거창한 단체만 있는 것이 아니다. 성덕 바우만을 살리자고 팔소매를 걷어붙였던 저 수많은 사람들을 생각하면 된다. 그냥 아무런 이름도 없이, 홀로 사는 노인들을 방문해 밥을 떠먹여 주고 빨래를 해 주는 어느 중년 부인을 생각하면 된다. 성폭행 당할 위험에 빠진 여대생을 구하기 위해 치한과 싸우다 자신의 목숨을 잃은 어느 젊은 남자 회사원을 생각하면 된다.

거기에 수수께끼가 숨어 있다. 인간이 인류로 변신했을 때 전쟁과 억압과 착취라는 '못된 결과'들이 나타났다. 그런데 그런 '나쁜 인류'에서 다시 '착한 인간'으로 변신하려는 물결이 또한 항상 흐르고 있는 것이다. 여기에도 역시 '문화의 힘'은 작용한다. 인간의 문화는 테레사 수녀님과 〈국경 없는 의사들〉과 무명의 자원 봉사자들을 존경한다. 인간의 문화 자체가 변신하기도 한다. 예전에 우리의 문화는 인간이 만물의 영장이라고 가르쳤다. 그래서 아무런 죄책감 없이 얼마든지 다른 동물들과 식물들을 죽일 수 있었다. 그런 문화는 이제 변신하고 있다. 지금의 문화는 인간이 다른 생물들보다 더 중요하지도 덜 중요하지도 않은 하나의 생물종일 뿐이라고 가르친다. 지리산에 살아남은 반달곰을 잡으려 혈안이 된 밀렵꾼들을 향해 99.99퍼센트의 한국인들은 분노한다. 0.01퍼센트의 못된 인간들이 여전히 펄펄 날뛰고 있다는 것이 큰 문제이긴 하지만, 그래도 99.99퍼센트의 한국인들이 힘을 합해 노력하면 반달곰을 살릴 수 있을지도 모른다. 거기서 '희망'이라는 수수께끼가 등장한다.

　　테레사 수녀님의 힘으로 인도를 비롯한 세상의 가난을 몰아 낼 수는 없을 것이다. 〈국경 없는 의사들〉의 힘으로 세상의 모든 질병과 전쟁이 사라질 수도 없을 것이다. 웅담 하나에 몇천만 원을 쓰겠다는 저 '더러운 부자들'이 있는 한, 밀렵꾼은 사라지지 않을 것이고 지리산의 반달곰은 결국 멸종해 버릴지도 모른다. 하지만, 그래도 한 가지 남는 것이 있다. 바로 희망이다. 또 다른 변신에의 꿈이 마련해 주는 희망이다. 인간이 어쩌다가 잘못된 문화를 만나 나쁜 인류로 변신한 것은 사실이다. 그러나 이제 그 나쁜 인류에서 다시 착한 인류로 변신할 희망은 남아 있다. 많은 사람들이 하나씩 둘씩 꿈을 꾸기 시작했다. 또 다른 변신에의 꿈을 꾸는 사람들이 늘어난다. 갈등과 투쟁을 넘어서 화해와 사랑으로의 변신을 꿈꾸는 사람들이 늘어나는 한 희망은 있다.

아름다운 변신, 달의 변신

왜 성모 마리아의 머리에는 둥근 원이 그려져 있을까? 왜 관세음보살의 머리 위에도 둥근 원이 그려져 있을까? 나는 그 둥근 원이 어쩌면 달이 아닐까 하고 엉뚱한 추측을 한다. 영원한 '어머니됨(母性)'의 상징으로 달보다 더 어울리는 것이 있을까? 여자들의 몸은 달을 따라 변하지 않는가? 그리고 그 변화야말로 새 생명을 만들기 위한 준비 작업이 아니든가? 그런데 3차원의 공은 2차원에서 원이 된다. 달을 머리 위에 그리려면 당연히 원으로 그릴 수밖에 없다. 게다가 지구에 발을 붙이고 사는 우리로서는 끝내 둥근 공으로서의 달을 볼 수가 없다. 성모 마리아와 관세음 보살의 머리를 에워싸고 있는 둥근 원은 틀림없이 달을 표현한 것이리라. 말 같지 않은 소리라고 누가 뒤통수를 친대도 나는 그렇다고 계속 우기련다. 어머니됨이란 무엇인가? 수많은 설명이 가능할 것이다. 하지만 나는 그것을 '생명에 대한 사랑'이라고 말하고 싶다. 어머니됨은 바로 생명을 소중히 여기는 마음이다. 나의 생명만이 아니라 나의 아이들, 나의 아이들을 넘어서 다른 사람, 다른 생물, 공기와 물의 생명까지를 모두 소중히 여기고 구하려는 마음이 바로 어머니됨이다.

테레사 수녀님의 어머니됨, 〈국경 없는 의사들〉의 어머니됨, 어느 이름 없는 자원 봉사자의 어머니됨, 여대생의 순결을 지키고 대신 죽은 회사원의 어머니됨…. 어머니됨은 여자와 남자를 굳이 가릴 것 없이 인간에게 주어진 선물이다. 우리 인간들이 달을 그토록 사랑하는 이유는 어쩌면 바로 그 어머니됨에 대한 사랑 때문일지도 모른다. 영원히 둥근 보름달로 변신하는 달. 달은 차면 기운다. 그래서 온전히 어두운 그믐밤이 생겨난다. 하지만 달은 다시 보름달로 가는 긴 변신의 행로를 거듭한다. 모든 생명을 품어 안는 둥근 달로의 끝없는 변신.

열심히 변신하자. 달이 변하듯 변신하자. 제아무리 빈틈없이 꽉 짜여진 세상살이라고 해도, 절대로 그 날이 그 날 같지 않도록 매일 변신하자. 그래야 세상이 발전하고, 내 삶이 즐거워진다. 나쁜 변신이 발견되면, 거기서 다시 착한 변신으로 넘어갈 수 있도록 애쓰자. 항상 둥근 달이 될 수 있도록 애쓰자. 어두운 밤을 비추고, '늑대들과 박쥐들'을 '인간'으로 변신시킬 수 있도록 말이다. 당장 변신이 되지 않더라도, 그래도 변신의 꿈만큼은 계속해서 꾸자. 컴컴한 그믐밤이 있어도 보름 후면 또 둥근 보름달이 뜨지 않는가….

『You & I』 1996년 겨울호, LG 패션 발행

뒷얘기 : 같은 모티브로 전혀 다른 방향의 글 쓰기

결국 또 맨 앞의 일부는 날아간 채로, 두 번째 쓴 글이 세상에 나왔다. 애당초 잡았던 모티브를 버리지 않고, 전혀 다른 방향의 글을 쓰다 보니, 제대로 된 글이 나올 리 만무했다. 마음에 들지 않는 글을 할 수 없이 싣는 이유는, 그것이 '공식화' 되었기 때문이다. 공식화된 글의 잘못을 변명하고 싶어, 처음 쓴 글을 되살렸다. 아무쪼록 용서해 주시기를!

쓸데없는 얘기 하나 더

캘커타에 다녀와서 결심한 것이 하나 있었다. 1년 동안 옷을 사지 말고 살아 보자는 것이었다. 한동안 배가 나왔을 때는 곤혹스러웠다. 매제와 친구에게서 입던 바지를 얻어 입었다. 속옷 몇 장과 반바지 두 벌을 사야 했지만, 옷을 사지 말자는 결심은 대충 지킬 수 있었다. 캘커타 마더 테레사의 수녀님들은 단 두 벌의 수녀복(인도의 전통 의상에서 약간 변형된)으로 지내신다. 너무 많은 옷이 이미 옷장 속에 있으니 더 이상 옷을 사는 것은, 죄까지는 안 된다고 쳐도, 부끄러운 일이라고 생각했다.

내가 캘커타에서 자원 봉사를 했다는 이유로 들어온 원고 청탁이었다. 그런데, 하필이면 그 책이 '패션 회사'의 사외보였다! 인생은 모순덩어리!

(夢—4)

"살려 주세요!"
―브라질로 엽서를 보냅시다!

'거대한 시장'으로만 남은 땅

김영삼 대통령이 화려한 세일즈 외교를 마치고 돌아왔다. 한동안 언론은 라틴 아메리카에 대해 '반짝' 관심을 보였다. 거대한 시장 남미…. 내가 여행길에서 만난 친구들 중에는 칠레, 페루, 브라질, 멕시코, 그리고 나와 '형과 동생'의 관계를 맺은 아르헨티나 친구도 있었다. 친구들을 만남으로써 그 땅은 내게도 소중한 땅이 되었다. 내 친구들이 사는 땅인데! 당연하지! 그런데 한국의 신문들은 오로지 '거대한 시장'만을 이야기하고 있었다. 추한 경제 동물 한국인! 남들이 우리를 이미 그렇게 부르고 있다는 사실을 아는가?

영화 『미션』을 보았는지? 혹시 아직 못 본 사람이 있다면, 만사를 제쳐 두고 비디오 가게로 달려가 주기 바란다. 한 편의 영화가 전할 수 있는 진실의 무게를 느껴 주기 바란다. 그리고 나서 이 글을 다시 한 번 읽어 주기 바란다.

인디언으로 태어난 절 용서해 주세요…

"로라이마 지역에는 마쿡시 인디언과 인가리코 인디언에게 지주들의 법을 강요하기 위하여 필요한 '더러운 일'이 '하쿤코스'에게 맡겨진다. … 인디언 마티아스는 땅에 얼굴을 박고 고꾸라졌다. 총잡이는 말 위에 높이 앉아서 가까이 다가왔다. '살려 주세요. 죽고 싶지 않아요.' '그래 널 살려 주지. 첫 발은 농장을 위한 것이고, 두 번째는 너에게 주는 내 개인적인 선물이야. 이놈아!' '제발 죽이지 마세요…. 인디언으로 태어난 절 용서해 주세요….' 마티아스는 머리에 두 번째 총탄을 맞았다. 그리고 죽었다…."

위의 이야기는 영화 『미션』의 한 장면이 아니다. 우리가 '거대한 시장'으로 군침을 삼키고 있는 저 남미의 대국 브라질의 한 변방에서 지금, 21세기를 눈앞에 둔 지금, 벌어지고 있는 현실이다. "살려 주세요!" 브라질, 로라이마 지역의 원주민들이 지금 전 세계를 향해 애원하고 있다. 영화『미션』의 상황이 현실에서 다시 재연되고 있다. 이제는 백인 제국주의자들의 야만스런 침략이 아니라, 부와 권력을 쥔 자들의 탐욕이 다시 원주민 인디오들의 삶을 위협하고 있다. 여기 인용된 내용은 한국에 지부를 둔 카톨릭 수도회 〈꼰솔라따 선교 수도회〉에서 발간되는 소식지에 실린 내용이다. (참고로 말해 둔다. 나는 카톨릭 신자가 아니다. 우연히 이 소식지를 접한 뒤 슬픔과 분노를 느끼고, 그 비극을 막는 일에 작은 힘이나마 보탤 수 있을까 싶어 이 글을 쓸 뿐이다.)

"문제는 명의(名義) 하나뿐이다. 즉 강력한 백인 침략자(목축업자와 금광업자)의 오랜 점령 이후, 그들(인디오)의 전통적인 땅의 경계가 불분명해졌다는 것이다. … 로라이마의 보수적인 정치 세력들은 지주들의 상징들인 만큼 인디언들의 권리 인정을 바라지 않는다. 그들은 인디언 땅에 침입한 사람들의 경제 활동이 주정부 경제에 '본질적'이란 말로써 자신들의 태도를 합리화시킨다. 진실과는 동떨어진 얘기일 뿐이다. … 마쿠시와 인가리코 부족과 기타 소부족들은 합계 1,702가구에 1만여 명의 주민에 지나지 않는다. … 그들의 땅 소유는 그들에게 생사의 문제이다. 땅은 인디언에게 생명의 근원이고 어머니이며, 그들의 생활 공간이자 인간으로 자신들의 존재를 인정해 주는 하나의 보증이다…"

브라질과 세계의 교회 및 인권 단체들은 지금 로라이마 인디오들을 구하기 위한 캠페인을 벌이고 있다. 목표는 브라질 정부를 각성시키는 것이다. 그 캠페인의 하나가 바로 '브라질 대통령에게 엽서 보내기 운동'이다. 엽서의 내용은 다음과 같다.

"브라질 대통령 각하. 본인은 각하에게 촉구합니다. 브라질 연방 헌법 제231조의 규정에 따라 마쿠시 족과 인가리코 족의 전통적인 땅인 라포사-세라 도 쏠 지역의 원주민 지역 지정을 위하여 즉각적이며 유효한 방안을 마련해 주실 것을 촉구하는 바입니다."

필요한 사람들을 위해 영문을 첨부한다. 기왕이면 한국을 보여 주는 예쁜 엽서를 사서, 정중하게, 그러나 당당하게 자신의 이름과 주소를 밝히고, 한글 문장과 함께 다음의 문장을 옮겨 우체국으로 달려가는 사람이 단 몇 명이라도 있기를 나는 소망한다.

"*Mister President : I hereby urge Your Excellency to arrange immediate and efficacious measures for the demarcation of the indigenous area Raposa-Serra do Sol, traditional land of the Macuxi and Ingariko', according to the contents of article 231 of the federal constitution. / Sincerely ~*" (주소 : *His Excellency / Dr. Fernando Henrique Cardoso / President of the Republic / Palacio do Planalto, CEP 70160-900 / Brasilia, DF / Brazil*)

수증기로라도 우리는 **모여야** 한다

남미의 인디오들이 우리와 아무런 관계가 없다고 생각하지 말자. 그들이 사라지고 그들의 열대 우림이 파괴될 때, 우리의 생명도 결코 안전하지 않다는 것을 잊지 말자. 작은 엽서 한 통을 우습게 생각하지 말자. 작은 물방울이 모여 큰 강물이 된다. 설령 강물을 이루지 못하고 증발해 버릴지라도 우리는 흐를 수 있을 때까지 흘러야 한다. 물방울로 모일 수 없으면, 수증기로라도 우리는 모여야 한다. 그래야 언젠가 그 수증기들이 다시 빗방울이 되어 땅으로 내려올 수 있다. 그것이 진정한 '연대'일 것이다.

그리고 '인디언으로 태어난 것'은 죽었다 깨어나도 죄가 될 수 없다는 것을 잊지 말자. 관심이 있는 분들을 위해 한국 〈꼰솔라따 선교 수도회〉의 전화번호와 주소를 알려 드린다. 신부님들은 우표만 붙이면 브라질 대통령에게 보낼 수 있는 엽서를 기쁜 마음으로 전해 주실 것이다.

〈꼰솔라따 선교 수도회〉, 경기도 부천시 원미구 역곡2동 52 - 5 / 전화 032 - 345 - 9907 / 팩스 032 - 343 - 8105.

『한대 신문』 1996년 9월 24일자, 한양 대학교 발행

중간 얘기 : "내 기사를 줄이겠다!"

눈물이 흘렀다. 세상은 왜 이렇게도 바뀌지 않을까 서글퍼서 눈물이 나왔다. 왜 세상에서는 정의가 항상 지는 것일까 억울해서 눈물이 나왔다. 내가 할 수 있는 일은 별로 없었다. 신부님에게 엽서를 받아다 동네의 아주머니들에게 돌렸다. 아주머니들은 열심히 주소와 이름을 써서 내게 엽서를 돌려 주었다.

『한대 신문』에서 청탁이 왔길래 곧바로 이 이야기를 썼다. 원고가 넘쳤다. 담당 기자 황기우 군을 만났다. 자초지종을 얘기하고 원고를 그대로 실어 달라고 부탁했다. 황기우 군은 흔쾌히 내 부탁을 받아들였다. 자기가 쓰기로 했던 기사를 줄이겠다면서!

내친 김에 『페이퍼』에도 전화를 걸었다. 막무가내로 지면을 달라고 요구했다. 『페이퍼』 측에서도 군말 없이 지면을 내주었다. 그것도 두 페이지나!

엽서 한 장으로 세상을 바꿀 수도 있습니다
─조병준의 긴급 제안

"방 빼!"

척 맨죠니(Chuck Mangione)의 「산체스의 아이들(Children of Sanchez)」이라는 노래를 아세요? 14분 7초에 달하는 대곡이랍니다. 노래는 끊어도 절대로 광고는 자르지 못하는 한국의 얄팍한 FM에서는 절대로 자주 들을 수 없는 노래죠. 노래를 들어 보면 이런 가사가 나와요.

"희망과 자부심이라는 꿈이 없는 사람은 죽을 수밖에 없습니다. 육신은 여전히 움직이고 있을지 몰라도 그의 심장은 무덤 속에서 잠들어 있는 것입니다. 땅이 없는 사람은 결코 꿈을 꿀 수 없습니다. 그가 더 이상 자유롭지 않기 때문입니다. 모든 인간에겐 자신의 존엄성을 지키며 살아갈 자신의 터가 필요합니다."

땅은 곧 자유라는 얘기죠. 그래요. 흔한 우스개 소리로 "방 빼!"라는 말이 있죠. 자기 집이 있는 사람이야 아무리 남들이 "방 빼!" 소리를 질러도 웃고 넘어가겠지만요, 전세방을 전전해야 하는 사람을 생각해 보세요. "방 빼!"라는 그 말이 얼마나 뼈아픈 모욕이자 협박이 되겠어요? 그 말을 듣지 않기 위해서 또 집주인에게 얼마나 굽신거려야겠어요? 땅이 없이는 자유도 있을 수 없는 거죠.

20세기 문명 지구의 한 구석에서 벌어지고 있는 일

세상은 넓죠. 할 일도 물론 많아요. 그런데 세상이 넓다 보니, 있을 법하지 않고, 있어서도 안 되는 일이 또한 많이 벌어진답니다. 이런 일을 한번 상상해 보세요. 조상님 대대로 물려받은 집에서 잘 살고 있는데, 어느 날 말 탄 총잡이들이 몰려 오는 거예요. 그리곤 그 총잡이들이 얘기하는 거예요. 여기는 우리 주인님의 땅이니, 당장 물러가거라. 언젠지도 모르는 조상님 때부터 살아 왔으니, 등기 같은 것도 물론 해 놓지 않았죠. 무슨 귀신 씨나락 까먹는 소리냐고 무시하겠죠. 그랬더니 이 총잡이들이 당신의 아버지, 삼촌, 조카를 쏴 죽인다고 한번 생각해 보세요. 있을 수 없는 일이라고요? 그래요. 있을 수 없는 일이죠. 그런데 그 일이 지금, 20세기 문명 지구의 한 구석에서 벌어지고 있답니다.

"로라이마 지역에는 마쿡시 인디언과 인가리코 인디언에게 지주들의 법을 강요하기 위하여 필요한 '더러운 일'이 '하쿤코스'에게 맡겨진다. … 인디언 마티아스는 땅에 얼굴을 박고 고꾸라졌다. 총잡이는 말 위에 높이 앉아서 가까이 다가왔다. '살려 주세요. 죽고 싶지 않아요.' '그래 널 살려 주지. 첫 발은 농장을 위한 것이고, 두 번째는 너에게 주는 내 개인적인 선물이야. 이놈아!' '제발 죽이지 마세요…. 인디언으로 태어난 절 용서해 주세요…'. 마티아스는 머리에 두 번째 총탄을 맞았다. 그리고 죽었다…"

영화 『미션』의 한 장면이 아니예요. 김영삼 대통령의 세일즈 외교 순방 이후, 우리가 '거대한 시장'으로 군침을 삼키고 있는 저 남미의 대국 브라질의 한 변방에서 지금, 21세기를 눈앞에 둔 지금, 벌어지고 있는 현실이랍니다. "살려 주세요!" 브라질, 로라이마 지역의 원주민들이 지금 전 세계를 향해 애원하고 있답니다. 어떤 사람이 역사는 돌고 돈다고 했던가요? 영화 『미션』의 상황이 현실에서 또 벌어지고 있는 거예요. 이제 백인 제국주의자들의 야만스런 침략이 아니라, 부와 권력을 쥔 자들의 탐욕이 다시 원주민 인디오들의 삶을 위협하고 있는 거예요. 이 글에서 인용된 내용은 한국에 지부를 둔 카톨릭 수도회〈꼰솔라따 선교 수도회〉에서 발간되는 소식지에 실린 내용이랍니다. 참고로 말해 둘게요. 저는 카톨릭 신자가 아니에요. 우연히 이 소식지를 접했죠. 이럴 수는 없다고 생각했어요. 그래서 이 비극을 막는 일에 작은 힘이나마 보탤 수 있을까 싶어 이 글을 쓰고 있을 뿐이랍니다.

"문제는 명의(名義) 하나뿐이다. 즉 강력한 백인 침략자(목축업자와 금광업자)의 오랜 점령 이후, 그들(인디오)의 전통적인 땅의 경계가 불분명해졌다는 것이다. … 로라이마의 보수적인 정치 세력들은 지주들의 상징들인 만큼 인디언들의 권리 인정을 바라지 않는다. 그들은 인디언 땅에 침입한 사람들의 경제 활동이 주정부 경제에 '본질적'이란 말로써 자신들의 태도를 합리화시킨다. 진실과는 동떨어진 얘기일 뿐이다. … 마쿡시와 인가리코 부족과 기타 소부족들은 합계 1,702가구에 1만여 명의 주민에 지나지 않는다. … 그들의 땅 소유는 그들에게 생사의 문제이다. 땅은 인디언에게 생명의 근원이고 어머니이며, 그들의 생활 공간이자, 인간으로 자신들의 존재를 인정해 주는 하나의 보증이다…"

브라질과 세계의 교회 및 인권 단체들은 지금 로라이마 인디오들을 구하기 위한 캠페인을 벌이고 있답니다. 목표는 브라질 정부를 각성시켜 인디오 보호 구역을 지정하는 것이죠. 그 캠페인의 하나가 바로 '브라질 대통령에게 엽서 보내기 운동' 이고요. 엽서의 내용은 다음과 같답니다.

"브라질 대통령 각하. 본인은 각하에게 촉구합니다. 브라질 연방 헌법 제231조의 규정에 따라 마쿡시 족과 인가리코 족의 전통적인 땅인 라포사-세라도 쏠 지역의 원주민 지역 지정을 위하여 즉각적이며 유효한 방안을 마련해 주실 것을 촉구하는 바입니다."

필요한 사람들을 위해 영문을 첨부할게요. 기왕이면 한국을 보여 주는 예쁜 엽서를 사서, 정중하게, 그러나 당당하게 자신의 이름과 주소를 밝히고, 한글 문장과 함께 다음의 문장을 옮겨 우체국으로 달려가는 사람이 단 몇 명이라도 있기를, 저는 그런 꿈을 꾸고 있답니다.

"Mister President : I hereby urge Your Excellency to arrange immediate and efficacious measures for the demarcation of the indigenous area Raposa-Serra do Sol, traditional land of the Macuxi and Ingariko', according to the contents of article 231 of the federal constitution. / Sincerely ~" (주소 : His Excellency / Dr. Fernando Henrique Cardoso / President of the Republic / Palacio do Planalto, CEP 70160-900 / Brasilia, DF / Brazil)

아주 길게, 아주 넓게, 생각해 보면…

남미의 인디오들이 우리와 아무런 관계가 없다고요? 그들이 사라지고, 그들의 열대 우림이 파괴될 때, 우리의 생명도 결코 안전하지 않다는 것을 잊지 말기로 해요. 작은 엽서 한 통을 우습게 생각하지 말기로 해요. 작은 물방울이 모여 큰 강물이 되지요. 설령 강물을 이루지 못하고 증발해 버릴지라도 우리는 흐를 수 있을 때까지 흘러야 할 거예요. 물방울로 모일 수 없으면, 수증기로라도 우리는 모여야 할 거예요. 그래야 언젠가 그 수증기들이 다시 빗방울이 되어 땅으로 내려올 수 있을 테니까요. 우리가 꿈꾸는 아름다운 세상은 아마 그런 방식으로 이루어질 거라고 저는 믿고 있답니다.

'인디언으로 태어난 것'은 죽었다 깨어나도 죄가 될 수 없는 일이죠. 땅을 차지하기 위해 죄 없는 사람을 죽이는 것도 나쁘지만, 그런 일이 벌어진다는 것을 알면서도 내 일이 아니라고 외면하는 것은 그 못지않게 나쁜 죄가 아닐까요? 관심이 있는 분들을 위해 한국 〈꼰솔라따 선교 수도회〉의 전화 번호와 주소를 알려 드릴게요. 신부님들은 우표만 붙이면 브라질 대통령에게 보낼 수 있는 엽서를 기쁜 마음으로 전해 주실 거예요.

〈꼰솔라따 선교 수도회〉, 경기도 부천시 원미구 역곡2동 52 - 5 / 전화 032 - 345 - 9907 / 팩스 032 - 343 - 8105.

작은 엽서 한 장이 무슨 일을 할 수 있겠냐고요? 한국에서 100장, 일본에서 100장, 미국에서 100장, 프랑스에서 100장…. 그렇게 쌓인다고 생각해 보세요. 그래요. 작은 엽서 한 장이 세상을 아름답게 만들 수 있다고, 아주 길게, 아주 넓게, 생각하기로 해요. 종이로 만든 작은 엽서 한 장이 그렇게 크고 아름다운 일을 할 수도 있답니다.

『페이퍼(PAPER)』 1996년 11월호, (주)마당 발행

뒷얘기 : '버전'을 바꾸어 가며 글을 낸 이유

똑같은 내용의 글을 바꿔 보았다. 쉽게 말하면, '한대 신문 버전'과 '페이퍼 버전'으로 글을 바꿔 보았다. 글이란 곧 읽는 사람들에게 글 쓰는 이가 던지는 '말'이다. 글과 말은 서로 다르지 않아야 한다. 그것이 나의 믿음이다. 그렇기 때문에 경어체를 사용할 때 제일 글쓰기가 편하다. 생전 얼굴도 모르는 사람에게 반말로 지껄일 수야 없지 않은가 말이다.

『페이퍼』가 발행된 후, 한동안 수도원으로 전화가 많이 걸려 왔단다. 부산에 산다는 어떤 학생은 엽서를 100장만 보내 달라고도 했단다. 신부님들도 기뻐했고, 나도 기뻤다. 아직 사람들에게는 따뜻한 마음이 남아 있다. 이 정의롭지 못한 세상에서 유일한 희망이 있다면, 그것은 바로 그 따뜻한 사람들이다. 글이 할 수 있는 좋은 일 중에 하나를 했다. 펜은 칼보다 강하지 않지만, 펜은 칼보다는 좋은 일을 더 많이 할 수 있다.

DANCES WITH TEXTS

(樂—1)

음악과 초월 세계
— 음악의 세기말적 현상

1995년 서울, 음악 춘추 전국

명동의 한 백화점 지하에 자리잡은 대형 음반 매장. 바코드를 스캐너에 올려 놓으면 신용 카드 전표에 구입한 음반의 제목까지 찍혀 나오는 첨단 매장이다. 이 음반 매장에서 우리의 눈에 띄는 것은 테크놀로지만이 아니다. 수많은 독립 진열대의 등장을 우리는 눈여겨보아야 한다. 대충 팝과 클래식, 가요로 칸막이를 해 놓으면 되었던 시대는 이미 지나가 버렸다. 팝과 헤비 메탈로만 구분해도 별 탈 없던 것이 이제는 얼터너티브 록과 아트 록에 또 독립적인 공간을 주어야 한다. 상송과 칸초네는 유럽 통합과는 상관없이 칸막이를 확실히 해 주어야 한다. 재즈에 따로 명패를 붙여 주어야 하고, 뉴 에이지에도 응분의 예우를 해 주어야 한다. 교회 음악은 클래식 팻말에서 빠져 나와 자신들만의 성역을 마련했다. 국력 탓으로 이제껏 서울 무대를 밟아 보지 못했던 소위 제3세계의 음악들도 비동맹 세력을 구축했다. 물론 우리 국악의 레퍼토리도 대단히 다양해졌다. 1995년 서울의 한 음반 매장은 가히 '세계화' 시대를 가장 치열하게 실천하고 있다.

변화는 눈부시다. 매체는 디지털 시대로 완전히 전환했고, 음악 시장은 엄청나게 빠른 속도로 외형적 팽창과 내부적 분화(分化) 과정을 계속하고 있다. 변화의 속도와 강도가 하도 빨라 어지러울 정도다. 대중 음악과 고급 음악, 제도권 음악과 운동권 음악의 2분법만으로 먹고 살 수 있었던 1980년대까지의 문화 비평가들은 행복했다. 조지 윈스턴의 '가벼운' 뉴 에이지를 흥얼거리던 사람들이 이제 한 걸음 더 나아가서 인도와 티베트의 '오리지널' 명상 음악을 찾는 것은 어떻게 설명해야 하는가. 교회에 가는 젊은이들은 매 일요일마다 줄어드는데 교회 음악 음반의 수입은 왜 이렇게 늘어나는가. 무엇 때문에 서울의 청중들은 아프리카의 북소리와 헝가리의 집시 음악과 파키스탄의 회교 송가를 수입하라고 수입상에게 압력을 넣고 있는가. 재즈가 폭발적 인기를 얻고, 〈룰라〉의 댄스 뮤직과 그레고리안 성가가 똑같이 베스트 셀러의 목록에 오르는 이 현상을 어떻게 설명할 것인가.

1990년대의 문화 비평가는 불행하다. 현상을 한데 통틀어 설명할 편리하고 간단한 분류법이 없기 때문이다. 음악의 춘추 전국 시대 혹은 세기말적 혼란기라고 불러도 좋을 이 시대에 비평가가 취할 수 있는 전략 한 가지. 신흥 세력에 주목할 것. 평지 돌출로 두드러지는 현상에 우선 시선을 모을 것. 다음에 그것이 기존의 현상들과 어떤 연결 고리를 지니고 있는지 찾아볼 것.

우선 눈길을 잡아끄는 현상은 바로 '초월적 세계'를 담은 음악들이다. 무시 못 할 장르로 성장한 뉴 에이지 음악, 이제 당당히 '상점 안의 성역'을 마련한 교회 음악 그리고 세계 시장에 진입한 제3세계—그 중에서도 특히 아프리카—음악. 이 세 음악은 각개 약진으로, 혹은 연합 편대 편성으로 빠르게 대중에게 파고들고 있다. 이 세 가지의 음악 현상은 서로 떨어져 있는 것처럼 보이지만 서로 연결되어 있다. 그 연결 고리가 바로 '초월적 세계에 대한 관심'이다. 그런데 과연 음악에 있어서 초월적 세계란 무엇인가.

침팬지의 초월적 음악

1844년 아프리카로 건너간 한 선교사는 침팬지들이 열매가 가득 달린 나무를 발견했을 때 묘한 행동을 하는 것을 보고 이를 기록으로 남겼다. 열매에 달려들어 부지런히 따먹기에 앞서 침팬지들은 "소리를 지르고 나무 사이를 뛰어다니고 손으로 나무를 두들겨 동료 침팬지들을 불러모았다." 이 기묘한 침팬지들의 행동에 선교사는 '사육제 과시(carnival display)' 라는 이름을 붙여 주었다. 침팬지들은 맛난 과일을 혼자 독점하고 싶은 욕망을 '초월' 해 친구들을 불러모으는 능력을 갖고 있었다. 공동체 형성을 위한 개체 초월의 능력. 그것을 침팬지의 음악이라고 불러도 무방하지 않을까. 그런데 침팬지들이 춤추고 노래하는 것은 맛난 바나나 앞에서만이 아니었다.

폭풍우가 몰아치기 시작했다. 한 침팬지 수컷이 숲의 능선을 오르락내리락 뛰어다니면서 근처에 있는 나뭇가지들을 꺾어 휘두르며 계속 소리쳐 댔고, 나머지 침팬지들도 이에 동참했다. 이 침팬지 떼를 관찰하고 있던 인류학자는 이 기이한 행동에 '비(雨)의 춤(rain dance)' 라는 이름을 붙였다. 이름 붙이기에서 그치지 않고 인류학자들은 이 '비의 춤' 이 원시적인 사람들의 신화나 의례의 기초를 이루는 "자연의 힘에 대한 상징적 반응"의 원형임에 틀림없다고 결론지었다(『사회 생물학』, 에드워드 윌슨, 민음사). 내가 이해하고 장악할 수 있는 현실을 넘어선 '초월적 세계' 의 인식, 그리고 그 인식에서 나아가 '초월적 존재' 에 대한 경배로의 발전. 그런데 가만히 생각해 보자. 초월적 존재에 대한 경배라는 것 역시 경배하는 존재(또는 존재들)와 경배받는 존재(또는 존재들)가 한 울타리 안에 함께 엮이고자 하는, 또 다른 '개체 초월―공동체 형성' 의 과정이라고 볼 수는 없을까.

공동체 형성을 위한 개체 초월. 그리고 초월적 존재에 대한 경배를 통한 또 다른, 더 큰 공동체의 형성. 침팬지들의 음악에서도 음악에는 이미 '초월' 이라는 개념이 담겨 있었다. 이 때 초월은 '뛰어넘어 떨어져 있음' 을 뜻하는 것이 아니다. 언제나 그것은 '뛰어넘어 있되 함께 있는' 통합을 의미하는 것이다. 우리들 호모 사피엔스 조상들의 음악이 또한 그러했고 지금도 그러하리라는 가정은 지나친 비약일까. 리우 데 자네이루 사육제의 삼바와 베네딕트 수도원 미사의 그레고리안 성가는 침팬지의 바나나 축제 노래와 레인 댄스에 정확히 맞대응시킬 수도 있지 않을까. 추석날 밤의 강강술래와 궁중 아악도 그렇게 대응시킬 수 있지 않을까.

잘못된 교육 탓으로 우리는 이제까지 음악을 서구 이론가들의 논리대로 대중 음악과 고전 음악으로 분류해 왔다. 이 분류법은 '평민의 싸구려 음악 대 귀족의 고급 음악'이라는 근거 없는 선입관을 담고 있기도 하다. 이 계급론적 이데올로기에서 벗어나려고 할 때 우리가 찾을 수 있는 분류법으로 '세속 음악과 종교 음악'의 분류법을 들 수 있을 것이다. 오해를 피하기 위해 한 가지 분명히 해 두자. 여기서 종교 음악은 기독교의 교회 음악을 뜻하지 않는다. 쉽게 말해 '바나나에 기뻐하는 음악'이 세속 음악이고 '천둥 번개에 놀라는 음악'이 종교 음악이다.

세속 음악과 종교 음악—간추린 음악의 역사(?)

사람이 빵만으로 살 수 없듯이, 또는 말씀만으로만 살 수도 없듯이 음악도 마찬가지다. 사람들끼리 모여 춤추고 떠들며 노래하는 것만으로는 충분치 않고, 매일 제사만 지내며 찬송가만 읊을 수도 없다. 침팬지 이래로 옛날 사람들은 그런 면에서 잘 해 왔던 것 같다. 사람들끼리의 공동체를 위한 세속 음악과, 사람과 초월적 존재가 함께 하는 공동체를 위한 종교 음악은 대개 사이좋게 공존해 왔던 것이다. 공존 정도가 아니라 서로간의 경계 자체가 없었던 경우가 오히려 많았다.

문제는 인간만의 공동체가 지나치게 막강해졌다는 점이다. 과학의 이름으로 자연은 오로지 '바나나 달린 나무'가 되었다. 천둥 번개는 더 이상 경배의 대상이 아니게 된 것이다. 자연은 파괴되었고, 신은 없어졌거나 숨었다. 20세기까지 음악의 전개 과정은 어쩌면 종교 음악에 대한 세속 음악의 정복 과정으로 요약할 수 있을는지도 모른다. 바흐는 교회를 위한 음악과 귀족의 파티를 위한 음악을 골고루 작곡할 수 있었지만, '신에게 사랑받은 아마데우스' 모차르트는 『알렐루야』의 작곡보다는 귀족들의 귀염둥이 노릇에 훨씬 더 많은 시간을 보냈다. 베토벤에 이르면 그가 만든 수많은 곡 중에 『장엄 미사』를 빼곤 교회와 관련된 음악은 거의 없다. 스트라빈스키 이후 존 케이지까지 소위 '현대 음악'의 전개 과정은 점점 더 작은 '예술 지식인 공동체'를 형성하는 과정으로 보여진다. 평민들은 나름대로 자본주의의 발달에 힘입어 엘비스 프레슬리와 〈비틀즈〉를 키워 냈다. 진도의 씻김굿은 할머니들에게만 남았고, 서울의 소녀들은 서태지와 〈디제이 덕〉의 노래에 맞춰 소리지르고 춤추는 일에만 몰두하게 되었다. 세속 음악의 완승. 전부는 아니었지만 절대 다수의 사람들은 '바나나에 기뻐하는 음악'만으로 살아가게 되었던 것이다. 사람이 침팬지와 다른 점이 바로 그것이었다.

그런데 인터넷으로 전 지구의 호모 사피엔스가 하나의 공동체로 묶이게 된다는 이 20세기의 끝무렵에 '천둥 번개에 놀라는 음악'이 재등장하는 기이한 현상이 벌어지고 있다. 그것도 극동 아시아의 서울이라는 도시를 포함한, 역시 세계적 현상으로.

조지 윈스턴에서 티베트의 명상 음악까지

조지 윈스턴의 『12월(December)』이 한국에서 엄청난 인기를 얻었을 때 어떤 사람들은 이를 팝과 클래식의 접목이라고 표현했다. 팝 뮤직의 소음과 클래식의 지루함에 지친 사람들이 이 새로운 음악에서 위안을 받고 있다고. 그러나 조지 윈스턴의 음악은 팝과 클래식의 접목이 아니었다. 그것은 팝도 아니고 클래식도 아닌 음악이었다. 그것은 팝과 클래식으로 대표되는 세속 음악의 독점 지배에 대한 종교 음악의 재반격을 알리는 신호탄이었다.

뉴 에이지로 명명된 이 장르의 음악은 1960년대 미국 히피 문화의 유산이다. 히피의 정치적 운동은 철저히 실패로 끝났지만, 그들의 정신적 운동은 여피들에 의해 뉴 에이지라는 이름으로 계승되었다. 명상을 통한 자기 초월. 이것이 뉴 에이지 운동의 중추 개념이라 할 수 있다. 여기에서 명상의 주된 조력자로 등장한 것이 바로 뉴 에이지 음악이고, 히피 문화의 직접적 유산으로 인도, 티베트 등 동양 음악은 뉴 에이지 음악에 커다란 영향을 미쳤다.

그 뿌리가 힌두교나 티베트 불교 등 이단에 있다는 것을 이유로 일부 개신교단에서는 뉴 에이지 문화에 격렬한 비난을 퍼붓고 있다. 한국 개신교회의 일부 목사들은 신도들에게 뉴 에이지 음악을 절대 듣지 못하게 설교한다. 하지만 개신교 바깥의 청년들에게 뉴 에이지는 이제 생활의 한 부분이다. 윈드햄 힐, 나라다, ECM 등 구미의 뉴 에이지 레이블 음반은 레코드점에 넘쳐 흐른다. 이제 사람들은 구미의 '번역된' 명상 음악을 넘어 인도의 라가나 티베트의 탄트릭 찬가로 접근하고 있다. 불교 음악에 뿌리를 둔 '한국적' 뉴 에이지 음악이 활발하게 만들어지고 있는 것 역시 같은 맥락 안의 현상이다.

『이니그마 MCMXC a.D.』에서 『비전—힐데가르트 폰 빙엔의 음악』까지

1990년, 20세기의 마지막 10년을 여는 첫 해에 독일 그룹 〈이니그마〉가 「사드적인 것(Sadeness)」을 첫 히트곡으로 내세워 묘한 제목의 앨범을 발표했을 때 사람들은 경악했다. 신시사이저의 전자 음향과 여가수(그녀는 「헬로, 미스터 몽키」를 불렀던 독일의 여자 댄스 뮤직 그룹 〈아라베스크〉의 멤버였다)의 읊조림의 배경에는 그레고리안 성가가 깔려 있었다. 사디즘의 사드 후작과 전자 악기와 댄스 뮤직과 그레고리안 성가가 한 노래 안에 총집결했다. 앨범은 전 세계적인 히트를 기록했고, 히트의 주원인으로 사람들은 대개 그레고리안 성가를 꼽았다.

1994년 다국적 음반 기업 EMI는 스페인 산토 도밍고 데 실로스의 베네딕트 수도원 수도승들이 부른 그레고리안 성가집을 『칸토 그레고리아노』라는 타이틀의 2장짜리 CD로 발매했다. 수도원에 숨어 있던, 클래식 진열대의 구석에서 먼지를 뒤집어 쓰고 있던 초기 카톨릭 교회의 찬송가는 삽시간에 전 세계인의 거실로 옮겨졌다. 잡음 하나 없이, 교회의 음향 효과까지 내장된 디지털 오디오를 통해 사람들은 교회에 가지 않고 이 교회 음악의 진수를 듣게 되었다.

『칸토 그레고리아노』의 성공은 교회 음악 음반의 밀물 같은 등장을 가져다 주었다. 수많은 성가대의 그레고리안 성가가 출반되었고, 러시아 정교회의 찬가 『고대의 메아리(Ancient Echoes)』(BMG)도 등장했다. 가히 교회 음악의 부활이라고 할 이 현상의 한 끝에 『비전―힐데가르트 폰 빙엔의 음악 (Vision ― The Music of Hildegard von Bingen)』(EMI Angel)이 자리잡고 있다.

12세기 독일의 한 신비주의적 수녀원장이었던 폰 빙엔의 성가를 원형 그대로 담으면서 거기에 미국의 현대 음악 작곡가 리처드 수더가 전자 악기 연주를 추가한 이 음반은 기존에 발매된 교회 음악과 그 성격을 달리한다. 가장 큰 차이는 바로 리듬의 부여다. 수더는 오르간 음향의 반주를 넘어서 퍼커션(타악기)을 추가했다. 얼핏 아프리카 토속 리듬을 연상케 하는 이 퍼커션 연주는 듣는 이로 하여금 거의 춤추고 싶은 충동을 느끼게 할 정도다. 그리고 갖가지 음향 효과를 담은 신시사이저 연주는 뉴 에이지의 음악적 문법과 아주 긴밀히 연결되어 있다. 중세 음악과 현대 음악의 접목, 세속 음악과 종교 음악의 접목에 그치지 않고 『비전―힐데가르트 폰 빙엔의 음악』은 뉴 에이지와 교회 음악의 접목을 시도한다.

『아프리칸 상투스』에서 『라이온 킹』까지

오늘날 세계에서 가장 영향력이 큰 세속 음악인 영미권의 팝, 록의 뿌리가 아프리카에 닿아 있음을 부정하는 사람은 없다. 유럽 백인의 멜로디와 아프리카 흑인의 리듬이 결합한 것이 바로 팝과 록이라는 것이다. 미 대륙과 유럽에서의 흑인 음악에 대한 관심은 전혀 새로운 것이 아니다. 새롭게 대두된 경향은 백인들에 의해 '번역된' 아프리카 음악이 아니라 '오리지널' 아프리카 음악에 대한 관심이 점점 더 커지고 있다는 점이다.

구미의 레코드점에서 국가별, 또는 종족별로 세분된 아프리카 음악을 구할 수 있게 된 것은 이미 오래 전의 일이다. 이제 한국에서도 상황은 비슷해지고 있다. 미국화된 흑인 음악이 아니라 원형 그 자체를 백인의 음악과 결합시키려는 노력도 자주 눈에 띈다. 1987년 영국인 데이비드 팬셔는 자신이 직접 채집한 아프리카 원주민들의 합창과 카톨릭의 미사곡을 믹스해 『아프리칸 상투스』(Proprius)를 만들었다. 미국의 영화 음악 작곡가 한스 짐머도 그의 영화 음악 『파워 오브 원』『그린 카드』 등에서 아프리카 음악을 원형에 가깝게 싣는 노력을 계속해 왔다.

그러나 아프리카 음악, 혹은 이를 대표로 하는 원시 음악(여기서 '원시'는 '미개'의 동의어가 아니다)에 대한 관심은 아무래도 한정된 소수의 몫이었다. 1994년 월트 디즈니의 만화 영화 『라이온 킹』의 음악은 상황을 바꿔 놓았다. 엘튼 존과 한스 짐머가 함께 작업한 이 영화 음악의 성공 덕으로 아프리카는 전 세계인(어린이까지 포함한)의 안방으로 진입했다. 팀 라이스 작사, 엘튼 존 작곡의 주제곡「생명의 원(Circle of Life)」에는 장엄한 아프리칸 보컬과 리듬이 담겨 있다.

"아프리카인들은 모든 종류의 사건을 축하한다. 전쟁에서의 승리, 우기의 시작, 풍요로운 수확, 독립 기념일. 무엇에든 이름을 붙이고 거기에 축하연을 벌이는 것이다."(데이비드 팬셔)

아프리카인의 음악은 침팬지의 음악과 흡사한 것이다. 그리고 20세기 말의 현대인들은 아프리카 음악에 환호를 보내고 있다. 인간만의 공동체 형성에 국한되었던 미국식 아프리카 음악이 아니라, 인간/신의 더 큰 공동체를 형성하고자 하는 더 '원시적'인 또는 '원초적'인 음악에 보내는 환호다. 호주 원주민의 음악과 중동의 회교권 음악과 남미 인디오의 음악과 동구권의 민요와 아시아 제국의 민속 음악에 대해 점점 넓어지는 관심은 그런 맥락에서 크게 벗어나지 않을 것이다. 영국의 팝가수 피터 가브리엘은 미국의 백인까지를 포함해 5대양 6대주 토착민들의 노래를 『세계의 음악(Les Musique de Monde)』라는 음반에 샘플링하기도 했다.

21세기 호모 사피엔스의 초월적 음악

뉴 에이지, 교회 음악, 제3세계 음악. 세속 음악의 지배에 대한 종교 음악의 반격으로 표현할 수 있는 1990년대의 이런 음악 현상을 어떻게 설명해야 할 것인가. 그저 한때의 유행이라고 할 사람도 있을 것이다. 다국적 음반 기업의 상업 전략의 결과일 뿐이라고 비웃을 사람도 있을 것이다. 아직 대답하기엔 이르다고 해야 정직한 답이 될 것 같다.

다만 지식의 힘을 믿고 인간만의 공동체—사실은 다른 생명체나 인간 집단의 공동체를 짓밟고 일어서는 방식이 훨씬 더 많았다는 점에서 보면 '공동체 파괴'의 경향이 강했다—확장에 몰두해 온 사람들의 의식에 뭔가 변화가 일고 있는 것만은 분명해 보인다. 자연과의 공동체, 신이라고 부르든 아니면 우주적 정신으로 부르든 간에 초월적 존재와의 공동체를 상실한 인간 공동체의 운명이 파멸임을 사람들은 점점 더 깊이 인식해 가는 듯하다.

개체를 초월해 인간의 공동체를 이루고, 인간의 공동체를 초월해 자연과, 또 초월적 존재와 공동체를 이루고…. 초월은 원을 그리며 계속되는 통합의 과정이다. "그것은 생명의 원, 우리 모두를 움직이네(It's the circle of life. And it moves us all.)"(『라이온 킹』의 주제가 「생명의 원(Circle of Life)」의 한 구절) 아프리카의 북소리와 카톨릭의 성가가 통합되어 하나의 원을 이룬다. 우리는 그 원에서 벗어나 있지 않고 그 원을 이어갈 의무가 있다는 것을, 사람들은 음악으로 말하고 음악으로 듣고 있다. 21세기에 사람들은 이런 초월적인, 그래서 통합의 힘을 지니게 되는 음악을 계속 키워 나가게 될까?

『대화』 1995년 겨울호, 대화 출판사 발행

뒷얘기: 호흡이 변화하여 장단을 낳으니 어떻게 조절할 것인가

계간 『대화』에서 글을 한 편 써 보겠느냐는 제안을 받았다. 「영성의 21세기」라는 특집 아래 음악과 영성의 관계에 대한 글을 써 달라는 것이었다. 『시사 저널』에 「마더 테레사와 함께」라는 체험기를 쓰고 몇 달 만에 처음 받은 청탁이었다. 워낙 귀동냥해 놓은 것이 많았던 탓에, 음악 얘기라면 남들에게 별로 꿀리지 않고 쓸 수 있다고 어릴 때부터 자부하고 있었다. 게다가 아홉 달여에 걸친 마더 테레사와의 경험 덕분에 나는 영혼이라는 단어를 꽤나 자주 읊조리고 있던 참이었다. 그래서 「음악과 초월 세계」라는 제목으로 글을 썼다.

문장을 짧게 자르는 것이 좋은 이유

가능하면 문장을 끊어서 쓰려고 애썼다. 고등 학교 시절 어느 영어 선생님의 가르침을 기억했다. 한국의 옛 건축에 복층 건물이 거의 없듯이, 한국어에는 복문(複文)이 없다는 이야기였다. 온갖 관계 대명사를 통해 몇 층씩 쌓여 올라가는 영어와 한국어는 서로 다른 언어이니, 그 차이점을 잘 알아야 영어를 잘 할 수 있다는 것이 선생님의 가르침이었다.

영어로 된 책을 읽어야 학자가 될 수 있었던 '근대화 시대'의 학자 선생들은 우리말을 모조리 유럽어식 '복문'으로 개발해 버리셨다. 책이 어려워진 이유는 다른 데 있는 것이 아니다. 우리말에는 근본적으로 없는 관계 대명사를 억지로 끼워 넣어 '줄줄이 비엔나 소시지'처럼 길게 이어진 문장을 만들어 냈으니, 그 글은 더 이상 한국어가 아니었고, 한국어가 아니니 한국 사람이 이해하기에 어려워질 수밖에 없고, 그런 문장으로 가득 채워진 책이 지겨워질 수밖에 없는 것은 당연했다. 요 앞의 문장이 바로 그렇다. 문장 하나가 6줄이다. 내가 학생 시절 읽었던 책들은 백이면 아흔 권 정도가 그런 문장으로 채워져 있었다. 그리고 그런 책들이 나를 졸업과 동시에 발로 뻥 차 버렸다.

물론 긴 문장이 자동적으로 모두 나쁜 문장이 되는 것은 아니다. 다른 모든 예술과 마찬가지로 글쓰기에도 역시 호흡의 변화는 꼭 필요하다. 호흡이 변화할 때 리듬의 변화가 생긴다. 천편일률의 리듬으로는 어떤 행위도 흥을 불러일으키지 못한다. 긴 문장도 있을 수 있고, 짧은 문장도 있을 수 있다. 그러나 문장의 호흡과 문장의 길이는 반드시 정비례하지 않는다. 짧은 문장이라도 얼마든지 긴 호흡을 만들어 낼 수 있다.

긴 문장이 문제가 되는 이유

정당한 이유 없이 긴 문장들이 너무 많다. 이른바 신세대들이 쓰는 글도 PC 통신을 벗어나 인쇄된 책으로 넘어오면 또다시 길어진다. 어쩔 수 없는 일이다. 책에서 보고 배운 글이 한결같이 '줄줄이 비엔나 소시지'였는데 어쩌겠는가. 긴 문장이 문제가 되는 이유는? 읽는 데 너무 에너지 소비가 심하기 때문이다. 그래서 금방 지쳐 버리기 때문이다. 그래서 책을 덮고 나면 더 오랜 시간을 생각하는 데 보내야 할 텐데, 금방 잠에 곯아떨어지게 된다. 적지 않은 독자들은 아예 중간에 책을 덮고 놀러 나가 버린다. 책이 안 팔린다고? 글 쓰는 사람들의 책임이다.

짧은 문장을 실험해 본 셈이었는데 다행히 반응이 좋았다. 그런 식으로 자신의 스타일을 만들어도 괜찮을 것이라고 격려해 준 선배도 있었다. 그래서 당분간 계속 그대로 밀고 나가기로 했다. 문제는 다시 리듬의 변화다. 짧은 문장으로만 초지 일관하다간 또 리듬을 잃게 된다. 다시 천편일률. 지겨워질 것이다. 호흡의 장단을 어떻게 조절할 것인지 요즘 자꾸 생각한다.

(樂—2)

서태지,
즐거운
저항

Did you enjoy that?

김덕수의 태평소 가락이 한바탕 난장을 벌이고 난 뒤, 화끈한 메탈 기타의 애드립이 그 절정에서 갑자기 멈추는 시간이 2분 56초. 그리고 59초에서 스크래치를 동반한 랩 리듬이 다시 시작된다. 2분 57초에서 58초까지의 2초 동안 어린 소녀의 목소리가 묻는다. "Did you enjoy that?"(「하여가(何如歌)」) 즐거웠나요? 아무래도 어색하다. 그냥 "디쥬 인조이 댓"으로 번역 없이 듣는 편이 좋다. 아마 대답도 "네에!"보다는 "Yeah!"로 나오는 편이 더 어울릴 것 같다.

서태지가 지닌 최고의 미덕, 그것은 '즐거움'이다. 랩과 록과 사물놀이가 김치 햄버거처럼 어울리는 즐거움이 있다. 갓 변성기 문턱을 넘은 듯한 목소리의 미소년이 작사, 작곡, 연주, 노래에서 프로듀싱까지 다 해내는 것을 보면 '동네의 신동'을 보는 즐거움이 또한 쏠쏠하다. "오 그대여 가지 마세요 나는 지금 울잖아요"(「난 알아요」) 하는 청승맞음도 회오리춤에 실려 즐거워진다. "한민족인 형제인 우리가 서로를 겨누고 있고 우리가 만든 큰 욕심에 내가 먼저 죽는 걸"(「발해를 꿈꾸며」) 하고 외치는 열혈 남아의 절규가 얼터너티브 록의 형식에 실려 단발머리 소녀들의 환호성에 묻히는 광경도 즐거움이 아닐 수 없다.

좋은 집안의 아들이 고등 학교 때부터 전교 꼴등을 맡아 하며 딴따라 판을 돌아다니다가 전 국민의 우상이 된 인생 역전을 듣는 것도 즐겁고, "됐어, 이제 됐어, 이제 그런 가르침은 됐어"(「교실 이데아」)라고 잘난 부모님들과 선생님들에게 대드는 모습을 보는 것도 즐겁다. 왜? 나도 그러고 싶었는데, 나는 결국 그러지 못했는데, 서태지는 그렇게 하니 얼마나 신나는가, 얼마나 부러운가. 그러다가 즐거움은 지긋지긋하게 교정(矯正)을 요구하는 '꼰대' 검열관들에게 아예 벌거벗은 엉덩이를 내보이는 대목에 이르면 거의 절정에 이른다. 가사를 고치라고? 이건 어때? 그렇게 「시대 유감」은 이주노의 감기 마스크에 담겨 가사 없이 연주곡으로 등장한다. 난공불락이던 공륜의 사전 심의는 드디어 폐지된다고 한다. 디쥬 인조이 댓? 예에에!!!!!

나의 유일함을 위해

"이 세상 그 누구도 나를 닮을 순 없네. 나를 세상에 알릴 거야. 나 역시 그 누구를 따라하진 않겠어, 나의 유일함을 위해."(「수시아(誰是我)」)

나는 서태지의 열렬한 팬이다. 내 주변엔 서태지를 좋아하는 사람들이 무척 많다. 그 중에는 문화 비평가로 일하는 박사 선생님도 있고, 고등 학교에 입학하는 딸을 가진 40대 아저씨 한 사람도 서태지의 팬임을 자처하고 있다. 내가 아는 또 한 사람의 열광적 팬은 내 친구의 여섯 살짜리 아들이다. 서른다섯 살의 나와 여섯 살의 내 친구 아들이 함께 행복하게 만날 수 있는 시공간 좌표가 바로 서태지다. 서태지가 무너뜨린 것은 세대 간의 벽에 그치지 않는다. 석사 학위가 있으니 그래도 지식인 언저리를 기웃거릴 수도 있는 내가 수업도 빼먹고 다니는 여중생들과 함께 절묘한 의견 일치를 볼 수 있는 대화방이 바로 서태지다.

'서태지와 저항 음악으로서의 가능성'이라는 상당히 뻣뻣한 주제의 글을 써 달라는 부탁을 받은 뒤 나는 상당히 불행해졌다. 청탁받은 글쓰기의 괴로움! 그 불행을 극복하기 위해서 나는 서태지를 따르기로 결심했다. 저항하자! 저항하되 아주 재미있게, 그리고 아주 즐겁게! 랩으로 글을 쓸 수는 없을까, 헤비 메탈을 넣는 건 어떨까, 코맹맹이 소리도 한번 집어넣어 볼까. 생각만으로도 즐겁다. 공식적인 글에서는 가능한 한 글 쓰는 사람이 정면으로 등장하는 것을 피해야 하고, 부득이한 경우에도 '나'라고 하는 대신 '점잖게' 필자라고 써야 한다는 18년에 걸친 교육의 결과를 나는 조금 전에 내팽개쳤다. 고맙다, 서태지! 편집자가 뭐라고 하든 나는 내가 쓰고 싶은 대로 쓸 거야!

'저항 음악으로서의 가능성—서태지 음악의 주장과 현상, 어떻게 받아들여야 할 것인가?'—이것이 내게 주어진 제목이었다. "Yo! Taiji! 태지는 저항하겠네! 뭘 저항한다고 설치지? 잘 될까! 그런데 우린 어떡할까?" 나는 그렇게 제목을 바꾸고 싶어 몸이 근질근질하다. 춤추고 싶을 만큼. 노트북 컴퓨터의 키보드를 두드리는 손가락이 춤을 춘다. 즐거운 저항. 서태지 음악이 지닌 즐거움은 바로 그 즐거운 저항에서 비롯된다. 적어도 나는 그렇게 믿는다. 저항이 즐겁다니? 우리가 알던 저항은 항상 고통과 고문과 고뇌 등등 '고, 고, 고' 자로 시작하는 말들을 꼬리표로 달고 다녔던 것 같은데….

저항 문화라는 말을 들을 때 우리 머릿속에 가장 먼저 떠오르는 것은 1960년대 미국의 반전 노래들과 1980년대 한국의 노래 운동 같은 것들이다. 저항이라면 앞뒤 가릴 것 없이 맨 먼저 정치적 저항이 연상되는 우리네의 불행한 역사 때문이리라. 정치적 저항만이 저항의 전부는 아니라는 것을 알기까지 우

나눔 나눔 나눔 (조병준과 함께 나누는 문화 이야기) 樂 (서태지, 즐거운 저항)

리네 역사는 참 많이도 구부러져 진행되어 왔다. 그 덕분에 지배도 엄숙했고 저항도 금욕적이었다. 불행히도 이제까지 우리는 저항이 즐거울 수 있다는 것을 몰랐고, 이제 다행스럽게도 즐거운 저항의 움트는 새싹을 보고 있다. 역사 바로 세우기는 문화 바로세우기와 다르지 않다.

음악에 조금 관심이 있는 사람이라면 록이 기본적으로 저항 문화라는 것, 바로 그 때문에 1980년대 영국의 펑크 록과 1990년대 미국의 얼터너티브 록은 너무도 당연한 사필귀정의 산물이라는 것도 알고 있을 것이다. 자메이카의 레게와 미국 흑인의 랩 역시 저항에서 시작되었다는 것도 알 사람은 다 알고 있을 것이다. 그리고 그 저항 음악들이 거의 예외 없이 춤과 연결되어 있었다는 사실을 놓치지 말기 바란다. 신나게 몸을 흔들며 저항! 단, 조건은 지금까지와는 다른 리듬으로, 다른 가사로, 그리고 가능하면 다른 머리 모양과 옷차림으로!

복잡하게, 어려운 용어들을 써 가며 생각할 필요는 없다. 간단하다. 그저 지금 잘 돌아가고 있다고 어떤 사람들이 얘기하는 방식대로 살면 내가 없어질 것 같으니, 비록 인생이 거칠어질 위험은 있겠지만 나를 완성하는 쪽으로 가겠다는 것이 저항이다. 나는 찢어진 넝마를 입으면 어울리니 그렇게 입겠다는 것이고, 내가 가고 싶은 학과에 엄마가 도장을 찍어 주지 않았으니 나는 아예 대학에 가지 않겠다고 선언하는 것이다. 그런 선언과 "저임금에 양심수 세계 1위의 한국적 민주주의는 내가 살아가야 할 모습이 아니므로 나는 저항한다"는 선언은 과연 서로 다른 차원에 있는 것일까?

저항 문화의 출발점은 내가 하고 싶은 말을 내 스타일대로 하겠다는 것이다. 창작자가 운이 좋거나, 아니면 많은 사람들이 속내에 담고 있던 욕망을 제대로 표현하는 진짜 재능을 가지고 있을 경우 '나'는 '우리'가 된다. 그렇게 내가 우리가 되면 저항 문화가 대중 문화로 바뀌게 된다. 그렇게 자연스러운 나/우리의 전환 과정을 무시하고 무조건 자기 멋대로 규정한 '우리'만 있다고 억압하는 것이 전체주의이고, '나'를 고집하는 놈들은 잡아다 '물을 먹여야 한다'

는 사회가 독재 사회다. 나를 나대로 내버려 두는 사회에서는 저항이 즐거워진다. "내 마음대로 춤을 춰도 아무도 뭐라 하지 않는 그런 춤을"(「록앤롤 댄스」) 출 수 있는 사회, '나의 유일함'을 인정해 주는 사회가 민주 사회이고 거기에선 저항도 즐거워질 수가 있다.

Come back home

"나는 없었어. 그리고 또 내일조차 없었어. 내겐 점점 더 크게 더해 갔던 이 사회를 탓하던 분노가 마침내 증오가 됐어. … You must come back home. 떠나는 마음보다는 따뜻한, 거칠은 인생 속에 나를 완성하겠어."(「Come Back Home」)

시대에 유감이 있을 수밖에 없는 이유는 내가 나인 채로 있을 수 없기 때문이다. 정확히 말하면 내가 원치 않는 나로 있으라고 누군가가 강요하기 때문이다. 공권력으로, 전통과 도덕의 논리로, 그리고 다수의 힘으로 그들은 끝없이 나 아닌 나로 나를 바꾸라고 윽박지른다. 이 유감 많은 시대에 없어진 나를 찾기 위해서는, 없어진 내일을 찾기 위해서는 나는 저항해야 한다. 나는 존재한다, 고로 나는 저항한다. 나는 저항한다, 고로 나는 존재한다. 엎어치나 메치나. (이 세 문장을 갱스터 랩으로 읽어 주는 독자가 있다면 얼마나 좋을까.)

저항 문화란 모름지기 금욕적으로 심각해야 하며, 대중 문화와는 거리를 두어야 하고, 아니 아예 대중 문화는 죽창 들고 없애야 한다는 신념을 지닌 사람들이 넘치던 시절이 있었다. 그리 멀지도 않은 과거다. 랩처럼 정신 없이 어지러운 시대. 김민기나 〈노찾사〉나 대학 노래패가 아닌 서태지를 놓고 우리는 저항 음악을 이야기하고 있다. 댄스 뮤직이 지닌 저항 음악으로서의 가능성! 우리는 바뀐 세상에 살고 있는 것이다.

댄스 리듬과 저항적 메시지가 결합되었다. 민중 가요를 부르며 해방춤을 추던 대학생들과 "여기저기서 찔러 넣는 까맣게 썩어 버린 돈들, 돈으로 명예를 사고 친구를 샀던 썩어 버린 인간들, 정복당해 버린 지구에서"(「1996, 그들이 지구를 정복했을 때」)를 따라 부르며 힙합을 추는 10대 소녀들은 분명히 다르다고 강변하는 사람들이 있을지도 모르겠다. 미안하지만 나는 그런 사람들에게

나눔 나눔 나눔 (조병준과 함께 나누는 문화 이야기) **樂** (서태지, 즐거운 저항)

이렇게 말해 주고 싶다. 도대체 언제까지 그렇게 '니편 내편' 하며, 고상한 말로 하자면 '흑백 논리에 사로잡혀서' 살아갈 작정이냐고. 서태지를 한번 보라고. 증오를 거쳐서 이제 그 아이는 '거칠은' 인생을 인정하면서 자기를 완성하려 집으로 돌아가고 있지 않느냐고.

서태지는 아름답다. 사물놀이와 헤비 메탈과 랩을 한 노래 안에서 행복하게 결합시키고, 위선적인 기성 체제의 도덕률과 검열에는 저항하면서도 대중 음악의 문법과 매체와는 절친한 친구로 지내는 그 통합의 힘이야말로 아름답지 않은가. 이 젊은이는 저항하되 즐거운 방법으로 저항하는 묘수를 깨치고 있는 고수(高手)다. 아주 오랫동안 우리는 '니편 내편'의 문화 속에서 살아 왔다. 일제의 창가와 독립 군가가, 트로트와 통기타가, 대중 가요와 민중 가요가, 비디오형 댄스 가수와 언더그라운드 가수가 서로를 꺾어야 한다며 대결하던 싸움터가 우리의 문화였다.

서태지는 그렇게 양편으로 갈려 있던 경계선을 종횡 무진으로 넘나들면서 편가르기 문화를 뿌리에서부터 무너뜨리고 있다. 한 걸음 더 나아가, 서태지는 이렇게 말하고 있다. 진정한 저항 문화는 대중 문화를 통해서 오히려 훨씬 더 큰 가능성을 드러낼 수 있다고. 문화의 '집'은 바로 대중 문화라고. Come back home! 집을 떠나는 것만으론 부족하다고, 집에 돌아가서 거친 인생 속에 나를 완성하겠다고. 서태지 음악의 가능성은 바로 그렇게 집으로, 곧 현실로 돌아가겠다는 깨달음에서 비롯된다.

발해를 꿈꾸며

"Yo! Taiji! 태지는 저항하겠대! 뭘 저항한다고 설치지? 잘 될까! 그런데 우린 어떡할까?" 이제 마지막 질문에 답해야 할 시간인 것 같다. 서태지는 이미 그 대답을 우리에게 주었다. 다음 구절을 불러 보시길. "언젠가 작은 나의 땅에 경계선이 사라지는 날, 많은 사람의 마음 속엔 희망들을 가득 담겠지. 난 지금 평화와 사랑을 바래요. 젊은 우리 힘들이 모이면 세상을 흔들 수 있고, 우리가 서로 손을 잡은 것으로 큰 힘인데." (「발해를 꿈꾸며」)

충분하지 않은가? 평화와 사랑을 이루려면 '나'도 유일하지만, 동시에 '너'도 유일하다는 것을 인정해야 한다. 그래야 서로 손을 잡을 수가 있다. 나의 문화와 아예 딴판인 다른 문화가 있을 수 있다는 사실을, 그 문화 역시 다른 누군가에겐 소중한 '나'의 문화라는 사실을 항상 잊지 말아야 한다. 그 문화가 싫거든 그냥 귀 막고 눈 감으면 그만이다. 내가 싫어하니 없어져야 한다고 주장하는 건 이제 됐어, 정말 됐어!

대중으로서의 우리가 해야 할 역할? 제일 중요한 일은 즐거워하는 것이라고 나는 믿는다. 술집에 가서는 '뽕짝'을 신나게 부르다가 팝가수 앞에서 실신하는 소녀들을 비난하는 위선적인 기성 세대가 되지 말아야 한다. 공부 잘한 변호사들과 말 잘하던 앵커들과 잘생긴 배우들이 모두 국회 의원 선거장으로 몰려가는 이 기묘한 사회를 비웃으며 내버려 두고, 그 대신에 서태지와 〈공일오비〉와 김종서와 〈넥스트〉를 더 많이 이야기해야 한다. 엄숙주의와 권위주의야말로 바로 우리가 즐거움이라는 무기로 무장하고 저항해야 할 대상이다.

한 마디만 더! 또 대중은 변덕스러워야 한다. 세상은 변한다. 저항의 내용과 형식도 당연히 변할 수밖에 없다. 변하는 세상을 눈치채고 거기에 맞는 저항 문화를 들고 나오는 능력이야말로 진정한 예술가의 기본 요건이다. 대중은 그런 진정한 예술가를 알아 보고 환호해 주어야 한다. 문화는 끝없이 새로워져야 한다. 새로운 문화를 가능케 하기 위해서는 대중이 변덕을 부려 예술가들에게 끝없이 자극을 주어야 한다. 그러기 위해선 대중인 '나'부터 끝없이 바뀌려 발버둥쳐야 한다. 남자건 여자건 변신은 무죄다. 그래야 다양한 문화가 가능해질 테니까. "왜 바꾸진 않고 마음을 조이며 젊은 날을 헤매일까, 왜 바꾸진 않고 남이 바꾸길 바라고 있을까?"(「교실 이데아」)

『지성과 패기』 1996년 1-2월호, 선경 그룹 발행

나눔 나눔 나눔 (조병준과 함께 나누는 문화 이야기) 樂 (서태지, 즐거운 저항)

뒷얘기: 태지는 무슨 생각을 할까?

시인이라는 명칭만으론 부족하다 싶었던지, 편집자는 내 이름 옆에다 '문화 평론가' 라는 타이틀을 덧붙였다. 그래서 문화 평론가 조병준이 탄생했다. 사람들이 나를 만든다.

서태지와 유림 회관

원고를 넘기고 며칠 후, 서태지가 은퇴를 선언했다. 그 때 느낀 기분은 참 묘했다. 마치 콘서트가 한참 진행되다가 갑자기 가수가 "나 노래 안 해!" 하며 무대 뒤로 걸어가는 모습을 보는 기분이었다. 텔레비전으로 서태지와 이주노와 양현석의 마지막 인터뷰를 지켜 보았다. 씁쓸했다. 그러다가 혼자 키득키득 웃었다. 하필이면 은퇴 선언을 〈성균관 유림 회관〉에서 했을까! 〈서태지와 아이들〉은 눈물을 보였지만, 나는 알아차렸다. 그 아이들은 마지막까지 저 뻣뻣한 어른들을 향해 펀치 한 방을 멋지게 날렸던 것이다.

하지만 어쨌든 서글펐다. 서태지만한 가수를 만나기가 쉽지 않으리라는 것을 잘 알고 있었기 때문이다. 어른들의 힘이 너무 막강한 이 나라, 그것도 '꽁꽁 막힌 어른들' 만이 크고 작은 모든 권력을 장악하고 있는 이 나라에서, 서태지는 날이면 날마다 나올 수 있는 '물건' 이 아니라는 것을 잘 알고 있었기 때문이다. 태지가 떠난 후 벌써 1년이 넘었다. 그리고 태지를 이을 천재는 아직 나오지 않았다.

보이는 길 밖에도 세상은 있다

한참이 지난 어느 날 〈서태지와 아이들 기념 사업회〉라는 곳에서 전화가 왔다. 기념 사업의 일환으로 책을 묶는데, 내 글을 넣고 싶다는 것이었다. 나도 팬이니, 그러라고 했다. 다시 한참 뒤 책이 집으로 날아왔다. 『보이는 길 밖에도 세상은 있다』라는 책이었다. 그렇게 해서 서태지와 나는 연결되었다. 태지가 내 글을 읽었을까? 무슨 생각을 했을까?

(樂—3)

1996년, 대중 음악이 한국을 지배한 이후

1996년에 이르기까지(1) — 힘이 '쎄진' 대중 가요

1990년대 들어 한국 음악 시장의 성장은 가히 폭발적이다. 인구 2억의 미국 시장에서도 50만 장이 넘는 음반의 판매는 골드니 플래티넘이니 하여 대접을 받는다. 그런데 인구 4,500만의 한국에서 툭 하면 밀리언 셀러가 등장한다. 장사하는 이들이 이걸 놓칠 리 없다. 하드웨어와 소프트웨어의 합병이라는 세계적 추세를 따라 삼성을 위시한 대재벌들이 음반 사업에 뛰어들었거나 채비를 차리고 있고, 선경이나 미도파 등의 재벌은 음반 매장 사업으로 방향을 잡고 있다.

나눔 나눔 나눔 〈조병준과 함께 나누는 문화 이야기〉 樂 (1996년, 대중 음악이 한국을 지배한 이후)

세계 음악 시장의 5대 메이저(워너 뮤직, 폴리그램, 소니, EMI, BMG)가 직배 체제를 갖춘 것은 이미 오래 전의 이야기다. 이제는 한 수 더 떠 다국적 음반 판매 기업(타워 레코드)도 한국에 진출했다.

음악 시장의 팽창은 물론 양적인 차원에 머물지 않는다. 한국의 음반 매장에서는 문자 그대로 전 세계의 음악을 찾을 수 있다. 과거 라이선스 생산 체제에서는 그저 외국 시장에서 검증받은 안전한 상품만을 찍어 팔면 이익이 보장되었다. 그 같은 손쉬운 이익 창출 체계는 국내 가요가 지극히 오랫동안 제자리 걸음 이상의 발전을 이루지 못한 데에도 결정적인 영향을 미쳤다. 그 손쉬운 이익이 직배 체제로 차단된 상황에서 국내 음악 산업의 사업자들이 갈 길은 두 가지, 마이너 레이블의 수입과 국내 가요에 대한 투자 확대였다. 전 세계의 음반이 한국 시장으로 수입되고, 가요는 황금기를 맞았다.

투자는 생산성을 향상시킨다. 음악 산업의 가장 큰 특성은 그 투자의 규모가 다른 문화 산업 부문에 비해 상대적으로 작다는 것이다. 조금만 투자를 확대해도 그 효과가 쉽게 드러난다. 마이클 잭슨을 만들어 팔려면 몇천만 달러만 있으면 된다. 하지만 『쥬라기 공원』의 성공에는 몇억 달러가 필요하다. 김건모의 음반 270만 장을 팔기 위해 필요한 돈은 몇억 원이다. 그 때문에 김건모는 마이클 잭슨과 얼마든지 경쟁할 수 있게 된다.

거기에다 대중 음악의 경우에는 문화적 지역성이 또 무한대의 힘을 발휘한다. 음악은 세계 공통어이기도 하지만, 동시에 가장 지독한 사투리이기도 하다. 문학이나 영화의 경우에는 번역이 가능하지만 음악은 번역이 불가능하다. 이 번역 불가능성이 음악 시장에서의 지역 할거주의를 가능케 한다. 물론 미국 및 영국의 팝 뮤직이 세계를 지배하고 있는 것은 사실이지만 할리우드 영화처럼 독점적인 지위를 누리지는 못한다. 번역이 안 되는 것은 비단 가사만이 아니다. 소위 민족 정서라는 난공 불락의 요새가 버티고 있는 것이다. 각 민족은 나름의 멜로디 및 리듬 선호 체계라는 문화적 유전 인자를 세대에서 세대로 넘겨준다. 예를 들어 보자. 폭력 또는 외설과 밀접히 관련되어 있는 미국의 헤비 메탈 그룹들도 한국에서 인기를 끈다. 그런데 대개의 경우 그 인기는 소위 '메탈 발라드'라고 불리는 멜로디가 풍부하고 감상적인 사랑 노래들 덕분이지, 헤비메탈 음악의 본령인 리듬과 공격성 때문은 아니다. 흑백 갈등과 사회 문제에서 시작된 랩을 수입하는 경우에도 한국 가수들은 사랑과 이별을 랩이라는 형식에 담는다. '랩 발라드'가 나오는 것이다. 언어와 정서의 지역성에 의해 음악 시장은 메이저의 독점 지배를 허락하지 않는다. 필립스 오디오를 쓰건 인켈 오디오를 쓰건 음악을 듣는 데는 별 차이가 없다. 하지만 마이클 잭슨과 김건모는 달라도 아주 많이 다른 것이다.

1996년에 이르기까지(2) — '다양성에 대한 욕구'라는 가속도

〈서태지와 아이들〉은 한국 대중 음악의 양적, 질적 성장을 상징적으로 보여 준 사건이었다. 1970년대의 대마초 사건을 제외하고 '일개' 대중 가요 가수에게 전 국민의 담론이 집중된 예는 없었다. 쉽게 말해서 드디어 대중 가요가 '진지한' 이야기의 주제로 등장한 것이다. 사회 구성원들이 어떤 하부 집단에 대해 '진지한' 이야기를 하기 시작했다는 것은 그 하부 집단들이 '힘' 또는 권력을 갖게 되었음을 의미한다. "강한 자에겐 무릎 굽히고 약한 자에겐 고개를 세우고 그걸 공정하다고 하지."(《공일오비》의 「제4부(第四府)」) '딴따라'들이 감히 신성한 언론을 공격한다. "됐어, 됐어, 이제 그런 가르침은 됐어, 그걸로 족해."(《서태지와 아이들》의 「교실 이데아」) '아이들'이 그림자도 못 밟을 선생님에게 두 눈 치뜨고 대든다.

　어떻게 해서 '딴따라'와 '아이들'이 그런 힘을 갖게 되었는지를 따지기엔 이 글의 분량이 충분치 않다. 선진국 문턱에 이르렀다는 경제적 성장, 그리고 하고 싶은 말을 한다고 해서 감옥으로는 가지 않는 민주적 사회 분위기의 성장, 이 두 가지가 그 힘의 원천이었다는 것을 인정하는 데에서 그치기로 한다. 이 글은 그런 대중 음악의 힘이 앞으로 계속 지속적으로 성장할 것인가를 한번

나눔 나눔 나눔 (조병준과 함께 나누는 문화 이야기) 樂 (1996년, 대중 음악이 한국을 지배한 이후)

예측해 보자는 생각에서 시작된 것이다. 결론부터 성급하게 얘기하자면, 나의 대답은 '그렇다' 이다. 한국의 대중 음악은 1990년대 들어 그 성장에 가속도를 붙였다. 나는 그 가속도를 부여한 요인에 '다양성에 대한 욕구' 라는 이름을 붙인다.

희한한 일이지만 사회의 다양성과 음악의 다양성은 정확히 비례한다. 양반과 상놈으로 나누어진 사회에서는 아악과 속악의 구분이 있을 뿐이다. 독재자와 민주 세력밖에 없는 사회에서는 트로트와 통기타, 또는 트로트와 발라드의 구분만이 유효하다. 다양한 구성원으로 이루어진 사회는 다양한 노래를 부른다. 저 '아득한' 1980년대 조용필의 독주(獨走)를 기억해 주기 바란다. 5공 정권과 조용필은 독재라는 점에서 소름끼칠 만큼 닮아 있다. 어느 해인가 한국의 남자 가수들은 조용필의 들러리가 되지 않기 위해 연말의 방송사 10대 가수상을 거부하려는 움직임을 보이기도 했다. 운동권에서는 민중 가요를 만들어 조용필에 대항했지만 역부족이었다. 이제 1990년대를 생각해 보라. 트로트와 포크와 록과 발라드와 랩과 재즈와 얼터너티브 록과 레게와 리듬 앤 블루스가 저마다 충분히 제 목소리를 내고 있다. 〈서태지와 아이들〉의 열풍이 거세기는 했지만, 그렇다고 〈디제이 덕〉과 〈룰라〉와 〈Re.f〉의 기가 죽지는 않았다. 군포 시민들과 영광 주민들이 중앙 정부의 결정 사항을 번복시킬 수 있게 된 것과 마찬가지로 1990년대의 대중 음악은 더 이상 '조용필' 을 허용하지 않는다. 민주화에의 욕구는 다양성에 대한 욕구에 다름아니다. 한국 사회는 다양화되고 있다. 여당에 '빨갱이' 가 들어간다고 아우성치는 걸 보면 사회의 다양화는 이제 완성된 것처럼 보인다.

한번 시작된 다양성의 사회는 웬만해선 이전의 획일적 사회로 회귀하지 않는다. 5공과 6공의 회귀 작전은 일단 완전히 실패했다. 다른 사회 부문들에게도 힘이 분배되었기 때문이다. 1인당 평균 1만 달러의 국민 소득을 달성한 한국의 10대들은 얼마든지 자신이 원하는 가수들의 음반을 사 모을 수 있다. 재즈를 좋아하는 청중들은 김현철과 이소라 등 비록 제대로의 재즈는 아니지만 어쨌든 재즈를 내세우는 가수들을 키울 수 있다. 음반 판매만으로도 얼마든지 재생산 기반을 구축할 수 있는 가수들은 굳이 방송사의 비위를 맞추려 전전긍긍할 이유가 없다. 이 도도한 다양성에의 욕구를 거스를 수 있을 만큼 강력한 보수의 세력은 없다. 이 다양성에의 욕구라는 분유를 마시며 한국의 대중 음악도 눈부시게 성장한다. 어느 새 뛰어다니기 시작한다.

1996년 1월의 죽음

1996년 1월. 20세기 후반 5년이 시작되는 그 시간대를 한국의 대중 음악계는 세 가지의 '죽음'으로 열었다. 새해 벽두에 포크 가수 김광석이 '자살'로 자신의 현실 세계와 음악 세계를 함께 마감했고, 얼마 후 댄스 그룹 〈룰라〉가 신곡 「천상유애」의 표절 판정을 통해 '사망 선고'를 받았다. 그리고 1월의 막바지에 전국의 소녀 팬들과 언론을 거의 공황(恐慌) 상태로 몰아넣은 또 하나의 '자폭 사건'이 발생했다. 1990년대 최대의 문화적 사건으로 거론되던 〈서태지와 아이들〉이 다시는 음악을 하지 않겠다고 선언했다. '죽음'으로 그들의 은퇴를 막겠다는 극렬 팬들의 경고(언론의 과장 보도일 가능성도 있다)에도 불구하고 말이다. 이 세 가지의 죽음은 물론 서로 개별적인 사건이다. 그저 우연히 인접한 시간대에서 일어났을 뿐이다. 그럼에도 불구하고 나는 이 세 개의 사건을 하나로 관통하는 어떤 흐름이 있지는 않은지 눈을 크게 뜨고 보려 한다.

눈에 들어오는 것은 우선 혼돈의 모습이다. 비극적인 죽음에도 불구하고 '노래판'은 여전히 잘 돌아간다. 댄스 그룹들은 「가요 톱 텐」의 무대에서 신나게 춤추고, 라이브 가수들의 공연장엔 예매표를 사고도 들어가지 못하는 관객들이 넘친다. 새 봄이 되면 김건모와 신승훈 등등 밀리언 셀러 가수들이 새 앨범을 발표할 것이다. 혼돈이 눈에 띄자 나의 사고 과정은 자연스레 신과학의 석학 일리야 프리고진이 혼돈에 대해 내렸던 정의로 이어진다.

"혼돈이란 단순히 의미 없는 요동이 아니라 언제라도 질서를 창출할 수 있는, 다시 말해 질서를 내포한 상태다. 혼돈의 기본 상태라 할 수 있는 '흩어지는 구조(dissipative structure)'는 에너지와 물질이 끊임없이 무질서하게 흐르면서 유지되는 힘찬 요동의 상태이다. 이 흩어지는 구조는 궁극적으로 새로운 구조를 짜짓기 시작한다. '스스로 짜짓기(self-organization)' 능력이다."(김재희 편, 『신과학 산책』중 「혼돈으로부터의 질서」) 엄청난 사회적 에너지와 자원이 투여되고 있는 한국의 대중 음악은 프리고진이 말한 바로 그 '흩어지는 구조'의 상태에 있는 것은 아닐까. 김광석과 〈룰라〉와 서태지의 죽음은 어쩌면 그 힘찬 요동에서도 특히 거센 요동에 해당되는 것인지도 모른다. 만약 그렇다면 그들의 죽음은 그렇게 단순히 개별적인 사건으로 치부해 넘어가 버리고 말 성질의 것이 아닌지도 모른다. 거기에서 앞으로의 한국 대중 음악이 어떤 양상으로 나아가게 될 것인지를 예측해 볼 단서들이 찾아질 수도 있다.

죽음 1 — '정치적 저항으로서의 포크 음악'의 죽음과 새로운 형태의 저항

김광석의 음악은 통기타와 하모니카로 대변된다. 그의 음악 장르가 포크였다는 이야기다. 알다시피 포크 음악은 저항 음악의 커다란 흐름 중 하나이다. 1960년대 미국의 밥 딜런이나 조안 바에즈와 1970년대 한국의 김민기와 양희은 등은 저항 음악으로서의 포크 음악의 대표적인 예들이다. 김광석의 음악에 저항이 전면으로 부각되는 경우는 사실 그리 많지 않았다. 하지만 그의 음악적 문법은 한국 포크 음악의 계보를 충실히 따르고 있었고, 그가 초기에 〈노래를 찾는 사람들〉의 일원이었다는 사실은 그 이후의 음악적 행보와는 상관없이 그에게 저항 음악에 대한 지향성이 있었으리라는 것을 짐작케 하기도 한다.

    김광석에게는 1970년대 포크의 형식과 1980년대 민중 가요의 경험이 담겨 있었다. 유서도 없는 그의 자살에 대해 사람들은 이런저런 이유들을 추측하는 모양이다. 음악적 한계도 그 이유 중의 하나로 등장한다. 우리는 아마 끝내 그가 왜 자살의 길을 택했는지 알지 못할 것이다. 다만 그의 죽음에서 우리는 김민기의 죽음과 〈노찾사〉의 죽음을 동시에 본다. 솔로 가수로서의 그의 이력에 결코 전면적으로 등장하지는 않았지만, 그가 유산으로 넘겨 받아 지니고 있었던 '정치적 저항으로서의 포크 음악'은 그의 죽음과 함께 시효 소멸의 선고를 받은 것인지도 모른다.

그러나 대중 음악이 특히 젊은 세대로부터 사랑받는 데에는 '저항'이라는 속성이 매우 큰 몫을 차지한다. 서태지가 「난 알아요」류의 노래만 불렀다면 과연 그렇게 엄청난 사회적 파장을 불러일으킬 수 있었을까. 절대로 아니다. 그들은 억눌린 10대의 정서를, 더 나아가 소위 신세대의 정서를 대변했다. 초보적인 수준이긴 했지만 그들은 음악을 통해서 저항했다. 정치가 극단적으로 억압적일 때 모든 저항은 정치 일변도로 흐르게 된다. 정치적 억압이 느슨해질 때 저항은 물길을 바꾼다. 저항의 다양성이 실현되는 것이다. 정치적 저항으로서의 음악은 힘이 빠져 나가겠지만, 청년 세대에겐 아직도 저항해야 할 대상은 널려 있다.

〈넥스트〉는 시대 착오적인 동성 동본 금혼 제도에 저항하고, 김종서는 획일적 소비 문화에 저항한다. 제 목소리를 찾은 청년 세대들은 더 다양한 종류의 저항 음악을 만들어 낼 것이다. 구미 팝에서 록과 포크와 펑크와 얼터너티브 록이 그랬던 것처럼 저항은 재빨리 기성 세력에 포섭될 것이고, 그러면 또 다른 저항이 태어날 것이다. 새로운 형태의 저항에 환호하는 청년 세대들은 음악 시장을 다시 확대 재생산시킨다. 한국에서도 그런 일은 거의 틀림없이 재현될 것이다. (나는 적어도 그러길 희망한다.)

죽음 2 —〈룰라〉의 사망과 '법적·제도적' 규제의 와해

〈룰라〉가 1995년의 선풍적 인기를 능가하겠다는 야심 하에 방송 출연까지 자제하며 발표한 「천상유애」는 불행히도 그들을 아예 방송국 근처에 접근도 할 수 없게 만들어 버리고 말았다. 많은 사람들이 한국 대중 음악의 고질병이라고 진단했던 '일본 노래 표절'이라는 질병은 한참 잘 나가던 그룹 하나에게 병사(病死)를 가져다 주었다. 한동안 높은 인기를 얻었던 어느 젊은 작곡자 겸 가수가 있었다. 그의 집에 어마어마한 양의 일본 음반이 소장되어 있다는 얘기와 함께, 그의 작곡은 작곡이 아니라 컴퓨터를 통한 일본 음악의 편집이라는 소문이 나돌기도 했다. 하긴 일본 베끼기는 대중 음악의 전매 특허가 아니었다. 방송국의

나눔 나눔 나눔 (조병준과 함께 나누는 문화 이야기)　樂 (1996년, 대중 음악이 한국을 지배한 이후)

　　프로듀서들이 아이디어를 얻기 위해 대마도의 전파가 잡히는 부산으로 정기 휴가를 떠났다는 소문도 있었고, 그래서 NHK에서 한국의 모 방송국의 텔레비전 쇼에 대해 정식으로 항의를 전달했다는 소문도 있었다. 일본의 인기 작가 무라카미 하루키는 한국의 신세대 작가들에게는 거의 악몽이다. '하루키 표절' 논쟁이 워낙 드센 탓이다. 그런 정황을 놓고 볼 때 〈룰라〉의 일본 베끼기는 그리 새삼스러울 것이 없는 사건일 수도 있다. 〈룰라〉의 경우가 새삼스러워지는 것은 바로 그 시비의 발단이다.

　　언론 보도에 따르면 「천상유애」의 표절 시비가 시작된 것은 PC 통신망에서였다고 한다. 컴퓨터 시대의 위력을 보여 주는 예이기도 하지만, 그보다 우리가 주목해야 할 사실은 여전히 일본 대중 음악의 전파가 법적으로 금지된 상황에서 사람들이 표절 시비를 제기할 만큼 일본 노래를 '훤히' 알고 있었다는 사실이다. 전문가라고 해야 할 방송사가 미처 잡아 내지 못하고 그 노래를 방송했다가 곤욕을 치르는 판인데 '보통' 대중들은 이미 그만큼 일본 대중 음악에 익숙해져 있었다는 얘기다. 〈룰라〉 멤버들의 변명은 자신들은 아무것도 몰랐다는 것이었다. 죄는 오직 그들의 기획자와 작곡자에게 있었다는 것이다. 물론 표절은 범죄 행위다. 그러나 여기서 중요한 것은 누가 유죄 선고를 받아야 하느냐 하는 문제가 아니다. 〈룰라〉에 대한 사망 선고는 이제까지 그런 대로 효력을 발휘한다고 믿어 왔던 '법적' 혹은 '제도적' 규제에 대한 사망 선고를 의미하는 것인지도 모른다.

　　정치적 저항이나 도덕적 도전에 대해 지배 권력은 '금지곡'이라는 효과적인 규제 수단을 지니고 있었다. '금지곡' 제도는 일탈적 하부 문화에 대한 지배 권력의 우위권을 상징한다. 그런데 정부의 금지령에도 불구하고, 거기다 한국인의 유전 인자에 포함되어 있지는 않은지 의심스러운 '반일(反日) 정서'라는 금지령에도 불구하고, 한국의 젊은이들은 줄곧 일본 노래를 들어 왔다는 것이다. 그리고 이제 숨어서 듣는 정도에서 벗어나 당당히 그것을 선언했다. 표절로 판정된 이후에도 〈룰라〉의 「천상유애」는 날개 돋친 듯 팔려 나갔고, 길거리의 해적판 카세트 테이프를 통해 전국적인 히트를 기록했다. 대중은 일본 노래

금지령을 비웃고, 이어서 표절곡 금지령을 또 한 번 비웃은 것이다. 〈룰라〉가 쓰러질 때 아주 오랫동안 기세 등등하던 법적·제도적 규제라는 구시대의 공룡이 함께 쓰러진 것이다. 대중의 힘은 공권력의 힘을 비웃기 시작했다.

죽음 3 — 상업적 성공과 대중의 표현 욕구

〈서태지와 아이들〉은 문자 그대로 '세기적 사건'을 대한민국에 몰고 왔다. 10대 소녀들로부터 50대의 신문사 논설 위원에 이르기까지 전 국민은 서태지의 은퇴를 '이야기해야만' 했다. 대중 문화의 주인공에 대해서 이런 정도로 국가적 관심이 기울여졌던 적이 그 이전에 있었던가. 갑오경장 '개화' 이후 그런 일은 한 번도 없었다. 세기적 사건이라는 말은 조금도 과장이 아니다.「대학 가요제」에 나가기 위해 대학에 가야 했던 이 이상한 사회에서 서태지는 용감하게 대학을 버렸다. 그리고 한번 붙잡은 성공은 죽어도 놓지 않으려는 이 무시무시한 기득권의 사회에서 서태지는 또 한 번 용감하게 자신의 성공 가도를 스스로 봉쇄했다.

사람들은 대중 음악이 그저 상업적 성공만을 지향한다는 오해를 하고 있다. 상업적 성공에의 욕구가 대중 음악 생산에 매우 비중이 큰 변수라는 사실을 부인하자는 것이 아니다. 그것이 유일한 변수라고 생각하는 것이 오해라는 점을 말하고 싶은 것뿐이다. 대중 음악의 생산에 영향을 미치는 변수에는 무엇보다 창작자들의 표현 욕구가 포함되어야 한다. 그 표현 욕구가 대중의 표현 욕구와 부합할 때 상업적 성공이 결과로서 발생하는 것이다. 물론 그 과정을 거꾸로 해서 상업적 성공을 목표로 대중의 표현 욕구에 부합하는 음악이 생산되는 경우도 허다하다. 하지만 창작자들의 표현 욕구가 지니는 변수로서의 힘은 결코 과소 평가할 수 없다. 서태지는 그 힘이 상징적으로 드러난 예이다. 그리고 자신에게 그 힘이 사라졌다고 느끼자 은퇴를 선언했다. 상업적 성공에의 욕구만이 그에게 있었다면 불가능한 일이었다. 대중 음악의 '다양한 발전'은 바로 그 같은 표현 욕구에서 비롯된다. 상업적 성공에 못지않게 표현에 대한 욕구가 중요한 것임을 서태지의 은퇴는 역설적으로 보여 준다. 새로운 형식의 대중 음악이 끊임없이 태어날 수 있는 것은 그런 표현 욕구가 있기 때문이다. 획일적 사회, 혹은 이분법적 사회에서 벗어난 새로운 세대들은 표현 욕구에 충만해 있다. 그들은 어떻게 해서든 기성 세대와, 또 다른 신세대 무리들과 자신이 다르다는 것을 표현하려 발버둥친다. 표현 욕구는 다양성에의 욕구와 전혀 다르지 않다.

1996년 이후

이제 2000년까지 5년. 5년 후면 21세기가 시작된다. 한국의 대중 음악이 어떤 모습으로 변화해 갈 것인가? 여기서 다시 프리고진의 말을 떠올리게 된다. "스스로 짜짓기는 비선형(non-linear)으로 진행된다. 이는 그 사건이 시간이 흐름에 따라 특정한 시점에서 일단의 분기점을 지난 후 닥치게 될 여러 가능성 중에 어느 쪽으로 진행하게 될지를 제대로 예측할 수는 없다는 것을 뜻한다."

김광석의 죽음, 〈룰라〉의 표절 판정, 서태지의 은퇴 선언. 이들 중 어느 하나도 사전에 예측되었던 것은 없다. 이 분기점으로서의 사건들 이후에 한국 대중 음악이 어느 쪽으로 진행하게 될지 예측할 수 있는 사람도 없다. 다만 가능한 것은 '확률, 즉 어떤 사건이 일어날 수 있는 개연성'을 말하는 것뿐이다. 가장 높은 확률은 이미 시작된 '다양성에의 욕구'라는 요인이 한국 대중 음악을 양적으로, 질적으로 지속적으로 성장시키리라는 것이다.

죽음은 항상 새로운 탄생을 낳는다. 김광석과 〈룰라〉와 서태지의 죽음도 그렇게 또 다른 세대를 낳는 과정일지도 모른다. 대중 음악으로 몰려드는 젊은 세대들의 에너지와 대재벌의 자원이 그 확률을 높이고 있다. 20세기의 마지막 5년 동안은 그렇게 투입되는 에너지와 자원으로 인해 '힘차게 요동치는 흩어지는 구조'가 왕성하게 형성될 것이다. 그 다음에 이루어질 새로운 질서는? 아무래도 심진송 씨를 찾아가 봐야 할 모양이다.

『포럼 21』 1996년 봄호, 한백 연구 재단 발행

뒷얘기 : 실패를 감추는 것은 다음 실패를 확실히 보장한다

처음엔 이 글을 책에 넣지 않으려 했다. 사실, 원고를 넘길 때 이미 실패한 글이라고 스스로 판정했던 글이었다. 그러다 다시 생각했다. 실패를 감추는 것처럼 다음 번의 실패를 확실히 보장하는 것은 없다. 그래서 용감하게 내 실패를 다시 한 번 만천하에 공개하기로 결심했다.

글 쓰는 이, 글 읽는 이, 그리고 글

청탁받은 글을 쓸 때, 가장 힘센 검열관은 바로 그 글이 실릴 잡지나 책의 성격이다. 어차피 글이란 읽는 사람들과의 대화다. 독자들이 어떤 사람일지 미리 예상해야 하는 것은 글 쓰는 이의 당연한 예절이다. 중학생이 읽을 잡지에 '지배 권력'이니 '정치적 저항으로서의 포크 음악' 따위의 말을 넣는다면 곤란한 일이다. 사람을 만나서 대화를 나눌 때, 우리는 그 사람의 성격과 교양 수준과 어휘 능력을 모두 고려하지 않는가. 글을 쓸 때도 당연히 그래야 한다. 그런데, 읽는 이에 대한 고려를 넘어서 책 자체의 무게에 글 쓰는 이가 미리 꺾어지고 마는 경우가 있다. 내가 그랬다. '연구 재단에서 펴내는 학술 계간지'라는 무게에 눌려 엉거주춤 맥 없는 글을 쓰고 만 것이다.

글은 일단 쉽게 써야 한다. 나는 그렇게 믿는다. 가능하다면 쉬운 단어를 골라서 누구라도 쉽게 읽을 수 있도록 써야 한다. 민중을 부르짖었던 1980년대 사회 과학 책들의 치명적 실수를 기억해야 한다. 그들이 그토록 사랑한 '민중'들 가운데 그 사회 과학 책들을 읽고 이해할 수 있는 사람이 과연 몇이나 되었을까?

남의 실패는 곧 나의 행복?

쉽고 간결하게 쓰자! 그렇게 다짐하고 또 다짐했건만, 나는 또 실족하고 말았다. 학자들에게 꿀리지 않으려고, 학자들이 즐겨 쓰는 단어들을 열심히 주워 모았다. 그러니 당연히 글에 힘이 담길 리 없었다. 그러나! 남의 실패는 나의 행복이 될 수 있는 법이다. 남의 실패에서 배우고 그 실패를 내가 거듭하지 않을 수 있다면, 그 때 남의 실패는 곧 나의 행복이 된다. 내 실패도 내가 배워서 다시 거듭하지 않으면 곧 나의 행복이다. 실패한 글에 대한 변명이 너무 길었다. 아, 창피해라.

(樂―4)

OK?
OK!

―「미녀와 야수」, 그 노래말의 해방구

엄마, 이 한자가 무슨 뜻이야?

"오늘밤 너와 나 단 둘이서 脫衣 脫衣 행복을 예감하는 행복한 PARTY 사랑을 느끼면서 脫衣 脫衣 아침이 올 때까지."

　　"엄마, 이 한자가 무슨 뜻이야?" 아직 한자를 못 읽는 초등 학생 여자 아이의 엄마는 아이가 들고 온 가사집을 읽고는 거의 까무러칠 뻔한다. PC 통신에서, 신문 지상에서 한바탕 논쟁이 벌어진다. 하지만 다 소용 없다. 「미녀와 야수」가 담긴 앨범은 벌써 150만 장이 팔렸다고 한다. 5천 년을 이어온 동방 예의 지국의 도덕률은 이제 겨우 스무 살 문턱을 넘어선, 세 소년으로 구성된 〈디제이 덕〉의 「미녀와 야수(OK? OK!)」에 의해 한 방에 KO당하고 말았다. 웬째 이런 일이! 어른들은 걱정이 태산 같다. 이 노래를 듣고 초등 학생, 중학생 '얼라' 들이 참말로 옷을 벗어 던지면 우짤끼고! 그런데 정말 그렇게 큰 일이 난 것일까?

'사랑 타령' 과 '음유 시인의 시' 와 대중의 삶

변진섭의 「희망 사항」부터였다고 생각된다. 〈공일오비〉, 〈푸른 하늘〉 등이 그 뒤를 이었고, 서태지 이후 랩이 가요의 주류에 편입되면서 그 현상은 완전히 정착된다. '일상어로 이루어진 노래말' 이라는 현상이다. 아주 거칠게 요약하자면 「희망 사항」 이전 한국 대중 가요의 노래말은 '구태 의연한 사랑 타령' 과 '음유 시인의 시' 로만 구성되어 있었다. 정치적 경직성과 도덕적 보수성이라는 사회 환경 때문이라는 원인 분석은 상식이니 더 이상 거론치 말기로 하자. 문제는 구태 의연한 사랑 타령이든 음유 시인의 노래든 대중의 '삶' 을 그리기엔 턱없이 역부족이었다는 사실이다.

　　밥 먹고 커피 마시고 연애하다가 싸움질하고 꼴보기 싫은 사람들 욕하고 술 먹고 토하고 '남녀 만나 잠도 같이 자고'…, 뭐 그런 등등이 보통 사람들의 삶이라고 할 수 있을 게다. "김치 볶음밥을 잘 만드는 여자" 에 대한 그리움이나 "가끔씩은 서로의 눈 피해 다른 사람 만나기도 하는 아주 오래된 연인" 들의 이야기는 얼마나 '현실적' 인가. 길이 들 대로 들어 버린 기성 세대는 당연히 "뭐 그런 가사가 다 있어" 라고 비웃었지만, 길들지 않으려 발버둥치는 것이 생물학적으로 아직 가능한 청년 세대는 환호했다.

　　각종의 음악적 문법 규칙에서 거의 무한대의 자유를 누리는 랩이 등장하면서 가사는 더 이상 정형시의 틀에 머물러 있어야 할 이유가 없게 되었다. 서태지 이후 쏟아져 나온 래퍼들의 노래는 그 이전까지 시조 또는 시의 틀 안에 머물러 있던 가사를 일상 구어(口語)로 해방시켰다. 노래말의 해방구! 그 같은 랩의 해방구적 성격은 우리의 판소리와 맥이 닿아 있기도 하다. '질펀한' 일상 언어가 시어(詩語) 또는 문어(文語)로의 정화 과정을 거치지 않고 그대로 난 나눔 나눔 나눔 〈조병준과 함께 나누는 문화 이야기〉 樂 (OK? OK!—「미녀와 야수」, 그 노래말의 해방구)

무하는 난장판이 바로 판소리다. 그 난장판에는 비속어가 단골로 등장하게 마련이고, 빠질 수 없는 양념이 바로 '음담 패설' 이다. 「미녀와 야수」는 1996년 현재 노래말의 해방구에서 벌어지는 아주 질펀한 파티다.

'즐기는 나' 와 '비난하는 나' 의 분열

한번 조용히 손을 가슴에 얹고 생각해 보자. 우리는 얼마나 무수한 음담 패설에 둘러싸여 살고 있는지를. 하루에 우리가 음담 패설, 혹은 고상하게 말해 '성적 담론' 속에서 지내는 시간은 얼마나 되는지를 한번 계산해 보자.『자라 부인 뒤집어졌네』때문에 배꼽 잡고 웃는 시간의 양은 얼마나 되는가.『젖소 부인 바람났네』를 비난하며 흘러가는 시간의 양은 얼마나 되는가. 넘쳐나는 성적 담론이 문제일 수도 있지만, 그보다 더 큰 문제는 성적 담론을 '즐기는 나' 와 '비난하는 나' 의 분열 증상일지도 모른다는 생각을 해 본 적이 있는가?

〈디제이 덕〉의「미녀와 야수」에 대해 쏟아지는 환호와 비난은 바로 그 같은 '성적 담론'에 대한 우리 사회의 분열증적 태도를 너무나 절묘하게 보여 준다. 〈디제이 덕〉조차도 조심스레 한 발을 빼려고 안간힘을 쓴다. 명백한 증거 脫衣 가 있는데도 그들은 결코 성적인 의미로 가사를 쓴 것은 아니라고 강변한다. 권위주의와 엄숙주의라는 '앙시앙 레짐' 은 1996년 가요계의 해방구에서도 아직 소멸되지 않았다.

뒤집어지는 것은 '자라 부인' 만이 아니다

"이성은 행위 앞에 노예, 관념은 이유 없는 참견, 금지된 사랑이라 해도 난 너를 놓칠 수가 없어…. 상상은 목적 없는 방황, 인격은 실속 없는 과시, 고상한 품위 앞에 먼저 기회는 날아가 버려."

「미녀와 야수」는 일단 도전장을 던졌다. 이성과 관념, 상상, 인격, 품위. 5천 년 간 독점적 지배권을 행사해 왔던 덕목에 대한 행위와 사랑 곧, '일상적 삶'의 도전장이다. KO로 승패가 갈릴지, 대중으로 구성된 심판진이 판정에 골머리를 썩어야 할지는 아직 모른다. 분명한 것은 우리가 이미 가치관이 뒤집어지기 시작한 시대에 살고 있다는 사실이다. 뒤집어지고 있는 것은 '자라 부인'만이 아니다. 흥미진진한 싸움이다. 그런데 당신은 어느 진영에 서려 하는가? 그냥 구경만 해 보겠다고? 그보다는 한번 글러브를 껴 보는 편이 낫지 않을까? OK? OK!

『동대 신문』 1996년 4월 1일자, 동국 대학교 발행

뒷얘기 : 대학 신문에 글쓰기 1

전혀 인기 없는 프리랜서 생활을 하던 시절, 그러니까 굉장히 배가 고팠던 시절에 1년 동안 대전의 어느 전문 대학에서 강의를 했다. 강사료가 시간당 9,000원이었고, 기차비가 그것의 절반쯤을 잡아먹었고, 가끔씩 학생들에게 라면을 사 준 적도 있었기 때문에, 나의 '보따리 장사'는 내 생계에 전혀 도움이 되지 않았다. 하지만, 그 1년은 참 행복했다. 아이들은 나를 좋아해 주었고, 나도 그 아이들이 좋았다. 청바지에 운동화를 신고 교실에 들어가 아이들의 입을 쩍 벌리게 만드는 재미도 좋았고, 종강 시간에 아이들이 하나씩 쓴 그림 엽서 수십 장을 받는 감동도 썩 괜찮았다.

이런저런 이유로 그 뒤에는 강의를 해 보지 못했다. 대학 교수는 팔자에 없는 걸 잘 알고 있으니 억울할 것은 없다. 그렇지만, 강의에 대한 욕심은 좀체로 식지 않는다. 고작 석사 학위밖에 없고, 박사 과정에 적을 두고 있지 않으니, 그 욕심을 채우기는 아마 좀체로 어렵겠지. 대학 신문에서 처음 원고 청탁을 받았을 때, 무조건 OK한 것은 그런 욕심에서였다. 꼭 칠판 앞에서 하는 강의만 강의인가! 그래서 대학 신문의 청탁은 웬만하면 거절하지 않기로 원칙을 정했다.

원칙을 철두철미하게 지키지는 못했다. 도저히 시간을 낼 수 없을 때는 나도 어쩔 수 없었다. 몇 군데 청탁을 거절했던 대학 신문 기자들에게 이 자리를 빌어 용서를 빌고 싶다.

꽃잎이 피고 또 질 때면

제발 영화를 보러 가지 마라

"꽃잎이 피고 또 질 때면 그 날이 또다시 생각나 못 견디겠네…." 끔찍하다. 이제 우리는 우리 대중 음악의 거의 유일한 천재 신중현이 만든 이 아름다운 노래를 그냥 슬픈 사랑 노래로 들을 수 없게 되어 버렸다. 영화 『꽃잎』을 만든 감독 장선우와 음악을 맡았던 원 일, 그리고 영화 속에서 엉덩이를 흔들며 노래를 부르던 소녀 배우 이정현의 탓으로 김추자의 흘러간 옛 노래 「꽃잎」은 광주(!)와 연결되어 버렸다. 이제 노래방에서 「꽃잎」을 부를 때면 나는 풍만한 대형 가수 김추자보다 비쩍 마른 열다섯 살짜리 신인 배우 이정현을 기억하게 될 것이다. 김추자는 가 버린 과거이지만 이정현은 펄펄 살아 있는 현재이며, 앞으로 언제까지 더 현재로 남아 있을지 아무도 알 수 없는 현재이기 때문이다. 그 날이 또다시 생각나 못 견디겠네. 잊고 싶은 일을 잊지 못하는 것, 못 견디게 끔찍한 일이다.

끔찍해지리라는 걸 미리 몸이 알고 있었다. 그래서 마음도 영화를 보고 싶지 않았다. 머리가 미리 알아서 영화를 보지 않으려 했었다. 피하고 싶었던 일들은 대개 피할 수 없이 닥쳐온다.

"영화를 하나 보시고 글을 써 주셨으면 합니다."

"무슨 영화를 보아야 하나요?"

"『꽃잎』입니다."

거기서 정중하게 거절을 했어야 했다. 이런저런 이유로 거절을 못 했다. 원고 마감이 코앞으로 다가올 때까지도 발길이 극장으로 옮겨지질 않았다. 이를 악물고 양말도 신지 않고 운동화를 구겨 신은 채 동네 극장으로 갔다. 집을 나서기 전 저녁을 먹으며 보았던 MBC「토요일 토요일은 즐거워」에선 원피스 차림에 인형을 들고 나온 소녀 이정현이 문성근을 오빠라 부르고, 김추자를 언니라고 부르며 서태지의 「교실 이데아」와 「꽃잎」을 노래 부르고 있었다. 토요일 밤 9시 10분 마지막 회. 극장은 거의 비어 있다시피 했다. 아무리 부천 촌동네라지만 토요일 밤에 그렇게 극장이 비어 있다는 것은 예상치 못한 일이었다.

극장이 비어서 내게 무척이나 다행이었던 것은 몇 대의 담배를 몰래 피울 수 있었다는 것이다. 그렇게 담배라도 피우지 않았더라면, 글이고 뭐고 나는 중간에 극장을 빠져 나왔을는지도 모른다. 영화를 보는 내내 어깨가 아팠다. 의자에 아무리 등을 기대려 해도 자꾸 몸이 앞으로 팽팽하게 당겨졌다. 미친 소녀가 기차의 유리창에 떠오른 귀신을 볼 때, 귀신의 두 눈에서 피눈물이 주르륵 흘러내릴 때, 소녀가 두 눈을 까뒤집으며 이마로 유리창을 깨고 혼절할 때, 나는 두 눈을 감아 버렸다. 그 장면은 내가 이제껏 보았던 영화들 중에서 가장 잔인하고 가장 폭력적인 장면이었다. 집에 돌아와 불을 끄고 누웠을 때, 귀신의 피눈물 흘러내리던 눈이 자꾸 떠올랐다. 그래서 자꾸 눈을 떠야 했고, 거의 잠을 자지 못했다. 글을 쓸 엄두도 내지 못했다.

그러다가 결국은 마감날 당일이 되어서야, 편집자의 전화가 이제 올까 저제 올까 두려워하며 글을 쓰고 있다. 영화가 끝날 때 인부 장씨(문성근)의 내레이션은 이렇게 말했다. "소녀를 만나거든 무서워하지도 무섭게 하지도 말고…." 하지만 나는 소녀를 만나 무서웠고, 이제 이 글을 읽을 사람들을 무섭게 만들고 있다. 아무래도 미리 말해 두어야겠다. 만약 당신이 감당할 자신이 없거든 영화를 보러 가는 일을 삼가해 달라고. 당신이 임산부나 노약자라면, 그리고 만약 당신이 아직도 광주는 과거가 되지 못한, 저승으로 가지 못해 이승을 떠도는 유령이라고 생각하는 사람이라면, 아무리 건장하고 겁없는 사람일지라도 제발 영화를 보러 가지 말라고.

그 때 나도 내 아들의 머리를 잘라 주게 될까

김추자가 「꽃잎」을 불렀을 때 나는 (초등 학생이 아니라) 국민 학생이었다. 깨진 유리병에 얼굴을 난자당한 김추자가 컴백 공연을 했을 때 나는 중학생이었다. 김추자는 나의 우상이었다. 그 때는 그녀의 노래들이 신중현이 만든 노래라는 것을 몰랐다. 그냥 김추자가 좋았고, 아직 변성기가 지나지 않았기에 얼마든지 그녀의 노래를 따라 부를 수가 있었다. 〈산울림〉과 「대학 가요제」 출신 가수들이 나오면서 김추자를 잊었다. 교련 선생에게 허구헌 날 얻어터지며 학도 호국단 소속의 고등 학교 시절을 보냈다. 대학에 들어갔고 학도 '호구단' 간부들이 주최한 디스코 쌍쌍 파티로 대학 1학년의 첫 축제를 보냈다. 10월에 학교가 문을 닫았다.

봄에 학교가 다시 문을 열었다. 서울의 봄. 연극 개론 수업에선 조별로 연극 제작팀을 만들었다. 작품을 겨우 골랐는데 시절이 뒤숭숭해지고 있었다. 뚫지 못한 교문을 포기하고 뒷산을 넘어 울타리 개구멍으로 나와 신촌으로 진출했다. 광화문에서 만나자, 골목으로 흩어지며 우리는 너무나 행복했었다. 영문과의 누구가 텔레비전 화면에 한참 잡혀 있었다는 이야기가 우리를 웃겼다.

정문을 뚫다가 후문을 뚫다가 오락가락하고 있을 때 대흥동 쪽에서 한 무리가, 공덕동 쪽에서 또 한 무리가 올라와 후문을 공략하던 우리를 도와 주었다. 전경들은 뒤로 물러섰고 드디어 후문 밖으로 나간 우리는 세 줄기의 물이 하나로 만나 다같이 애국가를 부르고 나서 공덕동으로 물길을 잡았다. 서울역으로! 비가 억수 같이 퍼붓기 시작했고, 여자애들의 얇은 블라우스는 몸에 착 달라붙었고, 어느 대학의 몇 학년 학생인지도 모른 채 그냥 손잡고 걷는 것이 행복했다. 우리 승리하리라.

며칠 만에 집에 돌아가 모처럼 단잠을 자던 새벽, 친구가 전화를 걸었다. 뉴스 들었니? 전국 계엄령. 학교 정문엔 탱크가 서 있었다. 골목에 숨어서 탱크를 지켜보던 우리들 중 누구도 감히 돌을 집어들지 못했다. 1980년 1학기에 연극 개론을 들었던 우리는 끝내 수업 작품을 만들지 못했다. 광주 이야기가 유령처럼 떠돌았다. 유령과 유언 비어가 여름 내내 떠돌았다.

보무도 당당하게 캠퍼스를 활보하는 '짭새'들을 지켜보며 3학년을 보냈다. 군대에 갔다. 3년 후 학교에 돌아오니 여자 아이들은 모두 학교를 떠나고 없었다. 복학한 4학년, 일명 '복사'들은 어느 새 청바지와 운동화를 벗고 기지 바지와 구두를 걸쳤다. 5월이 되었다. 김영랑이 모란꽃을 노래하던 남도의 마을 강진에서 올라온 친구 하나가 '복사'들을 모았다. 이제 마지막이 아니냐, 우리가 어떻게 그냥 넘어갈 수 있느냐. 남도 출신들이 고개를 끄덕였고, 그래서 유별나게도 우리 과에선 '복사'들이 스크럼에 어깨를 보탰다. 대흥동에서도 공덕동에서도 아무도 와 주지 않았다. 사과탄과 지랄탄이 터지는 소리가 들렸다. 어쩌다 보니 맨 앞줄에 서 있었다. 두 주먹 불끈 쥐고 뛰었다. 뭔가 뒷덜미를 강타했다. 뒤돌아보니 사과탄 하나 데구르르 구르고 있었다. 불발탄이었다. 쏟아지는 눈물 때문에 눈 감고 뛰어 도서관으로 도망쳤다. 그 때 그 사과탄이 불량품이 아니었다면, 지금 이 글은 씌어지지 않았을 것이다.

그날, 강진 친구와 술을 마셨다. 휴교령이 내리자 강진의 집으로 내려갔던 내 친구가 가슴에 묻고 있던 이야기를 들었다. 광주로 유학 갔던 진우라는 이름의 친구 얘기를 들었다. 머리카락 한 올도 끝내 못 찾아 그냥 빈 무덤으로 어머니와 누이와 친구들의 가슴에 묻혀 버린 친구. 그 날 밤, 강진 친구의 이야기를 술기운을 빌어 시로 옮겼다.

아들의 머리, 5월

아버지께선 내 머리를 자르셨다
어머니와 할머니께선 마루에서 숨죽여 우셨다
아버지께선 내 귀밑머리를 남김없이 잘라 내셨다
밖으로 한 발짝이라도 나가면 넌 내 아들이 아니다
어머니와 할머니께선 마루에서 소리내어 우셨다
머리 긴 젊은 것들은 다 잡아다 죽였다는구나
아버지, 제 친구를 찾으러 가야 해요
그 애가 죽있으면 머리카락이라도 찾아와야 해요
아버지께서 가위를 놓고 나가신 뒤
어머니께서 비를 들고 들어오셨을 때
나는 가위를 들어 내 앞머리를 잘랐다
아버지, 언젠가 이런 봄날이 또다시 온다면
그 때 저도 제 아들의 머리를 잘라 주게 될까요

있을 수 없는, 잊을 수 없는

이제 그만 하자. 지나간 얘기를 너무 길게 했다. 몰래 숨어서 광주 비디오를 돌려 보던 이야기도, 어느 날 갑자기 광주 이야기를 너도 나도 큰 소리로 떠들던 이야기도 그만 하자. 영화 이야기를 해야 하지 않는가. 한 마디만 더 하자. 그 때 대학을 다녔던 사람 쳐 놓고 그 정도의 이야기를 갖고 있지 않은 사람이 어디 있겠는가. 오해를 피하기 위해 한 마디만 더 하겠다. 나는 운동권도 아니었고, 소위 민중 문학론을 체질적으로 싫어하던 '서정파' 문학 청년이었을 뿐이다.

세상이 좋아져서 텔레비전에선 '전두환 스페셜 쇼'를 세기의 재판이라던 'O. J. 심슨 쇼'처럼 보여 주고 있고, 세상이 좋아져서『꽃잎』이「연예가 중계」의 하이라이트 코너로 등장한다. 세상이 좋아졌는데,『꽃잎』을 보면서 나는 왜 어깨가 아픈가. 전두환은 콩밥을 잘 먹고 있는데, 나는 글 쓰다 출출하면 먹으려고 사 놓은 제크 크래커를 하나도 못 먹고 그냥 밤잠만 설치다가, 이제 와서 이렇게 어거지로 글을 쓰고 있는가.

영화가 작품으로서 잘 되었는지 못 되었는지는 이야기하지 말기로 하자.『아름다운 청년 전태일』에 대해선 얼마든지 작품 이야기를 할 수 있다. 그것은 과거의 이야기이므로. 일당 몇백 원을 더 받아야 한다고, 그래야 인간답게 살 수 있다고, 산 몸에 불을 질러야 하는 일은 이제는 없으니까. 평직원용 주차장을 더 넓혀 달라는 것이 노사 협약의 안건인 세상이니까.『꽃잎』에 대해선 그것이 안 된다. 전두환이 두 눈 시퍼렇게 뜨고 있기 때문이다. 텔레비전 코미디에서 여전히 "본인은…" 하며 위세를 부리다가 "왜 나만 가지고 그래!" 하며 고함을 지르기 때문이다. 5공의 모사가 옥중 당선으로 기세를 부리고 있는 까닭에『꽃잎』은『아름다운 청년 전태일』처럼 볼 수가 없다.

『꽃잎』을 작품으로 이야기할 수 없는 이유는 단순히 광주가 여전히 현재이기 때문만은 아니다. 수많은 소설과 수많은 시, 심지어 많은 텔레비전 드라마에서 광주가 다루어졌다. 그것들에 대해서는 작품을 이야기할 수 있다. 그런데 왜『꽃잎』에 대해선 그럴 수 없는가. 영화가 너무 직접적인 매체이기 때문이다. 어두운 극장 안에서 다른 생각을 못 하고 꼼짝없이 시각과 청각과 기억이 모조리 붙잡혀 있어야 하는 너무나 강력한 매체이기 때문이다. SF라면, ~~부인 시리즈라면 그렇게 붙잡혀지지 않는다. 제아무리 톱으로 사람을 자르고 총알로 구멍을 내며 두 시간을 끌어가는 쿠엔틴 타란티노의 영화라도 관객을 그렇게 사로잡지는 않는다. 관객들이 알고 있기 때문이다. 그런 일은 현실에선 벌어지지 않는다는 것을. 현실에서 있을 수 없는 일은 스크린 위에서 제아무리 현실처럼 일어나도 관객을 무섭게 하지 않는다. 밝은 복도로 나서면 곧바로 잊혀지기 때문에. 그러나 현실에서 벌어진 일, 그것도 있을 수 없는 일이 벌어진 것을 대형 스크린으로 볼 때, 그 있을 수 없는 일은 잊을 수 없게 되어 버린다. 작품 운운하며 이야기할 수가 없게 된다.

　　메릴 스트립의 『소피의 선택』과 스필버그의 『쉰들러 리스트』에 대해 연기와 작품성을 이야기할 수 있는 이유는 다른 데 있지 않다. '확인되지 않은' 2,000명 정도가 아니라 수백만의 유태인이 죽었어도 우리는 『쉰들러 리스트』에 박수를 보낼 수가 있다. 우선 그것이 광주 시민이 아닌 유태인의 이야기이기 때문이다. 그리고 히틀러가 자살했고 게슈타포들이 처벌을 받았기 때문이다. 그러고도 또 몇십 년의 세월이 지났고, 아르헨티나에 숨어 있던 게슈타포가 여든 살이 님은 나이에 끝내 체포되었기 때문이다. 앞으로도 오랫동안 우리는 『쉰들러 리스트』와 『꽃잎』을 동일선상에 놓고 볼 수는 없을 것이다. 아우슈비츠보다 더 잔인했던 광주의 짐승들이 모두 아르헨티나에서 이름을 바꾸고 살아가기 전까지는. 아무도 아르헨티나에 가지 않았고, 여전히 서울 한복판에서 목소리를 높이고 있는 판에 그럴 수가 없다.

"저건 거짓말이야! 가만히 있는 나를 왜 자꾸 걸고 넘어져!"

언제까지 그래야 할까. 언제쯤 되면 『꽃잎』을 그 따위로 찍었느냐고 장선우를 욕하고, 어쩌면 그렇게 소름끼치게 연기를 잘 하느냐고 이정현에 기막혀 할 수 있을까. 하긴 모르는 일이다. 올해 대학에 들어간 96학번 아이들은 우리가 『소피의 선택』과 『쉰들러 리스트』를 보듯 『꽃잎』을 보고 있을지도 모른다. 만약 그렇다면, 나는 너무나 억울하다. 왜 하필이면 1980년에 대학 2학년이었는지, 그것이 너무나 억울하다. 『꽃잎』의 미친 소녀처럼 김추자의 노래를 좋아했던 국민 학교 시절을 보낸 것이 억울하다. 이 억울함을 누가 풀어 줄 수 있을까. 많은 사람들이 나처럼 억울할 것이지만, 그 사실이 나를 위로해 주지는 못한다.

미친 소녀가 오빠를 찾아 헤매듯 나도 어디에서 오빠를 찾아볼까. 오빠를 만나 목놓아 울면서 죽어 가던 엄마의 손을 뿌리치고 도망갔노라고 고백하면 될까. 그 때 나는 비겁했노라고, 하지만 너무나 무서웠노라고, 살아야겠다는 생물학적 본능밖에는 없었노라고 통곡하면, 오빠가 이제 됐다, 그만 울어라 하고 내 어깨를 쓰다듬어 줄까. 그런 오빠는 어디에 있을까. 그 오빠가 그저 내 몸을 탐하고 나를 발길질하면 어쩌나. 내게 밥을 먹여 주고 내게 옷을 사 주는 오빠를 어쩌다 만나도, 이번엔 그 오빠가 나 때문에 또 날마다 술에 취해 통곡하게 되면 어쩌나.

무책임한 결론이지만, 나는 1980년대를 '젊은 오빠'와 '어린 소녀'로 살았던 사람들에겐 『꽃잎』을 예술 작품으로 승화시킬(적어도 영화라는 장르에서는) 힘이 없다고 생각한다. 이미 너무 많은 피를 흘려 버렸기 때문에 그럴 만한 힘이 남아 있지 않다고 생각한다. 아직도 피눈물 흘리는 귀신을 보면 이불을 뒤집어쓰고 싶을 만큼 기억이 생생하기 때문에, 그 무서움증을 이길 만한 용기는 불가능하다고 생각한다. 그래서 이정현이 고맙다. 이정현이 그렇게 탁월한 연기를 해낼 수 있었던 것은 그녀가 광주를 자신의 몸으로 겪지 않았기 때문이라고 나는 믿는다. 나보고 그 역할을 하라고 했다면, 나는 아마 진짜로 미쳐 버렸을지도 모른다.

인형을 안고 나와 「토요일 토요일은 즐거워」에서 밝은 얼굴로 문성근을 오빠라고 부르던 이정현이 고맙다. 김추자가 활동하던 시기를 1980년대라고 말했다가 사회자한테서 그것은 1970년대였다고 핀잔을 먹던 이정현이 고맙다. 제발 그 아이에겐 그런 끔찍한 봄날이 다시는 오지 않기를 기도한다. 언젠가 작가 한수산이 했던 이야기가 기억난다. "하늘이 용서해도 나는 용서할 수 없다"던 말. 너무나 순하고 착하게 생긴, 게다가 카톨릭 신자라고 내가 알고 있는, 그 한수산이 그렇게 말했다. 그 짐승 같은 고문이 이정현 또래의 아이들에겐 제발 다시 가해지지 않기를 기도한다. 그저 밝게, 즐겁게 어리고 젊은 시절을 살아 주기를 바란다. 그러면, 언젠가 그 아이들이 커서 『꽃잎』을 다시 만들게 될지도 모른다. 스필버그가 『쉰들러 리스트』를 만들었듯이.

　　미친 소녀이기도 하고, 동시에 죽고 없는 오빠이기도 하고, 소녀를 두들겨 패고 겁탈한 사내들이기도 하고, 소녀를 병원에 데려다 준 사내이기도 하고, 소녀에게 옷과 구두를 사 준 인부 장씨이기도 하고, 소녀를 찾아 헤매는 '우리들' 이기도 한 우리가 할 수 있는 일은 별로 없다. 그저 이정현 또래의 아이들이 오빠를 찾아 헤매는 일이 다시는 벌어지지 않도록 하는 일밖에는 할 일이 없다. 조금 더 능력이 있다면, 그 아이들이 광주는 있을 수 없는 일이고 따라서 있지 않았다고 믿는 일이 생기지 않도록, 『꽃잎』을 만드는 일 정도는 할 수 있을 것이다.

　　전두환과 노태우가 있는 구치소에서 『꽃잎』을 보여 주면 어떤 일이 벌어질까. 아마 이런 말이 터져 나올 것이다. "저건 거짓말이야! 가만히 있는 나를 왜 자꾸 걸고 넘어져!" 그런 쓰잘 데 없는 농담이라도 하며 이 무거운 어깨를 펴고 싶다. 그런 농담이라도 별로 무서워하지 않고 글로 쓸 수 있는 세상이 고맙다. 무서워하지도 말고, 무섭게 하지도 말고….

『공동선』 1996년 5·6월호, 도서 출판 공동선 발행

뒷얘기 : "도대체 할 말이 없다"

청탁을 받았는데, 나중에 그 글을 도저히 쓸 수 없을 때 어떻게 해야 하는가? 글을 쓸 수 없는 이유는 여러 가지가 있을 수 있다. 그 중에 제일 골치 아픈 것이 바로 "도대체 할 말이 없다"는 것이다. 글을 부탁한 사람과의 사회적 약속이 우선인가? 아니면 제대로 써지지 않는 글은 내보이지 않아야 한다는 작가적 윤리가 우선인가? 나는 아직 그 답을 못 내렸다. 둘 다 옳고, 둘 다 그를 수 있기 때문이다. 결국 문제는 선택이다. 세상에는 그런 선택을 내려야 할 순간들이 너무 많다. 지긋지긋하게 많다. 그래서 인생이 고달퍼진다. 어쩌겠는가, 인간이 사회적 동물로 진화의 방향을 틀었던 바로 그 때부터 영원히 계속될 딜레마가 바로 그것 아니겠는가 말이다.

비평이라는 이름의 글쓰기는 무엇인가?

하여간 이 글은 실패한 글이다. 잡지 측에서는 영화평을 원했는데, 나는 영화평을 써 주지 못했다. 어느 선배가 나를 비난했다. "이게 무슨 비평이냐, 나도 그런 글은 얼마든지 쓸 수 있다"고 하면서. 그 선배는 물론 글로 먹고 사는 사람이 아니다. 의기 소침해 있던 차에 옆자리에 있던 어느 후배가 내 편을 들어 주었다. "좋던데요, 뭐" 하면서. 그 후배는 영화판에서 꽤 놀았던 친구였다. 덕분에 약간은 의기가 양양해져서 이렇게 뒷얘기를 쓴다.

비평이란 무엇인가? 비평이라는 이름의 글쓰기는 무엇인가? 복잡한 질문이다. 거기에 답을 내리겠다는 무모한 욕심은 없다. 다만 모든 글쓰기에는 정해진 원칙이 없음을 말하고 싶을 뿐이다. 편집자는 비평을 원했고, 나는 비평에 해당하는 글을 쓰려고 노력했다. 그러면서 내 추억을 이야기했고, 내가 옛날에 끄적거려 놓았던 시를 통째로 블록 이동시켰다. 글쓴이의 시시콜콜한, 그리고 '주관적'인 신변 잡기가 들어가 있다고 해서, 시 비평도 아닌데 시 한 편이 통째로 웬 말이냐 해서, 그 글이 비평이 아니라고 판단한다면, 할 말은 없다. 비평이 아니라도 상관없다. 나는 그 글이 비평이라고 썼으니까.

구불구불한 논둑길, 메뚜기 잡던 논둑길

두고두고 그 일을 생각하면서, 천천히 모양새를 갖춘 결론이 하나 있다. 우리는 '장르'라는 이데올로기에 꽁꽁 묶여 살고 있구나 하는 깨달음이었다. 시는 이러저러해야 하고, 소설은 이러저러해야 하고, 비평은 이러저러해야 하고, 학술 논문은 이러저러해야 하고…. '이러저러'가 원칙이 되고, 법칙이 된다. 그래서 작가들이 농사를 짓는 글논은 새마을 농촌의 논처럼 네모 반듯하게 구획 정리가 된다. 구불구불한 논둑길은 다 어디로 갔을까? 정겹던 논둑길, 걷다가 멈춰서 메뚜기도 잡고, 개구리도 잡던 그 논둑길은?

　　　　나는 글쓰기가 세상살이와 닮아야 한다고 믿는다. 세상살이가 재미있어지려면, 구불구불한 논둑길에서 메뚜기 잡듯, 가끔씩 '잡일'이 벌어져야 한다. 네모 반듯한 인생을 생각해 보라! 어이구, 정 떨어져! 왜 글은, 특히나 비평이라는 이름 아래 쓰는 글은 반드시 그렇게 네모 반듯해야 하는 것일까? 메뚜기, 개구리 잡듯이 가끔씩 '잡소리'를 집어넣을 수도 있을 텐데, 왜 그렇게들 난리 법석을 피우는 것일까? 잡소리는 그만 하자.

이, 이가 갈리도록

　　　　나는 장선우의 『꽃잎』을 실패한 영화라고 판단했다. 나는, 영화는 우리가 먹고 자고 싸움질하는 현실과는 또 다른 별개의 현실이라고 믿는다. 영화는 비현실이 아니라, 또 하나의 현실이라는 얘기다. 『꽃잎』은 두 개의 서로 다른 현실을 서로 다른 현실로 내버려 두지 못했다. 결국 영화의 고유한 현실을 만들어 내지 못했다는 뜻이다. 그래서 사람들에게 추천하지 않았다. 좋은 작품은 널리 알리고, 별로 좋지 않은 작품은 그냥 입 다물고 있어라. 그게 내 비평의 방법론이다. 그런데, 어느 날 누이 동생네 집에 내려가 보니, 『꽃잎』 비디오가 있었다. 총칼이 나오는 영화는 죽어도 안 보는 누이였기 때문에 의아해 물어 보았다. "니가 빌렸니?"

　　　　누이가 빌린 비디오가 아니었다. 아래층에 세들어 사는 전라도 총각이 "꼭 보시라"고 갖다 주었단다. 누이는 아마 그 비디오를 보지 않았을 것이다. 아니, 나는 누이가 그 비디오를 보지 않기를 바란다. 만약 보았다면 누이는 울다가 무섬증에 걸려 한동안 고생했을 것이 틀림없기 때문이다. 하지만, 나는 일부러 누이 집에 비디오를 빌려 준 그 전라도 총각을 이해할 수 있다. 20대 중반이니, 그 전라도 총각이 광주를 겪었을 때 그는 열 살 남짓한 어린 아이였을 것이다. 그 어린 아이에게 심어진 공포와 분노와 원한을 나는 감히 상상도 할 수가 없다. 그래서 5공과 6공의 '나쁜 개'들을 생각하면 이, 이가 갈리도록 화가 난다.

(樂—6)

표현의 자유 또는 관용의 자유

─ 영화『유리』혹은 종교와 예술

가서 본때를 보여 줍시다!

이런 경우를 상상해 보자. 어느 영화 감독이 당신의 어머니를 모델로 영화를 찍겠다고 나섰다. 당신의 어머니를 통해 한국의 어머니상을 재현하겠다는 제작 의도와 함께. 별 문제 있으랴 싶어 당신은 영화가 제작되도록 내버려 뒀다. 어머니의 아름다운 삶을 남들에게 보여 줄 수 있으니 좋은 일 아니냐고 내심 기뻐하면서. 그런데 찍어 놓은 영화를 보니, 세상에! 당신의 어머니가 외간 남자와 불륜을 맺는 장면이 들어 있지 않은가! 자, 당신은 이제 어떻게 하겠는가? 당신은 결코 어머니의 불륜을 믿을 수 없다. 설령 만에 하나 그런 일이 당신 모르게 벌어졌다고 해도 그렇다. 어떻게 내 어머니의 벗은 몸이 대형 스크린에 등장하는 것을 눈 뜨고 볼 수 있겠는가. 당신은 분연히 일어나 외친다. "형님, 누님, 아우들아, 갑시다! 가서 본때를 보여 줍시다! 영사기를 몸으로 막아서라도 상영은 막읍시다!" 십중팔구 당신의 반응은 그런 것이 아닐까.

'나와 다른 남' 을 인정하는 관용의 정신

영화 『유리』를 둘러싸고 빚어지는 갈등이 또 우리의 골머리를 아프게 한다. 표현의 자유, 또는 예술의 자유를 옹호하는 무리가 한 편을 이루고, 그 반대편에 '신성 모독 불가' 를 외치는 불교계가 대치하고 있다. 이미 몇 번의 돌팔매질이 쌍방간에 벌어졌고, 잠시 후면 진짜로 육탄전이 벌어질 태세다. 싸움 구경처럼 재미있는 것도 세상에 없다고 했는데, 나는 이 싸움이 별로 재미있지가 않다. 순수한 구경꾼만으로 남을 수 없는 신분 때문이다. 명색이 시인으로서, 나는 표현의 자유를 밥 먹는 자유만큼이나 귀중히 지켜야 할 의무가 있다. 정식으로 불교도라 할 수는 없지만, 그래도 나는 부처 앞에 합장하면 마음이 편해지고, 대부분의 스님들을 존경하는 착한 중생의 한 사람이다. 어느 편을 들어야 하나. 어느 편을 향해서도 돌을 던지고 싶지 않은데, 그러다간 자칫 양편에서 날아오는 돌을 가운데에서 고스란히 맞아야 할지도 모른다. 두 편을 다 들어 주고 싶은데, 그런 묘수를 어디서 찾아내나.

　　아주 옛날, 원시인의 동굴 벽화로부터 경주의 석굴암, 스페인 바르셀로나의 『사그라다 파밀리아(성 가족 성당)』에 이르기까지 종교 예술의 아름다움은 우리를 감동시킨다. 종교 예술이라는 말 그대로 그 때 종교와 예술은 서로 갈등하지 않는다. 갈등이 아니라 처음부터 '한 몸' 이다. 그러나 한편으로 또 '신성 모독' 은 예술의 영원한 주제 중의 하나로 우리를 전율케 한다. 금기를 깨뜨리는 데에서 오는 쾌감, 그리고 무너진 금기를 딛고 나아가는 진보의 발걸음. 인간에게 금기를 깨려는 욕망이 없었다면 지금의 진보가 가능했을까. 돌로 부처를 만든 것조차 사실은 부처의 금기를 깨뜨린 것이 아니었던가. 감히 말하건대, 신성 모독이 반복되지 않았다면 아마 인간은 지금까지 동굴 벽화를 그렸던 원시인의 상태에서 벗어나지 못하고 있었을 것이다. 종교와 예술은 참 절묘한 동반자다.

　언젠가 『비구니』라는 제목의 영화가 불교계의 반발에 부딪혀 결국 제작에도 들어가지 못하고 좌절한 일이 있었다. 어쩌면 그 때 '이겼다'는 기억이 지금 『유리』의 대폭 삭제 또는 상영 금지 주장과 연결되어 있는지도 모르겠다. 종교의 신성함을 지켜야 한다는 종교인의 마음은 얼마든지 이해하고도 남는다. 나라도 내 어머니를 바람둥이로 그리는 영화라면 울화통이 치밀 테니까. 그렇게 이해하면서도 남는 아쉬움 하나. 불교는 일반 세상의 가정집이 아닌데 하는 아쉬움이다. 시정에 사는 보통 사람이라면 당연히 분노하고 당연히 돌을 집어 들 수 있는 일이라도 불교는 그래서는 안 된다는 것이, 불교도가 아니면서도 부처 앞에 절할 때 마음이 맑아지는 나의 생각이다. 부처가 그랬고 예수가 그랬다. 서로 용서하라고. 그들의 가르침 가운데 가장 큰 것은 결국 '관용'이 아니었던가. 자비와 사랑이라는 단어로 표현됐지만, 나는 그들의 가르침에서 '나와 다른 남'을 인정하는 관용의 정신을 발견한다.

나는 나야, 그러니 너도 너지

카톨릭의 성지 로마에 회교 사원이 세워졌다. 그 당시 내 주변에 카톨릭 친구들이 많았다. 어떤 친구는 조금 흥분해서 말했다. "그들이라면 과연 회교 성지인 메카에 카톨릭 성당을 짓도록 허용했을 것인가. 너무 심한 짓 아닌가?" 어떤 친구가 차분하게 대꾸했다. "나는 그것이 지금의 카톨릭이 지닌 힘이라고 생각한다."

　'나와 다른 남'은 용서할 수 없다는, 아니 아예 있을 수 없다는 생각에서 세상의 온갖 다툼이 벌어진다. 심지어 관용을 교리로 하는 종교에서조차 서로를 있을 수 없는 존재로 내몰아 피흘리는 싸움을 벌인다. 그러지 않았으면 좋겠다. "나는 나야, 그러니 너도 너지" 하면서, 돌팔매질 대신에 그 돌로 사이좋게 탑 쌓기를 하면서 살았으면 좋겠다. 내가 아는 불교는 충분히 그런 힘을 가진 종교인데…. 관용은 결코 의무가 아니다. 그 어떤 자유보다 귀중한 자유다.

『동대신문』 1996년 5월 13일자, 동국 대학교 발행

뒷얘기 : 대학 신문에 글쓰기 2

대학의 생명은 무엇인가? 나는 '자유'라고 믿는다. 대학은 모든 종류의 검열에 대해 결사적으로 저항해야 한다고 나는 믿는다. 검열이야말로 자유를 목조르는 가장 확실한 밧줄이기 때문이다.

"이 나치야!"

케빈 코스트너가 주연했던 영화, 『꿈의 구장(Field of Dreams)』의 한 장면이 기억난다. 학부모 회의에서 어떤 여자가 열변을 토한다. 학교 도서관에 헨리 밀러의 '도색 소설'이 웬 말이냐고. 그 때 케빈 코스트너의 부인 역할을 맡은 여인이 자리를 박차고 일어나 외친다. "이 나치야!" 그렇다. 분서 갱유의 진시황은 나치였다. 히틀러도 수많은 책을 불태웠고, 박정희와 전두환과 노태우도 수많은 책과 음반과 영화를 감옥으로 몰아넣었다. 파시즘의 단골 메뉴, 검열!

대학은 검열에 저항해야 한다. 여기저기에 밥줄이 걸린 사회인들은 대학생들처럼 손쉽게 저항하지 못한다. 밥줄뿐만이 아니다. 원숭이들조차도 나이가 들면 새로운 것을 배우지 않는다고 한다. 나이가 들면서 사람은 생물학적으로 보수 세력이 될 수밖에 없다. 그러니 대학은 악착같이 검열에 저항해야 한다.

그런데, 편집 과정에서 문제가 생겼던 모양이다. 대충 주문받은 원고량에 맞춰 줬다고 생각했는데, 일부가 '짤린' 채로 신문이 날아 왔다. 원고가 넘쳐 자를 수밖에 없었다면, 전화 한 통만 걸어 줬어도 좋았을 텐데…. 서글펐던 것은 하필이면 '카톨릭' 이야기 부분이 '짤렸다'는 점이었다. 다른 부분을 자를 수도 있었을 텐데…. 동국대가 불교 대학이기 때문에 그런 일이 벌어졌다고는 생각하고 싶지 않다. 다만, 검열을 이길 수 있는 유일한 방법은 '관용' 뿐이라는 주장을 폈던 글이 이유야 어떻든 또 '짤렸다'는 것은 참 기묘한 아이러니였다.

(樂—7)

마이클이 오기 전 그리고

온 후

오기 전
—마이클 잭슨, 낭랑 18세!

웬 장풍 싸움?

말도 많고 탈도 많더니, 결국 마이클 잭슨의 내한 공연은 '순조롭게' 열리게 되었다. 1996년 9월 13일자 『중앙 일보』의 기사를 옮겨 보자.

"그 동안 마이클 잭슨의 국내 공연에 반대 입장을 보였던 〈마이클 잭슨 공연 반대 공동 대책 위원회〉는 9월 12일 오전 성명을 내고 앞으로 남은 한 달 동안 '마이클 잭슨 공연 저지 운동'을 '공연 감시 운동'으로 전환하겠다고 밝혔다. … 〈공대위〉는 지난 9월 11일 공연 기획사인 〈태원 예능〉과 18세 이상 성인을 대상으로 한 입장권 판매에 대해 더 이상 문제 삼지 않기로 합의한 바 있다. … 시민, 종교, 여성 단체 등 50개 단체로 구성된 〈공대위〉는 이 날 이번 일을 계기로 과소비 추방과 도덕성 회복 운동으로 승화시킨 '문화 소비자 운동'을 전개하겠다고 밝혔다."

〈공대위〉의 활약은 참으로 눈부셨다. 시민 운동의 힘이 이토록 막강하리라곤 짐작도 못 했다. 불도저식 경영으로 유명한 모 그룹의 광고 회사는 재빨리 후진 기어를 넣었다. 보험 회사와 보안 회사도 일단 제 몸의 안전부터 지키기에 바빴다. 예매처들이 일제히 판매 수수료를 포기했다. 공연 기획사는 비밀리에 보안 회사와 계약을 맺고, 전화와 컴퓨터 통신을 통해 예매를 강행하겠다고 반격했다. 홍콩 무협 영화의 장풍 싸움처럼 현란한 공방전을 보며 사람들은 고개를 저었다. 공연이 제대로 될까? 안 될 거야. 도대체 마이클 잭슨이 뭐길래! 그런데 어느 날 아침에 눈 떠 보니 결국 일은 그렇게 되어 있었다. 18세를 경계로 양측이 정전 협상에 조인한 것이다. 낭랑 18세! 저고리 고름 말아 쥐고서 누구를 기다리나! 마이클 잭슨!

단세포를 위한 보호? 단세포들의 과보호!

신문, 방송에 조금이라도 눈길을 주는 사람이라면 공연 저지 운동 측에서 내세운 명분은 다 알고 있을 것이다. 어린이 성 추행 혐의, 과소비를 조장하는 비싼 입장료…. 이왕 일이 결정된 판에 새삼스럽게 그 문제에 대해 왈가왈부하기는 싫다. 다만 한 가지만 짚고 넘어가고 싶다. 10만 원이 넘는 입장료는 마이클 잭슨에 한정된 것이 절대 아니었다. 웬만한 팝스타의 공연 치고 그 입장료를 받지 않는 공연이 있었던가. 파바로티, 도밍고, 볼쇼이 발레단, 뉴욕 필하모닉의 어마어마한 입장료에 대해 과소비를 이유로 공연 저지 운동이 벌어졌다는 얘기는 들어 본 적이 없다. 대중 음악을 '값싼' 음악으로 저 높은 곳에서 내려다보는 '시대 착오'가 숨어 있었던 것은 아닌지? 그렇다면 정말 '시대 유감'이 아닐 수 없다. 하여간 그렇다 치고, 눈 부비며 신문을 펴든 내 뒤통수에 찬 물을 끼얹은 것은 바로 그 '18세'였다.

상상해 보라. 잠실 주경기장, 그 수많은 출입구마다 늘어선 수만 명의 관객들이 일일이 주민 등록증을 꺼내 들고 애타게 줄이 줄어들기를 기다리는 모습을. 그런데 잠깐! 과연 어느 누가 무슨 권리로, 범죄 현장을 잡은 것도 아닌데, '자유 시민'의 신분증을 내보이라고 제멋대로 요구할 수 있는가? 이제 대한민국은 전 국민의 경찰화가 진행되는 나라인가? 도대체 무슨 방법으로 18세 이하를 잡아 내겠다는 것인지, 궁금하기 짝이 없다. 문제는 거기에서 그치지 않는다. 100퍼센트 확신한다. 18세가 되지 않은 '아이들'이 그 줄에 수없이 숨어들리라는 것을. 발각된 아이들이 '감시 운동원'들과 입씨름을 벌일 광경을 상상해 보라. 뒷줄의 사람들이 빨리빨리 입장시키라고 소리지르는 광경을 상상해

나눔 나눔 나눔 (조병준과 함께 나누는 문화 이야기) **樂** (마이클이 오기 전—마이클 잭슨, 낭랑 18세!)

보라. 마이클 잭슨의 공연 못지않게 흥미로운 쇼가 되리라. 재수가 지독히 없어 (!, 아이들은 그렇게밖에는 생각 안 할 것이다) 결국 집으로 발걸음을 돌리게 된 아이들이 볼멘 소리로 중얼거릴 노래 소리가 들린다. "됐어, 됐어, 이젠 그런 가르침은 정말 됐어!"

청소년을 보호하겠단다. 무엇으로부터? 혹시 마이클이 한국 청소년들에게 성 추행을 시도하려 한다는 정보를 가지고 있는 것일까? 한국의 청소년들이 마이클을 따라서 어린이 성 추행을 시도할 것이 겁나서인가? 만약 그런 이유라면, 그들은 우리 청소년을 단세포 동물로 취급하고 있는 셈이다. 하나 예를 들자. 20년 전 내가 중학생이었을 때 이미 나를 포함한 90퍼센트 이상의 남자 아이들은 포르노에 노출되어 있었다. 그 남자 아이들이 모두 성 폭행범이 되었느냐? 에이, 무슨 말씀을! 아이들은 그렇게 단세포가 아니다.

과소비로부터 보호한다고? 몇만 원짜리 입장권을 아이에게 들려 보내지 못할 서민층이 많다는 사실을 부인하고 싶지는 않다. 부모 덕에 공연을 볼 수 있는 아이들과 그렇지 못한 아이들 사이에 위화감이 생길 수 있다는 지적에도 공감한다. 하지만, 그렇다면 10만 원짜리 청바지에 대해서도 범사회적인 '판매 저지' 운동을 벌여야 하지 않을까? 초등 학생, 중·고등 학생을 대상으로 한 수백만 원짜리 여름 방학 해외 연수 저지 운동부터 벌여야 하는 것이 아닌가? 아무리 생각해도 나는 과연 청소년을 무엇으로부터, 어떻게 보호하겠다는 것인지 감이 잡히지 않는다. 내 머릿속에 떠오르는 단어는 오직 하나 '과보호' 뿐이다.

지나간 청소년 시절을 생각해 보라. 당신이 받은 보호 중에 얼마나 많은 부분이 과보호였던지를 생각해 보자. 17세와 18세가 과연 그렇게 엄청난 판단력의 차이를 갖게 되는 분수령이었던가? 말은 보호다. 하지만 그 뒤에 숨은 뜻은 규제다. "열심히 공부해서 좋은 대학에 가고, 좋은 직장에 들어가 또 열심히 일해라. 너의 그렇게 아름답고 멋진 인생을 위해서, 너를 보호하겠다. 마이클 잭슨은 나쁘다. 공부해야 할 시간도 모자란 판인데, 어떻게 거기 가서 소리지르고 춤추고 놀 생각을 하느냐!"

각종 세미나, 각종 토론회에서 사회 지도자급 어른들은 이구 동성으로 말한다. 청소년에 대한 과보호가 나라를 망치고 있다고. 그렇게 말하면서 그들은 18세 미만의 마이클 잭슨 공연 관람을 원천 봉쇄한다. 그들은 청소년을 독립

된 인격체로 대해야 한다고 주장한다. 그렇게 주장하면서 그들은 18세 미만을 무조건 부모의 품으로 돌려 보내겠단다. 독립된 인격체는 어디로 갔을까?

나를 인격체로 대해 주는 상대라야
나 역시 그를 인격체로 대해 줄 수 있는 법

마이클 잭슨의 공연이 정말 한국 사회에는 도저히 받아들일 수 없는 망국병이었다면, 무조건 저지했어야 한다. 18세를 휴전선으로 삼고 정전 협상을 체결할 사안이 아니었다. 18세 이상은 되고, 그 밑은 안 된다니! 아무리 궁리를 해 보아도 나는 거기에서 '과보호'라는 단어밖에는 떠오르지 않는다. 과보호는 감시와 규제로 이어지는 일종의 폭력이다. 나는 그렇게 믿는다. 그렇게 청소년기를 보낸 아이들이 과연 어른들과 대화를 하려 할까? 어림도 없다. 지금 우리 사회에 만연한 세대 간의 단절은 바로 과보호의 결과라고 나는 확신한다.

  나를 인격체로 대해 주는 상대라야 나 역시 그를 인격체로 대해 줄 수 있는 법이다. 한 번도 자신들을 독립된 인격체로 대해 주지 않은 어른들을 어떻게 아이들이 독립된 인격체로 대해 줄 수 있겠는가? 어른들은 꼰대이고 노털일 뿐이다. 보호라는 명목 하에 점점 더 세대 간의 간격은 멀어진다. 건널 수 없는 강을 어른들이 지금 파고 있다. 마이클 잭슨 공연 저지 운동, 아니 이제 공연 감시 운동이 그 강을 더 넓히고 있다. 어쩌자는 것일까? 마이클 잭슨이 뭐길래…. 공연이 끝나고 나면 또 얼마나 말들이 많을까, 벌써부터 머리가 아파진다. 에이, 나야 뭐, 낭랑 18세를 넘었으니 그저 저고리 고름이나 말아 쥐고서 기다리지….

제일 모직 전자 사내보 『장미』 1996년 10월

온 후

— 1초의 오차도 없었다,
2시간 10분 동안

최고 인기 가수의 **마이크 테스팅**

질투하지 마시라. 나는 마이클 잭슨을 보았다! 월 수입 100만 원을 간신히 넘나드는 백수 주제라 10만 원이 넘는 티켓값에 가슴만 태우고 있을 때, 어느 고마운 독지가께서 나의 불타는 문화 비평 욕구를 가상히 여겨 흔쾌히 후원자가 되어 주셨다. 내가 신이 나서 그 일을 떠들어내자 주변의 두 사람이 자기들도 문화인으로서의 사명감을 느끼고 있다며 동참을 선언했다. 어찌된 영문인지는 모르겠으나, 마이클 잭슨을 보는 것은 일종의 문화적 의무 사항이 되어 있었다. 하여간 그렇게 해서 40대 초반의 연극 연출가(나의 스폰서!)와 역시 막 40줄에 늘어선 문화 비평가, 30대 중반의 나와 20대 중반의 출판사 편집자, 이렇게 네 사람이 함께 마이클을 만나러 잠실로 갔다. 룰루랄라 콧노래 부르면서.

김밥 있어요, 맥주 있어요, 오징어도 있어요. 마침 벌어진 프로 야구 플레이오프 경기까지 겹쳐서 잠실 주경기장 주변은 완전히 장터가 되어 있었다. 창피한 고백을 하나 하자. 나는 고교 시절 학교 야구팀과 축구팀을 응원하러 동대문 운동장에 몇 번 가 본 뒤로는 단 한 번도 운동장이라는 곳을 가 본 적이 없다. 그러니 그 넓은 잠실 주경기장 스탠드와 그라운드를 가득 채운 사람들을 보고 내가 얼마나 넋이 빠졌겠는지 쉽게 짐작하리라. 〈클론〉과 김정민이 나와 '조명도 켜지지 않은 채로' 노래를 부르고 들어갔다. 마이클 잭슨의 공연에 서게 되어 영광이라며…. 나와 동행들은 씁쓸한 입맛을 달래려고 김밥을 먹었다. 오프닝 밴드는 좋다고 쳐. 최소한 조명은 켜 달라고 주문할 수 있었을 거 아냐! 자칭 대한민국 최고의 인기 가수라는 인간들이 '마이크 테스팅용' 밖에 안 된다는 거야!

'프로그래밍'에 의해 움직이는 기계의 쇼

7시 45분. 로켓을 타고 마이클이 서울에 날아와 아아아악! 잠실에 모인 6만여 명의 관객을 비명 지르게 했다. 2시간 10분. 10만 원짜리 S석이었음에도 불구하고, 우리는 마이클의 얼굴은 보지 못했다. 그래도 C석 스탠드 2층에 비하면 그것도 감지덕지할 일이었으므로 불평하지 않았다. 공연의 중간쯤부터 우리는 일어나서 소리지르고 춤을 추었다. 목이 아프면 생수와 몰래 감추고 들어간 캔 맥주를 마시고, 또 소리지르고 춤췄다. 우리 뒤의 통로에선 안전 요원이 호루라기를 불며 통로에 서 있던 관객들을 뒤로 몰았고, 우리는 그 호루라기 소리를 지우기 위해 더 크게 악을 썼다. 2시간 10분이 그렇게 지나갔다. 쇼는 끝났다.

그 넓은 잠실 주경기장이 서서히 비어 갔다. 우리 네 사람은 검은 양복을 입은 보안 요원들이 자기들끼리 기념 촬영을 하는 것을 보며 스탠드에 앉아 있었다. 2시간 10분 동안 한 목소리로 소리지르고 한 몸으로 춤추던 관객들은 뿔뿔이 흩어져 집으로 돌아가고 있었다. 축제 뒤의 허전함? 글쎄, 그것이 전부는 아니었다. 우리 네 사람은 뒤풀이로 커피를 마시기로 했다. 마이클의 공연에 대해, 그의 이상한 삶에 대해 이야기했다. 우리는 그의 공연이 '콘서트'가 아닌 '쇼'였다는 결론을 내렸다. 6만의 관객이 소리지르고 야광 스틱을 흔들며 춤을 추었지만, 그것은 그냥 쇼일 뿐이었다는 결론이었다. 2시간 10분에서 단 1분이 넘치지도 모자라지도 않았던 쇼.

그 쇼에서 마이클은 '사람'이 아니었다. 그 쇼에서는 단 1초도 '연출'이 아닌 순간이 없었다. 단 1초의 오차도 허용되지 않는 쇼. 그것은 가수와 관객이 교감하는, 즉 감정을 함께 나누는 콘서트가 아니라, 그냥 '보여 주고 보는' 것이 전부인 쇼였다. 마이클은 완벽한 연출, 곧 '프로그래밍'에 의해 움직이는 기계였다! 마이클의 팬들에게는 미안하다. 나 역시 마이클을 좋아한다. 하지만 사실은 사실이다.

그런 이야기를 나누다가 우리의 화제는 자연스레 '스타의 삶'이라는 주제로 넘어갔다. 나의 스폰서, 연출가 선생이 언젠가 어떤 스타를 데리고 연극을 만들었던 경험을 이야기했다. 방송국에서 취재를 왔을 때 그 스타는 화장하지 않은 맨얼굴로는 죽어도 카메라 앞에 설 수 없다며 취재를 거부했다. '보여지는 삶'에서 벗어날 수 없는 '별의 삶'이었다. 오차를 보여 줄 수 없는 삶….

오차를 허용하지 못하는 삶

우리의 삶에서 오차란 무엇인가? 나는 그것을 감히 '자유'라는 말로 번역한다. 사람이니까 실수도 할 수 있는 것이고, 사람이니까 실패도 할 수 있는 것이 아닌가? 오차를 허용하지 못할 때, 꺼칠한 맨얼굴을 카메라 앞에 놓지 못할 때, 그 삶에는 더 이상 자유가 없다. 누군가의 연출, 또는 프로그래밍에 따라 움직이는 꼭두각시의 삶이 있을 뿐이다. 모른다. 어쩌면 우리들 모두는 스스로가 연출자가 되고, 스스로가 배우 또는 가수가 되는 삶을 살고 있는지도 모른다. 끝없이 보여지기 위해. 한 순간이라도 잘못 보여질까 조바심을 내며. 언젠가부터 그 조바심마저 잊고, 보는 것이 단 1초의 오차도 없이 돌아가는 것을 당연하고 자연스러운 것이라 여기며.

두 번째 채워진 커피잔들을 비우고 나왔을 때 그 넓은 잠실 경기장 주변 도로는 텅 비어 있었다. 누군가 한 마디를 던졌다. "난 스타가 되지 않을 거야!"

제일 모직 전자 사내보 『장미』 1996년 11월

나눔 나눔 나눔 (조병준과 함께 나누는 문화 이야기) 樂 (마이클이 온 후—1초의 오차도 없었다, 2시간 10분 동안)

뒷얘기 : 디지털 시대의 글쓰기

언젠가 어느 술자리에서 '전자 매체와 책'에 관한 이야기가 나왔다. 어떤 시인이 말하기를 전자 매체가 책을 대체한다는 것은 모두 거짓말이라고 열을 올렸다. 그것은 전자 산업의 마케팅 전략의 일환일 뿐이며, 시간을 살아남을 수 있는 것은 '종이에 인쇄된 책'일 뿐이라는 내용의 주장이었다.

허공으로 사라지는 글!

그 술자리에선 나도 그 의견에 동조했다. 그 때 내가 예로 들었던 것이 바로 나의 석사 논문이었다. 옛날 '보석글' 프로그램을 지금 아무도 사용하지 않고, 심지어는 내 컴퓨터에서도 그 프로그램이 사라져 버렸기 때문에 내 석사 논문을 읽을 수 있는 유일한 방법은 '마스터로 뜬' 인쇄본 뿐이다. 지금 작업하고 있는 '아래 아 한글' 프로그램으로 작성한 글을 모니터 화면에 띄우는 것은 과연 영원히 가능한 일일까? 아무래도 아닌 것 같다.

'전자 사보'라는 말을 듣기는 했지만, 청탁을 받기는 처음이었다. 종이에 남겨지지 않는 글! 이상한 경험이었다. 허공으로 사라지는 글! 지금 내 컴퓨터의 메모리에 남아 있고, 그 전자 사보의 데이터 디스크에 남아 있겠지만, 어쨌든 전자 신호로 변한 나의 '생각'은 지금 정확히 어느 시공간 좌표에 놓여 있는가?

(樂—8)

〈U & Me Blue〉에게 띄우는 편지

어제 그대들을 처음 보았습니다. 연세대 강당에서 열린 〈 96 백양로 난장〉의 음악회에서였습니다. 그 때 제 양 옆에는 친한 후배들이 앉아 있었습니다. 사회자가 그대들을 소개했을 때, 후배들이 제게 물었습니다. "형, 쟤들 알아요?" 짐작컨대 객석을 채운 관객들 중에는 제 후배들과 비슷한 사람들이 많았을 겁니다.

제가 그대들을 처음 만난 것, 그러니까 그대들의 노래를 처음 들은 것은 아주 우연한 일이었습니다. 알고 지내는 어떤 분이 그대들의 2집 앨범 『cry… our wanna be nation』을 선물하셨습니다. 〈U & Me Blue〉. 낯선 이름이었습니다.

언젠가부터 하루 종일 FM 방송을 켜 놓던 오래된 버릇을 버렸습니다. 음악 프로그램의 진행자인지 코미디 토크 쇼의 사회자인지 분간이 가지 않는 디제이들 때문에 FM을 듣는 것이 고역이 되어 버린 탓입니다. 디제이들의 '언어 폭력' 보다 더 끔찍한 것은 음악 방송 프로듀서들의 '선곡 폭력' 입니다. 채널마다 똑같은 음악들…. 대중 음악에서 유행을 빼놓을 수 없다는 건 인정합니다. 그래도 한국의 음악 방송은 정도가 너무 심합니다. 거의 모든 프로그램이 그냥 '가요 톱 텐' 입니다. 거기에서 '문화의 다양성' 을 찾으려는 것은 우물에서 숭늉 달라는 것과 다를 바가 하나도 없습니다.

그대들이 첫 번째 앨범 『Nothing's good enough』을 냈던 1994년에 저는 먼 대륙의 나라들을 여행하고 있었습니다. 그리고 그대들이 두 번째 앨범을 낸 올해 저는 그나마 FM도 잘 듣지 않고 있었습니다. 그대들의 앨범을 제게 선물해 주신 그분이 아니었다면, 아마 저도 제 후배들처럼 "쟤들이 누구야?" 했겠지요. 다행히도 전 그대들의 음악을 알고 있었습니다. 그래서 후배들에게 말했습니다. "잘 들어 봐. 쟤들 진짜 노래 잘 해."

후배들은 그대들이 첫 번째 노래를 불렀을 때 이미 제 의견에 전적으로 동의를 표했습니다. 관객들의 반응도 그대들이 두 곡을 부르고 나갈 때는 들어올 때와 확실히 달랐습니다. 관객들은 정확하고 정직합니다. 음악회가 끝나고 뒤풀이 자리에 동참하게 되었습니다. 다시 한 번 우연히 그대들을 만나게 되었습니다. 이번엔 노래가 아니라 그대들의 이야기를 듣게 되었습니다.

그대들이 1970년생 동갑나기이고, 이민 1.5세대이고, 뉴욕 주립대에서 룸메이트로 만나 의기 투합했고, 데모 테이프를 만들어 1994년 가을에 무작정 한국으로 돌아왔으며, 2년 간 앨범 두 장을 냈지만 이른바 '뜨는 가수'가 되지는 못했다는 등등의 이야기들이었습니다. 제게 그대들의 음반을 주셨던 그분이 슬쩍 귀띔을 해 주시더군요. "지금 많이 지쳐 있어요. 한국에 와서 상처를 너무 많이 입었어요." 그분이 또 하나 재미있는, 사실 재미있다기보다는 가슴 아픈, 얘기를 해 주셨습니다.

그분의 말씀에 따르면, 첫 앨범을 냈을 때 기획사 측에선 그대들의 음악을 '얼터너티브 록'으로 홍보했다고 하더군요. 제가 들은 그대들의 음악은 얼터너티브로 우겨 넣을 성격의 음악이 아니었기에, 그건 좀 이상하다고 제가 말했습니다. 그분은 이렇게 말했습니다. "〈U & Me Blue〉도 자신들을 얼터너티브로 부르는 것에는 거부감을 갖고 있어요. 한국에 도대체 록이 얼마나 제대로 있었길래 '대안'을 주장할 수 있느냐는 거죠. 자기들의 음악을 그냥 록으로 불러 주기를 원하고 있어요."

본인들은 얼터너티브가 아니라고 하는데도 음반사와 기획사와 매스컴에선 얼터너티브라고 우기는 것, 거기에서 슬픈 한국 대중 문화의 현실을 봅니다. 얼터너티브가 '뜨면' 너도 나도 얼터너티브로 몰려가는 그 무지막지한 '획일성' 말입니다. 너도 나도 뜨기만 원합니다. 깊이 가라앉는 것이 뜨는 것 못지 않게 소중하고 아름다운 일이라는 것을 우리는 잊어 버리려 애쓰고 있습니다. 모두가 뜨기만 할 때 깊이는 불가능합니다. 뜨는 사람과 가라앉는 사람, 중간에서 떠 있는 사람, 그 모두가 함께 물 속에서 헤엄칠 때 비로소 문화의 다양성은 가능합니다.

그대들이 이 폭력적인 한국 대중 문화의 '획일화'라는 풍토병에 얼마나 크게 상처를 입었을지 저는 짐작할 수 있습니다. 하지만, 한 사람이 그대들의 음악을 좋아합니다. 그대들이 자신의 색깔을 지키려 애쓰는 모습에 박수를 보냅니다. 그대들 같은 젊은이들이 많아져야 우리 문화의 다양성이 확보될 수 있다고 믿는 한 사람이 있습니다. 이승열 씨, 방준석 씨, 힘 내십쇼! 너무 멀지 않은 뒷날에 그대들의 음악을 다시 만나게 되기를 바랍니다. 이만 줄입니다.

— 1996년 11월 10일 조병준.

『한대 신문』 1996년 11월 12일자, 한양 대학교 발행

뒷얘기 : 나도 조금 있다가 떠날 거니까

이 친구들의 얘기는 다시 한 번 길게 다뤄 보고 싶었다. 애당초에 글을 쓰겠다고 만난 것이 아니었던 데다, 원고지 10장으로 어떤 음악가들의 이야기를 쓴다는 것은 사실 어불성설이었다. 어쩌다 보니, 다시 만나 이야기하기로 한 약속은 지켜지지 않았다. 그리고 〈쉼표, U & Me Blue〉라는 제목이 붙은 그들의 '잠정적' 고별 콘서트에서 그들을 다시 만났다.

예술의 전당, 자유 소극장에서 열린 그들의 공연장은 '놀랍게도' 거의 꽉 찼다. 꽉 찼다고 해 봐야 300여 석 남짓이었지만 말이다. 주제넘는 짓일 줄 알지만, 그렇게 공연장을 메워 준 젊은 친구들이 고마웠다. 떠나는 그들에게 큰 힘이 되었을 것이다.

그들에 관한 긴 글은 미래의 프로젝트로 남겨 두련다. 언제가 될지 모르는 일이지만…. 하여간, 스스로 '쉼표'를 찍기로 한 그들의 결정에 나는 반대하지 않는다. 지쳤을 때에는 떠나야 하니까. 떠나지 않으면 자칫 아예 망가져 버리거나, '나도 뜰 거야'라는 식의 잘못된 길을 택할 수도 있으므로. 나도 조금 있다가 떠날 거니까.

(樂—9)

길들여진 토끼들

― 전시형이 제안하는
뒤돌아보기, 들여다보기

전시형·설치 미술가. 인테리어 디자이너. 〈(주)전디자인 어소시에이트〉 대표. 인테리어 디자인뿐만 아니라 매뉴얼 디자인, 에디토리얼 디자인 등도 하고 있으며, 설치 미술 작품도 꾸준히 발표하고 있다. 카페〈도시 선언〉〈천년동안도〉등의 인테리어 작업과 〈V-Exchange〉〈Vanilla Avenue〉 등을 계획했다. 1994년에는 〈KOSID 디자인상〉을 수상하기도 했다.

전시장은 당연히 환해야 한다. 환해야 '볼' 수 있으니까. 전시형의 개인전이 열렸던 인사동 〈덕원 갤러리〉의 전시실은 어두웠다. 환한 엘리베이터에서 내렸을 때 나는 갑자기 컴컴한 영화관에 들어선 관객처럼 당황했다. 영화관은 어두워야 하고, 전시장은 환해야 한다. 그 고정 관념이 깨졌고, 고정 관념에 '길든' 나의 감각은 잠시 휘청거렸다. 어두운 극장에서 객석을 찾아 더듬거리듯 전시장 안으로 들어선 나는 작품을 보기 위해 더듬거리며 전진했다. 차츰 어둠에 적응해 간 내 시각 안으로 커다란 검은 상자들이 들어왔다.

어두운 공간 속의 검은 상자들. 그것뿐이었다. 벽에 걸린 액자도 없었고, 할로겐 조명을 받는 설치 작품도 없었다. 언젠가 읽었던 전시형의 짧은 글 제목이 기억에 떠올랐다. "꿈 속에서 나를 아직도 엄습하는 기둥들이 있다." 사각형으로 변형된 기둥들인가? 그를 인테리어 디자이너로 기억하는 나의 '길든' 고정 관념이 또 한 번 고개를 들고 있었다. 아무런 사전 정보 없이 전시장을 찾아간 나는 당연히 '인테리어 디자이너의 인테리어 디자인 작품'이 나를 기다리고 있을 것이라고 믿었다. 어둠 속에서 내 시야를 '엄습한' 사각 기둥들은 그러나, 다시 한 번 나의 고정 관념을 깨뜨렸다.

우물 속 들여다보기

기둥은 비어 있었다. 하긴 그 검은 상자들은 천장을 받치고 있지 않았으니, 애당초에 기둥이 아니었다. 인테리어 디자이너라는 그의 명함과 기둥을 언급한 그의 짧은 글에 대한 기억이 나로 하여금 그것을 기둥으로 보게 만들었던 것이다. 까치발을 세우고 허리를 굽혀 늘여다본 검은 상자 안에서는 새 한 마리가 날고 있었다. 눈으로 본 것을 글로 옮기는 작업은 언제나 절망스럽다. 1초 동안 눈으로 본 것을 글로 옮기는 일은 10시간을 허비해도 완벽히 이루어지지 않는다. 똑같은 시각 기호임에도 불구하고 이미지와 문자는 그렇게 서로 번역 불가능하다. 그 불가능한 일을 지금 또 시도한다.

푸른 색이 배경으로 깔린 스크린 위에 하얀 새 한 마리가 끝없이 날고 있었다. 새는 끝없이 날고 있었지만, 끝내 스크린을 벗어나지 않았다. 그런데 한참을 들여다보고 있자니 상자의 네 안벽들 위에도 새가 날고 있음을 깨닫는다.

검은 유리창에 반사되듯 검은 상자의 네 안벽 위에 바닥 스크린의 새가 반사되고 있었던 것이다. 그리고 어렴풋이 들려오는 어떤 소리. 미리 팜플렛을 보지 않았던 탓에 나는 작품의 제목도 모르고 있었다. 다만 거의 본능적인 반응으로, 나는 그 작품을 '갇힌 새, 날고 있으나 탈출할 수 없는 새 = 현대인의 자화상' 쯤의 상투적인 문자 언어로 번역하고 있었다. 나란히 붙은 세 개의 검은 상자 속에는 모두 똑같은 흰 새 한 마리가 날고 있었다. 세 개의 검은 상자를 차례로 들여다보면서 내 두뇌는 끝없이 번역 작업을 벌이고 있었다. 시각적 자극을 논리적 언어로 바꾸는, 부질없기 짝이 없는 번역 작업.

　　상체를 숙이고 들여다보기. 우물 속 들여다보기. 깊은 우물을 들여다본 경험이 있다면 알 것이다. 우물에 떨어질 것 같은 두려움. 모든 응시 행위에는 그런 두려움이 숨어 있다. 우물 안은 어둡고 우물 바깥의 세상은 밝다. 세 개의 검은 상자는 뒤집혀진 우물과 같다. 상자의 바닥은 환하고, 상자 바깥의 세상은 어둡다. 관계의 역전. 그러나 두려움은 여전히 건재한다. 밝음과 어두움의 관계가 역전된다 해도, 안과 밖의 관계는 역전되지 않는다. 밖에서 안을 응시한다. 밖과 안의 경계에 몸을 기댄다. 안의 저 깊은 곳에 있는 무엇인가가 끝없이 나를 유혹하는 주문이 들려온다. 뜻을 알 수 없는 소리. 저기서 나를 부르는 저것은 무엇인가? 정확히 규정할 수 없는, 이 두려움은 어디에서 오는 것인가? '갇힌 새 = 현대인의 자화상' 따위의 상투적 번역이 꼬리를 감추고 사라진 자리에 알 수 없는 두려움이 슬그머니 똬리를 틀고 있었다. 그 두려움의 정체는 무엇이었는가? 아직도 나는 그 두려움의 정체를 고민하고 있다. 관계의 역전에서 비롯되는 두려움? 익숙한 것들이 갑자기 익숙하지 않은 것들로 바뀜으로써 빚어지는 불안, 또는 공포?

물에 비친 나, 또는 물에 빠진 나

네 번째의 상자로 걸음을 옮기기 위해 새가 날고 있던 세 번째 상자를 떠났다. 그 때쯤 내 의식은 이미 유사(類似) 명상 상태에 빠져 있었다. 반복되는 동일한 영상, 반복되는 단조로운 음향, 어둠 속에서의 빛에 대한 반복된 응시…. 명상을 위한 최상의 조건들이다. 전시형이 노렸던 것이 정말 그런 명상적 효과였을까? 장담할 수 없다. 내가 자신 있게 할 수 있는 이야기는 내 몸과 의식이 그런 반응을 보였다는 것뿐이다. 그렇게 마치 주문에 걸린 듯한 상태로 나는 네 번째 검은 상자로 다가갔다.

　물이 가득찬 우물이었다. 물 속에 한 남자가 가라앉아 있었다. 남자의 입가에서는 계속 공기 방울이 솟구쳐 올랐고, 물은 끝없이 움직이고 있었다. 남자의 얼굴이 서서히 수면 위로 떠올랐고, 잠시 후 다시 수면 밑으로 가라앉았다. 다시 끝없는 반복. 끝없이 반복되는 낮은 숨소리. 다시 들여다보기의 되풀이. 끝없는 응시. 서서히 또 하나의 그림이 내 의식의 수면 위에 떠오르기 시작했다. 베르나르도 베르톨루치의 실패작 『리틀 부다』에서 가장 아름다웠던 한 시퀀스였다.

　보리수 아래 정좌한 젊은 부다에게 다가온 마왕의 시험. 폭풍우가 만들어 놓은 웅덩이에 비친 아름다운 젊은 부다의 모습. 두 부다가 서로를 쳐다보고, 물 속의 부다가 떠오른다. 두 부다가 마주 앉는다. 나르시스 신화의 변형이라고 보아도 무방하리라. 그러나 부다는 나르시스가 아니다. 물에서 떠오른 부다는 마왕의 변신이었을 뿐이다. 마왕은 결국 본색을 드러내고 사라진다. 물에 비친 나, 그것은 곧 자아의 인식을 뜻한다. 부다가 '물에 비친 나'를 물리쳤음은 곧 자아를 소멸시켜 버렸음을 뜻한다. 나르시스의 비극은 자아로 침몰해 버린 데서 비롯된다. 작가임에 틀림없는 저 물 속의 남자는 나르시스의 변형인가?

　끝없는 반복이 만들어 내는 최면 효과. 나는 차츰 물 속의 남자를 나와 동일시하기 시작한다. 나는 왜 여기서 이 우물 속을 들여다보고 있는가? 질문이 바뀌기 시작한다. 왜 나는 지금 저 물 속에서 떠오르고 가라앉기를 반복하고 있는가? 작가는 지금 내게 무엇을 말하려 하는가? 그 질문도 바뀐다. 나는 작가에게 무엇을 말하려 하는가? 시간이 지나면서 질문들은 사라진다. 물에 비친 '나'는 참으로 아름답다. 몸이 점점 앞으로 숙여진다. 물 속의 '나'는 물 밖의 나를 끌어들이려 한다.

그 때 누군가 옆으로 다가온다. 다른 관객이다. 수면 위로 떠올라 나를 마주 보고 있던, 물 속의 남자가 다시 물 속으로 돌아간다. 나는 우물을 떠난다. 내 머릿 속에서 질문들이 떠오른다. 이제 나를 대신해 우물을 들여다보는 저 관객 또한 내가 품게 되었던 질문을 품게 될 것인가? 물에 비친, 또는 물에 빠진 작가는 과연 어느 편에 서 있는가? 그는 부다에 가까운가, 아니면 나르시스에 가까운가? 아니면, 그 둘의 경계에 서 있는가?

전시실을 빠져 나온다. 밝은 세상으로 돌아온다. 팜플렛을 얻어 우선 작품의 제목을 뒤진다. 제목을 모르는 상태에서는 그 어떤 해석도 자신 있게 내리지 못할 정도로 나는 문자에 길들어 있음을 깨닫는다. 『A Tame Rabbit With Bird』 『A Tame Rabbit With Water』. 새와 함께 있는 길들여진 토끼, 물과 함께 있는 길들여진 토끼.

뒤돌아보기, 또는 보여지는 나를 만나기

이런 장면을 머리에 그려 보라. 어린 아이가 길을 걸어간다. 휘파람을 불면서. 아이의 앞(시선 방향)에는 집들과 거리와 나무와 돌이 있다. 그러나 아이의 뒤 (시선의 반대 방향)에는 아무것도 존재하지 않는다. 비어 있다. 아이가 문득 뒤를 돌아본다. 아이가 뒤돌아보는 순간 그 곳에는 집과 나무와 길이 가득 차 있다. 대신 아이의 시선이 거두어진 원래의 앞 부분—이제는 '뒤'가 된—은 허공으로 바뀐다. 있음과 없음의 역전이다. 아이가 다시 앞으로 돌아서 걷기 시작하는 순간, 있음과 없음의 관계는 다시 역전된다.

위의 글은 『만화의 이해』(스콧 매클루드, 도서 출판 아름드리, 1995)라는 만화책에 실린 세 칸짜리 만화 화면을 말로 옮긴 것이다. 만화에는 이런 글이 포함되어 있다.

"어렸을 때 저는 이런 상상을 자주 했었지요. 이 세상은 나를 위해 펼쳐지는 한바탕 쇼이고, 눈에 보이지 않는 사물들은 존재하지 않는다는…. 나중에 커서 저는 다른 사람들도 어렸을 때 비슷한 상상을 했다는 걸 알았습니다. 그런 생각을 진짜로 믿은 것은 아니지만, 그렇다고 그게 아니라는 증거도 없다는 사실에 매혹되었던 거죠."

전시형은 시선 방향으로만 질주하는 우리를 불러 세우고 싶었던 것인지도 모른다. 그러기 위해 '어두운 전시실과 밝은 전시실 바깥'이라는 관계의 역전이 필요했던 것인지도 모른다. 우리는 무조건 앞을 향해 걷는다. 땅바닥에 동전이라도 떨어지지 않는 한 아래도 내려다보지 않는다. 우리의 시선은 언제나 앞과 위를 향해 있다. 그가 굳이 스크린을 바닥에 설치한 것 역시 우리의 '길든' 시선을 불러 세우려는 의도에서 나온 계획이었을 것이다. 아래로 시선 돌리기는 뒤로 시선 돌리기와 동일한 역할을 수행한다. 당신의 시선 아래와 뒤에도 무엇인가 존재한다. 그 곳에는 당신의 과거, 당신이 볼 수 있는 당신이 존재한다.

우리는 과연 그 어린 아이의 세계관에서 벗어났는가? 우리는 여전히 우리의 시선 앞에 펼쳐지는 세계만을 유일한 공간으로 인정하며 살고 있지 않은가? 끝없이 앞으로 앞으로, 걸어가며 혹은 뛰어가며, 우리 눈앞에 펼쳐지는 현재와 미래만을 유일한 시간으로 간주하고 있는 것은 아닌가? 그러다가 우연히 발을 멈추고 뒤를 돌아다보았을 때, 그 곳에 또한 시간과 공간이 존재함을 발견하고 놀라는 일은 없는가?

그렇게 가끔씩 놀라기라도 할 수 있다면 좋은 일이다. 문제는 갈수록 우리에게 뒤돌아봄의 기회가 줄어든다는 사실이다. 더 많은 정보, 더 넓은 공간, **더 현란한** 미래가 우리 앞에 끝없이 펼쳐져 있다. 그것들을 보고, 듣고, 만지고, **경험하는** 것만으로도 인생은 짧다. 내가 잠시 멈춰 서서 뒤를 돌아보는 동안, **남들은 최소한** 시속 120킬로미터의 속도로 앞을 향해 달려갈 것이다. 뒤돌아볼 **시간이 없다.** 차라리 등 뒤에는 아무것도 존재하지 않는다고 생각해 버리는 편 **이 낫다.** 이미 지나온 시간과 공간이 아니던가. 과거 속에 존해하는 공간이 무슨 '소용' 있는가. '유용한' 것은 지금 우리 앞에 펼쳐진, 현재와 미래의 시공간 **뿐이다.** 거의 강박증에 가까운 '실용주의'가 우리의 다리에 터보 엔진을 달아 **준다.** 우리는 그저 열심히 앞으로, 앞으로 달려간다.

전시형의 '토끼들'은 나를 불러 세웠다. 그리고 그 때까지 암흑 또는 허공에 불과했던 내 등 뒤를 돌아보게 했다. 돌아보는 순간 어둠과 밝음, 내부와 외부, 작품과 관객, 그 모든 관계가 역전되었다. 그 관계의 역전 속에서 나는 '보여지는 나'를 만났다. 보여지는 나와의 만남은 언제나 두렵다. 우선 낯설기 때문이다. 낯선 것은 우리를 두렵게 한다. 그러나 정말 중요한 두려움의 원인은 그것이 아니다. 낯선 것은 우리를 매혹시킨다. 나르시스와 젊은 부다를 유혹했듯, '보여지는 나'는 우리를 매혹시킨다. 그것은 우리의 손을 잡아끌어 저 깊은 물 속으로 끌고 들어가려 한다. 추락, 익사, 죽음. '자아'를 만나는 일에는 언제나 그런 위험이 도사리고 있다. 우리가 뒤돌아보지 않고 앞으로만 달려가는 것은 어쩌면 바로 그런 두려움 때문일지 모른다. 그러나 두렵다고 해서, 영원히 그것을 피해 달아날 수만은 없다.

토끼의 말을 들어라

뒤돌아보지 않는 삶이 왜 문제가 되는가? 답은 간단하다. 삶이 반쪽이기 때문이다. 지금 이 글을 쓰기 위해 모니터의 반짝이는 커서에 초조해 하며 키보드를 두드리고 있는 내 등 뒤에는 분명히 의자의 등받이가 있고, 벽이 있다. 그러나 내가 모니터에 몰두해 있는 동안 의자의 등받이와 벽은 존재하지 않는다. 적어도 내 의식의 세계 안에는 존재하지 않는다. 그런 식으로 내가 무작정 현재와 그것에 연결된 미래의 삶만을 보며 달려갈 때, 지나온 삶을 뒤돌아보지 않을 때, 불과 1,000만 분의 1초 전의 과거도 내 의식의 세계 안에서는 존재하지 않는다. 지나온 내 삶이 나를 구성한다. 지나간 시공간에서의 경험들이 나를 구성한다. 즉, 기억이 나를 구성한다. 결국 진정한 나는 내 등 뒤에만 존재할 수 있는 것이다.

뒤돌아보아야 비로소 나를 볼 수 있다. 뒤돌아볼 때 '보는' 나와 '보여지는' 내가 만난다. 뒤돌아볼 때에만 나는 나를 만날 수 있다. 내가 나를 볼 수 있

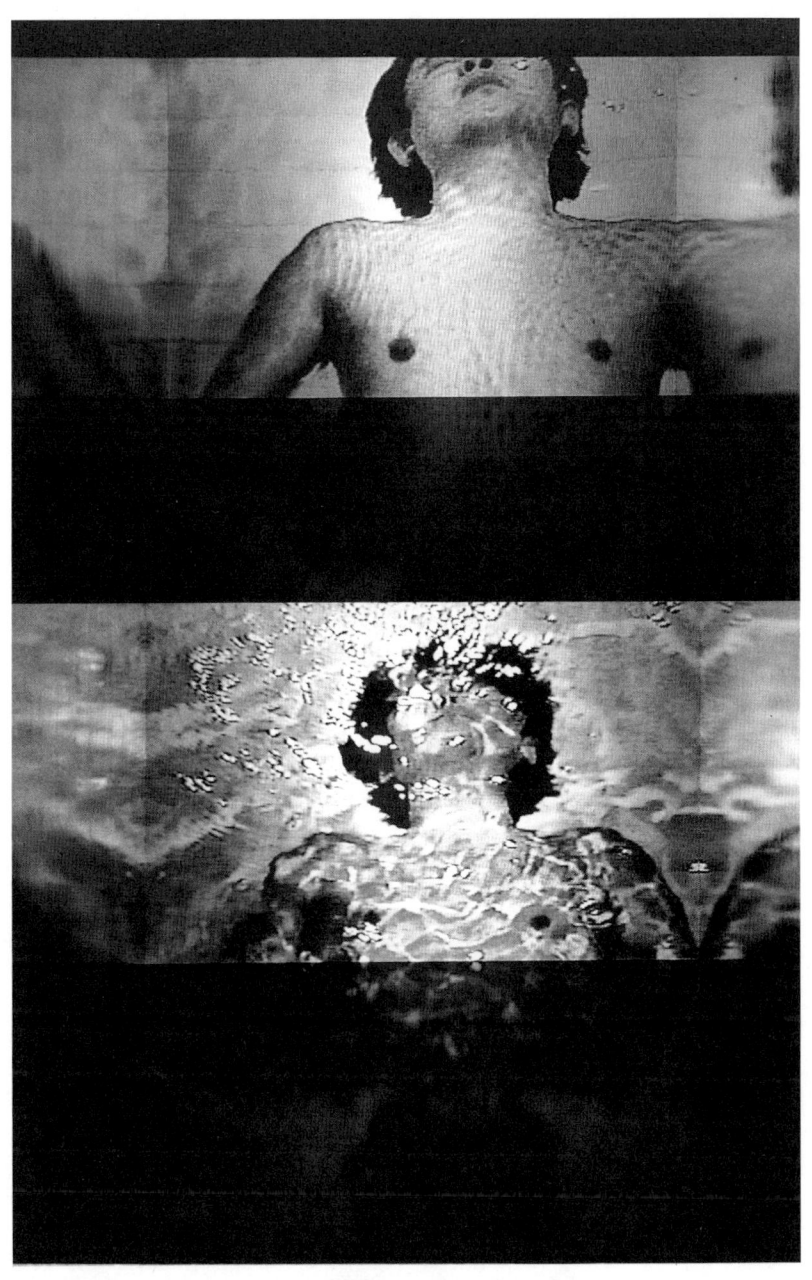

A Tame Rabbit With Water

을 때, 그 때 삶은 온전해진다. 지금까지 당신은 오직 눈앞에 펼쳐지는 세계만이 유일하게 존재하는 세계라고 주장해 왔다. 당신이 오직 앞으로만 달려갈 때, 당신은 당신을 볼 수 없다. 오로지 남들에게 보여지는 당신만이 존재할 뿐이다. 당신이 눈으로 볼 수 없는 당신에 대해 당신은 어떻게 존재를 입증할 수 있는가? 보여지는 당신만 있는 삶, 그것은 반 쪽짜리 삶도 되지 못한다. 당신은 당신에게 보여질 수 없기 때문이다. 보이는 것만이 존재하는 당신의 세계에서 당신은 더 이상 존재하지 않는다. 당신은 없다. 오로지 다른 사람들에게 '보여지는' 당신만이 존재할 뿐이다. 그것은 더 이상 진정한 삶이 아니다. 없는 것이나 마찬가지인 삶, 허무한 삶이다.

그 허무를 깨뜨리기 위해선 '보는' 당신과 '보여지는' 당신이 만나야 한다. 그래서 반 쪽짜리 삶을 온전하게 복원시켜야 한다. 그러나, 그 작업은 만만하지 않다. 거기엔 함정이 도사리고 있다. 우리의 내부에는 저 아름다운 나르시스들이 도사리고 있다. 사실, 그 나르시스들이 없다면, 우리의 삶은 결코 지금처럼 치열하고 역동적인 것이 될 수 없었을 것이다. 무릇 모든 예술가는 결국 나르시스트가 아니든가! 문제는 함몰이다. 자기에 빠져 세상을 잊어 버리는 함몰. 거기에는 오로지 '보는 나' 만이 있을 뿐이다. 그것도 '나 스스로를 보는 나' 만이 있을 뿐이다.

자신을 발견하는 나르시스는 타인에게 보여지기만 하는 삶에서 한 단계를 뛰어넘었다. 그러나 그것만으로는 충분치 않다. 거기에서 다시 한 단계를 뛰어넘어야 한다. 물에 비친 나의 모습이 허상일 수도 있다는 깨달음. 누구나 부처의 씨앗을 담고 있다고 하지만 누구나 부처가 될 수는 없다. 다시 한 단계를 뛰어넘기란 그렇게 어려운 일이다. 다만, 끝없이 한 단계를 뛰어넘으려는 시도를 계속하는 것만큼은 누구에게나 가능할 것이다.

전시형의 토끼들이 말한다. 너를 들여다보라. 네가 얼마나 길들여져 있는지를 똑똑히 들여다보라. 그러나, 들여다보되 송두리째 빠지지는 말라.

이 글은 1996년 7월 17일~23일 서울 〈덕원 갤러리〉에서 열린 〈전시형 작품전〉에 대한 리뷰이다.

    난생 처음 '미술 비평'(?)을 써 보았다. 미술에 대해 상식 수준 이상의 지식을 가진 것도 아니고, 특출난 감식안을 가진 것도 아닌 터에 '전시회 리뷰'를 써 달라는 부탁을 받았으니 당황하지 않을 수 없었다. 그럼에도 불구하고 청탁을 끝까지 거절하지 않은 것은 이런 생각 때문이었다. "리뷰가 별 것인가? 작품을 보고 내가 느끼고 생각한 바를 쓰면 되지 않겠는가?"

'먹물 전용'의 '이상한' 미술 비평

    비평의 역할은 무엇일까? 여러 대답이 가능하겠지만, 나는 일단 '작가와 관객'을 잇는 다리의 역할이라고 대답하고 싶다. 다른 예술 장르의 비평에서도 거의 마찬가지지만, 특히 한국의 미술 비평은 너무 어렵다. 작품 자체도 무슨 얘기를 하고 있는지 잘 이해가 가지 않는데, 팜플렛에 실린 비평은 그보다 한 술 더 떠 어렵다. 한켠에 민중 미술이 있긴 하지만, 가끔가끔 눈동냥을 다녀 본 전시회 경험에 비추어 보면, 한국에서의 미술과 미술 비평은 철저히 '먹물 전용'이다. 먹물도 보통 진한 먹물이 아니면 그 동네에서 명함도 못 내민다. 그러니 비평이 작가와 관객을 잇는 다리가 아니라, 관객을 쫓아 내는 못된 수문장 역할을 하기가 십상이다.

    어떤 미술가에게서 이런 우스개 소리를 들었다. "한국에는 두 가지 미술이 있다. 한쪽에 투기 대상의 미술이 있고, 다른 한쪽에는 작가에게 라면도 못 먹여 주는 미술이 있다. 그 중간은 없다." 이 이상한 현상에는 '이상한 미술 비평'도 한 몫을 하지 않았을까? 그것이 지금 내가 강력하게 품고 있는 의심 중의 하나다. 난생 처음이자, 평생 마지막이 될지도 모르는 '전시회 리뷰'를 부탁받고 조금 쉬운 글을 써 보자 생각했는데, 써 놓고 보니 내가 봐도 역시 어렵다. 미술이란 장르가 원래 어려운 장르인가? 아니면 나도 거기에 길들어 있는 것인가? 잘 모르겠다.

ARCHITECTURE

작을수록 나누어라,

(家—1)

나누면 만난다

―건축가 이일훈 인터뷰

이일훈·건축가.〈이일훈 스튜디오 설계 집단 후리(迂理)〉대표. 경기 대학교 건축 대학원 겸임 교수. 홍익 공업 전문 학교(5년제)와 한양 대학교 건축과를 졸업하고〈김중업 건축 연구소〉에서 건축 수업을 했다.『꾸밈』지의〈건축 평론상〉을 수상, 건축 평론가로도 활동한 바 있는 그는 예의 설계 집단을 설립, 건축 활동을 하면서 '방편 설법을 통한 대중 감성의 회복'이라는 주제로 소규모 프로젝트에 매달려 오다가, 그 실천에서 '대중 감성의 회복'보다는 '방편 설법'이 더 운위된다고 판단, 다른 방법을 모색 중이다.『자비의 침묵 수도원』『문학과 지성사 사옥―비질리아』『퇴계 불이』등의 작품이 있으며,『탄현재』『궁리채』『가가(街家) 불이』『삼척 불이』등 일련의 작은 집들을 통해 '채나눔'이라는 설계 방법론을 선보이고 있다. 최근 앨빈 토플러가 주장한 '매스(mass)에서 디매스(de-mass)의 시대로'라는 생각을 벌써 1990년부터 '채나눔'이란 개념으로 선취(先取)해 온 그는 그 개념과 방법이 건축뿐만 아니라 모든 분야에 보편적으로 응용되길 바라며 그 이론 정립과 실제 작업에 몰두하고 있다. 1997년 2월, 등촌동의 다가구 주택인『가가(街家) 불이』란 작품으로〈제15회 서울시 건축상〉은상을 수상했다.

불편하게 살라고?

당신이 사는 집이 지난 1970년대의 '무식한' 개발 붐을 타고 지어진 집장사의 집이라고 해 보자. 그런데 갑자기 눈먼 돈이 생겨서 마침내 집장사의 집이 아니라, 소위 '건축가'가 설계한 집을 지을 수 있게 되었다고 가정해 보자. 당신은 설계를 맡길 건축가에게 무엇을 주문할 것인가? "예쁘게 지어 주세요. 할 수 있는 한 최대로 방도 크게, 욕실도 크게, 주방도 크게 지어 주세요. 동선(動線)이요? 당연히 최단 거리로 줄여야지요. 그저 편하게 살 수 있게 지어 주세요." 뭐, 그런 정도의 주문이 나오지 않을까. 예쁘게, 크게, 편하게. 대다수의 보통 사람들이 집에서 원하는 것은 그런 정도일 것이다. 그런데 참으로 매정하게도 그런 보통 사람들의 소망을 일언지하에 거절하는 냉정한 건축가가 있다. 그는 말한다.

"저 푸른 초원 위에 그림 같은 집은 아예 잊어 버려라. 작게 지어라. 작을수록 나누어라. 물론 나누니 동선은 많이 생길 수밖에 없다. 열심히 움직여라. 불편하게 살아라."

'채나눔의 미학'이라고 건축 평론가들이 이름붙인 이일훈의 건축 철학이다. 작고 불편하게 살라고? 한 오백 년 살 것도 아닌데 그저 넓은 곳에서 편하게 살았으면 좋으련만, 이 무슨 심술인가! 그런데 잠깐만! 심술이라고 눈살부터 찌푸리지 말자. 멀쩡하게 교양 있어 보이는 사람이 집요하게 심술을 부릴 때는 도대체 그 심술이 무슨 억하심정에서 비롯되었는지를 한번 유심히 살펴보자. 돌이켜보면 그런 심술꾼들이 우리의 삶을 바꾸어 놓은 일이 많았다. 석가는 잘 살던 힌두 브라만들에게 심술꾼이었고, 예수 역시 대개의 유태인들에게 심술꾼이었고, 마르크스는 정말 골치 아픈 심술꾼이었다. 아인슈타인과 하이젠베르크, 프랑스 혁명과 〈그린 피스〉 운동도 심술꾼이다. 가깝게는 6.29를 이끌어 낸 한국의 중산층 시민들도 누구누구의 눈에는 얼마나 극악 무도한 심술꾼들이었겠는가. 그들의 심술에 눈살 찌푸리는 사람들은 분야야 어찌 됐든 '현재의 주류(主流)의 중심'에서 편하게 잘 살 수 있는 사람들이었다.

심술꾼들은 예외 없이 그 '현재의 주류의 중심'이 낡은 시대의 것임을 알아차리고, 그 '바깥' 혹은 '변두리' 에서 살았다. 바깥에 살기 위해 필요한 덕목이 무엇인지를 사람들에게 알리느라 '험한 인생' 을 살았다. 본인이 들으면 당황하고 부끄러워할지도 모르지만, 나는 이일훈이라는 한국 건축가를 그런 심술꾼의 반열에 올려 놓고 싶다. '채나눔' 이라는 그의 건축 철학은 일종의 선지자적 예언이다. 대개의 진정한 선지자들에게 그랬듯이, 그의 예언도 아직은 험한 인생을 그에게 안겨다 줄 뿐이다. 아파트도 초고층이라야 높은 프리미엄이 붙는 '거대주의의 천국' 한국에서, 오로지 재화적 가치만이 건축의 가치로 인정받는 풍토에서, 그의 '작은 집' 들은 외로울 수밖에 없다. 그의 말대로 그가 하는 일은 '돈 안 되는 일' 이다. 희망이 있다면, 그의 예언에 공감하고 동참하는 사람들이 하나씩 둘씩 서서히 늘어나고 있다는 사실이다.

더불어 반가운 것은 이일훈의 예언이 홀로 떨어진 해적 방송이 아니라는 사실이다. 사회 전반에 걸쳐 그의 예언과 비슷한 목소리들이 여기저기서 등장하고 있다. 아나키즘에 대한 학계의 새삼스러운 조명, 점차 활기를 띠어 가고 있는 여러 소규모 사회 운동 및 공동체 실험들, '작은 것이 지닌 무한한 가치' 에 대한 사람들의 재인식 등 여러 흐름들이 이일훈의 '채나눔' 철학과 동일한 주파수 대역의 방송을 송출하고 있다. 이 예언 방송국들은 KBS식의 중앙 집중 방송을 목표하지 않는다. 각자 소규모의 출력으로 방송하되, 네트워크를 형성한다. 그 네트워크는 전 지구 차원으로 연결돼 인터넷을 만들어 내기도 한다. 브라질 리우에 모인 비정부 기구(NGO)들은 환경 문제를 강 건너 불 보듯 하던 강대국 정부들을 굴복시켰다. 작은 것들이 서로를 연결해 거대한 것들이 해결하지 못한 문제를 해결하려 나서고 있는 것이다. 어떤 이들은 그것을 '다중심주의' 라고 표현하고, 어떤 이들은 거기서 조금 더 나가 '작은 것들의 느슨한 연대' 를 이야기한다.

채나눔 — 채를 나눈다, 채에서 나눈다

"건축은 시대를 가장 정확하게 반영합니다. 19세기 이후 건축을 지배한 사고는 기능주의와 편의주의였습니다. 기능과 편의, 그 자체는 나쁘지 않아요. 문제는 이들이 삶에서 분리되었다는 것입니다. 무엇을 위한 기능이며, 무엇을 위한 편의입니까? 결국 사람을 위한 것 아닙니까? 삶이 분리되면서 건축의 기능주의, 편의주의는 무조건 합쳐 커다란 하나를 만드는 방향으로 치달았던 거죠. 하나가 되어 좋은 것이 있고 나쁜 것이 있는 법인데, 그저 하나로만 치달았어요. 그러면서 건축은 삶의 방식을 제시한다는 소중한 역할을 상실해 버렸지요. 오로지 물리적 존재로서만 존재하는 건축, 그것이 19세기 이후 지금까지의 건축이었습니다."

도대체 채나눔이 무엇이냐는 질문에 그는 우선 근대 이후의 건축에 대한 반성에서 말문을 열었다. 그의 말을 듣고 보니 짚히는 바가 있었다. 왜 서울역 앞 대우 빌딩과 광화문 교보 빌딩과 서초동 법원 건물 앞에 설 때마다 나는 가슴이 졸아들고 숨이 막혔는지 그 이유를 단박에 알게 되었다. 인간이 지었고, 인간이 그 안에서 살고 있음에도 불구하고, 인간의 숨결을 느낄 수 없었던 것이다. 삶이 없이 그저 물리적인 존재, 그저 시멘트와 유리와 돌로 이루어진 그것이 나를 억압하고 있었던 것이다.

"건축의 근본 목적이 무엇입니까? 결국 인간 가치의 향상 아니겠습니까? 현대 건축은 그 목적을 상실해 버렸습니다. 지나치게 덩어리(mass)가 비대해짐으로써 인간은 적응력을 상실했습니다. 왜곡된 기능주의와 편의주의가 낳은 것은 극한의 획일성이었지요. 획일성 문제를 한번 생각해 봅시다. 눈에 보이는 획일성보다 더 심각한 것이 안 보이는 획일성이에요. 바로 단축에 대한 강박 관념입니다. 모두들 끝없이 시간을 단축하려 하고, 공간을 단축하려 하고, 관계를 단축하려고 하죠. 왜 단축하려고 하나요? 남는 시간에 편히 쉬고, 남는 공간에서 여유를 찾고, 남는 관계 대신에 좀더 밀접한 다른 관계를 갖고 싶다는 것이겠죠. 그러나 열심히 단축해서 그 남는 여분이 정말 삶을 행복하게 해 줍니까? 비행기를 타고 가서 시간을 단축했다고 칩시다. 그 남는 시간 동안 더 바쁘게 뛰어다니는 게 지금 우리의 삶 아닙니까?"

바로 이 지점이 '동선을 늘려야 한다'는 그의 주장이 출발하는 지점이었다.

이일훈

"거대한 것에선 동선 단축의 논리가 통용됩니다. 화장실에 한 번 가기 위해서 30분을 걸을 필요는 없을 테니까요. 하지만 가정에서 동선을 단축해야 할 필요가 과연 무엇인가요? 30평짜리 집에서 동선이 단축된다고 대체 몇 분을 아낄 수 있습니까? 사람들이 얼마나 획일적으로 사고하고 있는지를 알 수 있는 예이지요. 거대한 덩어리로 머리가 꽉 차 있다는 거예요. 작은 집에선 동선을 늘려야 합니다. 시간을 늘리고 공간을 늘리며 살아야 합니다. 엿가락처럼 늘여야 해요. 왜냐? 그래야 인식의 범위가 늘어나니까요. 단축이 아니라 늘림을 목표로 살아야 합니다."

동선을 단축하기 위해서는 한 군데로 모아야 한다. 한 군데로 모이다 보니 당연히 거대해진다. 동선의 '단축(短縮)'은 그 본래의 의미와는 상관없이 '확대'의 근거가 되어 있었던 것이다. 그 거대함 앞에서 인간은 별 수 없이 왜소해진다. 왜소해진 인간의 의식이 어찌 늘어날 수 있으랴. 동선 단축이라는 '상식' 속에 그토록 엄청난 이데올로기가 숨어 있었구나!

"동선 단축은 곧 편하게 살겠다는 뜻이지요. 그것이 이 시대의 지배적 가치관이기도 하고요. 이제 거기에 반역할 때가 왔습니다. 불편하게 살자! 그것이 채나눔의 철학입니다. 고통을 겪으며 살자는 얘기가 아니에요. 편안함에 중독되어 잊어 버리고 사는 귀중한 가치들을 되찾자는 거지요. 거대한 덩어리가 문제라면 해답은 너무나 당연합니다. 나누는 겁니다."

그러면서 그가 아주 재미있는 것을 보여 주었다. '편안하다'와 '편 안하다'. 편과 안을 나눈 것이다. 세상에! 나누니 그렇게 다른 의미가 생겨나는구나! 다른 의미가 생겨난다? 그것이 바로 의식의 늘림 아니고 무엇이겠는가? 작게 나누다 보니 '늘림=확장'이 일어난다! 그렇게 깊은 뜻을 그는 어디에서 배운 것일까?

"학교에서 배운 것을 머리에서 지우는 데 학교에서 배운 시간보다 더 많은 시간을 보내야 했습니다. 우리의 옛 건축이 그 빈 자리를 채워 주더군요. 우리 옛 건축의 양식은 기본적으로 홑집입니다. 안방, 사랑채, 행랑채, 부엌과 뒷간이 모두 홑켜이면서 나누어져 있지요. 나누어져 있으니 그 사이에 오고 감이 있게 되지요. 그 오고 감, 곧 소통에서 에너지가 생겨날 수 있습니다. 에너지가 생겨나는 과정에서 즐거움이 또한 생겨납니다. 결코 논리로 만들어지지 않는,

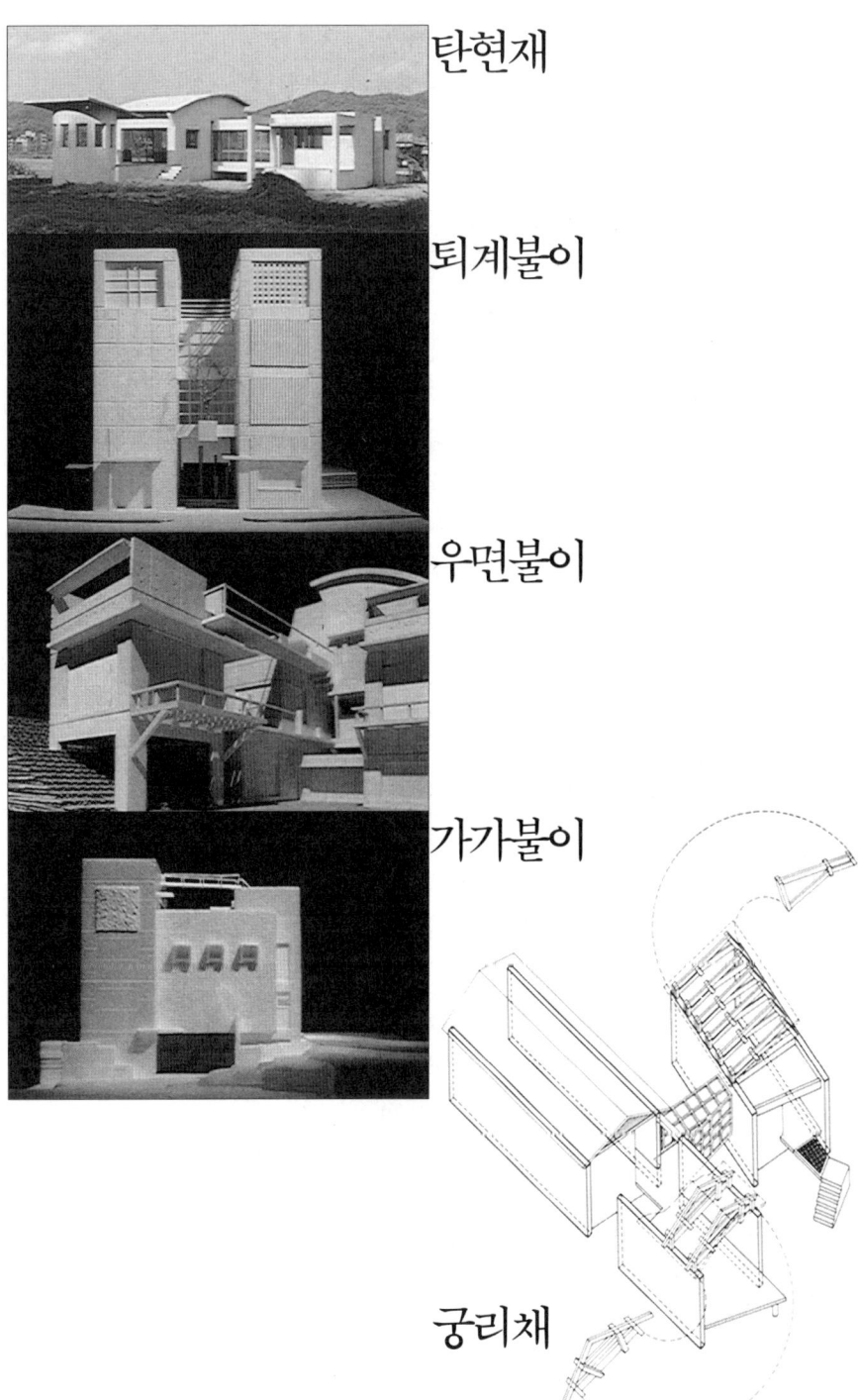

탄현재

퇴계불이

우면불이

가가불이

궁리채

체득의 지혜였어요. 우리의 옛 건축은. 그걸 글쎄, 단 한 세기 만에 모두 망각해 버린 겁니다."

대립에서 소통으로

"거대한 덩어리에서는 대립이 필연적입니다. 한 건물 안에서 일하고 밥 먹고 우체국도 가고 은행도 가고 쇼핑도 하고, 그러면 바깥에 나갈 일이 없지요. 모두들 안에서만 살게 됩니다. 소통이 사라지는 겁니다. 소통이 없으니 그저 대립하는 상태만이 지속되는 거예요. 큰 사각형 덩어리 한 개를 넷으로 나눠 봅시다. 평면으로만 생각해 봐도 12개의 관계가 형성되지 않습니까? 그 덩어리가 입체였다고 생각해 봅시다. 넷으로 나눠서 네 개의 작은 입체를 만들어 봅시다. 각 꼭지점마다 서로 연결을 시켜 보면 도대체 얼마나 많은 관계의 가능성이 생겨나느냐는 말입니다."

역시 건축가답게 그는 입체적 사고를 보여 주었다. 채나눔이 필요한 것은 바로 연결을 위해서였다.

"나눔으로써 안과 밖이 생기고, 안과 밖의 관계가 생겨납니다. 관계는 교류 또는 왕래를 낳습니다. 커뮤니케이션이 발생하는 거지요. 그 커뮤니케이션을 통해 안과 밖이 서로를 인식하게 됩니다. 인식 영역이 확장되는 겁니다."

그는 작은 집을 주로 지었다. 작은 집이 가장 일상적 삶과 가깝다는 이유 하나만으로. 작은 집을 나누어 그 사이에 길을 내는 것이 그의 채나눔 미학이 빚어 낸 결과다. 44평 대지에 지어진 다세대 주택에서 옆방으로 가기 위해 다리를 건너야 하는 집을 상상해 보라. 등촌동에 있는 『가가(街家) 불이』가 그 집의 이름이다. 둘로 나뉘어 있지만 둘이 아니다(不二).

"벌려 놓으면 길이 생깁니다. 길이 생겨야 비로소 만남의 가능성이 생겨날 수 있습니다. 지금 우리의 도시엔 길이 없습니다. 어딘가로 통하는 길이 없다는 얘깁니다. 그러니 사람들은 그 도시에서 유령처럼 배회하게 됩니다. 융화를 위한 방법은 하나뿐입니다. 나누어 길을 내는 것."

그가 생각하는 만남은 단순히 사람들 사이의 만남만이 아니다. 『탄현재』라는 이름이 붙은 주택에선 거실에서 다실(茶室)로 건너갈 때 일단 밖으로 나가야 한다. 운 나쁜 손님은 비가 오면 비를 맞고, 눈이 오면 눈을 맞으며 다실로 건너가야 차를 얻어마실 수 있다. 얼마나 큰 대저택이길래 그러냐고? 그 집의 총면적이 얼마나 되는지 짐작해 보시라. 24.9평이다!

"자연을 느낄 수 없다고 아우성들이죠. 다 뜬금 없는 소리예요. 일단 집에 들어서면 밖으로 나가지 않으려고 안간힘을 쓰고 있지 않습니까? 비가 내리면 비를 맞고, 눈이 내리면 눈을 맞아 봐야 계절을 느끼고 자연을 느낄 수 있는 거 아닙니까? 비 맞는 게 불편하지 않느냐? 아니요. 불편함은 본래 불편함이 아닙니다. 비를 피하려고 했기 때문에 비 맞는 것이 불편해지는 겁니다. 피하겠다는 생각이 없었다면 불편함을 느낄 이유가 없어요."

거실과 안방을 나누고, 다실을 따로 내서 생겨난 빈 공간, 바로 '간(間)'이다. 인간이 왜 인간(人間)인가. 바로 사이(間)가 있다는 것 아닌가. 사이는 곧 나누어짐이다. 그 사이로 나무가 보이고, 그 사이로 하늘이 뚫려 있고, 그 사이로 바다가 보인다. 인간과 인간이 만나고, 인간과 자연이 만나는 것이다.

"작아야 만날 수 있습니다."

겸손의 복도

이일훈의 건축은 보는 방향에 따라 형태가 완벽히 날라신나. 공산을 나누고 입체를 나누는 까닭이다. 아나키즘, 다중심주의, 작은 것들의 느슨한 연대. 우리가 세기말이라는 이름 하에서 만나는 이들 새삼스럽거나 새로운 흐름들도 아마 그렇게 한 건물이 서로 다른 방향에서 보여지는 것일 게다. 하나의 흐름이다. 거대한 통합이 원래의 목적을 상실하고 인간을 억압하고 있다는 반성. 이제 작은 것의 가치를 다시 되살려야 한다는 인식. 그리고 작은 것의 가장 중요한 가치는 바로 만남이라는 깨달음.

"우리가 지금 짓는 건물은 곧 미래의 문화재라는 걸 인식해야 합니다. 이

나눔 나눔 나눔 〈조병준과 함께 나누는 문화 이야기〉 家 〈작을수록 나누어라, 나누면 만난다―건축가 이일훈 인터뷰〉

시대에 우리가 만드는 것이 바로 역사입니다. 우리 사회와 문화는 지금 심각한 콤플렉스에 빠져 있습니다. 한 마디로 하자면, 거대 콤플렉스입니다. 새로운 문화 운동, 사회 운동이 절실히 필요합니다. 공동체 운동 역시 그런 인식에서 출발해야 합니다. 물질이 아닌 정신의 문제로 이 시대의 문제를 봐야 합니다. 물질 지배의 사회에서 해법은 정신뿐입니다. 정신의 공동체를 지향합시다. 진정한 공동체 의식을 지닌 사람들 사이엔 물리적인 공동체가 필요 없습니다. 커다란 집단을 형성해야 할 이유가 없습니다."

　작은 것의 소중함을 이야기하면서 나는 '지면의 작음'을 못내 아쉬워하고 있다. 우리(이일훈 선생, 『지성과 패기』 편집자와 사진가, 그리고 나)는 두 시간의 공식 인터뷰를 '늘리고 늘려' 자정이 되도록 '만났다'. 사무실과 식당과 카페로 나뉘어진 만남 사이에 만들어진 숱한 길에서 무한히 신명나는 에너지가 생겨났다. 그는 언젠가 연극 무대를 디자인해 보고 싶다고 했고, 나는 곧장 내가 희곡과 연출을 맡겠노라고 맞장구쳤다. 그래서 언젠가 둘이 만나 함께 연극을 한 편 만들기로 했다. 어쩌다가 서로 모르던 '개인들'이 만나 '우리'가 되었다. 만남처럼 즐거운 인생은 없다. 연극이 정말로 만들어질지 누가 알랴. 중요한 것은 가능성이 생겨났다는 사실일 것이다. 가능성의 다른 이름은 희망이 아니던가.

　1996년 4월 9일 오후 4시 반에서 12시까지. 이일훈 선생이 나누어 놓은 사이로 난 길에서 이루어진 만남이, 그 서로 오가는 과정에서 생겨난 에너지가 무수한 파동을 만들어 냈다. 그 무수한 파동을 빠트림 없이 독자들이 읽을 수 있도록 하기엔 지면이 너무 작다. 하지만 이미 배우지 않았는가. 작기 때문에 만날 수 있는 것이라고. 독자들이 건축가의 입체적 상상력을 발휘해 내가 비워 놓은 공간을 자유롭게 드나들기 바란다. 그래서 이일훈의 채나눔 미학을 나름대로 만나 주기 바란다.

　작은 것이 왜 아름다운가? 많은 이유가 있다. 그 많은 이유 중에 이일훈 선생이 아주 아름다운 비유를 들어 설명한 것이 있다. (대개의 진짜 선지자들

자비의 침묵 수도원

나눔 나눔 나눔 (조병준과 함께 나누는 문화 이야기) 家 (작을수록 나누어라, 나누면 만난다—건축가 이일훈 인터뷰)

은 어렵게 관념어로 얘기하지 않는다. 낫 놓고 기역자도 몰라도 알아들을 수 있게끔 우화를 통해, 혹은 비유를 통해 자신의 생각을 이야기한다.) 나는 이 인터뷰 기사를 내 나름의 채나눔으로 쓰고 싶었다. 제대로 되었는지 의문이지만. 마지막으로 이일훈 선생이 들었던 그 비유를 나의 채나눔 글쓰기에서 생긴 빈 공간에 나무 한 그루로 심어 둔다. 독자들이 오다가다 가끔씩 그 나무를 보고 잠시 쉬었다 갔으면 참 좋겠다.

"『자비의 침묵 수도원』이라는 작품이 있습니다. 복도 폭을 75센티미터로 만들었지요. 신부님, 수사님들이 욕을 바가지로 하더군요. 두 사람도 못 지나가도록 복도를 만들면 어떡하느냐고. 시간이 지난 다음에 그 양반들이 그 복도를 그렇게 좋아한답니다. 사제들 간에 형제애를 키우는 복도라고요. 두 사람이 서로 지나가겠다고 우기면 한 사람도 그 복도에선 못 지나갑니다. 한 사람이 옆으로 붙어서 주면 그 때 비로소 두 사람이 모두 지나갈 수 있지요. 그래서 그 복도의 이름이 '겸손의 복도'입니다."

겸손의 복도. 작은 것들만이 겸손해질 수 있다. 겸손함에서 비로소 형제애가 퍼져 나간다. 작은 것이 위대한 사랑을 이루어 낸다. 그 사랑에서 진정한 공동체가 태어난다.

『지성과 패기』 1996년 5-6월호, 선경 그룹 발행

처음 청탁을 받았을 때는 단호히 거절했다. "저는 건축을 하나도 모르는데요." 편집자의 답변이 기막혔다. "그래서 부탁드리는 건데요."

'우리 말'로 말하면서 같이 놀자!

'비평'이라는 이름을 붙인 글들이 흔히 빠지는 함정이 하나 있다. 비평가들은 흔히 작가들과 함께 논다. 놀되 주로 '이야기'를 하며 논다. 세상 어느 일이든, 그 분야에서는 아주 쉽게 통용되는 말들이 있게 마련이다. 문제는 그 동아리 안에서는 아주 쉽게 이해되는 말들이 동아리 밖에서는 낯선 말이 된다는 점이다. 그런데 작가들과 함께 놀면서 그 말들이 몸에 익숙해지다 보니, 비평가들이 일반 대중을 위해 쓰는 글에서 그 말들이 마구 튀어나오게 되는 것이다. 건축 비평이라는 장르 역시 그런 함정에서 멀리 벗어나지 못한 듯싶다. 건축가 인터뷰를 위해 벼락치기로 건축 동네 책 몇 권을 읽어 본 느낌으론 그렇다. 한국어는 한국어인데, 오리지널 제주도 사투리 뺨치게 어려웠다. 편집자의 주문은 다른 것이 아니었다. 건축 이야기를 보통 말로 '번역'해 달라는 것이었다.

이일훈 선생을 인터뷰하면서 사실 긴장했다. 무엇보다 내가 건축을 코딱지만큼도 모르고 있다는 자격지심을 견디기 어려웠다. 편집자가 준비해 준 자료는 다 읽고 갔지만, 질문은 하나도 준비해 가지 않았다. 건축에 대해 아무것도 모르는 무식쟁이가 건축가를 만날 수도 있지 않겠는가. 그럴 때 어떻게 대화가 이루어질지 그것을 기록해 보자. 그런 생각으로 인터뷰를 마쳤다. 대화는 무지무지 재미있었고, 그 재미를 다시 글로 푸는 작업 또한 엄청 재미있었다.

새로운 세계에 대한 탐험!

재미있게 쓴 글은 읽는 사람들도 재미있게 읽어 주는 법이다. 기사가 나간 뒤의 반응은 거의 '폭발적'이었다. 덕분에 건축 동네의 사람들도 가끔 만나게 되었고, 내 생각과 글의 영역이 멋지게 넓혀졌다. 새로운 세계에 대한 탐험! 신나는 일이 아닐 수 없다. 이일훈 선생께는 감사의 큰 절을 올려야 한다. 그 분 덕분에 내 인생에 새로운 세계가 펼쳐졌다.

한편 『지성과 패기』의 편집자 박상일 씨에게도 역시 고맙다는 말을 꼭 해야 한다. 좋은 편집자 또는 좋은 기획자의 역할이 얼마나 소중한 것인가를 다시 생각하게 하는 경험이었다. 불가능할 듯싶은 조합을 성사시키는 것. 그것이 좋은 편집자/기획자의 능력이다. 그런 편집자/기획자를 만나는 것은 글 쓰는 사람으로선 참 대단한 행운이다.

詩의 집, 數의 집, 그리고

家

(246·247)

(家—2)

생명의 집

—건축가 곽재환 인터뷰

곽재환·건축가. 종합 건축사 사무소 〈맥(脈, mac)〉 대표이며 경기대 건축과에 출강하기도 했다. 충남 내전에서 태어나 영남 대학교 건축과를 졸업했으며, 〈김중업 건축 연구소〉에서 건축 수업을 했다. '이성 중심의 세계관'을 넘어서 감성과 이성이 교감하고 균형을 회복하는 '전일적 세계관'으로의 '돌아감[歸]'과 '넘어섬[脫]'을 통해 마음과 정신의 무한한 열림을 건축으로 표현하려는 작업을 해 왔다. 누(樓)와 정(亭)이라는 공간을 통해 여백과 정신의 소통, 그 생명의 가능성을 추구한 『눈[眼]의 집』『솔[松]의 집』『응백헌(凝白軒)』 등의 작품 외에, 『국제 과학 기술 센터』『대전 목동 성당』『에바스 화장품 평택 공장』『수국 방송국』『백봉 C.C. 클럽하우스』 등을 설계했다.

나눔 나눔 나눔 (조병준과 함께 나누는 문화 이야기) **家** (詩의 집, 數의 집, 그리고 생명의 집―건축가 곽재환 인터뷰)

아버지께서 얼마 전 옛 집을 허물고 새 집을 지으셨다. 30년을 훨씬 넘겨 살았던 집이었다. 당연히 그 집에는 나의 유년과 소년과 청년 시절이 고스란히 담겨 있었다. 부모님께서 임시 거처로 살림을 옮기는 날, 옛 집에서 태어나고 자라 '각자의 집'으로 흩어진 우리 남매들이 모두 모였다. 마지막 짐을 옮기고 나는 빈 집으로 돌아갔다. 담배를 한 대 피워물었다. 담배 연기가 눈으로 들어갔던 모양이다. 눈물이 흘렀다. 그래서 눈을 감았다. 옛 집은 아버지께서 지으신 집이 아니었다. 식구들 중 누구도 그 집이 얼마나 오래된 집인지 몰랐다. 50년? 80년? 옛 집의 나이는 끝내 아무에게도 알려지지 않을 것이다. 어쨌든 그 날 내 유년과 소년과 청년의 삶을 보살펴 주었던 집은 '눈을 감았다'. 눈물이 흘러 나왔던 그 순간, 나는 깨달을 수 있었다. 집 또한 우리 인간들처럼 '살아 있다'는 것을. 모든 살아 있는 것들이 그러하듯, 집도 또한 죽음을 맞는다는 것을….

지어지지 않은 집

건축가 곽재환. 그는 스스로를 '지은 집이 별로 없는 건축가'라고 부른다. 처음엔 그저 우리네 특유의 겸손으로 생각했다. 조금 이야기를 나누다 보니 그의 말에 고개를 끄덕일 수밖에 없었다.

"개인적으로 가장 애정이 많이 가는 작품이라면 『솔의 집』과 『눈의 집』을 꼽고 싶군요. 『솔의 집』은 어느 농학자를 위한 주택이었고, 『눈의 집』은 골프 코스의 그늘집이었어요. 그런데 두 집 다 끝내 지어지지 못했습니다. 글쎄, 언젠가는 실현될 수 있는지도 모르지요. 하지만, 집 또한 세상 만물이 다 그렇듯이 때(時)라는 것이 있는 법이거든요. 시간이 바뀌면, 공간도 바뀌게 마련이죠. 처음에 그 집들을 설계했을 때의 그 시공간은 이미 사라져 버린 것이라고 생각해야 할 겁니다. 그러니 그 집들은 아마 영원히 지어지지 않은 집으로 남을 수밖에 없겠죠."

가장 애정을 많이 쏟은 집들이 지어지지 않은 것이다! 그는 자신이 시를 무척 좋아한다고 말했다. 시인이 시를 쓸 때, 그의 시는 책으로 묶이지 않아도,

그저 종이 위에 적혀 있기만 해도, 완성된 작품이 될 수 있다. 하지만 건축의 경우에는 얘기가 다르다. 건축은 2차원의 예술이 아니라 3차원 시공간의 예술이기 때문이다. 돌, 시멘트, 유리, 나무, 플라스틱, 철 등의 물질 재료가 없이는 건축은 이루어지지 않는다. 그 물질 재료의 특성, 즉 물성(物性)을 빼놓고는 건축을 이야기할 수 없다. 제아무리 선명한 컴퓨터 모델링도, 제아무리 치밀한 청사진도, 그 상태만으로는 건축이라고 부를 수 없다. 하지만 곽재환은 '지어지지 않은 집' 두 채를 자신이 가장 사랑하는 '작품'이라고 불렀다. 스케치와 설계도와 모델링으로만 남겨진 집. 조금 감상적이긴 하지만, 그것을 출판되지 않은 시인의 육필 원고에 비교해도 큰 무리는 없지 않을까.

가장 큰 애정을 쏟아 부은 작품들이 땅 위에 세워지지 못한 이유는 과연 그의 말대로 개인적인 불운함이 전부일까? 그렇지 않다면, 그 이유는? 나는 거기에 답할 수 있는 사람이 아니다. 거기에 대해 내가 할 수 있는 말은 한 마디뿐이다. 육체를 갖추고 태어나지 않았을지언정, 그 정신 또는 영혼마저 죽었다고 볼 수는 없는 것이 아닌가?

시(詩)의 세계와 수(數)의 세계

완전히 백치 상태로 30년을 넘게 지내다가 어느 날 갑자기, 건축에 관심을 갖게 된 탓에 나는 건축가를 만나면 항상 똑같은 질문을 던진다. 왜 우리들 보통 사람들은 이렇게 건축과 멀어졌을까요? 곽재환 선생은 이렇게 대답했다.

"건축이란 물질만이 아니라 정신이 함께 담겨 있는 것입니다. 그런데 현재 우리 건축에는 정신의 부분이 사라지고 물질적 요소만 남아 있습니다. 우리가 건축과 멀어진 것은 바로 그 때문일 겁니다. 다시 가깝게 하려면요? 정신을 회복하는 방법 말고 다른 무슨 방법이 있을까요?"

그러면서 그는 콘크리트를 예로 들어 좀더 친절한 설명을 보탰다.

"콘크리트 건물이 인공적이라 싫다고들 하죠. 하지만 과연 콘크리트라는 것이 자연과는 아무 상관없이 하늘에서 뚝 떨어진 것인가요? 아니죠. 콘크리트 역시 어차피 돌과 석회석 가루와 모래와 물이라는 자연물이 결합된 것입니다. 잘 지은 콘크리트 건물은 그대로 노출시켜도 동양적인 수묵화가 될 수도 있습니다. 잘 지었다는 얘기는 곧 정신과 물질이 융합되어 있다는 뜻입니다."

정신과 물질의 융합. 참 오래도록 들어 온 변증법이다. 물론 지겨워해서는 안 되는 변증법이지만, 아무리 좋은 말도 세 번 들으면 싫어지는 법인데…. 그가 그 변증법을 다른 말로 표현했다. 시를 평생의 업으로 삼고 있는 나 같은 위인에게는 더할 나위 없이 솔깃한 말로.

"시의 세계와 수의 세계가 합쳐진 것이 건축입니다. 콘크리트의 비인간성은 바로 건축이 시의 세계를 잃어 버렸기 때문에 빚어진 결과라고 할 수 있어요. 그런데, 심지어 우리의 건축은 삼풍 백화점에서 보듯이 수의 세계조차 제대로 구현을 해내지 못했습니다."

무엇이 시의 세계이며, 무엇이 수의 세계인가? 대학의 건축학과가 이공대 소속인 데에서도 알 수 있듯이, 치밀한 계산이 없이는 건축 또한 있을 수 없다. 수의 세계는 그렇게 얼른 이해할 수 있다. 하지만 건축에서 시의 세계라니?

"『솔의 집』을 예로 듭시다. 지붕을 경사지게 만들어 하늘로 날아가는 것처럼 표현했습니다. 그렇게 해서 지붕을 우리 옛 건축의 '누(樓)'와 같은 공간으로 만들려 했던 것이지요. '누'는 일상의 생활 공간보다 한 단계 높은 곳에 위치해 있습니다. 일상에서 벗어나 먼 곳을 바라다보는 일종의 '초월적 공간'이면서, 동시에 선비들이 서로 선비 정신을 나누는 '공동체 공간'이 바로 '누'였습니다. 그리고 본채에서 떨어진 한 구석에 작은 별채를 계획했습니다. 흔히 정자라고 부르는 '정(亭)'의 공간입니다. 홀로 조용히 자신의 삶을 되돌아보는 '반성의 공간'이지요. '누'가 사회적 공간이라면 '정'은 철저히 개인적인 공간입니다. '누'가 노출되어 있는 공간으로서 바깥 세상을 조망하는 원심력의 공간이라면, '정'은 숨어 있는 공간으로서 내면으로 깊이 파고드는 구심력의 공간이라고 할 수 있겠지요. 서로 다른 성격을 띠고 있기는 하지만, 누와 정은 한 가지 공통점을 지니고 있습니다. 바로 일상에서 한 발짝 떨어진 '시적 영감'의 세계라는 점입니다."
  일상에서 한 발짝 떨어진 세계. 그것이 곧 '시의 세계'라는 설명이었다. '떨어져 있음'으로써 비로소 가능해지는 '멀리 내다보기'와 '깊이 들여다보기'. 누구의 인생이든 문학 소년 시절을 겪지 않은 인생은 없다. 나는 경험을 통해 그 사실을 알고 있다. 이 글을 읽는 당신 또한 한때는 문학 소년이었으리라. 수학 공식을 외우는 대신에 시를 끄적이느라 밤을 새워 본 당신이라면, 그가 말하는 '시의 세계'가 무엇을 말하는지 쉽게 이해할 수 있으리라. 우리는 '시의 세계'를 너무 많이 잃어 버렸다. 우리의 집들도 마찬가지다…

선의 상상력, 여백의 생명력

그의 건축 세계에 대한 사전 정보를 얻으려 뒤져 본 인쇄물 중에 '묘한' 그림들이 있었다. 길게 열린 귀, 가늘게 뜬 눈, 생략된 귀와 눈과는 달리 매우 세밀하게 묘사된 코, 수직선 하나로 이루어진 몸체, 그리고 열린 8자로 그려진 앉은 다리. 한 눈에 그것은 좌선(坐禪)에 잠긴 부처의 모습이었다. 일체의 부피를 갖지 않은, 열리고 닫힌 직선과 곡선만으로 이루어진 부처였다. 그 부처의 이미지는 『관계(Relation)』라는 제목 아래 8개의 변주를 구성하고 있었다. 상호 작용, 선과 여백, 대립과 통일, 공간과 시간, 객관과 주관, 축과 균형, 건축과 환경, 존재와 마음. 8개의 변주 이미지마다 각각 그런 제목들이 붙어 있다. 두 번째의 변주인 「선과 여백」에서 그가 붙인 설명을 인용한다.
  "나는 선이 단지 하나의 면을 형성하는 기하 도형의 기본적인 요소로 사용되고 있다는 사실보다, 그것이 존재를 잉태하고 그 존재를 지속적으로 가능케 하는 근원적인 기(氣)의 가장 분명한 상징으로 사용되어 온 사실에 대해 주목한다. 기란 단순한 물질이 아니라 생명의 원리이며 원체이다. 선은 여백을 통하여 이러한 기를 무한히 응축하고 발산한다.…"
  사무실 벽 위에는 선으로 그린 그 부처의 이미지 중 두 개의 평면이 액자로 걸려 있었고, 바닥 한켠에는 투명한 아크릴로 만들어진 입체가 놓여 있었다. 건축과는 전혀 무관한 듯싶은 그 부처의 이미지들은 과연 곽재환이라는 건축가에게 무엇인가?

"선과 여백은 동양의 조형 세계입니다. 그리고 제가 추구하는 조형 세계이기도 합니다. 서양에 없는 동양만의 예술 장르가 무엇입니까? 바로 서예 아닙니까? 붓글씨에는 덧칠이 있을 수 없어요. 서양 문자가 기하학적이라면, 동양의 문자는 유기체적이라고 할 수도 있지요. 서양의 예술이 '만들어 가는(making)' 예술이라면, 동양의 예술은 '움직이는(moving)' 예술입니다. 서구 문명은 모든 것을 덮고 닫으려고 합니다. 반대로 동양의 전통은 여백을 그대로 비워 둡니다. 덮어 버리면 안에 있는 더러움을 감출 수 있겠지요. 하지만 감춰진 더러움은 결국 곪아 터지게 되어 있습니다. 지금 우리를 둘러싸고 있는 집들을 보세요. 모두들 몇 겹으로 덮여 있습니다. 꼭꼭 덮는 것만으로도 모자라, 거기에다 또 온갖 치장을 해대지요. 지금이 바로 치장이 극한까지 도달한 시대입니다. 비워진 공간을 통해 피가 통하고 기운이 통하는 법인데, 덮고 치장해서 막아 버릴 때는 그 순환 구조가 막혀 버리는 거예요. 비워진 공간이 없을 때, 그곳에서는 생명이 자라나지 못합니다."

그가 생명이라는 단어를 끄집어 냈을 때, 나는 비로소 왜 그가 그린 부처에서 유일하게 코만이 그토록 세밀하게 묘사되어 있는지를 알 수 있었다. 호흡! 생명의 본질은 바로 숨쉬기인 것이다. 텅텅 비어 있는 단순한 선으로 그려진 부처였지만, 생명의 본질이 들숨과 날숨으로 오가는 코만큼은 여전히 최소한의 정밀함을 '남겨 두어야' 했던 것이다. 그리고 그 '남겨 둠' 역시 거꾸로 된 '여백'이라고 해석하면 너무 심한 비약일까? '치장이 극한에 달한 시대'라고 하면서도 그는 이제 다시 소박함의 시대가 시작되리라는 희망을 버리지 않는 순환주의자다. 나는 그의 순환주의자로서의 낙관론을 배우고 싶다.

생명의 집

"우리의 아름다움은 곧 생명의 아름다움입니다. 우리가 사는 곳에는 여백의 공간, 즉 무위(無爲)의 공간이 있어야 합니다. 그래야 그 무위의 공간에서 인간과 자연이 공존할 수 있습니다. 세상의 모든 것이 음과 양으로 나뉘듯 서로 다른

곽재환

속성을 지니고 있지요. 서구 문명에서는 그 서로 다른 것을 무조건 대립자로 규정합니다. 거기서 상호 파괴가 빚어집니다. 균형을 찾기 전에 먼저 파괴가 일어나 버립니다. 생명이 설 자리가 없습니다. 이제 여백을 찾아야 합니다. 비어 있는 틈이 있어야 대립자들이 서로 감응하고 서로 보완할 수 있습니다. 그런 여백을 만들어 줄 수 있는 집이 지어져야 합니다."

  시와 수는 서로 대립하는 것이 아니다. 가만히 생각해 보자. 건축에만 시의 세계와 수의 세계가 있는 것이 아니다. 시에도 또한 시의 세계와 수의 세계가 함께 있지 않은가! 아무것이나 좋다. 소월의 시를 기억나는 대로 외워 보자. "나 보기가 역겨워 가실 때에는 죽어도 아니 눈물 흘리오리다…." 그 운율에 몸을 맡겨 보라. 운율이란 시가 지닌 수의 세계 아닌가. 내가 역겨워 가는 님에게 진달래를 뿌려 주겠다는 그 '일상에서 멀리 벗어난' 시의 세계와 운율이라는 수의 세계가 어우러져 있지 않은가. 그래서 그토록 아름다운 시, 시간을 초월한 생명력을 담은 시가 나온 것이 아닌가. 세상 모든 일에 다 그렇게 시의 세계가 있고, 수의 세계가 있을 것이다. 그 두 세계가 서로 '빈 틈'을 두고 만날 때, 세상 모든 것에 다 생명이 깃들게 되지 않겠는가.

  이제 잠시 나도 한숨을 돌리려 한다. 잠시 이 인터뷰 기사에 여백을, 빈 틈을 만들자.

● ● ●

솔(松)의 집

나눔 나눔 나눔 (조병준과 함께 나누는 문화 이야기) **家** (詩의 집, 數의 집, 그리고 생명의 집―건축가 곽재환 인터뷰)

　아직 철이 덜 들어서인지, 아니면 어릴 때 빵과 과자를 원없이 먹어 본 경험이 부족해서인지, 잘 모르겠다. 하여간 나는 '집' 하면 철근 넣고 콘크리트로 버무린 집이 생각나질 않고, 꼭 '헨젤과 그레텔의 집'이 먼저 머릿속에 떠오른다. 지붕은 초콜릿, 창문은 사탕, 벽은 스폰지 케이크, 문은 사과 파이로 된 마귀 할멈의 집. 그러다 어느 날부턴가 '집' 하면 헨젤과 그레텔의 집에 잇따라 떠오르는 또 하나의 집이 생겼다. 독일의 동화 작가 미카엘 엔데―나는 그가 20세기 최고의 철학자이며 작가라고 전혀 망설임 없이 외칠 수 있다!―의 『끝없는 이야기』에 나오는 집이다. 그 집의 이름은 '변화의 집'. 그 집에는 꽃과 잎과 열매를 주렁주렁 매달고 '다시 아기로 태어날 사람'을 기다리는 '아유올라 부인'이 살고 있다. '변화의 집'은 "집 자체가 변화할 뿐만 아니라, 그 안에 사는 사람까지도 변화시키는" 집이다. "대단한 생명력을 갖고 있는" 그 집은 가끔 "싱겁게 장난을 칠 때"도 있지만, "근본적으로 아주 사랑스러운 집"이다. 어린 주인을 위해 "놀이방, 기차 선로, 인형 극장, 미끄럼틀, 심지어는 커다란 목마까지 만들어" 내는 집이다(『끝없는 이야기』, 미카엘 엔데 지음, 차경아 옮김, 문예 출판사).

　헨젤과 그레텔의 집을 다시 생각한다. 배고픈 아이들을 유인해 마귀 할멈의 저녁거리가 되게 만들 뻔한 죽음의 집. 화려하고 맛있지만, 생명이 없는 집…. 미카엘 엔데의 '변화의 집'을 다시 생각한다. 미카엘 엔데가 직접 설명하지는 않았다. 하지만 아주 또렷이 상상할 수 있다. 미카엘 엔데가 그린 '변화의 집'은 아주 단순하고 부드러운 곡선으로 이루어진 '열린 집'이었으리라. 열린 집은 곧 살아 있는 집이다. 스스로 숨쉬고, 그 안에 사는 사람이 숨쉬는 것을 막지 않는 집. 다시 아기로 태어나게 하는 집. 생명의 집….

　불행히도 지면이 닫혀 있어, 곽재환 선생이 전한 '생명의 집'을 더 이상 자세히 묘사할 수가 없다. 한 구절만 더 열린 선으로 긋는다. 빈 자리를 굳이 당신이 채울 필요는 없을 것이다. 그냥 열려 있는 채로….

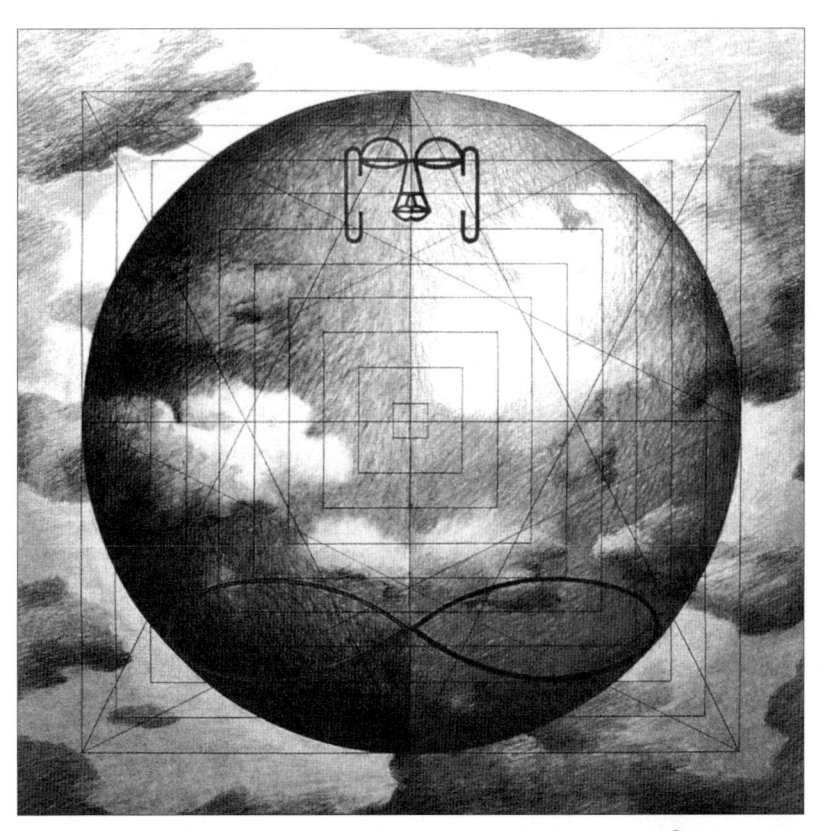

우주

나눔 나눔 나눔 (조병준과 함께 나누는 문화 이야기)　家 (詩의 집, 數의 집, 그리고 생명의 집—건축가 곽재환 인터뷰)

"최소한의 재료만으로 집을 지을 생각을 합시다. 그래야 안과 밖이 서로 통해서 집이 호흡을 할 수 있습니다. 그래야 환경도 지킬 수 있습니다. 아무리 꽉 막힌 집장사의 집일망정, 포기하지 맙시다. 옥상을 가꾸며 살면 됩니다. 쓰레기터로 버려 두지 말고, 가끔 옥상에 올라가서 하늘을 보는 겁니다. 누에 오른 기분으로 말입니다. 집에 사는 사람이 하늘을 보고 살면, 그 집도 하늘로 열린 집, 생명이 숨쉬는 집이 될 수 있을 겝니다…"

『지성과 패기』 1996년 11-12월호, 선경 그룹 발행

뒷얘기 : 술에 취한 '과객'이 오면

어느 전시회의 뒤풀이 자리에서 곽재환 선생을 처음 만났다. 인사동의 포장 마차에서 3차가 이어지던 중, 술에 취한 '과객'이 우리의 자리에 끼어들었다. 술 취한 과객은 술 한 잔만 얻어먹고 가겠다는 약속을 지키지 않았고, 원래의 술자리 사람들은 하나씩 포장 마차를 떠나 돌아오지 않았다. 과객의 친구가 또 합석을 했다. 곽재환 선생은 과객과 그 과객의 친구에게 계속 술을 따라 주었다. 그 때 나는 곽재환이라는 사람이 따뜻한 심성을 지닌 사람이라는 감을 잡았다. 스쳐 지나가는 '인연'을 소중하게 생각할 줄 아는 사람이었던 것이다. 그 날 전시회 뒤풀이에서 만난 사람들 가운데, 몇 달이 지난 지금, 내가 아직도 인연줄을 계속 붙들고 있는 사람은 곽재환 선생뿐이다.

'이야기 나무'에 열릴 '지어진 집'을 위하여

그 인연줄의 한 가닥이 바로 이 인터뷰 기사였다. 이일훈 선생과의 인터뷰 이후 갑자기 건축에 관심을 갖게 된 터였다. 건축, 즉 '집'을 통해서 '세상 사는 이야기'를 할 수 있다는 것이 무척 재미있었다. 애초에는 이 책에만 싣기 위해서 계획한 인터뷰였다. 『지성과 패기』측에서 글을 실어 주겠다고 했다. 3회에 걸쳐 계속된 「생명」 화두의 마지막 3부 「생명과 인문학적 상상력」의 한 칼럼으로 글이 정리되었다. '생명' 쪽으로 초점을 맞추다 보니, 그가 나와의 대화에서 키웠던 '이야기 나무'의 많은 가지들이 잘려 나갈 수밖에 없었다.

그와 나의 인연줄이 계속 이어진다면, 언젠가 다시 한 번 그에 대해 글을 쓰고 싶다. 그 때는 지어지지 않은 집이 아니라, '지어진 집'을 놓고서 말이다. 하룻저녁 술자리의 인연을 핑계로 무턱대고 찾아간 글쟁이를 마다하지 않고 따뜻하게 맞아 주시고, 글쓰기를 허락해 주시고, 거기다 걸핏하면 밥과 술을 사 주신 곽재환 선생에게 이 자리를 빌어 말씀드리고 싶다. 선생님, 고맙습니다!

(家—3)

내 아버지의 집

첫 번째
—건축
네안데르탈인의 변명

36년 동안 해 본 적이 없었던 집에 대한 이야기

아버지께서 집을 지으셨습니다. 당신 평생에 처음 지은 집이었습니다. 아마 마지막 집이 되기 쉽겠지요(아버지는 올해로 예순여섯이십니다). 아버지께선 준공 검사가 떨어지는 날, 제게 말씀하셨습니다. "이 집은 너의 집이다." 저의 노력은 벽돌 한 장만큼도 들어가지 않은 집이었지만, 아무튼 그 덕분에 저는 난생 처음으로 '건축'이라는 두 글자를 한동안 입에 달고 살게 되었습니다. 그런데 알고 보니 참 이상한 일이었습니다. 입는 것, 먹는 것에 대한 이야기는 날마다 하고 살았는데, 집에 대한 이야기는 36년 동안 거의 해 본 적이 없었던 것입니다. 아파트와 전원 주택에 대해서는 입에 침이 마르도록 떠들었지만, 정작 '집' 또는 '건축'에 대한 이야기는 해 본 기억이 없지 뭡니까? '의식주'의 맨 끝 글자였기 때문이었을까요? 몸 가리고 먹는 일만으로도 벅찬 개발 도상국의 국민이었기 때문일까요?

아버지의 집이 올라가는 과정에서 우연찮게도 건축가 몇 분을 만나 뵙게 되었습니다. 아, 물론 아버지의 집과 관계된 만남은 아니었습니다. 조금만 더 일찍 그 건축가 분들을 제가 만날 수 있었다면, 아버지의 집은 지금 많이 달라져 있을지도 모르겠습니다. 역사엔 가정법이 없는 법이라니, 아쉬워해도 소용없는 일이지요. 어쨌든 인연이란 참 이상한 것입니다. 까마귀 날자 배 떨어지고, 아버지 집 지으시자 건축가를 만나다!

건축가들을 만나면서 저는 어떻게든 폼을 잡아 보려고 두뇌 회로를 총가동시켰습니다. 그랬더니, 이게 웬 일입니까! 제가 아는 건축가의 이름은 르 코르뷔제와 라이트, 김수근과 김중업이 전부이더군요. 아버지의 집 덕분에 저는 제 '지적 능력'의 아킬레스건을 발견하고 말았습니다. 건축에 관한 한 저는 네안데르탈인의 단계에 머물러 있었던 셈이지요. 이 글은 네안데르탈인의 글입니다. 포스트모던이 한물 가 버린 이 1996년에 감히 네안데르탈인이 '건축'에 관한 글을, 그것도 건축가들을 대상으로 한 잡지에 쓴다니, 이 무슨 해괴한 짓인지, 저도 잘 모르겠습니다. "앗, 저 원시인이 드디어 크로마뇽인으로 진화를 시작한 모양이다" 하고 너그러운 마음으로 읽어 주시기 바랍니다.

르 코르뷔제와 라이트에서 시작하고 끝난 건축사

우선, 이상했던 것부터 짚고 넘어가겠습니다. 기억을 되살리건대, 르 코르뷔제와 라이트라는 이름을 처음 본 것은 중학교 때의 미술 교과서였던 것 같습니다. 세잔느와 고흐도 그 때 함께 보았지요. 세잔느와 고흐는 어찌어찌 해서 르네 마그리트와 앤디 워홀 정도까지는 계속 진행이 되었습니다. 그런데 르 코르뷔제와 라이트는 그냥 거기서 끝나 버리고 말았습니다. 어쩌다 몇 년에 한 번 산 속에 텐트를 치는 경우를 빼면, 하루 24시간 거의 전부를 '건축' 속에서 사는 '도시인'이 그렇게 건축에 '무식한 놈'으로 남게 된 것은 과연 무엇 때문이었을까요?

건축이 그토록 중요한 것이었다면, 즉, 인간 생활의 3대 요소인 의식주에서 의와 식에 못지않게 중요한 것이었다면, 왜 보통 사람들은 그렇게 건축에 대해 무지해야 했을까요? 여기서 보통 사람의 범주는 사실 꽤나 넓습니다. 구청 앞에서 햄버거 주문하듯 설계도를 주문해서, 동네의 건재상(요즘은 대개 무슨무슨 '공사' 라는 간판이 붙어 있더군요)과 '평당 백 몇십만 원' 만 잘 확인하고 계약해서, 모두가 똑같은 빨간 벽돌로, 모두가 똑같이 '옥탑방' 이 딸린 다세대 또는 다가구 주택을 짓는 이른바 '서민' 들도 그 보통 사람에 포함될 테니까요. 제 아버지의 집도 그런 보통 서민의 집입니다. 자, 그 수많은 보통 사람들은 왜 건축을 모르고 지금까지 살아야 했고, 지금 살고 있으며, 앞으로 살아가야 하는 것일까요?

　　잘못이 제게 있었음을 부인하지는 않겠습니다. 뤼미에르 형제에서 쿠엔틴 타란티노까지 영화 감독들의 이름은 백 년을 꿰뚫고, 그레고리안 성가에서 얼터너티브 록까지 음악계 슈퍼스타들의 이름은 수백 년을 넘나들면서, 유독 건축에만 제 지적 호기심을 돌리지 않았던 것은 순전히 저의 개인적인 게으름 탓이었습니다. 그런데, 저는 아직도 비 맞은 스님, 또는 걸상 들고 벌 선 초등학생처럼 볼이 부어서 구시렁댑니다. 씨이, 나도 잘 한 건 없지만요, 그래두 전부 내 탓은 아닌 것 같단 말이에요…. 남들이 붙여 준 이름에 불과하지만, 하여간 저는 명색이 시인이고 문화 평론가입니다. 제 주변의 사람들 중에는 스스로 '지식인' 이라고 자처하는 현생 호모 사피엔스들이 적지 않습니다. 왜 그 네안데르탈인 아닌 현대인들의 대화에서는 한 번도 건축가의 이름이 들먹여지지 않았던 것일까요?

내 아들이 집을 지을 때

자꾸 ~까요? 라고 말을 맺으니, 혹시, 이 친구가 지금 시비 거는 거 아냐? 하시는 분들이 계실까 걱정이 됩니다. 절대 시비는 아닙니다. 그냥 알고 싶을 뿐입니다. 그런데, 말을 꺼내고 보니, 사실 시비였군요. 죄송합니다. 기왕 시비임이 밝혀졌으니 계속 밀고 나가겠습니다. 왜 건축가의 이름을 걸고 설계되는 집은 언제나 저로서는 꿈에도 따지 못할 별이었을까요? 왜 모처럼 건축을 조금이라도 알고 싶어서 서점에 갔는데, 저처럼 '문 밖에 서 있는 사람'에게, 어서 들어와 하며 손짓하는 쉬운 책은 끝내 찾을 수가 없었던 것일까요? 건축의 '문외한'들을 그렇게 문 밖에서 계속 떨게 만든 책임의 아주 조금은 문 안의 사람들이 져야 하는 것이 아닐까요? 건축 '비평가'의 책임일까요? 누구의 책임이었든, 보통 사람들이 건축의 '건' 자도 담기지 않은 집에서 살아가고, 건축의 '건' 자도 입에 담지 않는 지금의 상황에 대해서는 아무래도 '건' 자가 들어가는 전문가들이 약간은 책임을 져야 하는 것이 아닐까요?

그나마 다행스럽게도, 인연이 닿아 주어서, 저는 이제 미스 반 데르 로에와 루이스 칸과 〈4.3 그룹〉이라는 단어들의 발음을 익히게 되었습니다. 길을 다니다가 뭔가 달라 보이는 건물 앞에서는 잠시 발걸음을 멈추게도 되었습니다. 보통 다행한 일이 아니지요. 입고 먹는 것만큼, 그보다 더도 덜도 아니고 딱 그만큼, 중요한 '집'을 드디어 생각하게 된 것입니다. 무엇보다 제 아버지께 감사를 드려야겠습니다. 그런데, 제가 제 아버지만큼의 힘과 사랑이 있어서 제 아들을 위해 집을 지을 날이 혹시 올지도 모르겠습니다. 그 때 그 아이가 저와는 달리 '집 = 건축'에 관한 최소한의 상식과 지식은 갖추고 있어 늙은 아비를 대신해 제대로 된 집을 지을 수 있다면 참 좋겠습니다. 제가 못 한 그 일을 할 수 있도록 그 아이에게 그런 상식과 지식을 누군가 친절하게 가르쳐 준다면 얼마나 좋을까요?

말을 처음 배우는 한 살바기들은 참 말이 많은 법이지요. 지금 제가 딱 그짝입니다. 발음도 못 하면서 하고 싶은 말은 왜 이리도 많은지…. 한 살바기들에겐 밥을 맘마라 하고 과자를 까까라고 가르쳐 주지요. 지금 대한민국은 건축에 대해선 한 살바기들 투성이라는 것을 기억해 주신다면, 이 네안데르탈 아기들은 아주 금방 크로마뇽인으로 진화할 수 있을는지도 모르겠습니다.

『건축인』 1996년 11월호, 간향 미디어 발행

두 번째
—내 삶과 함께 살아 온 생명체

낙산과 대학로

한 살바기 네안데르탈 아기가 다시 말을 합니다. 아기들을 보니 엄마, 아빠, 맘마라는 세 단어를 제일 먼저 배우더군요. 뭐 썩 맘에 드는 설명은 아니지만, 그 세 단어가 아기의 생존과 직결된 말이기 때문이라고 합니다. '건축'이라는 단어를 제대로 발음하지 못하는 까닭에 저는 '집'이라고 말합니다. 그냥 집도 아니고 '내 아버지의 집'입니다. 제가 기억하는 우리 가족의 집은 그것 하나뿐이었고, 그래서 '내 아버지의 집'은 제 유년기와 소년기와 청년기의 생존과 직결되어 있었습니다.

낙산 자락 언덕배기. 낙산 위에는 소나무 밭이 있었고, 바위 틈에는 샘물이 하나 있었습니다. 구불구불한 골목을 벗어나면 언덕을 흘러내려 대학천으로 들어가는 작은 개천이 있었습니다. 언덕을 다 내려가면 서울 대학교의 철조망이 있었고, 철조망 안의 한 교실에선 대학생 형들이 이상한 옷을 입고 연극 연습을 하고 있었습니다. 문리대 담장을 돌아 큰길로 나서면 개천 위에 다리가 걸려 있었습니다. 봄이면 그 개천가에 개나리가 가득 피었습니다.

제가 기억하는 옛날, 1960년대 초반의 대학로의 모습입니다. 호랑이가 담배를 먹던 시절이지요. 어느 날 마른 하늘에 벼락치듯 다이너마이트가 터지기 시작했습니다. 낙산의 소나무는 다 베어졌고, 언덕배기 작은 개천은 시멘트로 덮였고, 돌산 위에 아파트가 세워졌습니다. 허구헌 날 데모를 해서 어린 우리들을 울렸던 서울 대학교 형들은 관악산으로 쫓겨났습니다. 철조망이 없어지고 서울 대학교가 없어진 자리에 하나씩 좋은 집들이 생겨났습니다. 문예 회관 대극장과 미술 회관이 생겼고, 빨간 벽돌 건물들이 하나둘 늘면서 레스토랑들이 생겼습니다.

어느 화끈한 장군께서 대학로를 문화의 거리로 만들라고 '명령' 했습니다. 토요일과 일요일이면 차가 다니지 않았고, 아이들은 그 곳에서 브레이크 댄스를 추었습니다. 다시 차가 다니기 시작했고, 멀쩡한 '고급 주택' 을 헐고 그 자리에 카페들이 지어지기 시작했습니다. 이제 멀쩡한 카페들을 또 헐어 버리고, 그 자리에 더 아름답고 커피 값이 더 비싼 카페들이 지어집니다. 그리고 '대한민국에서 제일 더럽다는' 낙산의 동숭 시민 아파트도 하나씩 헐리고 있습니다. 지금, 1990년대 후반의 대학로입니다.

항상 변하는 집

대학로 얘기를 너무 길게 한 것 같습니다. 하지만 아버지의 집을 이야기하기 위해서는 그래야 했습니다. 동숭동 산동네 중턱에서 아버지의 집은 낙산의 시민 아파트와 대학로의 고급 주택들이 세워지고 허물어지는 그 세월을 고스란히 지켜보며 '살았습니다'. 아버지는 그 집을 짓지 않으셨습니다. 저는 전혀 기억이 나지 않는 일이지만, 하여간 맏아들인 제가 세들어 살던 주인집의 동갑내기 5대 독자 아들을 매일 두들겨 팼답니다. 주인집이 나가 달라고 해서 여기저기 빚을 얻어 그 집을 당신 생애에 처음 사셨답니다. 아버지가 그 집을 사실 때 그 집의 나이가 얼마였는지는 아무도 몰랐을 것입니다. 저는 1990년에 아버지의 집을 나와 독립했습니다. 아버지의 집을 여러분에게 보여드리고 싶습니다. 아버지의 집은 사진으로 보여드릴 수가 없습니다. 너무나 많이 변했기 때문입니다. 식물이 싹트고 꽃 피고 씨앗을 맺는 장면을 단 1분에 보여 주는 고속 촬영 필름을 생각하며 상상해 주시기 바랍니다.

문간방과 마루와 안방에는 툇마루와 댓돌이 있었고, 다락 밑 부엌에는 까만 가마솥이 걸려 있었습니다. 수돗가 왼편으론 장독대가 있었고, 수돗가를 오른편으로 꺾어들면 그 곳에 또 하나 부엌이 딸린 서향(西向) 방이 있었습니다. 대문을 나서면 오른쪽에 판자 쪽문이 달린 '변소' ─화장실이 아닌─가 있었고, 변소를 끼고 '벽' ─담장이 아닌─을 돌면 거기에 또 하나 부엌이 딸린 서향 방이 있었습니다. 제가 어렸을 때 그 집에선 모두 네 가족이 살았습니다. 방 네 개에 가족이 넷이었던 것입니다.

제가 기억하는 그 집은 '항상 변하는 집' 이었습니다. 어느 날 마루가 장판 깔린 방으로 변했고, 가마솥과 다락이 사라진 자리에 입식 부엌이 생겼습니다. 마루방과 문간방이 하나로 합쳐 큰 방이 되었고, 수돗가 왼편의 서향 방은 부엌을 통해 들어가는 '아들의 방' 이 되었습니다. 어느 날 마당이 사라진 자리에 거실과 수세식 변기를 갖춘 '화장실' 이 생겼습니다. 열심히 돈을 모으신 아버지는 열 평짜리 옆집을 사서 담을 헐어 내었습니다. 그래서 아버지의 집은 다시 마당을 갖게 되었습니다.

수수깡대와 진흙으로 만든 집

그 집이 헐렸습니다. 시집 간 누이들과 어머니의 성화가 대단했습니다. 사위들이 와도 자고 갈 방이 없지 않느냐는, 참으로 '현실적' 인 불만이었습니다. 그래도 끄떡 않으시던 아버지셨습니다. 빚지는 것을 죽기보다 싫어하시는 아버지십니다. "내 돈을 내 손에 쥐기 전에는 집 안 짓는다"고 하셨습니다. 결국 아버지는 누이들과 어머니의 성화에 굴복하셨습니다. 그런데 제가 볼 때에는 누이들과 어머니의 성화만이 전부는 아니었습니다. 어느 새 동네의 집들이 거의 모두 '새 집'으로 바뀌고 있었던 것입니다. 이른바 '달동네 재개발'이지요.

집이 헐린 자리에 가 보았습니다. 버리고 간 낡은 세간살이들과 30년 넘는 우리 가족의 세월이 거기에 재생할 수 없는 쓰레기로 남아 있었습니다. 제가 조금 감상적이 된 것을 용서하시기 바랍니다. 누구라도 그런 상황에선 그럴 수밖에 없지 않겠습니까? 하여간 저는 잠깐 눈물을 참느라 눈을 감아야 했습니다. 다시 눈을 뜨고 잠시 후면 청소 트럭에 실려 매립지로 떠날 아버지의 집의 잔해를 보았습니다. 아! 그 때 저는 보았습니다. 아버지의 집이 살아 있는 '생명체'였다는 것을 그 때 비로소 깨달았습니다.

벽돌과 시멘트와 콘크리트와 돌이 있었습니다. 그리고 '수수깡대와 진흙'이 있었습니다. 수수깡대와 진흙이 '서울 한복판'의 집에서 나왔다는 것을 저는 제 눈으로 보고도 믿을 수가 없었습니다. 한 번도 헐어 내고 수리하지 않았던 서향 방들의 벽에서 나온 것이 틀림없었을 겝니다. 아버지의 집은 애초에 수수깡대와 진흙으로 지어졌던 것입니다. 생명체가 바깥 세계에서 받아들인 무기물 양분을 재료로 해서 세포 분열을 통해 자신의 몸을 키워 나가듯, 아버지의 집도 수수깡대와 진흙에서 출발해 마침내는 입식 부엌과 수세식 화장실을 갖춘 집으로 '성장'했던 것입니다. 그리고 그 안에서 저희 다섯 남매가 성장했고, 하나씩 집을 떠났고, 아버지와 어머니는 나이를 드셨던 것입니다. 아이들이 모두 떠난 집은 이제 더 이상 그 자리에 남아 있을 필요가 없었던 것일까요? 씨앗들을 모두 바람에 날려 보낸 여러해살이 풀처럼 말입니다.

아버지의 집은 '죽었습니다'. 그리고 그 시신은 땅에 묻혔습니다. 저는 이제 제가 흘린 눈물이 결코 값싼 감상의 눈물이 아니었다고 얘기할 수 있습니다. 집에서 기르던 개가 죽어도 사람들은 눈물을 흘립니다. 자기 안에서 아이들을 키운 집, 아이들을 위해서 스스로를 넓히고 변화시킨 집, 수십 년의 세월을 자기 안의 사람들과 함께 '살아 온' 집이었습니다. 그 집의 죽음을 앞에 두고 흘리는 눈물은 너무도 당연한 것이었습니다.

보통 사람이 살아 숨쉬는 집을 짓는 방법

구질구질하고 지루한 얘기를 들어 주셔서 감사합니다. 말 배우는 아이의 용기를 빌어, 다시 건축가 선생님들께 생떼를 피우겠습니다. 살아 있는 집을 지어 주십시오. 제가 워낙 까다로운 탓인지, 아니면 무엇을 모르는 탓인지, 저는 지금 제가 살고 있는 2층짜리 양옥집에서는 단 한 번도 아버지의 집에서 느꼈던 편안함을 느끼지 못했습니다. 선배, 후배, 친구들의 아파트에서는, 돈 줄 테니 살라고 해도 살 수 있을 것 같지가 않습니다. 이제 저는 그 이유를 어렴풋이나마 짐작할 수 있을 것 같습니다. 그런 양옥집들과 아파트들이 아버지의 집처럼 '살아 있는 집'이 아니기 때문인 것 같습니다. 그런데 대한민국 천지에는 온통 그런 '살아 있지 않은 집'이 널려 있습니다. 너무나 적은 숫자의, 너무나 선택받은 사람들만이 '살아 있는 집'에서 사는 것 같습니다.

     수수깡대와 진흙으로 아파트를 지을 수는 없겠지요. 건축법과 도시 계획 이 두 눈을 시퍼렇게 뜨고 감시하고 있는 판에 집이 멋대로 세포 분열을 해서 변화할 수도 없겠지요. 그래도 뭔가 방법은 있지 않을까요? 살아 있는 집, 그 안에 살고 있는 사람들처럼 살아 숨쉬는 그런 집을 짓는 방법이 어디엔가 있지 않을까요? 저는 건축에 대해 아무것도 모릅니다. 그래서 그런 방법이 어떤 것일지, 어디에 숨어 있을지, 상상도 하지 못합니다. 건축을 잘 아시는 분들은 그런 방법을 상상하실 수 있으리라고 생각할 뿐입니다. 그리고 그런 상상을 저 같은, 그리고 제 아버지 같은, 저 수많은 '보통 사람들의 집'에서 실현해 주실 건축가 선생님들이 몇 분쯤 계셨으면 참 좋겠습니다.

『건축인』 1996년 12월호, 간향 미디어 발행

세 번째 — 서쪽으로 난 아주 큰 창

달동네 집의 **서쪽**으로 난 창

 전망 좋은 집이 값도 좋다고 합니다. 북향(北向)으로는 창을 내지 않는다던 우리네 집의 오랜 전통도 그 '좋은 값' 앞에서는 물 건너가 버린 애기가 된 모양입니다. 물을 건너 한강 남쪽을 바라보면 단박에 알게 됩니다. 채광과 보온은 더 이상 자연의 혜택이 아닙니다. 해 짧은 겨울의 북풍 한설이 전혀 문제가 되지 않는 '좋은 세월'이 확실히 왔습니다. 그 사실을 '참 잘 생긴' 88 올림픽 도로변의 아파트들이 온몸으로 가르쳐 줍니다.

 아버지께선 당신의 새 집을 지하층까지 합쳐 4층으로 올리셨습니다. 물론 당연히 맨 꼭대기 층을 당신의 거처로 잡으셨지요. 콘크리트 골조가 올라가고 집의 틀이 잡혔을 때, 제 가슴을 설레게 했던 것은 바로 서쪽으로 뻥 시원하게 뚫린, 창을 세울 자리였습니다. 그 뚫린 곳으로 인왕산을, 창덕궁과 창경궁의 숲을, 대학로를 내려다 보는 것은 참으로 감동적이었습니다. 아버지의 집은 성(城)이었고, 저는 왕자였습니다. 언덕받이 높은 집의 커다란 서향 창! 이미 아버지의 집을 떠나 몇 년째 따로 살고 있었지만, 그 서향 창 하나 때문에 저는 아버지의 집으로 돌아오고 싶을 정도였습니다.

어린 시절 아버지의 집은, 솔직히 남들에게 별로 보여 주고 싶지 않은 집이었습니다. 달동네 집이란 게 사실, 그 안에 사는 사람들에게는 절대 자랑거리가 될 수 없었습니다. 그들의 꿈은 항상 저 산 아래 동네의 '2층 양옥집'이었지요. 그런데 언제부턴가 그 달동네 집들에 대한 아름다운 추억담이 들리기 시작하더군요. 외국의 어느 저명한 건축가 선생께서 서울을 방문하셨는데, 그 양반이 말씀하시기를 "서울에서 건축적으로 의미 있는 건물은 오로지 달동네의 집들뿐이다"라고 하셨다더군요. 하지만, 제가 어렸을 때 저는 아버지의 달동네 집이 아름다운 건축물이라고는 단 한 번도 생각해 보지 못했습니다. 친구들을 거의 집으로 데리고 가지 않았습니다.

하지만, 어느 날 아버지의 달동네 집에도 드디어 제가 다른 사람들에게 자랑스럽게 내세울 것이 생겼습니다. 서쪽으로 창이 나 있는 제 방이었습니다. 그 방이 제 차지가 된 것은 제가 대학생이 된 다음이었습니다. 머리가 큰 탓도 있었겠지요. 하여간 저는 그 때부터 더 이상 달동네 아버지의 집을 부끄러워하지 않고 친구들을 열심히 집으로 불러들였습니다.

서너 명만 모여도 꽉 차 버리고 마는 작은 방이었지만, 다 큰 장정들이 아이들처럼 자주 그 방에 모였습니다. 손바닥보다 조금 더 큰 유리창 건너편에 인왕산이 있었기 때문이었습니다. 인왕산으로 떨어지는 저녁 노을 때문이었습니다. 인왕산 아래로 요술처럼 펼쳐진 숲, 서울에서 평지에 남은 유일한 숲이었던 비원과 창경원의 숲 때문이었습니다. 볼 것 많고 갈 곳 많던 스무 살 청년들을 불러들였던 것은 바로 그 '전망 좋은 방'이었습니다.

바쁘다는 핑계로 한참 동안 공사 현장에 가 보지 못했습니다. 내부 공사가 시작되었다는 소식을 듣고 현장에 갔을 때, 제 가슴 속에선 우뚝 서 있던 성이 와르르 무너져 내렸습니다. 그 커다랗던 서향 창이 손바닥만하게 줄어들어 있었던 것입니다. "안방을 남쪽으로 내다 보니 그렇게 되었구나. 화장실을 남향으로 낼 수는 없는 법이 아니냐?" 아버지의 해명이었습니다. 제가 모르는 사이에 거실과 주방의 위치가 바뀌었고, 그 덕분에 안방과 막내 공부방의 위치도 바뀌었고, 그리하여 결국 서쪽으로 나 있던 그 커다란 창문 자리는 벽돌로 막혀 화장실 환기창으로 몰락하고 말았던 것입니다.

저는 아버지께 제발 그 창문을 원상 복귀시켜 달라고 빌었습니다. 아버지, 우리 집은 서쪽 전망이 백만 불짜리란 걸 모르세요? 건축 업자에게 통사정을 했습니다. 지금이라도 콘크리트를 잘라서 안방의 창이라도 서쪽으로 살려주십시오. 이미 벽돌을 붙이기 시작했고, 그 상태에서 콘크리트를 부수면 벽돌이 다 떨어져 나갈 것이기 때문에, 불가능하다는 답변이 돌아왔습니다. 분하고 억울해 입술을 깨무는 저를 달래며 어머니께서 말씀하셨습니다. "속상해 하지말거라. 네가 쓸 옥탑방에는 아주 커다랗게 서쪽으로 창을 내 주마."

그래서 옥탑방의 서쪽 벽은 배꼽 높이에서부터 천장까지 창문이 되었습니다. 옥탑방은 내 아버지의 집, 아니 내 아버지의 '성'의 망루와 같은 곳입니다. 남쪽으로 난 창으로는 남산이 보이고, 서쪽으로 난 창으로는 인왕산과 북한산이 보입니다. 날씨가 좋은 날에는 인수봉까지 그 유리창 오른쪽 귀퉁이 안으로 들어옵니다. 옛날의 서향 창보다 훨씬 더 환상적인 전망을 확보하게 된 것이지요. 아, 질투와 선망의 수근거림이 제 귀에 들립니다. 옥탑방 자랑은 그만 하겠습니다. 다른 이야기를 하겠습니다.

땅과 하늘 사이, 산

아버지의 집이 다 지어진 후로 여러 번 옥탑방에 올라갔습니다. 거기에 올라가면 그래도 가슴이 확 터지는 것 같아, 부모님께 인사 드리러 가는 횟수가 늘어났습니다. 하지만 그 동안 서울의 공기가 너무나 더러워졌기 때문에, 이제 인왕산의 저녁 노을을 보는 하늘의 별 따기보다 더 어렵습니다. 더러워진 것은 서울의 공기뿐만이 아닙니다. 서울의 전망은 공기보다 더 더러워졌습니다.

옥탑방의 서향 창을 통해 보이는 전망에는 참으로 볼썽사나운 것들이 많습니다. 우선 서울 대학 병원의 거대한 덩어리가 있고, 창덕궁 근처에 하나둘씩 늘어나는 직사각형 덩어리들이 있습니다. 시선을 오른쪽으로 돌리면 드디어 최악의 덩어리를 만나게 됩니다. 옛날 우석 대학 병원 자리에 세워진 아파트 단지입니다. 서울에 있는 거의 유일한 평지 숲인 창덕궁 바로 코 앞에 대형 빌딩들을 몇 채나 쌓아올린 서울 시민들의 '무신경'은 가히 금메달감입니다. 하지만 올망졸망한 주택가와 키작은 상가로 둘러싸인 혜화동 로터리에 고층 아파트 단지를 올린 위대한 서울 시민들의 '몰상식'에는 금메달을 넘어 다이아몬드 메달을 수여해야 할 것 같습니다.

그래도 서쪽은 나은 편입니다. 남쪽으로 고개를 돌리면, 저는 할 수 없이 '고개 숙인 남자'가 되어야 합니다. 종로 5가를 꽉꽉 채우고 있는, 저 '멋대가리' 없이 대가리만 높이 치솟은 고층 오피스 빌딩들이 저더러 고개를 숙이라고 윽박지르기 때문입니다. 틀림없이 몇 년 후면 종로 5가의 빌딩들 때문에 아버지의 집에서는 남산을 볼 수 없게 될 것입니다. 아버지의 집처럼 높은 언덕받이에서도 이제 남쪽의 전망은 완전히 값이 폭락해 버렸습니다.

그저 바라는 것은 한 가지뿐입니다. 제발 서쪽만이라도 더 이상은 저 거대한 덩어리들이 늘어나지 않기를 바랄 뿐입니다. 서울 시민들의 무신경과 몰상식이 제발 이쯤에서 멈춰 주기를 바랄 뿐입니다. 제발 더 이상 남산의 키를 넘는 건물들이 서울 시내에 세워지지 않았으면 좋겠습니다. 이미 늦어 버린 것을 알지만, 제발 더 이상 한강을 아파트에 둘러싸인 개천으로 만들지 않았으면 좋겠습니다.

서울의 망가진 전망을 생각하다가 이상한 의문이 하나 떠올랐습니다. 왜 우리 조상들은 2층집을 짓지 않았을까? 왜 궁궐조차 모두 1층으로만 지었을까? 왜 옆으로 아흔아홉 칸은 지었으면서 위로는 단 1층도 더 올리지 않았던 것일까? 아무 근거도 없고, 논리도 없는 답이 떠올랐습니다. 산(山)이었습니다.

평지가 있어야 도시가 형성됩니다. 깊고 높은 산에야 사람들이 모여 살 수 없으니, 애당초 그 곳에는 도시가 자리잡을 수 없습니다. 산은 신성한 것입니다. 산은 땅과 하늘 사이에 서 있고, 땅에 사는 사람이 산에 올라가면 하늘에 그만큼 더 가까워질 수 있기 때문입니다. 무엇보다 산은 곧 자연이고, 자연은 신성한 것입니다. 산은 올려보아야 하는 것입니다. 그 신성한 산의 허리를 자르고 모가지를 자르는 일은 곧바로 신성 모독이 됩니다.

메소포타미아 평원에 살던 중동인들은 바벨탑을 세웠고, 평지 도시에 살던 유럽인들은 고딕 교회탑을 세웠습니다. 그들이 높은 탑을 쌓았던 이유는 그들의 도시에 산이 없었기 때문일지도 모릅니다. 그들은 탑을 쌓아야 하늘에 접근할 수 있었습니다. 드넓은 아메리카의 평원을 강탈한 미국인들은 마천루(摩天樓), 즉 '하늘을 긁는 건물'을 세웠습니다. 그들은 더 이상 하늘조차 두려워하지 않게 된 것입니다.

서구의 도시인들에게는 땅과 하늘밖에 없었습니다. 산이 없었던 것입니다. 그러니 얼마든지 마음 놓고 높은 집을 세울 수 있었을 것입니다. 높이높이 집을 세워도 가로막힐 '전망'이 없었던 것입니다. 하지만, 사람들이 모여 사는 큰 고을에도 어김없이 산이 자리잡고 있는 우리 땅입니다. 우리 땅에는 도대체 '광활한' 평지란 것이 없습니다. 고개를 들기만 하면 어디든 산이 눈에 들어오게 되어 있습니다. 우리네 땅에서 높은 집을 세우는 것은 곧 다른 사람들이 바라보는 산의 허리를 자르고 모가지를 자르는 일이 됩니다.

전망, 미래를 보고 신성(神性)을 보는 것

전망(展望)은 영어로 하면 '뷰(view)'이지만, 또 '비전(vision)'으로도 번역이 됩니다. 미래를 보는 것, 신성(神性)을 보는 것이 '비전(vision)'입니다. 산을 막고 강을 막으면서 높은 집을 세우는 것은 다른 사람들로부터 전망을 박탈하는 일입니다. 그리고 그것은 다른 사람들이 자연을 통해 미래와 신성을 바라보는 것을 막는 범죄 행위이기도 합니다. 그렇습니다. 아버지의 높은 4층집도 사실은 부끄러워해야 할 일인지도 모릅니다. 그나마 제 마음을 편하게 해 주는 것은, 아버지의 집 뒤편으로는 계속 가파른 언덕이라 앞으로 세워질 집들이 다 아버지의 집보다는 높을 것이라는 사실입니다. 아래층 사람들의 전망은 여전히 막히겠지만 말입니다.

　　아버지의 집의 옥탑방이 지닌 백만 불의 값어치, 그 서쪽으로 난 창의 값이 머지않아 폭락할 것이 두렵습니다. 전망 좋은 집의 값어치는 단순히 물질의 값으로만 계산되는 것이 아닙니다. 전망 좋은 집의 진정한 값어치는 바로 자연과 인간이 함께 있을 수 있다는 데서 비롯되는 것입니다. 서울 시민들은 자신의 전망은 금값으로 여기면서도, 다른 사람들의 전망은 조금도 아랑곳하지 않습니다. 산자락마다, 강변마다, 심지어 석촌 인공 호수 주변조차 수십 층짜리 아파트와 오피스텔로 메워집니다. 전망에 관한 한 서울은 이미 '똥값'이 되어 버렸습니다. 자연과 신성을 빼앗긴 삶은 생명을 잃은 삶입니다. 전망을 빼앗긴 삶을 과연 살아 있는 삶이라고 부를 수 있을지, 저는 두렵습니다. 스모그 하늘 아래 저 위풍 당당한 크레인 군단의 진격을 막을 묘책은 어디에 있을까요?

　　『건축인』 1997년 1월호, 간향 미디어 발행

뒷얘기 : 내 안에 있는 내가 모르는 이야기들

　　아직 완성되지 않은 글이다. 처음 시작은 한 꼭지짜리 '땜빵용' 글이었다. 쓰다 보니 '내 아버지의 집'에 참 많은 이야기들이 담겨 있음을 알게 되었고, 그래서 잡지 측에 연락해 '3부작'으로 늘려 줄 수 없겠냐고 물었다. 3편을 쓰고 나니, 여전히 못다 한 이야기들이 쌓여 있음을 알게 되었다. 세상에, '집'에 그렇게 많은 글의 재료가 숨어 있었다니! 경이로웠다. 하긴, 집에서 우리 삶의 대부분이 이루어지니 당연한 일이다. "가장 구체적인 이야기들이 가장 감동적일 수 있다"는 평범한 진실을 다시 한 번 발견한다. 잡지 측에서 다시 10부작으로 늘리는 것을 허용해 주었다. 내 안에 어떤 이야기들이 숨어 있다가 풀려 나올지 나도 아직 잘 모른다. 글쓰기의 쏠쏠한 재미 가운데 하나다. 내 안에 내가 모르는 이야기들이 숨어 있는 것이다.

〈家—4〉

대학로, 문화의 거리, 문화 공간

—승효상의 〈동숭동 문화 공간〉에 대한 짧은 생각

승효상·건축가. 〈승효상 건축 연구소·이로재(履露齋)〉 대표. 부산에서 태어나 서울 대학교 건축과와 같은 대학원을 마치고, 1974년부터 〈공간〉에서 김수근 선생으로부터 건축 수업을 받았다. 1980~1982년 비엔나 체류시 비엔나 공과 대학 〈MMP 건축 사무소〉에 재직한 바 있으며, 1989년부터 〈승효상 건축 연구소〉를 설립, 독자적인 활동을 하기 시작했다. 주요 작품으로는 〈공간〉 재직 시의 『마산 성당』『경동 교회』『눌원 빌딩』등과, 『대전 변동 천주 교회』『영동 제일 병원』『이문 291』『학동 수졸당』『당진 돌마루 공소』『풍납동 성당』『동숭동 문화 공간』등이 있다. 『눌원 빌딩』(1989), 『성북동 주택』(1990)으로 〈건축가 협회상〉(1991, 1992)을, 『학동 수졸당』(1993)으로 〈제4회 김수근 문화상 건축상〉(1993)을 수상했다. 한양대, 경기대에 출강하기도 했으며, 쓴 책으로 『한국 현대 건축 산책』시리즈(경향 신문사, 1993)와 『빈자의 미학』(미건사, 1996) 등이 있다.

붕어빵에는 붕어가 없다

붕어빵에는 붕어가 없다. 그리고 대학로에는 대학이 없다. 물론 서울 의대가 굳건히 자리를 지키고 있고, 골목을 지나 육교를 건너 조금 더 올라가면 성균관 대학이 있다. 하지만 그 거리에 대학로라는 이름이 붙은 것은 그 학교들 때문이 아니다. 대학로에 있던 대학은 초라한 청동 모형만 하나 달랑 남긴 채 머나먼 관악산으로 유배당했다. 서울대가 귀양을 떠나며 불렀음직한 노래가 하나 있다. 가노라 낙산아, 다시 보자 대학천아….

사라진 대학을 그리워하며 청년들은 대학로로 모여든다. 그러나 대학이 없어졌기 때문에, 이제 대학로에서는 아무도 공부를 하지 않는다. 마로니에 공원에서 놀고, 아름다운 카페에서 놀고, 24시간 맥주를 파는 편의방에서 논다. 대학로에서는 놀기만 하면 된다. 그런데 그냥 놀기만 해서는 곤란하다. '먹고 마시며' 놀아야 한다. 먹고 마시며 놀기 위해 모여든 청춘들을 위해, 날마다 먹고 마시는 가게들로 가득 찬 건물들이 올라간다.

대학로 '문화의 거리'에 책방이 하나 있었다. 출판사에서 운영했던 〈정신 세계〉라는 그 책방은 문예 회관 대극장 바로 옆 건물의 2층에 자리잡고 있었다. 명상 음악을 들으며 사람들이 책을 읽던 그 책방도 끝내 대학로를 떠났다. 그 책방이 유배당한 곳은 아무도 모른다. 그 책방 자리에는 지금 〈TV Bar〉라는 이름의 술집이 있다.

〈TV Bar〉라는 이름에 걸맞게, 그 술집의 외벽에는 당대의 최고 스타들이 자리잡고 있다. 레옹, 람보, 터미네이터, 『원초적 본능』의 샤론 스톤, 브루스 윌리스, 『가을의 전설』의 브래드 피트. '정신 세계'가 떠난 자리는 '육체파'들

나눔 나눔 나눔 〈조병준과 함께 나누는 문화 이야기〉 家〈대학로, 문화의 거리, 문화 공간—승효상의 〈동숭동 문화 공간〉에 대한 짧은 생각〉

의 무대가 되었다. 책방 〈정신 세계〉가 떠나고 시간이 흐른 후, 같은 건물의 지하에 있던 소극장에도 육체파의 진격이 이어졌다. 이른바 '뒷골목' 연극의 대열에 동참한 것이다. 그리고 마침내 꼭대기 층에는 '24시간 비디오방'이 들어섰다. 1996년 현재의 대학로!

있던 갤러리도 나가는 판에?

붕어빵에는 붕어가 없다. 그리고 대학로 '문화의 거리'에는 문화가 없다.
 "대학로에 문화가 없다고? 한국의 브로드웨이라고 자부하는 저 수많은 소극장을 잊었는가? 거리의 화가들을 잊었는가? 날마다 펼쳐지는 '거리의 가수들'의 음악회를 잊었는가? 문예 진흥원, 예총 회관, 미술 회관, 문예 회관 대극장 등등 대한민국 문화 예술계의 본부가 총집결해 있는 곳이 바로 대학로라는 사실을 잊었는가? 어찌 감히 대학로 '문화의 거리'에 문화가 없다고 말 같지 않은 소리를 지껄일 수 있단 말인가?"
 아우성 소리가 귀에 들린다. 어떤 사람들은 점잖게 몇 마디를 덧붙인다.
 "거, 꼭 고상하게 순수 연극, 순수 미술, 순수 음악만 문화라고 주장해야 합니까? 사람들이 먹고 마시고 입고 춤추고 잠자는 것이 다 문화 아닙니까? 대학로에는 대학로 나름의 문화가 있는 것이 아니겠습니까?"
 다 맞는 얘기다. 자고 나면 멀쩡하던 고급 주택을 헐어 낸 자리에 카페가 들어서는 것, 학교 갔다 돌아오면 어제 있던 책방이 술집으로 바뀌는 것, 지난 주말까지 파리 날리던 소극장 앞에 "화끈하게 보여 드립니다"라는 광고 카피를 믿고 관객들이 줄을 서는 것, 모두 다 '문화' 임에는 틀림없다. 말을 바꾸겠다. 대학로 문화의 거리에는 '어떤 문화'는 없고, '어떤 문화'는 있다.
 있던 갤러리도 나가는 판에 갤러리요? 『플러스』의 기자가 전화를 걸어, 대학로에 새로운 건물이 섰는데 그 건물에 갤러리와 극장 등의 문화 시설이 생길 것이라고 말했을 때, 내가 무심결에 내뱉었던 첫 마디가 그것이었다. 한때

벽, 동숭동, 풍경, 거울…

나눔 나눔 나눔 (조병준과 함께 나누는 문화 이야기) 家 (대학로, 문화의 거리, 문화 공간—승효상의 〈동숭동 문화 공간〉에 대한 짧은 생각)

대학로 이곳 저곳에 갤러리가 있었다. 그리고 얼마 전 끝까지 버티고 있던 〈인공 갤러리〉가 〈마르파〉라는 이름의 카페로 변신했다. 내가 알기로, 이제 대학로에 남은 갤러리의 숫자는 손으로 꼽을 정도에 불과하다.

있던 갤러리도 모두 쫓겨 나가는 판에, 어떤 건물주가 갤러리를 염두에 두고 건물을 지었다는 것은, 절대로 '보통 일'이 아니다. 더구나 그 건물의 이름도 〈문화 공간〉이라 했다. 대학이 추방당하고, 갤러리들이 쫓겨나고, 소극장들이 앞서거니 뒤서거니 포르노 라이브 쇼 공연장으로 전락하는 '문화의 거리' 대학로에 〈문화 공간〉이 생긴다는 것이었다.

노출 콘크리트라는 이름의 거울

"건축은 미인 대회가 아닙니다. 예쁜 집은 불행한 건물입니다. 오로지 남에게 보여지기 위해서만 존재한다는 것이 얼마나 큰 불행입니까?"

건축가 승효상은 그렇게 말했다. 그 한 마디 속에 지금 대학로의 불행에 대한 진단이 담겨 있다. 대학로에 세워지는 저 수많은 건물들을 보라. 건축은 시대의 거울이다. 1990년대의 대학로, 서울, 한국은 온통 미인 대회의 아수라장이다. 날 보러 와요! 제발 날 좀 봐 주세요! 대학로의 예쁜 건물들이 '날 보러 와요!' 하고 외쳐 대는 이유는? 조금 점잖지 못한 말로 하자면, '놀다 가라'는 얘기다. 놀면서 돈을 쓰고 가라는 얘기다.

"누구나 자기가 잘났다고 떠들어 대고 있지 않습니까? 아무것도 말하지 않는 건물을 짓고 싶었다고 하면 설명이 될까요?"

승효상은 '아무것도 말하지 않는 건물'을 짓기 위해 노출 콘크리트라는 재료를 선택했다.

"노출 콘크리트의 흰 벽은 그 앞을 지나가는 모든 사물, 모든 표정을 담아 냅니다. 건물은 말하지 않습니다. 말하는 대신, 말을 듣고 메아리를 내보냅니다. 건축은 지금, 있는 그대로의 삶을 담아야 합니다. 〈문화 공간〉의 벽이 대학로의 풍경을 담는 거울이 되기를 바랐습니다."

동숭동 문화 공간

나눔 나눔 나눔 〈조병준과 함께 나누는 문화 이야기〉 家 〈대학로, 문화의 거리, 문화 공간—승효상의 〈동숭동 문화 공간〉에 대한 짧은 생각〉

승효상

입을 다물고 귀를 열어 다른 사람의 말을 듣는 것, 그것은 참으로 희귀하고 또한 귀중한 능력이다. 누군가 내 말을 귀 기울여 들어 주는 사람이 있다는 것, 그것은 내게 더할 나위 없는 축복이다. 스스로는 아무런 말도 하지 않고 나의 말을 들어 주기만 하는 사람을 만날 때, 나는 나를 고스란히 내보일 수 있다. 또는 나를 '노출' 시킬 수 있다. 그 노출은 결코 남에게 나를 내보이는 것이 아니다. 나 자신에게 나를 보여 주는 것이다. 그렇게 나를 노출시키면, 나의 문제가 고스란히 모습을 드러내고, 그 문제를 해결할 수 있는 '길' 이 보이기 시작한다. 승효상도 그런 얘기를 했다.

"건축이 시대의 거울이라는 말에는 두 가지의 뜻이 있습니다. 외부의 풍경을 그냥 그대로 비춰 주는 '소극적 거울' 이 있고, 안의 것을 내보이는 '적극적 거울' 이 있습니다. 건축은 이 두 가지 거울 역할을 다 수행해야 합니다."

승효상의 노출 콘크리트 건물 〈문화 공간〉은 대학로를 고스란히 노출시키는 건물이다. 대학로의 문제들이 그 벽에 고스란히 투영된다. 그리고 그 벽으로 들어가면, 거기에 '길' 이 하나 있다. 승효상은 '아무것도 말하지 않는 건물' 을 지음으로써 오히려 적극적으로 새로운 건축의 길을, 새로운 문화의 길을 내보이고 싶었던 것인지도 모른다.

무엇이 대학로의 문제인가? 노출의 반대말, '은폐와 치장' 이 바로 대학로의 문제다. 거기엔 문화를 표방하는 천민 자본주의의 은폐가 있고, '의도적 키치' 를 주장하는 어설픈 문화 제일주의의 치장이 있다. 양쪽 다 거짓말이다. 은폐되고 치장된 것들의 공통점은 '닫혀 있다' 는 것이다. 그것들은 외부와 소통하려 하지 않는다. 독야 청청이 아니라 '독야 빨주노초파남보' 로 서 있겠다고 고집한다. 정통 연극과 포르노 연극은 시로 죽이도 만나지 않는다. 문화와 자본은 서로를 비난할 뿐, 손잡고 무엇인가를 해 볼 생각은 하지 못한다.

문제가 '은폐와 치장' 이라면, 거기에서 비롯되는 '닫혀 있음' 이라면, 그 문제를 해결할 수 있는 '길' 은 무엇인가? '길을 내서 여는 것' 이다.

길은 멀어도

대학로에 대학이 있던 시절, 그 대학은 철망으로 둘러싸여 있었다. 그 철망 아래로 물이 흐르지 않는 하수관이 하나 있었고, 동네의 아이들은 그 하수관을 통해 대학으로 숨어 들어갔다. 어른들은 다닐 수 없었던 아이들만의 '길'이었다. 대학이 떠나고 대학로가 생기면서, 그 길은 사라졌다.

"대학로에는 이제 지나는 사람들에게 개방된 공간이 거의 남아 있지 않습니다. 좁은 대지에 최대의 상업적 이익만을 추구하다 보니 생긴 결과입니다. 대학로의 건물들은 사람을 안으로만 끌어들이려 합니다."

〈문화 공간〉에는 '길'이 있다. 건물 앞과 뒤의 도로를 연결하는 작은 길이 있고, 건물의 위와 아래를 연결하는 계단으로 된 길이 있다. 허공으로 뚫린 벽 자체가 건물 내부와 외부를 연결하는 '길'이기도 하다. 벽을 세운다는 것은 곧 차단한다는 뜻이다. 그 벽조차도 길로 전환되는 공간, 그것이 승효상이 〈문화 공간〉에서 꿈꾸었던 공간이었을까?

〈문화 공간〉에서 내가 가장 큰 관심을 갖고 있었던 공간은 지하에 마련된 2개의 극장이었다. 제대로 된 극장이 없어 공연을 올릴 때마다 한숨을 푹푹 내쉬는 연극 동네 사람들을 하도 많이 보아 왔던 탓이기도 했다. 애당초에 극장용으로 설계되지 않은 지하실을 얼렁뚱땅 개조한 극장에서 제대로 된 '연극 공간'을 창조하기는 불가능하다. 연극이야말로 '공간의 예술'임을 알고 있었기에, 〈문화 공간〉의 극장이 어떤 공간을 갖고 있는지에 관심이 쏠리지 않을 수 없었다. 하지만, 불행히도 나는 씁쓸한 현실을 확인하며 그 극장 공간에서 물러나와야 했다.

"애당초에는 박스 형태의 자유로운 실험 극장을 구상했습니다. 도중에 건축주의 마음이 바뀌었습니다. 2층 발코니 객석이 추가되었죠."

발코니가 추가됨으로써 〈문화 공간〉의 극장 '공간'은 프로시니엄 무대로 '고정'되어 버렸다. 연출가의 의도에 따라 무대와 객석이 언제라도 전환될 수 있는 공간은 사라져 버렸다. 무대와 객석이 고정되지 않은 가변형 극장 공간은 곧, 공연자와 관객이 서로 소통할 수 있는 '길'을 사방에 열어 두는 공간이다. 무대와 객석이 고정되고 분리될 때, 거기엔 더 이상 길이 없다.

극장을 임대한 측에서는 라이브 콘서트 위주로 극장을 운영할 계획인 모양이었다. 대학로에서 벌어지는 라이브 콘서트는 거의 만원 사례를 기록한다고 들었다. 거기에 2층 발코니를 추가함으로써 객석의 수도 300에서 450으로 늘어났다. '동숭동'에서 문화의 힘은 자본의 힘을 당해 내지 못한다. 불쌍한 연극 동네 사람들…. 모처럼 좋은 공간이 생길 뻔했는데…. 길은 아직 멀다.

낯선, 너무나 낯선

내가 아직 건축 언어에 익숙하지 않은 탓이었을 게다. 〈문화 공간〉은 내게 '낯선' 건축이었다. 내가 〈문화 공간〉을 낯설게 받아들일 수밖에 없었던 가장 큰 이유는 아마 그 주변의 '건축적 맥락'이었을 것이다. 쉽게 말해, 〈문화 공간〉은 주변 건물들과 어울리지 않는 '튀는' 건축이었다.

"건축적 맥락의 문제를 저는 이렇게 봅니다. 한 건물 옆에 선 건물들이 아무리 추해도 그 건물들이 서로 어울리면 함께 아름다워질 수 있습니다. 하지만 지금 대학로의 공간 상황은 아예 그런 개념 자체를 생각할 수 없게 만드는 상황입니다. 대학로의 건물들은 지금 너무나 빨리, 너무나 자주 바뀌고 있습니다. 이 초고속의 무한 변화 앞에서는 더 이상 미추(美醜)의 개념조차 성립될 수 없습니다."

대학로의 초고속 무한 변화는 대한민국의 '이상한 문화' 하나를 그대로 보여 주는 상징이다. 대학이 있던 자리이지만, 그 곳에 대학을 추억할 수 있는 '유적'은 하나도 없다. 청동 모델이 유적이 될 수는 없다. 몇 그루의 큰 나무들이 남아 있지만, 살아 있는 나무는 '유적'이 아니다. 과거는 항상 송두리째 뿌리 뽑혀 나간다. 조선 총독부의 해체는 '역사 바로 세우기' 작업이 아니다. 그것은 저 무수한 '과거 뿌리 뽑기' 작업의 하나일 뿐이다.

"건축은 중요한 기억 장치입니다. 대학로에 짓는 건물이었기 때문에, 서울대 캠퍼스를 기억시킬 수 있는 흔적을 찾고 싶었습니다. 아무런 흔적도 남아 있지 않았습니다. 과거는 말살되어 버렸습니다. 과거가 말살되어 버리면, 과거에 익숙했던 것들이 지금은 낯설어져 버립니다."

현재는 과거를 담고, 미래는 현재를 담는다. 진부하지만, 진실이다. 우리는 너무나 많은 과거를 기억조차 할 수 없는 먼 곳으로 추방해 버렸다. 그래서 지금 우리의 현재에는 과거가 담겨 있지 않다. 과거가 없는 현재? 그것을 유령이라고 부르지 않으려면 무엇이라고 불러야 할까? 유령이 된 현재는 아주 가볍

나눔 나눔 나눔 (조병준과 함께 나누는 문화 이야기) **家** (대학로, 문화의 거리, 문화 공간—승효상의 〈동숭동 문화 공간〉에 대한 짧은 생각)

게 허공을 떠다닌다. 날마다 가볍게 새 모습으로 둔갑한다. 둥둥 떠다니는 문화. 대학로의 오늘, 또는 대한민국의 오늘? 그러면, 미래는 어떻게 될까?

"미래를 보고 〈문화 공간〉을 짓지는 않았습니다. 저는 미래를 믿지 않습니다. 미래의 마스터 플랜이란 모두 사기일 뿐입니다. 그저 지금, 여기, 있는 그대로의 삶을 담고 싶었을 뿐입니다. 지금 대학로의 정신 없는 변화 자체가 우리 문화의 한 모습입니다. 하지만, 과거, 현재, 미래, 어느 때건 변하지 않는 그 무엇인가가 또 있을 겝니다. 변화와 불변, 그 둘을 다 감싸안을 수 있는 문화가 진정한 문화일 것입니다. 대학로요? 언젠가는 정돈이 되지 않겠습니까?"

변화와 불변. 무리한 일인 줄 알지만, 그것을 '육체와 정신'이라고 바꿔 보자. 유흥가와 대학으로 바꿔 보자, 〈TV Bar〉와 〈정신 세계〉 책방으로 바꿔 보자. 미어터지는 포르노 연극과 텅 빈 실험 연극으로 바꿔 보자. 놀이 동산의 모형 건물을 옮겨다 놓은 듯한 대학로의 어떤 '성(城)'과 승효상의 〈문화 공간〉으로 바꿔 보자. 다 우리의 지금, 여기의 문화다. 지금, 여기에서의 우리의 삶이다. 문제는 한쪽이 너무 막강하게 문화를 독점하려 한다는 것이다.

승효상이 말했다. "문화에 새로운 출발은 없다"고. 그의 말에 동의하기 때문에, 말을 바꿔서 얘기하련다. 대학로 문화에는 이제 '낡은 출발'이 필요하다. 과거에 있었으나 멀리 유배당해 지금 대학로에서는 흔적을 찾을 수 없는 것을 되찾는 출발이다. 승효상의 〈문화 공간〉이 그런 낡은 출발의 한 예가 될 수 있을지, 판단하기엔 아직 너무 이르다. 집의 설계는 건축가의 몫이다. 하지만 집에 생명을 불어넣는 일은 그 집에 살고 드나드는 사람들의 몫이다. 〈문화 공간〉의 노출 콘크리트 벽은 앞으로 어떤 표정들을 비추게 될까? 아무도 모른다. 그것은 열린 벽이기 때문에….

『플러스』 1997년 2월호, 플러스 문화사 발행

> 뒷얘기: 글은 결국 글쓴이가 세상을 보는
> '해석의 방식' 이다

동숭동. 참 재미있는 공간이다. 동숭동을 가만히 들여다보면 한국의 문화가 어떻게 흘러왔고, 흘러가고 있는지를 상징적으로 볼 수 있다. 거기에다 동숭동은 내가 어린 시절과 젊은 시절을 고스란히 보낸 '개인적 역사의 공간' 이기도 하다.

직관이냐? 공부냐?

건축 공부를 제대로 해야겠다는 생각을 했다. 건축은 투명한 유리가 아니다. 건축을 통해서 문화를 보려면, 우선 건축에 대한 적정 수준의 이해가 먼저 이루어져야 한다. 글을 자꾸 쓰다 보면 공부할 기회가 자연스럽게 생기겠지만, 일단은 건축 관계 글은 조금 자제해야 할 것 같다. 승효상 선생의 건축 세계를 잘못 전달하지나 않았는지 걱정이다.

글은 결국 글쓴이가 세상을 보는 '해석의 방식' 이다. 직관의 힘을 무시할 수 없겠지만, 직관의 힘보다 더 중요한 것은 '충분한 공부' 라고 나는 믿는다. 충분한 공부가 있은 다음에야 훌륭한 직관도 나올 수 있고, 그럴 때 비로소 문화에 대한 또는 세상에 대한 '좋은 해석' 이 나올 수 있다.

문화를, 또는 세상을 제대로 해석하기 위해선 '여러 분야' 를 많이 알아야 한다. 너무나 간단한 논리다. 세상 어느 것도 독불 장군으로 홀로 이루어지지 않기 때문이다. 그런데 한국에서는 자기 분야 이외의 것을 공부하기가 너무 힘들다. 한 우물을 파지 않고 여러 우물 파는 자들에 대한 비난이 너무 극심하기 때문이다. 당장 나만 해도 건축에 대해서는 완전히 깡통이었다.

한 나라의 문화가 발전하려면

파리에 사는 친구가 생각난다. 그녀는 역사 관계 연구 작업을 하는 사람이었다. 내가 그녀의 집에 묵었을 때, 그녀는 내게 파리의 근대 건축에 관한 책을 한 무더기 주면서 그 건물들을 순례해 보라고 권했다. 그때 나는 건축이 내 삶과는 아무 관련도 없다고 생각했기 때문에 그녀가 빌려 준 책들을 거들떠보지도 않았다. 지금 다시 생각해 보면, 부끄럽다.

한 나라의 문화가 발전하려면 다른 방법이 없다. '평균 수준' 이 높아져야 한다. 다시 말해, '저변' 이 넓어져야 한다. 어느 분야든 작가와 비평가들이 명심해야 할 점이다. 물론 '보통 사람들' 의 노력이 함께 따라 주어야 한다. 나도 마찬가지이지만, 우리는 참 아직 갈 길이 멀다.

POINT OF VIEW

(論―1)

슈퍼 모델을 위하여

― 모방의 욕망, 또는 욕망의 모방

그냥 모델과 슈퍼 모델의 차이

이소라는 슈퍼 모델이 아니다. 왜? 그녀가 중저가 의류 전문 업체인 이랜드 그룹 산하 '로엠'의 광고 모델이기 때문이다. 〈슈퍼 엘리트 모델 선발 대회〉의 심사 위원으로 우리 나라에 왔던 나디아 아우어만이 슈퍼 모델인 것은 그녀가 지아니 베르사체를 입고 무대에 나오기 때문이다. 로엠을 입고 나오는 이소라는 '그냥' 모델이다. 그리고 베르사체를 입고 나오는 나디아는 '슈퍼' 모델이다. 그냥 모델과 슈퍼 모델의 차이? 그것은 땅과 하늘의 차이다.

광고주에겐 대단히 미안한 이야기지만 로엠은 모델을 잘못 골랐다. 이소라도 슈퍼 모델이었다. 최소한 우리 나라 텔레비전에서는 그녀를 슈퍼 모델이라고 불렀었다. 슈퍼 모델 이소라는 베르사체는 입지 못할망정 앙드레 김이나 이광희 룩스는 입어야 한다. 그런 이소라가 로엠을 입었을 때 그녀는 나무꾼에게 옷을 빼앗기고 나무꾼 아내의 옷을 얻어 입은 선녀가 된다. 땅에 떨어진 선녀다. 나무꾼이 키아누 리브스 정도의 미남이라면 모를까, 선녀옷을 잃어 버린 선녀는 여인들의 동경의 대상이 아니다. 아니, 오히려 연민의 대상이 되기가 쉽다. 어쩌다가 저 무식한 나무꾼의 흉계에 휘말렸을까! 모방하고 싶으냐고? 천만에, 절대절대 노 땡큐! 땅에는 안 가! 하늘로 갈 거야!

게스 청바지 본사에서 한국의 라이선스 생산 업체에 경고를 보냈다. 너무 많이 팔고 있다고. 많이 팔리면 문제가 되는 장사도 있다. 게스는 조금만 팔려야 한다. 선택된 소수만이 입을 수 있어야 대중들의 모방욕을 계속해서 부추길 수 있기 때문이다. 한꺼번에 왕창 팔려 버리면, 너도 나도 다 입고 있으면, 모방의 대상이 될 수 없다. 그렇게 되면 장사는 끝이다. 경고를 받은 한국 업체가 어떤 식으로 대처했는지는 모른다. 아무튼 게스보다 더 비싼 청바지들이 속출했다는 건 알고 있다.

솔직히 고백하겠다. 내겐 캘빈 클라인(Calvin Klein) 청바지와 갭(GAP) 티셔츠와 휴고 보스(Hugo Boss) 점퍼가 있다. 바지는 내가 아르바이트를 시켜 준 후배에게서 고마움의 표시로, 티셔츠는 영국의 친구로부터 생일 선물로, 그리고 점퍼는 몸이 불어나 더 이상 그것을 입지 못하는 독일 친구의 선심으로 받은 것이다. 나는 그것들을 내 돈으로 사지 않았다. 내가 그것들을 사지 않고 선물로 받은 것이라고 주절주절 해명하는 이유는 '속물'이 되고 싶지 않은 욕망 때문이다.

공식적인 자리에서 나는 게스에 몰려드는 한국의 청소년들을 비난한다.

허영에 휘둘려 잘 사는 자들을 모방하는 그 세태를 걱정한다. 그러나 캘빈 클라인 청바지에 갭 셔츠 위에 휴고 보스 점퍼를 걸치고 거리로 나서면 내 발걸음은 가벼워진다. 나는 별 수 없는 속물이다. 속물이고 싶지 않은 나와 속물인 나. 그 분열증이 나를 괴롭힌다. 괴로워하는 나까지 합쳐 세 개의 '나'로 조각난 나. 170센티미터에도 간신히 턱걸이하는 나는 조각나 더 작아진다. 캘빈 클라인 앞에 서면 나는 왜 작아지는가!

속물인 그 사람과 '속물 아닌 나'

모방을 이야기하려고 나는 르네 지라르를 모방한다. '욕망의 삼각형'이라는 그의 이론을 '모델로 삼아 = 모방하여' 왜 나는 작아지는지를 따져 보려 한다. 샤넬과 이브 생 로랑의 나라, 슈퍼 모델들의 본거지에서 온 프랑스인답게 지라르는 모든 욕망이 모방이라고 말한다. 욕망의 주체인 나와 내 욕망의 대상인 캘빈 클라인 청바지 사이에는 나로 하여금 캘빈 클라인 상표를 욕망하게 한 타자가 숨어 있다. 그 타자는 잘 사는 집안의 아들이라 캘빈 클라인 정도는 우습게 살 수 있고, 거기다 미끈하게 키도 커서 캘빈 클라인이 멋지게 어울리는 어느 남자다. 내가 캘빈 클라인 청바지를 입고 싶어하는 것은 그 남자가 나더러 자기를 모방하라고 시키기 때문이다. 내가 자발적으로 캘빈 클라인을 입고 싶어한다고 믿는 것은 낭만적인 환상이거나 낭만적인 거짓이다. 나(주체)와 캘빈 클라인 청바지(대상) 사이에는 그 남자(중개자/타자)가 숨어 있다. 그것이 욕망의 삼각형이다.

　나는 또 캘빈 클라인을 무시하는 '속물 아닌 나'를 욕망한다. 그러나 그 욕망조차도 역시 자발적 욕망은 아니다. 중개자는 여전히 숨어 있다. 캘빈 클라인을 얼마든지 사 입을 수 있는 돈은 있지만 상표 보기를 돌 보듯이 하는 또 다른 '그 남자'다. 그 돈으로 남대문 청바지를 사 입고 남는 돈으로 지라르의 책과 바흐의 무반주 첼로 조곡 CD를 사는 그 남자. 모든 남자가 아예 돈이 없어 캘빈 클라인은커녕 지라르의 책도 못 산다고 가정해 보자. 그래도 나는 여전히 캘빈 클라인을 무시하기를 욕망할까.

　지라르의 표현을 다시 빌면, 캘빈 클라인이 잘 어울리는 그 남자를 통한 욕망의 중개는 '내적 중개'이고, 캘빈 클라인을 무시하는 그 남자를 통한 욕망의 중개는 '외적 중개'이다. 외적 중개에 있어 중개자는 훌륭한 모델이다. 캘빈 클라인을 무시하는 그 남자를 모방하는 것은 전혀 잘못이 아니다. 오히려 열심히 본받아야 하고, 내가 그를 본받으려 애쓴다는 사실을 널리 알려야 한다. 그러나 내적 중개에서 중개자는 바람직한 모델이 되지 못한다. 그는 내가 본받아야 할 모델이 아니라 경쟁자요 방해자가 된다. 캘빈 클라인이 잘 어울리는 그 남자는 나를 배아프게 하는 것이다. 그런 이유로 배아픈 것을 세상에 광고할 수는 없다. 그러니 나는 모방을 부인해야 한다. 그래서 캘빈 클라인을 입고 기분이 좋으면서도 게스 입는 아이들을 비난한다.

유치원에서 아이들은 한글과 덧셈 뺄셈을 다 끝낸다. 다른 아이들이 다 그렇게 하니까. 피아노로 아이들을 괴롭히던 엄마들이 갑자기 첼로 선생에게로 몰려간다. 로스트로포비치의 신동이 된 장한나 때문에. 서태지 이후 3인조 랩 그룹이 날마다 생겨난다. 서태지처럼 성공하고 싶어서. 여배우 김희선은 어느 가구 광고에서 『연인』의 제인 마치와 『귀여운 여인』의 줄리아 로버츠와 『프렌치 키스』의 멕 라이언을 한 큐에 모방한다. 한 여자를 모방하는 것만으로는 도저히 다른 여자들과의 경쟁에서 이길 수가 없으므로.

모방 욕망 = 생존 욕망

우매한 대중들만, 약아빠진 대중 문화만 그렇게 모방 욕망으로 충만해 있다고요? 천만에요. 저 수많은 지라르, 푸코, 라캉, 보드리야르, 들뢰즈의 팬 클럽은 그럼 무엇인가요? 파리에서 온 슈퍼 모델들이 아니던가요? 석사, 박사님들의 슈퍼 모델? 그들의 이름을 알고 있음을 이렇게 자랑스레 내세우는 나는 도대체 얼마나 한심스러운 모방 욕망의 덩어리인가요….

태어난 후 1년이 넘도록 제 발로 걷지 못하는 동물은 인간뿐이다. 아프리카의 영양들은 엄마 배에서 나오면 바로 걷는다. 왜 인간은 1년이 넘어야 간신히 걷는 아이를 낳을까? 아예 뱃속에 한참 더 데리고 있다가 내보내면 훨씬 더 안전할 텐데, 훨씬 더 수월할 텐데. 다른 인간들을 보고 배워야 생존할 수 있기 때문이라고 한다. 일찍 내보내 일찍부터 배워야 하기 때문이라는 것이다. 배운다는 것은 결국 모방한다는 것이다.

본능보다 문화의 힘이 더 커진 인간에게 있어 모방은 선택의 대상이 아니다. 무조건 모방해야 하는 것이다. 일하지 않는 자, 먹지도 말라고 했다. 모방하지 않는 자, 먹지도 말아야 한다. 왜? 살아갈 기본이 안 돼 있으므로. 넌 뭐가 되고 싶니? 아이들이 이 질문에 아무런 대답을 하지 못한다면 큰일이다. 되고 싶은 것이 아무것도 없는 아이? 하다 못 해 아빠 엄마라도 되고 싶지 않은 아이는 세상을 살 수 없다. 모방 욕망은 인간에게 있어 생존 욕망과 동의어가 된다.

슬프고 안타까운 일은 이 사회에 '내적 중개'의 욕망이 너무나 지배적이라는 사실이다. 모두 서울대에 가야 하고, 모두 삼성 그룹에 취직해야 하고, 모두 성북동에 빌라를 갖고 있어야 한다. 모든 사람을 배아프게 만드는, 경쟁자를 중개자로 한 욕망이 넘치고 넘친다. 탈락한 아이들은 가리봉동 쪽방으로 도망치고, 학교 주변 폭력배가 되어 경찰의 일제 단속을 비웃는다. 「가요 톱 텐」에 서지 못한 어린 가수는 유서를 남긴다. 〈룰라〉는 모방의 극한인 표절에 좌초해 동맥을 긋는다. 월급쟁이들은 세계 1, 2위의 알코올 섭취로 밤거리를 휘청인다. 아내들은 못다 한 모방의 꿈을 이루려 아이들을 미술 학원으로, 컴퓨터 학원으로, 글짓기 학원으로 내몬다. 지라르의 말대로 매개된 욕망에는 끝이 없다. 어째사 쓰거나, 이 일을!

참을 수 없는 모방의 끈질김!

한이 없는 욕망에서 벗어나는 길은 죽음뿐이다. 육체적 죽음, 또는 정신적 죽음, 아니면 둘 다의 죽음을 통해 끝없는 욕망은 끝이 난다. 지라르는 기독교적 논리 위에서 정신적 죽음을 강조한다. 자유를 직시하고 그것을 누릴 만큼 강해지기 위한 육체적 욕망의 죽음. 그런데 루시앙 골드만은 지라르의 형이상학적 죽음, 즉 모방 욕망의 포기조차도 그것 자체가 또 새로운 모방 욕망이라고 비판한다. 참을 수 없는 모방의 끈질김! 하긴, 애당초 우리 같은 평범한 사람들이 어찌 욕망에서 온전히 자유로울 수 있으리. 그랬다면 벌써 옛날에 세상은 부처와 예수의 분신으로 가득찼을 터이니.

　　방법은 하나뿐이다. 슈퍼 모델을 우리가 버릴 수 없다면, 조금 더 살맛 나는 슈퍼 모델들을 찾는 것이다. 캘커타의 마더 테레사, 나자로 마을의 젊은 자원 봉사자들, 손발 잘린 필리핀 노동자들을 위해 한국 정부와 싸우는 사람들, 성덕 바우만을 살리자고 소매를 걷은 사람들…. 그런 슈퍼 모델들에 대한 모방 욕망은 얼마든지 많아도 좋지 않을까. 아, 그런데 그런데…. 헌신적인 자원 봉사를 한 고교생에겐 대학을 그냥 입학시켜 준단다. 왜 슈퍼 모델을 그냥 모델로 끌어내리려 그렇게들 안달을 하고 있을까.

　　『앙코르』 1996년 봄호, 삼익 악기 발행

뒷얘기 : 사보(社報)에 글쓰기의 즐거움

어떤 친구들이 가끔 핀잔을 준다. 시인이면 '시인답게' 시나 쓸 것이지, 뭐 먹고 살 일 났다고 그렇게 허구헌 날 '잡글'을 쓰고 있느냐고. 시인답게? 잡글? 그런 핀잔을 들을 때, 예전에는 부끄러워 얼굴을 못 들었다. 하지만 이제는 고개를 꼿꼿이 세우고 대든다. 시인이 뭐길래? 잡글이 어때서?

사농공상—상공농사—공농사상

한국 사람들은 참 잡종을 싫어한다. 오죽하면 '잡놈'이라는 욕이 있을까? 그래서 한국의 이른바 지식인들은 대개 '잡지'를 경멸한다. '잡'자가 들어간다는 이유 하나만으로. 그래서 학술 잡지가 아니라 '학술지'이고, 문학 잡지가 아니라 '문학지'이다. '천민 자본주의'의 졸부들이 돈을 '처들여' 만드는 사보에 글을 싣는 것은 참으로 '잡놈'들이나 할 짓이지, '배운 사람'이 할 짓이 아니네! 그렇게 생각하고 그렇게 말하는 사람이 아직도 천지 사방에 널려 있다. 거짓말이 아니다. 내가 직접 경험한 일이니까 자신 있게 이야기할 수 있다.

나는 사보를 멸시하는 사람들 뒤에서 산발한 머리를 휘날리며 "히히히, 무섭지?" 송곳니를 드러내고 있는 저 끔찍한 '사농공상(士農工商)' 신분 제도의 유령을 본다. 현실적으로 지금 세상을 먹여 살리는 힘은 '상공농사'의 순서로 바뀌어 있는데 말이다. 사농공상이든, 상공농사든, 둘 다 틀렸다. '공농사상'이라고 해야 맞는다. 그냥 가나다 순으로 해야 정당하고 공평하다.

한국 사회가 지닌 치명적인 함정, 그것은 '문관(文官)' 즉 '글 쓰는 관료'들에게 너무나 커다란 권력이 주어져 있다는 것이다. 이 글 쓰는 관료들 중에서도 가장 골치 아픈 사람들이 바로 '학관(學官)'들이다. 학교처럼 관료화되어 있는 사회는 없다. 그들의 턱없는 엘리트 의식 앞에서 '학교'와 '논문'이 아닌 것은 모두 '잡스런 세상'이고 '잡글'이다. 가엾은 아이들이 그들의 불호령에 주눅이 들어 헌법 조항 같은 글을 쓴다.

'잡스런 세상'을 그대로 드러내는 '잡스런 글'

암담하지만, 그래도 포기할 수야 없으니, 또 멍청한 꿈을 꾼다. '잡스런 세상'을 그대로 드러내는 방법은 '잡스런 글' 뿐이다. '잡놈'들이 '잡글'로 '잡다한 세상'을 밝히고 비추는 날이 올 것이다. 어떤 사람들이 이미 시도하고 있다. 주위를 둘러보라. 나도 그런 사람들 중에 한 '잡놈'이 되고 싶다.

메마른 도시에

(論―2)

물 뿌리기

― 문화 무가지 『페이퍼』의 이상한 실험

스트리트 매거진, 거리의 잡지들

아득한 옛날 이야기를 하나 하겠다. 잡지에 광고가 너무 많다고 독자들이 항의했다. 그러면 잡지 측에서는 "광고를 하나도 싣지 않고 똑같은 페이지의 잡지를 만들면, 잡지 한 권 값이 얼마나 될지를 아는가? 못 줘도 몇만 원은 주어야 한다."는 식의 답변으로 독자들을 달래곤 했다. 아득한 옛날의 일이다. 시대는 변했다. 학력과 정보 수준이 높아진 독자들은 광고가 필요악이란 것 정도는 익히 알고 있다. 이제 광고의 은혜는 아예 공짜로 잡지를 제공해 주는 데에 이르렀다. 하루만 작심하고 서울 시내를 훑어 보라. 다리품 팔기를 주저하지 않는다면, 아마 며칠 분의 독서 분량은 되고도 남을 '비매품' 잡지들을 수집할 수 있을 것이다. 기업체의 사외보를 제쳐 놓고도, 또 수많은 '무가지(無價誌)'들이 있다. 이 무가지들에는 몇 가지 공통점이 있다. 우선, 대학가나 강남북의 유흥가 등 젊은이들이 많이 오가는 지역의 카페나 각종 업소에 배포된다. 거리를 오가다 집어드는 잡지라는 뜻에서 사람들은 그 잡지들을 '스트리트 매거진'이라고 부른다.

『IN SEOUL MAGAZINE』『Neolook』『BOOM』『PAPER』(이하『페이퍼』)…. 이들 잡지들의 이름은 한결같이 영어로 되어 있다. 영어 이름에서 짐작하듯 이들 스트리트 매거진들은 영어에 전혀 거부감을 갖지 않는 '신세대' 젊은이들을 대상층으로 삼고 있다. 그리고 또 하나의 공통점. 책 제목의 옆 또는 아래에 예외 없이 선명하게 적혀 있는 'free'라는 단어다. "공짜로 정보도 얻고 소일거리도 얻을 수 있습니다. 마음대로 집어 가세요. 이렇게 공짜로 책을 주면 우리는 어떻게 먹고 사느냐고요? 걱정 마세요, 광고가 있답니다." 고마운 광고! 돈 한 푼 없어도 잡지를 볼 수 있게 해 주다니.

『페이퍼』 1996년 8월호에서 벌어진 사건

그런데 얼마 전 재미난 사건이 하나 벌어졌다. 난데 없이 '독자들의 후원 성금'을 호소하는 스트리트 매거진이 등장한 것이다. 공짜로 준다는 잡지가 정기 구독 권유도 아니고 후원 성금을 모금하겠다고 나섰다. 잠시 그 호소문을 읽어 보자.

"… '즐거운 이야기와 아름다운 꿈'을 사랑하는 PAPER. 상업주의와 소비주의의 엄청난 회오리바람 속에서도 '좋은 책은 된다'는 신념을 굳게 간직하며…. 그런데 이런 PAPER가 광고주들께서는 별로 마음에 들지 않으신가 봅니다. '좋은 책이긴 하지만 광고를 싣기는 어렵다'고 합니다. … 다른 잡지들에 비해 상업적이지 않기 때문일까요? … 그래서 PAPER는 우리들 최초의 희망이자 마지막 희망이기도 한 독자 여러분에게 후원을 호소해 보기로 했습니다. … 상업주의가 팽배해 있는 척박한 토양 속에서도 '좋은 책'은 끝끝내 살아남을 수 있다는 새로운 '신화'를 여러분의 손으로 만들어 주시기 바랍니다. …"

호소문 중에 언급되었지만, 이 재미난 사건의 주인공은 『페이퍼』라는 이름의 스트리트 매거진이다. 극소수를 제외하면 대개의 잡지는 광고를 그 존재 근거로 삼는다. 더구나 무가지의 경우에는 두말 할 것도 없다. 광고가 무엇인

가. 바로 상업주의와 소비주의가 피워 낸 꽃 중의 꽃 아니던가. 읽어 본 사람들은 알겠지만, 대개의 스트리트 매거진들은 기사가 주인인지 광고가 주인인지 분간하기 어려울 만큼 광고로 가득 차 있다. 그런데 그런 무가지 중의 하나가 느닷없이 상업주의와 소비주의에 정면으로 반기를 들고 나선 것이다. 사건의 재미는 바로 그 지점에서 출발한다.

돈 내고 정기 구독하는 유료 잡지들도 '장사가 안 되면' 즉 광고 영업이 잘 되지 않으면 소리 소문 없이 폐간되는 출판계다. 그런 상황인데, 그저 카페에서 심심풀이 새우깡과 비슷한 역할이나 할 것 같던 잡지가 직접 독자들에게 자신들의 생존을 도와 달라고 나섰다. 동인지나 회보(會報)도 아닌, 불특정 다수를 겨냥하고 배포되는, 비매품 잡지가 후원회라는 이름 아래 '독자들과의 공동체'를 호소하고 나섰다. 재미있지 않은가? 과거 이른바 '운동권' 매체에서는 그런 일이 흔하게 벌어졌었다. 가깝게는 영화 『아름다운 청년 전태일』도 제작비의 상당 부분을 영화 팬들의 '후원금'으로 충당했던 일이 있었다. 그러나 『페이퍼』는 물론 운동권 잡지가 아니다. 그런데 그들의 호소문을 읽어 보면, 운동권 매체들의 논리와 놀라울 정도로 흡사한 점을 발견할 수 있다.

호소문에서 『페이퍼』의 편집진은 상업성과 '좋은 잡지'를 상극 관계 또는 천적 관계로 상정하고 있다. 자본으로부터의 자유를 금과옥조 1호로 삼는 운동권의 매체 논리와 전혀 다르지 않다. 또 그들은 독자들이 이 '척박한 상업주의의 토양' 속에서도 좋은 책을 살려 주리라는 기대를 버리지 않고 있다. 과거 운동권이 끝내 버리지 않았던 '민중'에 대한 기대와도 전혀 다르지 않다. 차이가 있다면, 운동권 매체들이 처음부터 자본을 불신하고 배척하면서 출발한 반면, 『페이퍼』는 자본(광고주)을 믿었다가 '배신' 당하고 대중(독자)에게 연대를 호소하고 있다는 정도의 차이가 있을 뿐이다.

'편견'으로 만들어지는 잡지

소립자들이야 아무 것도 없는 진공의 상태에서 갑자기 생겨난다지만, 현실 세계에서 벌어지는 일들은 그 원인이 있게 마련이다. 광고로 먹고 살기로 했던 스트리트 매거진이 갑자기 '상업주의' 자체를 비판하며 대중들과의 연대를 주장하고 나선 것도, 어느 날 밑도 끝도 없이 벌어진 돌발 상황이라고 보기는 어렵다. 『페이퍼』에는 광고주들의 눈살을 찌푸리게 할 만한 건덕지가 애초부터 싹을 틔우고 있었다.

1995년 10월에 발행된 창간 준비호의 칼럼 제목들을 보자. 「페이퍼의 편견으로 선정한 이 달의 영화」 「페이퍼의 편견으로 선정한 이 달의 카페」 「페이퍼의 편견으로 선정한 한 권의 책」…. 물론 '편견'이라는 단어를 단순한 말장난으로 치부해 버릴 수도 있다. 하지만 창간 이후부터 지금까지 8권의 『페이퍼』를 가만히 들여다보면, 그들이 어떤 '편견'을 꿋꿋이 지키며 잡지를 만들고 있음을 그리 어렵지 않게 발견할 수 있다.

모두들 알고 있는 사실이지만, 우리 나라엔 두 가지 잡지가 있다. 한 쪽에 근엄한 '고급지'들이 책상다리를 하고 앉아 있고, 그 반대쪽에는 섹스와 스캔들로 중무장한 '대중지'들이 다이아몬드 스텝을 밟으며 뛰어다닌다. 그런데 표면적으로야 고급지과 저급지로 구분되지만, 양쪽 모두 '스타들'(정치, 경제, 사회, 문화 모든 분야에서의)과 '사건들'(대개는 센세이셔널이라는 형용사가 따라붙는다)로 빽빽이 채워져 있다는 점에서는 일치한다. 『페이퍼』의 '편견'이 두드러지는 부분은 바로 그 곳이다. 그들은 스타와 사건 없이도 잡지를 만들 수 있다는 '편견'을 가지고 있는 것으로 보인다.

『페이퍼』에는 '자극적'인 기사들을 찾아볼 수가 없다. 섹스와 스캔들과 쇼킹한 사건들이 없다. 그 대신 『페이퍼』는 '새로운 세대의 아름다운 생각들과 밝은 문화'를 지향한다고 주장한다. 그들이 얼마나 '아름다운 세상'에 대한 편견에 사로잡혀 있는지를 보여 주는 한 예가 있다. 만화를 맡고 있는 박광수가 어느 날 궁합을 무시하고 결혼했다가 남자는 교통 사고로 죽고 여자는 다리에서 투신한다는 내용의 만화를 들고 왔다. 편집진은 그 만화가 '페이퍼가 꿈꾸는 아름다운 세상'과는 맞지 않는다는 이유로 다른 만화를 게재하면서, 한켠에 그 만화를 조그맣게 실었다. 『페이퍼』의 편집진은 어둡고 쇼킹한 사건에 대해서 초지 일관으로 '노 땡큐'를 외친다. 『페이퍼』의 편견은 거기서 그치지 않는다.

『페이퍼』에는 또 스타들이 별로 등장하지 않는다. 물론 서태지나 신해철, 이소라 등 스타급 연예인들도 인터뷰 대상으로 가끔 등장하긴 하지만, 『페이퍼』가 다루는 인물들의 대종은 스타들이 아니다. 아니면 적어도 그들이 대상층으로 규정한 신세대들의 스타는 아니다. 〈삐삐 밴드〉(지금처럼 유명할 때가 아니라 막 첫 음반을 냈을 때의 〈삐삐 밴드〉), 드러머 김민기, 언더그라운드 뮤지션들인 〈U & Me Blue〉와 〈Bad Taste(원종우)〉, 블루스 기타리스트 김목경 등, 웬만한 사람들은 이름도 잘 모를 인물들이 인터뷰 대상으로 등장한다. 연예계와는 전혀 상관없는 문화 비평가 김용호(『와우!!』의 저자)의 인터뷰 기사로 64페이지 잡지의 6페이지를 할애하기도 한다. 신세대의 스타라고는 도저히 부를 수 없을 김창완과 양희은을 대문짝만하게 다루기도 한다. 그리고 『페이퍼』의 필진들은 "우리는 우리가 인터뷰한 사람들을 좋아한다. 그러니 독자이들이여 그들을 밀어 달라"고 목청 높여 얘기한다. "콘서트에 제발 가 다오, 그들의 음반과 책을 사 다오!" 그들은 '객관성과 중립성'이라는 매체의 신화를 정면으로 부인하고 있는 것이다. 자, 아무리 '프리(free)한' 스트리트 매거진이라지만, 편견도 이 정도면 가히 사건이라고 보아야 하지 않을까.

'자유 = free'를 선택한 잡지

"자유 분방하면서도 깊이를 동시에 갖춘 그런 잡지를 만들고 싶었습니다. 우리나라 사람들은 가벼움과 깊이를 서로 공존할 수 없는 개념으로 생각하죠. 우리는 거꾸로 생각했어요. 가벼우면서 동시에 깊이도 갖춘 잡지를 만들 수 있다! 뒤집어 생각하며 즐겁게 살기, 메마른 도시에 물 뿌리기, 그런 것이 우리의 동기였습니다."(김원, 39세, 『페이퍼』 편집인)

"정말로 책 같은 책을 만들어 보고 싶었어요. 기존의 대형 잡지들이 지닌 한계, 결국은 시장의 한계죠, 그 한계에서 벗어나 만드는 사람의 마음대로, 멋대로 만들 수 있는 잡지를 항상 머릿속에 그리고 있었어요."(황경신, 32세, 『페이퍼』 편집장)

"다양한 삶을 보여 줄 수가 있다는 게 좋아요. 언더그라운드와 오버그라운드를 굳이 구별하고 싶지는 않아요. 다만 이야기가 있는 삶을 충실히 살아가

나눔 나눔 나눔 (조병준과 함께 나누는 문화 이야기) 論 (메마른 도시에 물 뿌리기—문화 무가지『페이퍼』의 이상한 실험)

는 사람들을 보여 주면 충분한 거라 생각해요. 원고료는 차비에 준하는 수준이라고 생각하면 되고요. 그래도 함께 일하는 게 즐거워요."(김유평, 26세,『페이퍼』편집 위원, 방송 작가)

"사악한 세상에 선글라스 같은 잡지, 그게『페이퍼』예요. 지친 눈을 쉬게 하는 거죠. 아직 더 시간이 많이 지나야겠지만, 전『페이퍼』가 자유로운 잡지로 남을 거라고 믿어요."(정유희, 27세,『페이퍼』편집 위원, 프리랜스 카피라이터)

『페이퍼』의 편집진을 만난 날은 8월호가 배포되는 날이었다. 편집인 이하 전 직원과 '차비에 준하는' 원고료를 받고 일하는 편집 위원들까지 모두 직접 배포에 나설 만큼『페이퍼』는 '가족적' 이다. 거의 아마추어리즘을 느낄 만큼, 그들은 서로 가깝고 또 자유 분방해 보였다.

"감성은 아마추어로 남자. 단, 제작 과정만큼은 철저하게 프로페셔널로 가자. 그런 정신으로 일해요. 아무리 한 가족처럼 지내지만 원고 마감을 넘기면 그냥 잘라 버려요. 돈과 프로 정신은 서로 다른 거니까요."(황경신)

"돈이 되지 않아도 우리는 합니다. 우선 우리가 이 일을 하면서 즐겁고, 독자들에게도 좋은 일이라고 믿기 때문입니다."(김원)

스스로 '편견' 을 내세우는 것이나 '아름다운 세상에 대한 꿈' 을 주장하는 것이나, '공짜' 보다는 '자유' 로 '프리(free)' 의 의미를 선택한 것이나, 그들은 갈 데 없이 아마추어들이다. 오랜 잡지사 경력을 통해서, 또 프리랜서 생활을 통해서, 그들은 잡지계의 생태를 속속들이 알고 있다고 자부했다. 결국 문제는 돈으로 귀결된다는, 자본주의 시장에서 그 누구도 자유로울 수 없다는, 잡지의 한계를 그들도 잘 알고 있다고 말했다. 그런데도 그들은 "돈이 되지 않아도 우리는 한다"고 외친다. 올림픽에서도 아마추어리즘이 사망 선고를 받았는데, 이 무슨 '순진 무구한' 자세들인가. 도대체 어디에 믿는 구석이 있어서 이들은 이렇게 무모하게 굴 수 있는지, 참 궁금한 일이 아닐 수 없다.

팬 클럽을 만들 수 있는 잡지

"한 달에 독자 편지가 100통쯤 와요. 놀러 가고 싶은데 가도 되느냐고 묻는 독자가 많아요. 사탕과 초콜릿을 넣어 보낸 독자도 있었고, 유럽 배낭 여행을 하면서 엽서를 보낸 독자도 있었어요. 그들이 우리를 친구처럼 생각한다는 거죠."(황경신)

"신세대들이 소비 지향적이라고들 비난하죠. 전 오히려 매스컴이 그런 방향으로 신세대를 몰아가는 것이 아니냐라고 묻고 싶어요. 언론에 의해 스테레오 타입이 형성되는 겁니다. 그 와중에 오렌지족, 야타족이 아닌 젊은이들은 근거 없는 박탈감과 소외감을 느끼게 되고요. 대다수의 젊은 신세대들은 분명히 건강하고 소박한 삶을 살아가고 있습니다. 『페이퍼』가 지향하는 독자들은 바로 그런 젊은이들이고, 그들은 우리가 기대했던 것보다 훨씬 더 적극적인 반응을 보내 주고 있습니다."(김원)

그러면서 그들은 독자들이 보내 온 편지들을 내게 보여 주었다. 물론 『페이퍼』측에서 나름대로 골라 온 것들이겠지만, 편지들은 나를 놀라게 했다. '오빠 부대' 여학생들이 보낼 법한 팬 레터들이 20대 청년들로부터 날아들고 있는 것이다.

"카페에서 우연히 집어들었다. … 만화 「그녀의 행복 지수 사천칠백오십원」에서 기어이 울고 말았다. 그 때 나타난 내 남자 친구는 너무도 놀라 완전히 굳어 버렸다. 눈물이 없어 항상 여자답지 못하다, 등등등 해 왔는데…."(김용옥, (주)호림 산업 근무)

"제가 그냥 한번 생각해 본 건데요. 『페이퍼』의 팬 클럽을 공식적으로 만들면 어떨까요? 후원회라 해도 좋고…. 많잖아요… 극성 팬들(본인 포함)…."(박양정, 성북구 정릉2동)

"따뜻한 책 만들어 주어 고마워요. 잠에서 깨어 세상이 춥다는 걸 아는 건 얼마나 끔찍하겠어요. 내게 따뜻함을 주어 너무나 감사합니다."(김희수, 강남구 신사동)

"5월호 『페이퍼』의 삼청 공원 기사를 읽고 펜을 들었어요. 죽은 사촌 형의 가루들을 형 친구들이 삼청 공원에 뿌렸대요. … 다른 것들과 달리 『페이퍼』

의 글들은 너무나 인간적이고…. 우리 토요일 밤 〈황금 투구〉에서 만나기로 약속할까요?"(익명의 독자, 중앙대 영화학과 2학년)

참고로 말하면 『페이퍼』에는 독자 엽서 같은 것은 없다. 물론 편지가 게재된 독자들에겐 협찬받은 선물을 준다고 하지만, 요즘처럼 '소비적인' 신세대들이 잘 해야 2~3만 원 내외에 불과한 선물에 혹해 그런 장문의 편지들을 써 보낸다고 평가 절하하기는 아무래도 어려웠다. 몇 명의 정기 구독자를 무작위로 골라 전화를 해 보았다.

"정성들여 만든다는 게 한눈에 보여요. 신세대 문화라고들 말하는데, 모두 비슷한 문화 속에 뭉뚱그려진다는 느낌을 받곤 해요. 『페이퍼』에선 차분하고 정적인 성격으로 새로운 자신만의 문화를 형성하려는 노력이 보여요. 그런 점에서 충분히 의미 있는 잡지라고 생각해요."(주소영, 23세, 연세대 화학과 2학년)

"인간적이라는 느낌과 다르게 보려는 시각을 기사에서 발견할 수 있어요. 상업 잡지의 범람 속에서 이런 잡지는 꼭 필요하지 않을까요? 크게 부담이 되지 않는다면, 후원회에도 가입할 마음이 있고요."(이윤진, 26세, 학원 강사)

"기존 잡지의 틀을 뛰어넘었다는 점에 점수를 주고 싶어요. 편집, 사진, 글이 모두 그렇거든요. 친한 사람의 일기장을 읽는 기분이 들 때도 있고요. 신세대의 취향에 맞으면서도 구세대를 다루는 것도 좋구요."(문영아, 23세, 잡지사 기자)

『페이퍼』측이 주장하는 이른바 '매니아' 독자들이 존재한다는 것만큼은 틀림없는 사실인 것 같았다. 내친 김에 주변에서 『페이퍼』를 안다는 사람들을 찾아 보았다.

"매달 찾아서 읽고 있는데, 우선 참신해요. 전체적으로 가볍다는 아쉬움도 있긴 하지만, 작은 매체로서 틈새 시장을 열었다는 점을 높이 평가하고 싶습니다."(김익현, 27세, 계간 『대화』 편집 기자)

"아무렇게나 읽고 버려도 좋은 잡지는 아니였어요. 밝은 곳에 들고 나와 꼼꼼히 읽어야 할 내용들이 적지 않아요. 특히 언더그라운드 문화에 대해 이 잡지가 갖고 있는 애정은 우리 대중 문화 풍토에서 아주 귀중한 부분이라고 봅니다."(안영노, 32세, 문화 평론가)

"제 인터뷰가 한 번 실렸었죠. 질문하고 답변하는 기존 방식의 인터뷰가 아니었어요. 자신들이 만들어 온 방향에 맞춰 인터뷰를 끌어 가는 것이 아니라, 그냥 현장성과 즉흥성에 맡겨 놓더군요. 일단 형식적인 면에 있어서 언어, 디자인, 사진 등 전체적으로 자신의 색깔이 확실해요."(김용호, 39세, 문화 비평가)

자유는 대가를 치러야 한다!

처음 시작할 때만 해도 『페이퍼』는 기존의 여성지들에서 멀리 벗어나지 못했다. 잡탕밥식 편집의 잔재가 남아 있었다는 뜻이다. 광고도 꽤나 많이 실렸다. 시간이 지나면서 독자들이 '페이퍼만의 색깔'이라고 부르는 '자유스러운 편집 형태'를 확보했지만, 그 대가는 예상보다 훨씬 비싼 청구서로 그들에게 날아왔다. 광고주들이 떨어져 나간 것이다.

"1년 정도면 자리를 잡을 수 있을 거라고 생각했죠. 돈은 못 벌어 와도 꾸려 갈 수는 있겠거니…. 좋은 책을 내고 있다는 자부심으로 버티고 있습니다. 하긴 제가 광고주라 해도 우리 같은 책에 광고를 실으려면 주저할 겁니다. 청바지 한 벌 사면 그걸로 1년 버틸 친구들이 바로 우리 독자들이니까요. 하지만 버틸 때까지 버텨 볼 겁니다. 저야 옷과 무역밖에는 모르지만, 우리 잡지가 좋은 일을 하고 있다는 것에는 분명한 확신을 가지고 있습니다."(박홍식, 39세, 『페이퍼』 발행인, (주)마당 대표)

『페이퍼』의 '순진한, 또는 무모한' 편집진은 광고를 얻기 위해 편집의 방향을 바꾸는 대신, 지금의 방향을 오히려 강화하면서 대안을 찾기로 결심했다. 그 대안 중의 하나가 독자들과 카페들을 대상으로 한 후원회 구성이다. 새로운 틈새 광고 시장의 개발과 각종 부대 사업도 그 대안에 포함된다. 그들은 이제 출판이나 음반, 영화 등 문화 상품의 '작은 광고'를 개발하겠다고 나섰다. 그와 함께 카페의 인테리어나 간판, 음반 자켓이나 공연 포스터 디자인과 같은 '아르바이트'도 선언했다.

과연, 그렇게 '발버둥'을 치면서까지, 일개 스트리트 매거진을 살려야만 하는 이유는 무엇일까? 경력은 충분한 사람들이니 설령 잡지가 문을 닫아도 얼마든지 새 자리는 찾을 수 있을 법한데, 『페이퍼』의 편집진은 『페이퍼』를 살리기 위해 필사적이다.

『페이퍼』의 별난 실험

"100권을 비치해 두면 열흘 정도면 다 빠져 나가요. 손님들의 반응이 그만큼 좋다는 얘기죠. 그냥 사라지게 내버려 두기엔 너무 아까운 잡지라고 생각해요. 업소들의 후원을 기대해도 좋을 것 같아요. 가령, 100권에 대해 5만 원 정도는 큰 부담이 아니죠. 손님들에게 서비스한다는 차원에서도 그렇고요."(신동림, 카페 〈두레〉 주인)

"사람들 눈이 무서워요. 무가지라지만 다 비교를 하거든요. 없다고 해서 불편할 건 없을 거예요. 하지만 있으면 좋겠습니다. 작지만, 분명히 의미 있는 문화이니까요. 도울 수 있는 길을 찾아 보려고 합니다."(김정환, 카페 〈벨벳 언더그라운드〉 주인)

후원회 구성이나 틈새 광고 시장에 대해서는 회의적인 의견을 낸 독자들과 업소 주인들도 적지 않았다. 백 사람이면 백 사람 모두 문화를 사랑한다고 말한다. 하지만 막상 돈을 주고 티켓을 사서 공연을 보러 가는 사람들은 백에 열도 안 되는 것이 우리의 문화적 상황이다. "공짜인데도 불구하고 잘 만드네"라며 애정을 표시했던 독자들 중 과연 몇 사람이 '후원금'을 내면서 잡지를 살리는 일에 동참할지 의문이다. 쏟아지는 무가지들의 홍수 속에서 유독 『페이퍼』에만 특별한 관심을 보여 줄 업소들이 얼마나 될지도 또한 의문 사항에 해당한다.

현재의 스트리트 매거진들이 대형 잡지들이 찾아 내지 못한 틈새 시장을 발견했다면, 이제 『페이퍼』는 스트리트 매거진들 사이에서 또 다른 틈새 시장을 찾아 내려 하고 있다. '독자들과의 연대' 그리고 '작은 광고주들과의 연대'가 바로 그 틈새 시장의 이름이다. 한편에서 세계화를 외치고는 있지만, 우리 사회가 '점점 더 작게 쪼개지는 사회, 점점 더 작게 분화되는 문화'를 지향하며 지각 운동을 벌이고 있다는 것은 분명해 보인다. 나는 『페이퍼』가 시도하는 '작은 것들과의 연대'가 그런 움직임 중의 한 단편이라고 생각한다. 내 생각을 '편견'이라고 해도 할 수 없다. 그들이 주장하는 '새로운 세대의 아름다운 생각들과 밝은 문화'에 대해 나는, 그런 무모한 낭만주의에 물든 잡지가 하나쯤은 있어도 좋을 것이라는 편견을 가지고 있다. 『페이퍼』가 지금까지 보여 준 '별난' 모습들과 이제 시작하려는 '진짜로' 별난 실험은 주목할 만한 가치가 있다고 나는 '내 마음대로' 주장한다.

　『페이퍼』의 실험이 어떤 결과를 낳을지 지켜 보자. 사회와 문화는 다양할수록 좋다. 언더그라운드가 튼튼해야 오버그라운드가 풍부해진다. '멋대로, 마음대로 노는' 사람들이 어떻게든 숨쉬며 살아갈 수 있도록 허용하는 사회가 정말로 살 만한 사회다. 그런 편견 덕분에 나는 이렇게 '편파적으로' 『페이퍼』를 옹호하는 글을 쓰게 되었다. 『페이퍼』가 과연 살아남을 것인지, 살아남는다면 어떻게 살아남을 것인지 지켜 보자.

　"프리(free)입니다. 공짜입니다. 그리고 우리는 자유롭고 싶습니다…."

『월간 조선』 1996년 10월호, 조선일보사 발행

뒷얘기 : 세로쓰기의 자유로움, 그 外의 대화

내 글이 '세로쓰기'로 인쇄된 것은 이것이 처음이다. 세로쓰기로 인쇄된 내 글을 읽는 기분은 조금 이상했다. 글의 '보수성'을 다시 깨닫게 된 경우였다. 『월간 조선』이라는 매체를 의식하지 않고 글을 쓰려 했는데, 완전히 자유로울 수는 없었다. 적당한 타협이 곳곳에서 눈에 들어온다.

글 쓰는 사람들과 글 읽는 사람들 사이의 공동체

내가 『페이퍼』를 좋아하는 이유는, 무엇보다 그들의 자유로움 때문이다. 그들은 한국에서의 글쓰기에 새로운 모델을 제시하고 있다. 말처럼 글도 자유로울 수 있음을 『페이퍼』는 너무나 확실하게 보여 주고 있는 것이다. 그리고 그들은 글이 '대화'라는 너무나 자명한, 그러나 우리 나라에서는 잊혀진, 진실을 회복하고 있다. 글 쓰는 사람들과 글 읽는 사람들 사이의 공동체가 되살아나는 조짐을 나는 『페이퍼』에서 발견한다.

사실 이 글을 쓰기 전, 이미 『페이퍼』와는 친분이 있었다. 편집장이 대학 시절 후배인 까닭이었다. 『페이퍼』의 기자들이였다면, 아마 그 사실을 자유롭게 글 속에서 밝혔을 것이다. 하지만 영악한 '자유 기고가' 조병준은 얄밉게도 자신은 『페이퍼』와 아무런 관계도 없는 양 '꽁수'를 피웠다. 매체의 중립성과 객관성이라는 '신화'를 철석 같이 믿고 있는 사람들을 고려하지 않을 수 없다고 변명하면서 말이다. 이 자리를 빌어 반성한다.

'차비에 준하는' 원고료에서 '차비를 조금 넘는' 원고료로

기사가 나간 후, 『페이퍼』에서 나더러 편집 위원이 되어 달라고 했다. 거절할 이유가 없었다. 그래서 '차비에 준하는' 원고료를 받는 편집 위원 명단에 내 이름 석 자도 끼게 되었다. 『페이퍼』 사람들을 만나는 일은 참 즐겁다. 원고료를 받지 않아도 상관없을 만큼 즐겁다.

기사를 썼던 그 때보다는 광고 사정이 조금 나아졌다고 들었다. 『페이퍼』의 살림이 조금만 더 잘 풀렸으면 좋겠다. 그래서 편집 위원들이 '차비를 조금 넘는' 원고료를 받았으면 좋겠다.

(論—3)

소란스러운 난장판에서

왜 이리 소란스러워!

세상이 소란스럽다. 특히 대학 주변이 소란스럽다. 하루에도 몇 개씩 학생들이 록 밴드를 만든단다. 대학생들과 문화 평론가들이 합세해, 1990년대 대학 문화의 출구로 록을 지정한 모양이다. 펑크 록, 얼터너티브 록, 모던 록… 가히 록의 르네상스라 할 만하다. 언더그라운드들이 땅 속에 있지 않고 불쑥불쑥 땅 위로 올라온다.

건국대, 경희대, 서울대 등의 캠퍼스에서 〈소란〉이라는 이름 아래 언더그라운드와 오버그라운드를 가리지 않는 록 페스티벌이 열렸다. 홍익대 앞에서는 언더그라운드 밴드들이 교문 앞을 장악하고 '록의 해방구'를 선언했다. 연세대에서는 '어린' 학생들이 두 팔을 걷어붙이고 〈'96 백양로 난장〉을 기획해 연세대 캠퍼스를 온통 '난장판'으로 만들어 버렸다.

모두 알다시피 록은 기본적으로 소란스럽다. 난장판이라는 단어 자체에서 알 수 있듯, 난장은 원래 시끌벅적 소란스러운 것이다. 자, 왜 1996년의 대학은 이렇게 소란스러운가?

잊혀진 축제

대학은 이제 내게 아주 멀다. 지금 학교에 다니는 대학생들은 나를 형이라고 부르지 않는다. 잘해야 선생님이고, 여차하면 아저씨다. 그러나 내게도 대학 시절이 있었다. 저 아득한 1970년대 학번의 마지막 세대! 1980년대 초기 학번들은 불행한 세대다. 왜 그들이 불행한가? 여러 원인이 있다. 그 중 하나는 그들에게 축제가 없었다는 것이다. 그들에겐 투쟁이 있었을 뿐 축제가 없었다. '대동제'가 있었다고는 하지만 당시의 대동제는 투쟁의 한 부분이었지, '무작정 놀아제끼는' 축제는 아니었다.

꿈 많은 1학년 시절, 꽃피는 5월, 중간 고사가 끝나고 축제가 있었다. 1979년, 박정희의 유신이 펄펄 살아 있었고, 학도 호국단이 쌩쌩 살아 있던 시절이었다. 축제의 마지막 날, 운동장 한가운데는 캠프 파이어를 위한 나뭇단이 쌓여 있었고, 동네의 '고삐리'들은 '스포츠 머리'를 휘날리며 대학으로 진입했다. 「대학 가요제」 출신의 밴드들이 노래를 불렀고, 불타는 모닥불 주위로 대학생들과 그들의 '파트너'들, 그리고 고삐리들은 미친 듯이 춤을 추었다. 춤이 끝나갈 때쯤 학교의 뒷산에서 불꽃놀이가 시작되었다. 그리고 저 건너 연세대에서도 불꽃이 솟아올랐다.

그것이 내가 아직도 간직하고 있는 처음이자 마지막 축제의 기억이다. '어용' 학도 호국단이 학우들의 투쟁 열기를 말살시키기 위해 만들어 낸 날나리판 축제였다. 유신이 무너지면서 '디스코 쌍쌍 파티'를 추던 대학 축제도 무너졌다. 대동제에 모인 학우들은 탈춤과 해방춤을 추었다. 어느 대학에 들어간 록 밴드들은 분노한 학우들에 의해 쫓겨나야 했다. 그들이 '미제(美帝)의 문화

제국주의' 침략의 앞잡이들이었기 때문이다.

　　자, 옛날 얘기가 너무 길었다. 그런 시절이 있었다는 것만 기억하면 된다. 그리고 그 옛날 이야기가 지금 대학가에서 벌어지는 펑크와 얼터너티브의 대약진과 도대체 어떤 관계를 맺고 있을지 한 번쯤 궁금해 하면 된다.

〈'96 백양로 난장〉에서

꺾어진 60대 중반의 나이에, 모교도 아닌 연세대의 〈'96 백양로 난장〉을 일부러 찾아간 이유는? 주책 맞아서? 나는 그런 말을 들어도 싸다. 하지만 내게도 당당한 이유가 있었다. '재미있을 것 같아서'였다. 소문만 들었지, 한 번도 직접 현장에 가 보지 못했던 대학가의 '얼트' 축제를 보고 싶었다. 저 끔찍한 수능 시험을 비롯한 이 나라의 더러운 교육 제도 때문에 완전히 '개인'이라는 파편으로 흩어져 버렸다는 1990년대의 대학생들이 어떻게 '노는지' 알고 싶었다. '상업적 대중 문화'의 노예가 되어 버렸다는 '신세대'들이 어떻게 나름대로의 '대학 문화'를 만들어 내고 있는지 알아 보고 싶었다.

　　몇 대학의 풍물패들이 '프로페셔널' 김덕수 패들과 함께 길놀이를 했고, 한총련 사태 후 불탄 채로 철조망에 둘러싸인 '종합관' 앞에서 비나리를 펼쳤다. 어떤 초청 연사가 종합관을 한국 사회의 모든 문제를 고스란히 담은 '종합관(棺)'이라고 표현했다. 연세대 100주년 기념관 앞에선 〈여성과 록〉이라는 이름 아래 여성들이 주축이 된 록 공연이 열렸다. 그 자리엔 〈서태지와 아이들 기념 사업회〉 회원들인 단발머리 여중고생들이 앉아 오빠! 대신 언니!를 외쳤다. 캠퍼스 이곳 저곳에서 동시 다발로 학생늘은 수많은 이벤트들을 벌였다. 〈'96 새내기들의 자유 발언대〉〈'96들의 촌극〉〈'오늘의 책' 살리기 이벤트〉〈'작은 못 박기' 퍼포먼스〉〈장애인들을 위한 '천국 만들기'〉〈신촌 지역 카페 주인들이 마련한 '문화 예술제'〉….

　　몸이 하나인지라 게릴라전처럼 동시 다발로 벌어진 그 행사들을 모두 쫓아다닐 수는 없었다. 열심히 맛배기만 보고 다닐 수밖에 없었다. 그리고 나서 그 날의 마지막 프로그램인 〈소리, 그 독특함과 어울림의 아름다움〉이라는 이름의 콘서트를 보기 위해 대강당으로 걸음을 옮겼다. 남궁연, 김광민, 〈U & Me

Blue〉,〈전람회〉 등이 노래를 불렀고, 이상은과 황보령이 끼어 있는 퍼포먼스 팀 〈두부 두 모〉의 공연이 있었고, 〈김덕수패 사물놀이〉의 풍물 공연이 있었고, 〈빵 밴드〉가 노래를 불렀고, 연세대 출신 노래패들이 노래를 불렀다. 그리고 〈 96 백양로 난장〉은 끝났다.

    학생들과 함께 이 행사를 기획하고 진행시킨 연세대 조혜정 교수와 짧은 대화를 나누게 되었다. "절망스럽네요." 조혜정 교수의 말이었다. 나는 그분에게 위로의 말을 던지고 싶었다. "처음이니까 그럴 수밖에 없죠." 하지만 나도 솔직히 절망스러웠다. 나도 '아이들'이 그렇게 놀 줄을 모르리라고는 상상도 하지 못했다. 난장을 벌이려면 우선 사람들이 있어야 한다. 토요일 오후, 학교는 거의 텅 비어 있었고, 쌀쌀한 날씨 탓이었기도 하겠지만, 학생들은 주머니에서 손을 빼려 하지 않았다. 내가 보기에 '정말, 제대로, 잘' 놀았던 사람들은 〈여성과 록〉 공연에 모였던 단발머리 여학생들이었다.

    왜 90학번 세대들은 놀 줄을 모를까? 자기들끼리 록 밴드를 만들고, 록 카페에 가서는 밤새워 춤을 추고, 노래방에 가면 마이크 쟁탈전을 벌인다는 그 90학번들이 왜 막상 놀라고 멍석을 깔아 주니까 슬금슬금 뒷전으로 도망을 가 버린 것일까? 그 날 조혜정 교수와 나는 그 짧은 대화에서 참 섬뜩한 결론을 내려야 했다. "아이들이 너무 닫혀 있어요."

얼쑤에서 얼트로

여기 저기서 '얼트'를 외친다. 얼트! 얼트! 가만히 듣자니, 언젠가 그 비슷한 소리를 들은 것 같다. 얼쑤! 얼쑤! '얼쑤'가 사라진 자리에 '얼트'가 들어왔다. 빙빙 돌리지 말고 화끈하게 얘기해 버리자. 얼쑤는 1980년대의 대학 문화였고, 얼트는 1990년대의 대학 문화다. 우리의 대학은 아주 오랜 세월 언제나 '저항'을 외쳤고, '대안' 문화의 근원이었다. 1970년대에는 포크가 있었고, 1980년대에는 민중 가요가 있었으며, 이제 1990년대에는 록이 있다. 1970년대의 대안은 지식인이었고, 1980년대의 대안은 민중이었으며, 이제 1990년대의 대안은 대중이다. 통기타에서 얼쑤로, 얼쑤에서 얼트로!

    적이 있는 세대는 행복하다. 적을 부수어야 하니, 자신들끼리 똘똘 뭉칠 수밖에 없다. 본래 인간이 사랑하고 사랑받기를 밥보다 더 좋아하는 동물이다 보니, 공동체보다 더 사람을 행복하게 만드는 것은 없다. 90학번 세대들의 불행? 본인들이야 부인할지도 모른다. 또 내가 이미 '늙다리'가 되어 버린 탓일지도 모른다. 하여간 나는 90학번 세대들이 불행하다고 생각한다. 그들에겐 운동장에서 전교생이 모여 디스코를 추던 기억도 없고, 사상 최악의 독재를 부수기 위해 해방춤을 추던 기억도 없다. 그들은 끼리끼리 노래방에 가거나, 아니면 아예 혼자 비디오방에 가는 모양이다. 나 홀로 학교에! 그 무슨 불행인가!

하지만 걱정하지 말라! 불행한 세대는 곧 행복한 세대다. 무슨 만득이 귀신 헛소리냐고? 불행은 곧 우리의 적이기에 하는 말이다. 우리는 모두 행복할 권리를 타고 난 사람들이다. 우리를 불행하게 만드는 적이 있다면, 당연히 뭉쳐서 그 적을 때려눕히고 행복해져야 한다. 1990년대의 불행은 무엇인가? '공동체'가 없다는 것이다. 록이 지닌 가장 커다란 힘? 그것은 '저항을 통한 공동체 형성'의 힘이다. 우리의 옛 난장이 지닌 가장 커다란 힘? 그것은 '놀이를 통한 공동체 형성'의 힘이다. 저항과 놀이, 둘 다 행복한 공동체를 만들기 위한 절대 필수 조건들이다. 어느 한 쪽만으로는 진정으로 행복한 공동체가 만들어지지 않는다. 자, 싸울 적이 저기 있지 않은가! 적과 싸우기 위해 손을 맞잡을 수 있으니 얼마나 행복한 우리 젊은 날인가!

나는 바란다. 96들이, 97들이, 98들이, 99들이 더 열심히 '얼트'를 외쳐 주기를. 더 열심히 '난장판'을 여기저기에 만들어 주기를. 일단 '작게'라도 시작하면 된다. 아마추어 수준에서 '얼떨떨하게' 시작하면 또 어떤가. 그러다가 마음이 서로 통하고, 손뼉을 함께 칠 수 있고, 어깨를 함께 들썩일 수 있는 사람들을 만나면 천천히 동아리를 넓혀 갈 수도 있지 않겠는가. 대학의 울타리를 넘어서, 그리고 심지어는 '대안 문화'라는 울타리까지 넘어서 가 보라.

'시작이 반'이라는 말은 거짓말이다. 하지만 어쨌든 시작하는 것이 안 하는 것보다는 백 배, 천 배 낫다. 그 길 끝에 무엇이 있을지는 아무도 모른다. 열어 두면 된다. 나를 열고, 대학을 열고, 문화를 열라. 진정한 대안은 항상 열어 두는 것이다.

『명대 신문』 1996년 12월 2일자, 명지 대학교 발행

뒷얘기: 자발성과 지역성에 기초한 축제다운 축제를 위하여

새벽 두 시께 전화가 걸려 왔다. 연세대의 조혜정 교수님이었다. 〈백양로 난장〉을 와서 보고 글을 써 달라는 부탁이었다. 새벽 두 시! (참고로 말해 두면, 조혜정 교수와 나는 그 때까지 만난 적이 없었다.) 열정을 지닌 사람들은 그 열정의 열(熱)로 다른 사람들을 감염시키는 법이다!

기왕이면 한번 놀아 보자

축제란 본디 '자발성'과 '지역성'을 두 축으로 이루어지는 것이다. 좀더 쉽게 말을 바꾸면 '저 좋아서 끼리끼리 모인 사람들이 노는 것'이 축제다. 관청이 앞에서 끌고 기업이 뒤에서 미는 축제는 사실 원형 그대로의 축제가 아니다. 그런 축제는 "전 국민 동원령을 내려 열심히 장사하련다"는 말을 바꾼 것에 지나지 않는다. 위에서 다 알아서 할 테니까 너희들은 따라와! 한국의 축제는 언제부턴가 그런 식으로 진행되어 왔다. 〈백양로 난장〉은 바로 그런 이상한 축제의 관행에 던진 도전장이었다.

'수업' 시간에 모인 학생들이 "기왕이면 한번 놀아 보자"며 시작했단다. 자발성과 지역성의 '최고 알맹이(精髓)'가 아니고 그 무엇인가! 학교에서, 동네에서 자꾸 그런 일이 벌어졌으면 좋겠다. 언젠가 유럽 여행 도중, 독일의 어느 시골 마을에서 부딪친 마을 축제가 기억난다. 2~3백 명의 마을 주민들이 아이들을 데리고 모두 들판으로 모여들고 있었다. 들판에서 불꽃놀이가 벌어졌다. 손뼉, 환호성, 웃음. 불꽃놀이가 끝나자 사람들은 악대를 앞에 세우고 다시 마을로 돌아갔다. 그렇게 작고, 그렇게 신나는 '작은 축제'를 한 번도 경험해 보지 못한 나로서는 그저 "남의 떡은 왜 저렇게 맛있어 보이나!" 하고 입맛을 다시고 있을 수밖에 없었다.

〈백양로 난장〉의 실족은 아마 처음부터 '너무 크게' 시작하려 했던 데서 비롯된 것일지도 모르겠다고, 평가회 자리에서 한 마디 던졌다. "크게 시작하지 않았다면 아무도 주목하지 않았을 것"이라는 반론이 있었다. 그 반론을 인정한다. 그래도 나는 다시 중얼거린다. 자발성은 작은 지역에서만 가능한 덕목이 아니겠느냐고….

한 입씩 떠먹다 보면, 그러다 마음이 변해서
한 입씩 떠먹이다 보면

『지성과 패기』에서 〈백양로 난장〉에 대해 아주 짧은 '잠언' 형식의 글조각을 부탁해 왔다. 사실 〈백양로 난장〉에 대해 내가 하고 싶었던 말은 그 안에 다 들어 있다.

"가슴 아픈 광복절이었습니다. 학교의 건물 하나가 불탔고, 그 불탄 건물 입구에는 지금 철조망이 세워져 있습니다. 베를린에서는 동서 장벽의 조각들이 위조되어 팔리고 있답니다. 서울에는 또 한 번 철조망이 세워졌습니다. 잘잘못을 이야기하지 않으렵니다. 그냥 무언가 해야 한다고 이야기하고 싶을 뿐입니다. '난장'을 벌여야 한다고. 그 판에 모인 사람들을 모두 한동아리로 묶는 것이 '난장'입니다. 그렇죠, 살다 보면 갈등하게 마련이죠. 남이 내가 될 수 없으니까요. 그렇기 때문에 가끔은 난장판을 만들어야 합니다. 잘잘못을 가리기 전에 우선은 한바탕 신나게 땀 흘리며 놀아야 합니다. 처음엔 손잡기가 어색하고 놀기가 어색할 것입니다. 하지만 첫 술에 배부른 밥은 없지요. 한 입씩 떠먹다 보면, 그러다 마음이 시켜서 한 입씩 떠먹이다 보면, 언젠가는 우리에게도 철조망 조각을 위조하는 사람들이 나올는지도 모르겠습니다."

정말 사소한 뒷얘기 하나 더—대학 신문에 글쓰기 또 하나

글쓰는 이들을 가장 맥빠지게 하고 서럽게 만드는 일 한 가지. 원고를 달라고 할 때는 일편 단심 민들레이던 사람이 원고를 받고 나면 매몰차게 돌아서 버리는 일이다. 대학 신문에서 가끔 그런 일을 당한다. 얘기를 듣자니 그것이 나에게만 해당하는 일도 아닌 모양이다.

물론 좋은 학생 기자들도 많다. 신문을 보내며 꼭 짧게라도 편지를 동봉하는 친구들도 있다. 생활에 보탬이 되지 않는 원고료에도 불구하고 대학 신문에 글 쓰는 보람을 느끼게 해 주는 고마운 친구들이다. "제 글이 실린 신문을 보내 주시면 고맙겠습니다"라고 필자에게 전화하도록 만드는 대학생 기자들은, 조금 잔인하게 말하는 것 같지만, '기자 자격 0점'이다. 전화를 해도 끝내 신문을 보내 주지 않는 대학생 기자의 자격은 그럼 몇 점일까? 나도 벌써 늙은 모양이다. 얘들을 야단치기 시작했으니…. 예쁜 자식 매 한 번 더 댄다는 심정으로 야단친 것이니 이해해 주기 바란다.

「텔레비전 버라이어티 쇼에 나타난 문화적 원형에 관한 연구」의

머리글에서

(論—4)

1. 문제 제기 : '나'의 문제

이 논문은 '나'로 표현되는 필자 자신의 개인적 의문에서 출발했다. '나'의 의문은 이런 것이다. '나'는 텔레비전 쇼를 즐겨 본다. '내'가 쇼를 즐겨 보기 시작한 것은 청소년기부터였다. 단순히 쇼를 보는 데서 그치는 것이 아니라, '나'는 쇼에 등장하는 가수들의 노래를 따라부르기도 하며, 춤을 출 기회가 생기면 쇼를 통해 배운 춤의 동작들을 모방하고 있기도 하다. 그러나 '나'는 쇼를 시청하고 쇼의 요소들을 모방하는 동시에, 그 같은 '나'의 행위들을 비난하는 논의들을 일상적으로 접하고 있다. 쇼와 관련된 '나'의 행위에 대한 비난이 직접적으로 '나'에게 행해지는 것은 물론 아니다. 비난은 1차적으로 쇼 자체와 그것이 수행하는 부정적 기능에 대해 행해진다.

"무기력하고 퇴폐적인 노래와 술집 무대에서나 봐야 할 춤으로 시종하는 호화 쇼는 물론이고 … 먹고 마시고 흥청대는 프로그램이 계속된다면 사회 기풍 자체가 돌이킬 수 없는 지경으로 타락하지 않겠는가."(「없애야 할 놀자판 TV 프로」,『중앙 일보』1985년 4월 26일자 사설)

"1987년 보고서(방송 심의 평가서)는 쇼 프로에서 출연자들의 신체 과잉 노출, 호화스런 의상, 선정적인 무용 동작 및 현란한 조명, 신체 세부의 근접 화면 등을 지적했다. … 이들 프로그램은 단순히 대중들의 기호에 영합하는 데 그치지 않고 나아가 그들의 건전한 의식을 마비시켜 향락주의적인 인생관을 갖

나눔 나눔 나눔 (조병준과 함께 나누는 문화 이야기)　**論** (「텔레비전 버라이어티 쇼에 나타난 문화적 원형에 관한 연구」의 머리글에서)

도록 하는 적극적인 해악을 끼쳤다고 할 수 있다."(「탈바꿈 아쉬운 TV 쇼 코미디 프로」, 이하경, 『중앙 일보』 1988년 10월 7일자 16면)

　　1985년에도, 1988년에도 쇼는 대중들의 건전한 의식을 마비시키고 향락주의적인 인생관을 갖도록 하는 적극적인 해악을 끼치는 역할만을 할 뿐이므로, '없애야 할' 대상으로 규정될 수밖에 없다. 그리고 쇼에 대한 비난은 결국 그처럼 비난받을 내용과 형식으로 충만한 쇼를 만드는 제작자에 대한 비난으로 옮겨진다.

　　"이제 조금은 생기를 되찾은 수재민들이 이 광란에 가까운 TV 쇼를 본다면 다시 소외감을 느끼고 좌절해 버릴지 모른다. 그리고 무비판적인 소비 향락 문화는 많은 사람들의 가치관이나 정서에 갈등과 역기능을 끼칠 수 있다. 방송 제작자들은 이 점 다시 한 번 생각해 주기 바란다."(「밤무대 무색한 TV쇼, 국민 정서에 해 끼친다」, 김정기, 『중앙 일보』 1987년 8월 8일자 독자 투고란)

　　　　(… 중간 생략 …)

'내'가 접하는 쇼 비판은, '야하다' 또는 '저질이다' 등 일상적 언어 생활에서의 비난이나 신문, 고급 잡지 등에서 나타나는 저널리즘의 비난에 그치지 않는다. '나'는 정규 교육 과정을 거치는 동안 줄곧 쇼에 등장하는 노래나 춤은 '좋지 않은 것'이라는 교육을 받아 왔으며, 현재는 신문·방송학을 전공하는 학생으로서 커뮤니케이션학을 통해 쇼를 포함한 '대중 문화' 현상을 비난의 논조로 평가하는 이론들을 접하고 있다.

　　"대중 문화는 위로부터 강요되는 문화이다. 대중 문화의 수용자는 수동적이기만 한 소비자들이며 … 저급 문화(kitsch)에 군림하는 기업주들은 그들의 이윤만을 높이기 위해서, 또 자신들의 계층적 지배의 위치를 계속 유지하기 위한 목적으로 대중의 문화적 욕구를 악용하는 것이다. … 대중 문화의 본질은 착취적인 계급 사회가 되는 자본주의를 드러내게 되는 것이다."(「대중 문화의 이론」, 드와이트 맥도널드, 『대중 문화의 이론』(강현두 편역), 민음사, 1980, 110쪽)

　　　　(… 중간 생략 …)

이론의 형태를 띠고 행해지는 쇼 비판(쇼는 대중 문화의 한 부분이다)은 대개

'자본주의 사회 구조'를 궁극적인 비난의 대상으로 삼는다. 이론가의 입장에서 볼 때, 쇼의 문제는 쇼 자체 혹은 그 제작진에 있는 것이 아니라 상품으로서의 쇼를 만들어 내고, 쇼의 유통 과정을 통해 '의식 조작'이라는 이데올로기적 기능을 수행케 하는 지배 계급에 있는 것이다. 그리고 지배 계급의 대중 문화 악용이 근본적으로는 '자본주의 사회 구조' 때문에 발생하므로, 쇼의 문제의 원천은 '자본주의' 자체가 되는 것이다.

(… 중간 생략 …)

지금까지 이야기된 것을 요약하자면, "'나'는 텔레비전 쇼를 즐겨 보는 동시에, 그 텔레비전 쇼가 '나'의 건전한 의식을 좀먹는 '유해한 것'이라고 주장하는 논의들에도 수시로 접하고 있다"고 말할 수 있을 것이다. 쇼를 즐겨 보는 '나'의 행위와, 쇼를 비난하는 수많은 논의들에 접하는 나의 의식이 공존하는 가운데 '나'에게 다가오는 의문은 우선, "정말로 쇼는 나쁜 것인가?" 하는 의문이다. 그리고 이 같은 의문은 "쇼를 즐겨 보아 온 나의 의식은 지배 계급이 주입하는 '허위 의식'으로 가득 채워져 버렸는가?" 하는 의문으로 이어진다.

그러나 위의 두 가지 의문은 사실 그다지 절실하게 '나의 문제'로서 다가온 의문이 아니었다. 비난이 '나'에 대해 주어진 것이 아니라 쇼와 쇼를 만들어 내는 지배 계급 혹은 자본주의 사회 구조에 대해 주어진 것이었기 때문이다. '내' 주변의 많은 '비판적 연구자'들이 그런 것처럼 '나'도 '눈으로는 쇼를 즐겨 보면서 입으로는 쇼를 비난하는' 이중적 태도를 지닐 수도 있었던 것이다.

쇼의 수용과 쇼 비판의 수용이 동시에 이루어지는 '나의 상황'이 문제가 된 것은, '내'가 앞서의 의문을 풀어 나가는 과정에서 발견하게 된 하나의 중요한 사실 때문이었다. 쇼와 그 제작진, 혹은 자본주의 사회 구조에 대한 비난들이 사실은 '나'에 대한 비난이기도 하다는 것이 '내'가 발견한 사실이었다. '나'를 포함한 대중들이 쇼를 보지 않는다면 오로지 상품일 뿐인 자본주의 사회의 쇼가 만들어질 수 없었을 것이고, 그렇다면 쇼를 만들어지게끔 하는 가장 궁극적인 원인은 '나'의 시청 행위가 된다. '내'가 쇼를 보기 때문에 쇼라는 '문제 있는 현상'이 발생한다면, '나'야말로 궁극적인 비난의 대상이 될 수밖에 없는 것이다. 물론 어떤 비판적 논의도 드러내 놓고 '나'를 비난하지는 않는다.

비판적 논의들에서 '나'는 쇼가 수행하는 부정적 기능에 의해 의식의 손상을 겪는 '피해자'로 규정된다. 그러나 '내'가 쇼를 즐겨 봄으로써 당하는 피해이기에 결국 '내'가 입는 피해의 책임은 '나'에게 있는 것이다.

"쇼는 나쁜 것인가? 나의 의식은 쇼 때문에 허위 의식으로 타락해 버렸는가?" 하는 의문은 "만약 그렇다면, 나쁜 쇼와 타락한 나의 의식은 결국 나의 책임인가?"라는 의문을 이끌어 내기에 이르렀다. 그리고 이 두 가지 의문에 답하기 위해서는 "나는 왜 쇼를 즐겨 보는가?" 하는 또 하나의 의문이 먼저 제기되어야만 했다. '내'가 쇼를 즐겨 봄으로써 쇼가 만들어지는 것이라면, 그 '왜'가 먼저 풀려야만 비로소 나머지 의문에 대한 해답이 가능할 것이라 생각되었기 때문이다.

2. '나' —쇼의 수용자/ 쇼 비판론의 수용자/ 쇼의 연구자

'나'는 쇼의 수용자임과 동시에 쇼 비판론의 수용자이며, 이 같은 '나'의 이중적 역할은 앞에서 제기한 '나'의 의문들이 제기되게끔 만든 원인이었다. 그리고 그 의문들에 답하기 위해 "나는 왜 쇼를 즐겨 보는가?" 하는 질문을 던지는 순간부터 '나'는 '쇼의 연구자'라는 또 하나의 속성을 지니게 된다.

(… 중간 생략 …)

한 편의 텔레비전 쇼가 만들어지고 수용되는 커뮤니케이션 과정 속에는 쇼의 송신자/수용자, 쇼 비판론의 송신자/수용자가 공존하고 있다. '내'가 쇼를 시청할 때 '나'는 우선 쇼의 수용자이다. 만약 '내'가 우연한 기회에 텔레비전의 아마추어 노래 경연장에 나서게 된다면 그 때 '나'는 송신자가 될 수도 있다. 쇼를 텔레비전에 국한시키지 않는다면 사람들 앞에서 노래 부르고 춤추는 '나'는 이미 쇼의 송신자가 되어 있다고도 볼 수 있다. 쇼 비판론의 수용자인 동시에 '나'는 "지난 번 쇼는 너무 저질이었다"고 말함으로써 송신자가 되기도 한다. '내' 안에는 쇼와 쇼 비판론의 송신자/수용자가 함께 들어 있는 것이다. 쇼의 연구자로 '나'의 역할이 바뀐다고 해서 '내'가 사라지지는 않는다. 쇼의 연구자는 쇼의 커뮤니케이션 과정에 개입되는 또 하나의 속성일 뿐이다. 어떤 역할을 수행하건 '나'는 쇼의 커뮤니케이션 과정 '안'에 있는 것이다. 동시에 쇼의 커뮤니케이션 과정은 '쇼의 송·수신자/쇼 비판론의 송·수신자/쇼의 연구자'라는 속성을 모두 갖춘 '나'의 '안'에 있기도 하다.

그러나 현재 '내'가 속한 연구자 집단에서는 쇼의 수용자와 연구자를 서로 분리된 것으로 간주하는 시각이 보편적이다. 쇼의 커뮤니케이션 과정에서 연구자가 지니는 속성은 대개의 경우 '쇼 비판론의 송·수신자/쇼의 연구자'에 국한된다. 실제로는 쇼의 적극적 수용자일 경우에도 그러한 연구자는 그 같은 사실을 감추는 경우가 대부분이며, 연구의 '객관성'을 유지한다는 명분 아래 쇼의 커뮤니케이션 과정에서 쇼 연구의 커뮤니케이션 과정을 분리시키기도 한다. 그리고 일단의 연구자들 사이에는 "연구자는 대중과 달리 현대의 '지배적' 문화 형태인 쇼로부터 자유로울 수 있으며, 쇼의 피해자인 대중을 구하기 위해서는 연구의 결과를 대중에게 알림으로써 대중을 쇼의 커뮤니케이션 과정 자체로부터 분리시켜야만 한다"는 논리가 대전제로 쓰여지기도 한다. 한국의 비판적 대중 문화 연구자들은 대부분이 이처럼 쇼의 커뮤니케이션 과정에서 '분리된 연구자'들이었다.

(… 중간 생략 …)

이들 (비판적) 이론들은 대중 문화를 "자본주의 체제 안에서 기업이나 커뮤니케이션 기구에 의해 상품으로 대량 생산되고, 이데올로기적 도구로서의 성격을 지니는 문화"(『Mass Communication Theory』, Denis McQuqil, Sage, 1987. pp. 65~66)로 규정한다. 이 같은 대중 문화 규정 하에서, '피지배 계급'으로 표현되는 대중은 '사라져 가는 수용자(disappearing audience)'로서 연구의 대상에서 제외되고, 미디어의 기업 활동과 그 산물이 지니는 이데올로기적 기능만이 연구의 대상으로 남는 경우가 대부분이다. 그러나 연구자가 '피지배 계급'인 대중과 달리 미디어의 기업 활동과 미디어 산물의 이데올로기적 영향력으로부터 자유로운 것은 여전히 변함이 없다.

대중 문화의 도입과 아울러 대중 문화 비판론도 도입되었고, 대중 문화

나눔 나눔 나눔 (조병준과 함께 나누는 문화 이야기) **論** (「텔레비전 버라이어티 쇼에 나타난 문화적 원형에 관한 연구」의 머리글에서)

가 확산될수록 대중 문화 비판론도 심화되고 있다. 아무리 대중 문화의 폐해에 대한 논의가 활발히 이루어져도 대중 문화의 폐해가 실제로 줄어든다는 증거는 별로 나타나지 않는다. 사람들은 부단히 대중 문화의 독성(毒性)에 대해 경고를 받으면서도 대중 문화에의 참여를 중단하지 않고 있다.

대중 문화와 그에 대한 비판이 공존하는 커뮤니케이션 현상이 1980년대의 한국에 국한되는 특수 현상이라고 보기는 어렵다. 인간의 문화사 전반에 걸쳐, '서민 또는 하부 계층의 문화'와 그것을 '저급하고 유독(有毒)한' 문화라고 비난하는 '귀족 또는 상부 계층의 비판론'은 항상 공존해 왔다. (… 중간 생략 …) (마르크스주의에 기반한) 연구자들이 표방하는 대중 혹은 프롤레타리아에 대한 애정과 연구자들이 속한 계층과는 전혀 별개의 문제이다.

대중 문화와 유사한 속성을 지닌 서민 문화나 하부 계층의 문화에 대한 대부분의 비판론은 그 문화의 향수자들 내부에서 발생하는 것이 아니라, 그 문화와는 계층적으로 또는 의식적(意識的)으로 '단절' 되어 있는 계층에서 나온다. 대중 문화가 현대 사회의 지배적 문화임은 분명하지만 비판적 연구자는 그 지배로부터 자유롭다. 연구자는 대중 사회 속에서 비(非)대중으로 존재하는 것이다. 물론 그렇다고 해서 연구자가 지배 계급에 속하지도 않는다. 이 같은 '위치 중립성(position-free)'으로 인해 비판적 이론은 대중 문화를 그 내부에서가 아닌 '외부에서' 바라보게 되며, 이렇게 외부적 시각에서 바라본 대중 문화는 '나의 것'이 아닌 까닭에 긍정보다는 부정적 평가가 더욱 손쉽게 이루어질 수가 있는 것이다.

(… 중간 생략 …)

쇼의 커뮤니케이션 과정을 구성하는 사람들은 1차적으로 쇼의 수용자인 대중이다. 한국인의 90퍼센트를 차지하는 텔레비전 시청자와 그 중의 30퍼센트 내외를 차지하는 쇼 시청자들이 없이는 쇼 비판론 자체가 쇼의 커뮤니케이션 과정에 끼어들 수가 없다. 보지 않으면 쇼가 만들어지지 않고, 쇼가 없이는 비판이 있을 수 없는 것이다. 그 대중이 왜 쇼를 보는지, 쇼에 무엇이 있기에 대중이 쇼를 보는지는 연구자가 대중이 되기 전에는 알 수가 없다. '내'가 쇼의 연구자이면서 동시에 쇼의 수용자임을 인식해야 할 이유는 바로 이 때문이다.

쇼의 연구자가 스스로를 대중과 차단시킬 때, 곧 쇼라는 문화를 '나의 문화' 아닌 '그들의 문화' 로 규정할 때, 그 때의 쇼는 '나의 사회' 의 문화가 아니라 '내가 속하지 않은 나의 사회' 라는 '허위 사회(psuedo society)의 문화' 에 불과하다. 비판적 연구자들은 자신의 이론을 통해서 대중을 구원하겠노라고 주장한다. 그러나 수많은 비판에도 불구하고 쇼는 인간의 역사에서 단 한 번도 사라지지 않았다. 대중들은 자신들의 문화가 '나쁜 것' 이라고 배우면서 그 '나쁜 것' 을 즐긴다. 비판이 대중들에게 주는 것은 구원이 아니라 '원죄 의식' 일 경우가 훨씬 많다. 남들(연구자)은 즐기지 않는 나쁜 쇼를 나(대중)만이 즐기고 있다는 죄의식을 심어 주고 있는 것이다.

3. 연구의 목적

'나' 는 텔레비전 쇼 프로그램을 즐겨 보는 많은 사람들, 또는 대중의 한 사람이다. 매주 토요일 저녁에 방영되는 한 쇼를 즐겨 보는 어느 특정 집단(연령상 또는 사회 경제 문화적 계층상의)은 내가 일차적으로 그 부분으로서 소속되는 합집합(合集合)이라 볼 수 있다. 이 특정 집단은 다시 더 큰 합집합, 예를 들어 1980년대 한국, 더 나아가 세계의 매스 미디어에서 제공되는 대중 문화적 프로그램들을 수용하는 수많은 사람들에 부분으로서 포함된다. 텔레비전 쇼 또한 마찬가지로, 좁게는 대중 문화의 한 형식으로서 대중 문화라는 상위 개념에 포함된다고 할 수 있으며, 넓게는 '문화' 라는 개념 체계의 한 하부 체계라고 할 수 있다. 이런 식으로 '나/텔레비전 쇼' 라는 부분을 포함하는 합집합의 범위를 넓혀 가다 보면, '대중/대중 문화' 를 넘어서 궁극적으로는 '인간/문화' 에 이르게 된다. 〔주: 물론 '나/텔레비전 쇼' 라는 부분을 통해서 '인간/문화' 라는 전체를 해석하려는 시도에 무리가 없지는 않을 것이다. 전체는 부분의 속성 모두를 갖고 있을 수 있지만, 그 역은 불가능하기 때문이다. 그러나 이 같은 추론상의 한계는 추론의 대상이 되는 범주를 '보편성'의 측면에 한정시킬 때 크게 문제가 되지는 않을 것이다. '나/텔레비전 쇼'에서 '대중/대중 문화'로, 다시 '인간/문화'로 범주가 확장되는 가운데에도 모든 범주에 일관되게 존재하는 어떤 보편성은 분명히 있을 것이라는 것이 필자의 기본 가정이다.]

궁극적으로 모든 이론이 현상에 대한 '해석'이라고 규정할 때, 이 논문은 '대중 문화의 산물이 만들어지고 수용되는 커뮤니케이션 과정을 해석하려는' 목적을 갖는다.

하나의 대중 문화 산물이 '왜' 만들어지는가 하는 질문에 답하기 위해서는 '왜' 사람들이 그 대중 문화 산물을 '좋아하는가' 라는 질문에 대한 답변이 함께 이루어지지 않으면 안 된다. 대중 문화의 바깥에서 대중 문화를 해석할 때, 그 '왜 좋아하는가'에 대한 답변이 정확히 이루어지기는 불가능하다. 이 논문은 그 '내부에서' 대중 문화의 커뮤니케이션 과정을 고찰하고, 이를 통해 그 생산과 수용의 가장 심층에 놓인 원인을 추출하고자 하는 목적을 갖는다. 대중 문화가 문화의 '가장 큰 부분'이라고 인정하면, 대중 문화에서 발견된 이 심층적 원인은 '문화와 인간'이 맺고 있는 관계를 설명하는 중요한 열쇠로 사용될 수 있을 것이다.

'나'는 왜 쇼를 즐겨 보는가라는 질문에 해답을 내릴 수 있는 하나의 방법은 '쇼에 무엇이 나타나는가'를 찾아보는 것이다. 쇼에 나타나는 그 무엇이 '나'에게 만족을 주기 때문에 '나'는 쇼를 즐겨 보게 되는 것이다. 쇼에 나타나는 그 무엇이 '나'를 만족시키는 이유와 방식을 이해하게 되면, 쇼와 나의 관계, 곧 문화와 나의 관계를 해석해 낼 수가 있을 것이다.

이 논문의 구성은 다음과 같다. 이어지는 II장에서는 대중 문화의 커뮤니케이션 과정을 구성하는 핵심 개념들인 '커뮤니케이션, 문화, 대중'에 대한 검토가 이루어질 것이다. 동시에 연구자이자 수용자인 '나'의 입장에서 볼 때 이들 개념에 대한 뜻 매김은 어떻게 이루어져야 할 것인지를 모색하는 것이 이 장에서 행해질 작업이다.

III장은 앞의 핵심 개념들 외에 대중 문화를 해석할 때 유용한 개념으로 사용될 수 있다고 생각되는 몇몇 인접(隣接) 개념들에 대해 그 가능성을 모색해 보는 장이다. 여기에서 다루어질 개념들은 첫째, 커뮤니케이션 과정에 개입하는 요소로서 혹은 개입하기 이전에 커뮤니케이션 자체를 발생케 하는 가장 근본적인 원동력으로서의 '인간의 〈욕망〉', 둘째, 대중 문화를 포함해 모든 문화에 보편적으로 나타난다고 보여지는 '〈놀이〉적 성격', 그리고 이들 욕망과 놀이적 속성들이 시공간을 넘어 보편적인 기호 체계로서 정착된 전형이라는 의미를 갖는 '문화적 원형(archetype)'의 세 가지이다.

(… 이하 생략 …)

「텔레비전 버라이어티 쇼에 나타난 문화적 원형에 관한 연구」, 서강 대학교 대학원 신문·방송학과 석사 학위 논문, 1988년 12월

나눔 나눔 나눔 (조병준과 함께 나누는 문화 이야기) 論「텔레비전 버라이어티 쇼에 나타난 문화적 원형에 관한 연구」의 머리글에서

뒷얘기 : 미안하다, 이렇게 재미 없고 지겨운 글을 읽게 해서

미안하다. 이렇게 재미 없고 지겨운 글을 읽게 해서. 나도 내가 이렇게 엉망으로 '석사 논문'을 썼다고는 차마 믿기지 않았다. 1988년 대한민국이 서울 올림픽의 영광으로 넘쳐 있었을 때, 나는 이 별볼일 없는 논문을 쓴답시고 여러 날 밤을 지새웠다. 소위 말하는 아카데미의 '컨벤션', 즉 아카데믹한 글쓰기가 나를 거의 초죽음 상태까지 괴롭혔다. 그랬는데도 말들이 많았다. 여전히 글이 너무 제멋대로라는 것이었다. 내용에 대해선 더 말들이 많았다. 5공이 끝나고 6공이 시작되었던 그 시절, 대학원은 거의 자칭 '마르크스주의자'들의 토론장이었다. 거기에 대고 "내가 쇼를 좋아한다는데, 좋아서 계속 보겠다는데, 그래서 한번 대중의 편에 서서 연구를 해 보겠다는데, 뭐 잘못 됐어?"라는 질문은 거의 정신 나간 도전이었다.

시스템과 아카데미, 그리고 개인

논문 계획서 발표 시간에 선배, 후배, 동기들이 모두 팔을 걷어붙이고 나를 몰아세웠다. '역사 의식'이 없다고, '시스템'을 무시한 채 '개인'에 초점을 맞추고 있다고, 거센 비판이 몰아쳤다. '개인적으로 친한' 후배들은 조용히 입을 다물고 있었다. '고군 분투(孤軍奮鬪)'가 무슨 말인지 그 때 처음 알았다. 하여간 젖 먹던 고집까지 다 부려서 논문을 써 냈고, 한 학기 더 하라는 어느 교수님의 간곡한 권유에도 불구하고 나는 지도 교수님에게 나를 졸업시켜 달라고 간절히 애원했다. 그 때 나는 내가 대학에 남을 수 없는 사람이라는 것을 너무나 똑똑히 알고 있었던 것이다.

문화를 공부하기 위해서 대학원에 갔다. 문화를 공부한 것은 무엇보다 내가 문화를 좋아했기 때문이었다. 「토요일 토요일은 즐거워」에서 프랑스 문학에 이르기까지, 나는 많은 종류의 '문화들'을 좋아했고, 그것을 왜 (나를 포함해서) 사람들이 좋아하는지 알고 싶었다. 공부는 그래도 할 만했지만, 끝없이 이론과 과학을 외치는 '아카데미'는 내가 편히 쉴 곳이 아니었다. 아카데미에는 따라야 할 글쓰기의 계율이 있었고, 나는 그 계율을 지킬 자신이 손톱만큼도 없었다. 석사 논문이 통과된 것만 해도 사실 기적이었다. 안녕, 학교여!

논문을 읽고 두 사람이 나를 격려해 주었다. 어느 후배가 전화를 걸어 "이렇게 쉽게 읽히는 논문은 처음 읽어 봤어요"라고 칭찬해 주었다. 많이 위안이 되었다. 그리고 끝내 한 번도 만나

지 못한 어느 방송국의 쇼 프로 AD가 "고맙다"고 전화를 걸어 왔다. 아주 많이 기뻤다. 그래도 누군가 내 글을 읽고 좋아하는 사람들이 있다는 것이 참으로 고마웠고, 행복했다.

문화를 보기 위해선 우선 '나'에서 출발해야 한다

8년 만에 처음 내 논문의 머리글을 다시 읽었다. 이제는 아무도 쓰지 않는 '보석글' 프로그램으로 작성한 탓에, 손목을 주물러 가며 다시 입력시켜야 했다. 논문식 글쓰기의 한계에서 벗어날 수 없었다고는 해도, 하여간 창피하다. 저 쓸데없이 긴 문장들과 턱없이 남발된 관념어들. 다시 고쳐 쓸 생각은 들지 않았다. 지나간 시절의 기록이니까. 하지만 한 가지만큼은 부끄럽지 않았다. 그 때 나는 적어도 내 생각은 지키고 있었다는 것이다. 문화를 보기 위해선 우선 '나'에서 출발해야 한다는 생각은 8년 전이나 지금이나 전혀 변하지 않았다.

배운 버릇은 남을 줄 수가 없다더니, 어찌어찌 하다가 문화 평론가라는 명칭을 얻게 되었다. 그리고 이렇게 말도 안 되는 책까지 엮게 되었다. 일단 반환점 혹은 확인 지점을 거치게 된 셈이다. 한번 출발점을 되돌아보고 싶었다. 24핀 도트 프린터로 찍어 마스터로 인쇄한 볼품 없는 것이긴 해도, 최초로 '책'에 실린 내 글이었다. 8년이라는 시간과 지구 한 바퀴는 되고도 남는 공간의 변화가 그 출발점과 지금 1차 전환점 사이에 놓여 있다. 글이 바뀌었다는 것이 참 고맙다. 내 삶이 변화했다는 증거이니 말이다.

(論—5)

문화 시대의 항해법

문화 평론가라는 이상한 직업

가히 문화의 시대다. 지금 이 시대가 문화의 시대라고 우리는 자신 만만하게 주장할 수 있다. '문화 비평가' 또는 '문화 평론가' 라는 이름의 새로운 직업이 바로 그 증거다. 문학 평론가, 영화 평론가, 음악 평론가, 미술 평론가가 아니라 문화 평론가다. 가끔 외국 친구들에게 내 직업을 이야기할 때 곤혹스러운 것이 한 가지 있다. 도대체 문화 평론가를 영어로 어떻게 번역해야 할지 막막하다는 점이다. Culture Critic? 견문이 짧은 탓인지, 나는 아직 그런 영어를 들어 본 적이 한 번도 없다. 짐작컨대 그것은 아마 콩글리시임이 분명하다. 자, 이 이상한 직업은 도대체 어떻게 생겨난 것일까? 왜 이 이상한 직업을 선택하는 사람들이 이리도 많을까? 어제까지만 해도 그저 "잘 살아 보세, 잘 살아 보세,

우리도 한번 잘 살아 보세"라고 노래하던 사람들이 갑자기 밥 이야기와 정치 이야기를 집어치우고 '문화 이야기'에 몰두하게 된 이유는 과연 무엇일까?

    내 이야기가 의심스럽다면, 지금 당장 도서관이나 서점에 가 보라.『문화 과학』『상상』『현실 문화 연구』『리뷰』『오늘 예감』『민족 예술』『또 하나의 문화』『대화』『이매진』『이다』…. 분명히 말하건대, 문화를 이야기하면 '돈'이 된다. 그렇지 않고서는 저 수많은 문화 비평 잡지들의 홍수를 설명할 방법이 없다. 그것으로 떼돈을 벌지는 못한다 쳐도, 적어도 잡지를 재생산할 수 있는 만큼의 돈은 된다고 보아야 한다. 아니, 상황은 그 이상이다. 삼성 출판사라는 출판 재벌이 창간한『이매진』만 놓고 생각해도 된다. 계간지나 부정기 무크지가 아니라 문화 비평 '월간지'도 장사가 된다고 눈치 빠른 출판사는 결론을 내렸다. 들리는 소문에 의하면, 또 다른 출판 재벌도 문화 비평 잡지를 계획 중이라 한다. 얼쑤! 이래저래 문화 평론가들은 살 판이 났다. 원고료는 제쳐 두고라도 일단 실컷 떠들 수 있는 멍석이 자꾸 깔리고 있는 것이다.

문화 평론가가 동쪽 나라에 나타난 까닭은?

    왜? 그리고 왜 하필 지금? 가장 쉬운 대답은 '먹고 살 만해졌기 때문'이라는 것이다. 이제 아무도 "잘 살아 보세"라고 노래하지 않는다. 노래가 바뀌었다. "노세 노세 젊어서 노세"로 바뀌었다. 흘러간 노래 아니냐고? 아니! 옛날 우리의 어머니 아버지 세대가 그 노래를 부를 때, 그것은 노래가 아니라 절규였다. 젊어서는 죽었다 깨나도 놀 수 없던 시절을 살면서 어머니 아버지들께선 이루어질 수 없는 꿈을 애통해 하고 있었을 뿐이다. 늙어지면 못 노나니. 일 년에 한 번 단풍 놀이 관광 버스 안에서 고래고래 악을 쓰면서 "노세 노세 젊어서 노세"를 부르짖었을 뿐이다. 어머니 아버지들이 류머티즘과 골다공증에 걸려 가며 놀지도 못하고 뼈빠지게 일한 덕분에, 그 아들과 딸들은 이제 "어떻게 놀아야 잘 놀 수 있을까"를 고민하게 되었다.

아이들은 서태지와 〈룰라〉와 〈패닉〉과 〈디제이 덕〉 때문에 고민하게 되었고, 캘빈 클라인과 게스와 닉스와 GV2 청바지를 놓고 고민하게 되었고, 록 카페와 재즈 바와 멤버십 나이트클럽 때문에 고민하게 되었고, TGI 프라이데이와 피자 헛과 파리 크라상 때문에 고민하게 되었고, 『중경삼림』과 「캘리포니아 드리밍」 때문에 고민하게 되었다. 어머니 아버지들에겐 그런 고민이 없었다. 일 년에 고작 스무 편의 외화만이 수입될 수 있었던 시절에는 할리우드 블록버스터 영화들과 컬트 영화와 인디펜던트 영화와 유럽 아트 필름을 놓고 고민할 이유와 필요가 없었다. 한 쪽에 이미자, 한 쪽에 패티 김이 있던 시절에는 메인스트림 록과 얼터너티브 록과 펑크 록와 모던 록과 아트 록을 놓고 고민할 시간과 돈이 없었다. 자, 문제는 명확해졌다. 놀 일이 너무나 많아졌다는 것이다. 제대로 잘 놀기 위해서는, 즉 돈 들이는 만큼 충분히 본전을 뽑으며 놀기 위해서는, 선택이 필요해졌다.

그 선택을 누가 하는가? 물론 최종 선택은 소비자들이 한다. 그러나 이 정보 과잉의 시대에 선택은 결코 아무렇게나 무작위로 이루어지지 않는다. 섬세하고 자상한 길잡이가 필요한 것이다. 그 길잡이의 이름은? 이제 알겠는가? 바로 문화 평론가들이다! 그래서 문화 평론가라는 직업이 등장했고, 각광을 받기 시작한 것이다.

문화가 폭발했다. 서태지와 김건모와 신승훈은 판을 찍었다 하면 백만 장을 팔았다. 어느 모임에서나 왕가위와 쿠엔틴 타란티노의 영화를 이야기하지 않으면 미개인 취급을 받게 되었다. NBA 농구 선수 마이클 조던의 나이키 에어와 슈퍼 모델 클라우디아 시퍼의 GV2 청바지를 신고 입지 않으면 신흥 선진국 국민의 청소년으로 인정받지 못하게 되었다. '미제국주의'의 첨병이자, '싸구려 GI 문화의 쓰레기통' 이었던 록은 어느 날 갑자기 '대항 문화의 유일한 가능성'으로 전국의 대학가를 휩쓸기 시작했다. 상전 벽해(桑田碧海). 뽕나무 밭이 갑자기 바다로 변했다. 태평양보다 더 큰 문화의 바다.

　　이 거대한 문화의 바다를 헤쳐 가려면 유능한 항해사가 필요하다. 영화 평론가, 음악 평론가 하는 식으로 전문 지식을 갖춘 항해사만으론 충분하지 않다. 그들은 각개 격파에는 능할지 몰라도, 저 20만 톤급 유조선보다 더 큰 문화의 파도를 감당하기에는 역부족이다. 우리에겐 영화, 음악, 미술을 따로 보는 전문 평론가가 아니라 문화를 통째로 설명해 줄 수 있는 '문화 평론가'가 필요한 것이다. 그래서 달마가 동쪽으로 가듯, 문화 평론가들은 이 동쪽 나라에 둥지를 틀기 시작했다. 열심히 글을 쓰고, 열심히 잡지를 만들었다. 문화 평론을 비평하는 문화 평론도 나오기 시작했다. 만세! 문화의 제국, 만세!

　　여기서 잠깐! 정보를 하나 주겠다. 앞에서 열거한 문화 비평 잡지들이 도대체 무슨 이야기를 어떤 식으로 하는지를 한눈에 보고 싶다면, 그 잡지들 중의 하나인 계간 『대화』 1996년 가을호를 펼쳐 보기 바란다. 거기엔 「90년대 문화를 이야기한다」라는 기사가 실려 있는데, 일종의 '가상 좌담'을 통해 문화 비평을 비평하고 있다. 잘 나가는 사람들은 그런 걸 두고서 '메타 비평'이라고 부르기도 한다.

문화가 뭐길래? 대중 문화가 뭐길래?

문화가 무엇이냐고 묻기 전에 미리 심호흡을 해 두기 바란다. 그 설명만으로도 책 100권쯤은 족히 나오고도 남는다. 대중 문화가 무엇이냐고 묻는 것도 마찬가지다. 책 50권 쯤은 너끈히 나온다. 자, 이렇게 골치 아픈 질문이 던져질 때 우리가 취할 수 있는 손쉬운 전략이 하나 있다. 숨 한 번 크게 내쉬고, 침을 한 번 꿀떡 삼킨 다음에 이렇게 말하는 것이다. "그러니까, 문화는 문화고, 대중 문화는 대중 문화야."

　　무책임한 동어 반복이라고 아우성치는 소리가 귀에 웅웅거리네요. 아, 알았어요, 그만! 그만! 내 얘기는 그게 아니고, 일단 쉽게 생각하자는 것이었어요. 그냥 자기 주변에서 벌어지는 일들을 모두 문화로 보자는 거죠. 한여름에 미니 스커트에 가죽 장화를 신는 것도 문화고, 정통 독일식 흑맥주에 역시 정통 조선식 두부 김치를 먹는 것도 문화고, 오피스와 호텔을 합친 방에서 먹고 일하고 자는 오피스텔도 문화로 보자는 거예요. 그런 것들 중에서 특히 많은 사람들이 너도 나도 열심히 '따라 하는' 것을 대중 문화로 보면 되는 거고요. 아참, 지금의 대중 문화를 생각할 때는 또 매스 미디어, 또는 대중 매체라는 것을 잊어버리지 말아야죠. 이렇게 생각하면, 적어도 한 가지 오해는 풀 수 있을 거예요. 이른바 고급 문화와 대중 문화를 가르는 편견은 없앨 수 있다는 거죠….

예를 하나 들자. 당신이 생각할 때 테너 파바로티는 고급 문화인가 대중 문화인가? 체육관도 모자라 10만 명을 앞에 놓고 운동장에서 노래하는 파바로티는 고급 클래식 가수인가, 아니면 돈에 눈이 먼 저급한 대중 가수인가? 답은 뻔하다. 파바로티는 대중 가수다. 파바로티는 특수한 예라고? 그렇다면, 티켓이 완전 매진되고 MBC에서 연주 실황을 생중계한 비엔나 필하모닉은 어떨까? 그들도 결국 돈을 벌기 위해 연주를 했고, 열심히 음반을 만들어 팔고 있으며, 매스 미디어에 등장하고 있다는 점에서는 〈디제이 덕〉이나 〈터보〉와 다를 바가 하나 없지 않은가? 미니 스커트를 휘날리며 전기 바이올린을 켜는 바네사 메이는 저급한 대중 음악가이고, 도저히 그 나이에는 어울리지 않는 심각한 표정으로 과르네리 첼로를 켜는 '신동' 장한나는 고급한 클래식 음악가인가?

클래식과 파퓰러를 구분하겠다는 데에는 굳이 반대하지 않겠다. 구분하는 것이야 원래 인간의 본능 중 하나이니까. 내가 주문하는 것은 하나뿐이다. 문화를 고급과 저급으로 차별하는 작태를 이제 그만두어 달라는 것이다. 신분제 유럽 사회의 유물인 저 프랑크푸르트 학파 '아도르노의 유령' 과 갓 쓰고 도포자락 휘날리는 저 유교적 '강단 비평의 유령' 에서 제발 벗어나 달라는 얘기다. 대중 문화의 시대라는 1990년대에도 그 유령들은 여전히 횡행하고 있다. 눈물을 흘리며(감동해서가 아니라 하품을 참느라고) 타르코프스키의 『노스텔지아』를 보는 것은 칭찬할 만한 문화인의 태도이고, 전자 오락 즐기듯 가벼운 마음으로 『인디펜던스 데이』를 보는 것은 미국의 문화 제국주의를 눈치채지 못하는 무식한 대중의 태도라고, 지금도 신문 기자들과 문화 평론가들은 두 팔 높이 쳐들고 외친다.

타르코프스키의 『노스텔지아』가 걸작이고 『인디펜던스 데이』가 도대체 말이 안 되는 졸작임을 부인하자는 얘기가 아니다. 소수의 선택된(경제적으로,

또 교육적으로) 사람들이 즐기는 문화는 고급한 것이고, 다수의 불특정한 사람들이 즐기는 문화는 저급한 것이라고 미리 상정하는 그 편견이 싫다는 얘기를 하고 싶은 것뿐이다. 그런 편견을 지니고 있는 한, 대중 문화를 올바로 바라보기는 불가능하다. 그냥 대중 문화는 대중 문화다. 좋고 나쁨의 기준을 미리 정해 놓고 바라보는데 거기서 무슨 건설적이고 생산적인 의견이 나오겠는가.

어이쿠! 이럴 줄 알았다. 문화, 대중 문화를 언급하기 시작하면 밑 빠진 독에 물 붓기가 되고 만다는 걸 알고 있었는 데도 또 이렇게 되고 말았다. 여기서 멈추자. 대중 문화는 무엇인가? 지금, 여기서, 많은 사람들이 좋아하는 문화다. 어제의 대중 문화가 오늘의 고급 문화가 될 수도 있고, 오늘의 고급 문화가 내일의 대중 문화가 될 수도 있다. 진도의 농부, 어민들이 좋아했던 진도 씻김굿은 이제 교양인들의 고급 문화가 되었다. 영국 노동자의 아들들이었던 〈비틀즈〉는 이미 전 세계인의 클래식이 되었다. 문제는 '지금, 여기서'다.

우리는 대중 문화를 사랑해요!

'지금, 여기'의 우리는 대중 문화를 사랑한다. 우리는 마이클 잭슨이 펼치는 2시간 10분의 쇼를 보기 위하여 12만 원을 아낌없이 투자한다. 마이클 잭슨의 공연을 놓고 왈가왈부하는 신문과 잡지를 사 보기 위해 몇백 원과 몇천 원을 아낌없이 투자한다. 〈룰라〉의 「천상유애」의 표절을 확인하기 위해 법으로 금지된 일본 음반을 사들이고, 표절을 지탄하기 위해 밤을 새워 통신료를 지불해 가면서 PC 통신에 열을 올린다. 『젖소 부인 바람났네』를 보기 위해 비디오 가게에 예약을 하고, 『천년의 사랑』을 몸소 실천하기 위해 아모레 〈천년후애〉 립스틱을 바른다. 사이버스페이스에서 탈락하지 않으려고 열심히 게임용 CD 롬을 사들인다. 배꼽 티를 입기 위해 배꼽 성형 수술을 받고, 닉스 청바지가 어울리는 롱다리가 되기 위해 인공뼈를 다리에 집어넣는다.

'애들'만 그러는 것이 아니다. 드라마 『애인』에 나온 황신혜를 따라 하는 '아줌마들' 덕분에 갑자기 45만 원짜리 구찌 핸드백이 세일도 아닌데 다 팔려 나가고, 호텔 레스토랑이 미어터진다. 샐러리맨 아저씨들은 마카레나 춤을 배우느라고 비상이 걸렸다. 할머니들은 노인 대학에서 열심히 설운도의 「삼바의 여인」에 맞춰 볼룸 댄스를 배우느라고 관절염을 잊는다. 명절에 큰집에 모인 가족들은 이제 고스톱 대신에 비디오 CD 노래방으로 이웃들을 괴롭게 한다.

왜? 왜 우리는 그렇게 뜨겁게 대중 문화를 사랑할까? 문화 평론가들이야 그걸로 밥이라도 먹을 수 있다지만, 나머지 99.9퍼센트의 보통 대중들은 대중 문화가 밥을 주나 떡을 주나? 밥도 떡도 주지 않는데, 아니 도리어 밥과 떡 사 먹을 돈을 빼앗아 가는데, 왜 그렇게 좋아하나? 우선 생각할 수 있는 답은 "노는 게 즐거우니까!"다.

인간은 이상한 동물이다. 조금만 먹고 살 만해지면, 그 때부터 노는 데 정신이 팔린다. 인류학자들이 조사한 바에 따르면, 참으로 열악한 환경 속에서 살아가는 수렵 채집 민족들도 하루의 3분의 1은 그저 노는 데 보낸다고 한다. 이웃집을 방문해 수다 떨고, 모닥불 피워 놓고 노래하고 춤추고. 그 시간에 열심히 사냥하고 열매 따면 더 배불리 먹을 텐데도 그들은 그냥 논다는 것이다. 조금 뒷골이 땡기는 이야기일지 모르지만, 하여간 인간에게 먹는 것과 섹스 다음으로 중요한 욕구는 바로 '놀고 싶은' 욕구다.

초등 학생들도 자기 용돈으로 〈디제이 덕〉과 〈패닉〉의 CD를 살 수 있는 지금 세대야 상상도 못 할 일이지만, 내가 어렸을 때만 해도 돈 10원을 누가 주면 심각한 고민을 해야 했다. 10원으로 눈깔 사탕을 사 먹어야 하나, 아니면 딱지를 사야 하나. 어린 우리들에게 그것은 죽느냐 사느냐 하는 햄릿의 고민만큼 커다란 고민이었다. (정말이다. 믿기지 않으면, 주변의 3말 4초—30대 후반에서 40대 초반—들에게 물어 보라.) 그리고 많은 아이들은 사탕 대신 딱지를 선택했다. 아, 물론 도시락을 싸오지 못하는 아이들은 당연히 눈깔 사탕이 아니라 더 오래, 그리고 배부르게 먹을 수 있는 고구마 과자를 샀다. 간단히 요약하자면, 일단 먹는 문제가 해결되면 대부분의 인간은 바로 노는 문제에 달려든다는 것이다.

우리가 대중 문화를 사랑하는 이유?
놀고 싶으니까!

그런데 가만히 생각해 보자. 과연 인간만 그렇게 노는 것, 즉 '놀이'에 대한 욕구를 지니고 있는가? 아니다. 집에서 기르는 개와 고양이를 보라. 그들이 얼마나 놀기를 좋아하는지를 보라. 적어도 고등한 포유 동물들은 하나도 예외없이 놀기를 먹기만큼 좋아한다. 돌고래들은 얼마나 놀기를 좋아하는가 말이다. 영화에 나오는 침팬지들은 또 어떤가? 사실 그들은 야생 상태에서도 역시 놀기를 좋아한다. 특히 어린 포유 동물들은 먹고 자는 시간 외에는 모든 시간을 노는 데 사용한다. 자, 이 이야기 또한 제대로 하려면 엄청난 지면을 차지할 테니, 간단히 줄이자. 놀이가 그렇게 중요한 이유는 바로 '놀이를 통해서 문화가 형성되고, 그 문화를 통해서 사회가 유지되기 때문'이다.

　강아지들은 함께 태어난 강아지와 어미개와의 놀이를 통해서 자신이 속한 '개의 문화'를 익힌다. 조금 크면 주인과의 놀이를 통해 '개와 인간이 함께 사는 문화'를 익힌다. 인간의 어린 아이들은 딱지 놀이와 고무줄 놀이를 통해 사회의 규칙을 배우게 된다. 딱지 놀이와 고무줄 놀이 속에는 '경쟁과 협동'이라는, 생존을 위한 양대 규범이 고스란히 담겨 있다. 놀이야말로 가장 좋은 수업 방식이다. 주입식으로 회초리를 들고 가르치지 않아도, 아이들은 놀이를 통해서 살아가는 데 필요한 거의 모든 것을 배운다.

　딱지 놀이는 머지않아 누가 더 많은 가수의 음반을 가지고 있느냐 하는 경쟁으로 바뀐다. 그리고 고무줄 놀이는 누가 더 날렵하게 최신 유행의 춤을 출 수 있느냐 하는 경쟁으로 바뀐다. 땅따먹기 놀이는 부동산 투기 경쟁으로, 공기돌 놀이는 보석 구매 경쟁으로 바뀐다. 그렇다고 해서 경쟁만이 놀이의 전부는 아니다. 어느 놀이든 서로 지켜야 할 규칙이 있고, 그 규칙을 준수하기 위한 협동이 필요하다. 또 많은 놀이의 경우에는 같은 편끼리 서로 힘을 합해 상대편을 이겨야 한다는 협동의 능력이 필요하다. 인간의 모든 행위는 유년기의 놀이와 어떻게든 연결되어 있다. 대중 문화는 바로 그 놀이가 거의 순수하게 놀이 그 자체로서 남아 있는 인간 행위라고 생각할 수 있다.

　우리가 대중 문화를 사랑하는 이유는 바로 그것이 놀이이기 때문이다.

놀이를 좋아하는 것은 거의 생물학적 본능에 속하기 때문에, 그 이유를 묻는 것은 바보짓이다. 왜 놀이를 좋아하느냐고 묻는 것은 왜 사느냐고 묻는 것이나 마찬가지 질문이다. 김건모의 「잘못된 만남」은 지금, 여기서 우리가 사랑하는 방식을 이야기하는 놀이다. 그 빠른 테크노 리듬은 지금, 여기서 우리가 순응해야 하는 속도를 알려 주는 수업이다. 왕가위의 『중경삼림』은 홍콩 반환의 1997년이 대한민국의 우리와 결코 무관하지 않다는 게임의 규칙을 알려 주는 교과서다. 당장 홍콩에서 장사하는 수많은 우리 한국인들, 홍콩으로 배낭 여행 떠나는 한국 대학생들에게 1997년은 강 건너 불로 끝나지 않는다. 〈천년후애〉 립스틱을 짙게 바른 김지호는 나노(nano)초(秒) 단위의 엄청난 속도로 변화하는 사이버스페이스 시대의 불안과, 그 불안을 해소하느라 생겨나는 영원한 것에 대한 갈망을 이야기하고 있다. 우리는 대중 문화라는 놀이를 통해서 '지금, 여기'를 공유하는 것이다. 그것이 바로 우리가 대중 문화를 그토록 사랑하는 이유의 하나다.

대항 문화는 또 뭐야?

안치환이 자신은 록 가수라고 외친다. 「솔아 솔아 푸르른 솔아」의 그 안치환이. 갑자기 대학이 록 문화의 자궁이 되었다. 자고 나면 몇 개씩 대학생들로 이루어진 록 밴드들이 태어난다. '자본주의적인, 너무나 자본주의적인' 록이 대항 문화를 갈망하는 대학 문화의 초미의 관심사가 되었다. 전국 각지의 모든 대학가에 록 카페와 포켓볼 바와 비디오방이 널려 있는데, 그것은 대학생들이 그만큼 대중 문화를 열렬히 사랑하고 있다는 증거일 텐데, 일부에서는 대중 문화에 대항하는 대학 문화를 이야기한다. 대항 문화와 대학 문화는 발음이 똑같다. 그래서 대학은 그렇게 대항을 좋아하는 것인지도 모르겠다.

자, 여기서 다시 한 가지 오해를 풀기로 하자. 좀더 과격하게 말하자면, 대항 문화에 대한 신화를 하나 깨자는 이야기다. 대항 문화는 대중 문화의 적대 개념이 아니다. 대중적이지 않은 대항 문화가 성공한 예는 인류 문화사상 단 한 번도 없었다. 혁명가들은 대중 문화를 민중의 아편으로 규정하고 혹독한 말살 정책을 펴 왔지만, 레닌도 모택동도 모두 실패했다. 인민들은 사회주의 리얼리

즘과 문화 혁명 대신에 빅토르 최와 최건을 선택했던 것이다. 저 치열했던 이념의 시대, 그리고 이념에서 태어났던 문화 운동의 시대, 1980년대를 기억해 보자. 그 이념적 문화의 영향력은 물론 엄청나게 컸다. 〈노찾사〉를 비롯한 대학의 노래 운동패들이 없이 서태지와 신해철과 〈패닉〉의 통쾌한 현실 비판은 나올 수 없었다. 하지만, 그런 영향력을 빼놓는다면, 최대한의 민중과 함께 호흡하겠다던 노래 운동의 목표는 이루어지지 못했다. 〈노찾사〉가 부른 몇몇 노래를 빼면 어느 노래도 대한민국 전 국민에게서 불리워지지 못했다. 그 노래들은 여전히 경제적으로, 그리고 그 덕분에 교육적으로도, 선택받은 대학생들 주변에서 맴돌다 서서히 잊혀져 가고 있다.

저항적이었던, 너무나 저항적이었던 록과 블루스와 포크와 레게와 펑크와 얼터너티브는 동시에 너무나 대중적이었다. 그래서 지배 권력의 이익 재창출 시스템에 곧바로 편입되고 말았지만, 그래도 잊혀지지는 않았다. 결론을 내리자. 대항 문화가 진정한 대항 문화가 되려면, 우선 대중 문화가 되어야 한다. 길은 그것뿐이다. 대중 문화는 얼마든지 대항 문화가 될 수 있다. 파바로티가 부르는 푸치니의 아리아도 물론 아름다운 문화다. 그러나 그것은 더 이상 '지금, 여기'의 우리의 삶을 노래하지 않는다. 이화여대 앞에서 경찰에 끌려갈 각오를 하고 기습 거리 공연을 펼친 〈삐삐 밴드〉의 「딸기가 좋아」가 훨씬 더 즐겁게, 통쾌하게 '지금, 여기'를 노래한다. 우리는 딸기가 좋아. 그렇게 노래하면 안 된다는 법이 어디 있어? 그렇게 온전히 놀기만 해서는 안 된다는 법이 대한민국 헌법 몇 조 몇 항에 있어?

올바른 문화, 비판적인 문화, 생산적인 문화, 실천적 대안으로서의 문화… 부탁을 하나만 더 하자. 제발, 그 모범생 콤플렉스에서 벗어나 다오! 무엇이 올바르고 무엇이 올바르지 않은 분화인가? 그 구분 속에 얼마나 많은 기성 체제의 교육과 억압이 들어 있는지를 의심해 본 적이 있는가? 자, 시대는 바야흐로 문화의 춘추 전국 시대다. 천지 사방에서 제후들이 튀어 나오고, 그 제후들을 보필하는 사상가들이 튀어 나온다. 대중 문화 생산자와 대중 문화 평론가들이 호화 찬란한 갑옷과 창칼로 무장하고 패권을 다툰다. 춘추 전국 시대를 잘 넘기는 방법은? 근본주의자가 되는 것이다. 다른 종교와 사상을 테러로 제거하는 근본주의자가 되라는 얘기가 아니다. 자기 자신의 뿌리를 뒤집어 살펴보는 근본주의자가 되라는 얘기다.

나눔 나눔 나눔 (조병준과 함께 나누는 문화 이야기) 論 (문화 시대의 항해법)

'나'에게 대중 문화가 과연 무엇인지를 완전히, 샅샅이, 꼼꼼하게 생각해 보기 바란다. 그 다음에 그것이 내 주변의 다른 사람들에게도 해당하는지, 그렇지 않은지, 어느 쪽이든 그 이유는 무엇인지 생각해 보기 바란다. 그 뒤에 그저 대중 문화 속에서 마구 놀든, 다시는 상종을 하지 않든, 그것은 당신의 자유다. 다만 생각에 들어가기 전에 마음은 비워야 한다. 남들이 한 얘기는 될 수 있는 한 죄다 잊어 버리라는 얘기다. 내가 지껄인 이야기도 전부 잊어라. 이 문화의 넓은 바다의 주인은 바로 당신이니까.

『영대 문화』 1996년 겨울(36호), 영남 대학교 발행

뒷얘기 : 먼 길을 돌아 제자리로

쓰고 나서 보니, 옛날 석사 논문에서 썼던 이야기를 다시 되풀이하고 있었다. 열쇠말은 여전히 '놀이하는 인간'이었다. '놀이와 공동체'라는 내 '필생의 화두' 역시 전혀 녹슬지 않고 남아 있었다. 그래서 잠시 비애를 느꼈다. 긴 여행을 끝내고 돌아왔을 때 느끼는 서글픔이었다. 아주 멀리 간 줄 알았는데, 결국 또 제자리로 돌아왔구나….

길과 글, 길의 글, 글의 길, 그리고…

뛰어 봐야 벼룩이고, 날아 봐야 부처님 손바닥 안의 손오공이라는 것을 모르는 사람이 누가 있으랴. 인생은 결국 도돌이표에 갇힌 여행길이다. 죽음이라는 'fine' 표시가 그 도돌이 노래를 끝낸다. 글쓰기가 인생과 다를 바 없을 터이니, 내 글이 자꾸 제자리로 돌아오는 것도 내 탓만은 아니다.

한때 그 도돌이표를 지우고 싶었다. 친구 하나가 있었다. 함께 여행을 떠나자고 했을 때, 친구가 이런 말을 했다. "돌아왔을 때 어떤 기분이 들지 알잖아? 결국 제자리로 돌아왔다는 그 절망 말이야. 그 선험적 절망이 어떤 건지 떠나지 않아도 이미 알고 있잖아? 나는 가고 싶지 않아." 그 친구와는 결국 단 한 번도 여행을 함께 떠나지 못했다.

여러 번 긴 여행을 했다. 언제나 제자리로 돌아왔다. 그러나 그 제자리로 돌아오는 길은 언제나 달랐다. 여행의 시작과 끝은 언제나 제자리였지만, 그 중간의 길은 언제나 달랐다. 많은 글을 썼다. 결국은 다 제자리로 돌아오는 글이었다. 하지만 그 글들이 밟은 길은 조금씩이든, 크게든, 언제나 달랐다. 길과 글! 길의 글, 글의 길, 아무래도 상관없다. 언젠가 이 도돌이표를 벗어날 때가 있으리니, 구두끈을 꼭 조여매고 간다. 내 글을 좋아해 주고, 내 글에 값을 치러 내게 일용할 양식을 마련해 주고, 다음 번 여행을 떠날 여비까지 얹어 주는 이들이 고맙다.

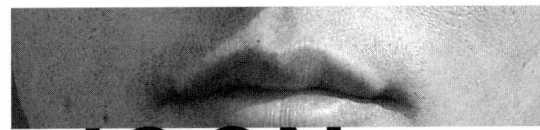

BYOUNG JOON JO

1960년에 나다. 서강 대학교 신문-방송학과를 1979년에 들어가고, 같은 대학원 석사 과정을 1989년에 나오면서 「텔레비전 버라이어티 쇼에 나타난 문화적 원형에 관한 연구」라는 논문을 내다. <방송 개발원> 연구원, 광고 프로덕션 조감독, 자유 기고가, 극단 기획자, 방송 구성 작가, 대학 강사, 번역자 등 여러 직업을 거쳐 지금은 글 쓰는 일에 전념하고 있다. 1992년『세계의 문학』에 시를 발표하면서 시인의 길에 들어서다. 오랫동안 인도와 유럽 등지를 떠돌았고 그 사이 다섯 번에 걸쳐 인도 캘커타의 <마더 테레사의 집>에서 자원 봉사자 생활을 경험하기도 하다.

1995년 말부터 문화에 대한 다양한 글들을 발표하면서 문화 평론가의 길에 들어서다. 그 후 지금까지 여러 매체에 발표한, 문화에 관한 글들을 묶어 낸 결과가 이 책이다. 그 외에『유나바머』(박영률 출판사, 1996),『영화, 그 비밀의 언어』(지호, 1996) 같은 책들을 옮기기도 하고,『제 친구들하고 인사하실래요?』와『길에서 만나다』(디자인 하우스, 1999),『내게 행복을 주는 사람』(만물상자, 2002)을 쓰기도 하다.

photographs ● 조병준/ 95, 101, 103, 110, 117면 ● 전시형 제공/ 227면
● 이일훈 제공/ 239, 243면 ● 곽재환 제공/ 255, 257면 ● 육상수/ 따로 밝히지 않은 본문의 모든 사진.
computer graphic ● 박상경/ 171면